T0098885

le goût des idées

collection dirigée
par
Jean-Claude Zylberstein

LÉON POLIAKOV

Bréviaire de la haine

Le IIIe Reich et les Juifs

Préface de François Mauriac
de l'Académie française

Paris
Les Belles Lettres
2023

Première édition © Calmann-Lévy, 1951

www.lesbelleslettres.com
Retrouvez Les Belles Lettres sur Facebook et Twitter.

© 2023, pour la présente édition
Société d'édition Les Belles Lettres
95 bd Raspail 75006 Paris.

Premier tirage 2017

ISBN : 978-2-251-44757-5
ISSN : 2111-5524

À la mémoire de mon maître et ami

Jacob Gordin

Préface

Votre premier mouvement sera peut-être de refermer avec humeur ce *Bréviaire de haine* : nous en avons assez de ces histoires sanglantes ; nous voulons les oublier ; nous voulons oublier que nous y sommes tous impliqués, d'abord parce que nous sommes des hommes : voilà de quoi l'homme est capable ; voilà jusqu'où il peut aller dans la bestialité. Mais non, c'est faire injure aux bêtes : les fauves ne tuent que pour se nourrir. La proscription de toute une race d'hommes par d'autres hommes n'est pas un événement nouveau dans l'histoire humaine ; elle fut toujours le fait de personnages instruits qui agissaient selon des principes, des idées, s'ils étaient mus par la haine. Mais notre génération aura eu le privilège d'être le témoin du massacre le plus étendu, le mieux mené, le plus médité : un massacre administratif, scientifique, consciencieux, tel que pouvait être un massacre organisé par des Allemands.

Aussi est-ce aux Allemands si pressés d'oublier que ce livre s'adresse en premier lieu. Il n'en est pas beaucoup pour se frapper la poitrine, pour répéter l'acte de contrition qu'Ernst Wiechert invitait la jeunesse allemande à réciter avec lui en 1945 : « Que notre faute nous fasse comprendre que nous devons expier durement et longtemps ; que nous n'avons pas besoin de bonheur, de foyer et de paix alors que les autres ont perdu, à cause de nous, leur bonheur, leur foyer et leur paix… »

Mais ce bréviaire a été écrit pour nous aussi Français, dont l'antisémitisme traditionnel a survécu à ces excès d'horreur dans lesquels Vichy a eu sa timide et ignoble part — pour nous surtout, catholiques français, qui devons certes à l'héroïsme et à la charité de tant d'évêques, de prêtres et de religieux à l'égard des Juifs traqués, d'avoir sauvé notre honneur, mais qui n'avons pas eu la consolation d'entendre le successeur du Galiléen, Simon-Pierre, condamner clairement, nettement et non par des allusions diplomatiques, la mise en croix de ces innombrables « frères du Seigneur ». Au vénérable cardinal Suhard qui a d'ailleurs tant fait dans l'ombre pour eux, je demandai un jour, pendant l'occupation : « Éminence, ordonnez-vous de prier pour les Juifs... », il leva les bras au ciel : nul doute que l'occupant n'ait eu des moyens de pression irrésistibles, et que le silence du pape et de la hiérarchie n'ait été un affreux devoir ; il s'agissait d'éviter de pires malheurs. Il reste qu'un crime de cette envergure retombe pour une part non médiocre sur tous les témoins qui n'ont pas crié et quelles qu'aient été les raisons de leur silence.

M. L. Poliakov n'a pas écrit un livre inspiré par la vengeance ni par la haine. Mais il apporte ici, pour la première fois, des documents d'archives : comme il s'agit d'une extermination organisée, administrée au long de plusieurs années, il fonde sur des preuves indubitables un chapitre de l'histoire qui risquait de tourner à la légende et de n'être pas crue lorsque ceux qui en furent les témoins et les victimes auront disparu. Cette férocité inhérente à notre nature, nous en tenons la preuve : ce bréviaire est là désormais. Sur tous les rêves, sur tous les espoirs humains s'étend à jamais l'ombre de cette immense croix.

Aux victimes sans nombre de l'antisémitisme nazi, nous devons de lutter contre ce qui subsiste en nous de cette honteuse passion. Je crois, et je l'ai écrit à l'auteur de ce livre, qu'un certain comportement des Juifs qui tient aux conjonctures de leur tragique histoire et dont l'épopée palestinienne a déjà délivré ceux qui la vivent, n'est pas étranger à la persistance de ce ferment. Que j'aie tort ou raison, il reste qu'après la lecture de ce bréviaire, nous serions bien misérables si nous ne sachions en triompher au-dedans de nous.

Surtout que ce livre ne nous désespère pas : il y a ceux qui ont tué mais il y a aussi ceux qui ont su mourir. Nous n'avions pas attendu Hitler et les nazis pour savoir que l'homme n'est pas né innocent et que le mal est en lui et que la nature est blessée. Mais un héros et un saint demeurent en germe au plus secret de nos misérables cœurs.

Il dépend de nous que les martyrs n'aient pas été torturés en vain. Il dépend de nous de ne pas écarter cette multitude qui, bien loin de crier vengeance, nous crie inlassablement ce que le premier d'entre eux, le fils de David, nous a enseigné sur la montagne : « Bienheureux les doux car ils possèdent la terre. Bienheureux ceux qui pleurent car ils seront consolés. Bienheureux ceux qui ont faim et soif de justice, car ils seront rassasiés. Bienheureux les miséricordieux car ils obtiendront eux-mêmes miséricorde. Bienheureux ceux qui souffrent persécution pour la justice... »

À nous chrétiens héritiers d'une tradition de haine contre « la race déicide » il appartient d'y substituer une tradition nouvelle fondée sur l'Histoire : la première Église, celle de Jérusalem, était juive, Juifs les premiers martyrs et cet Etienne dont le visage était pareil à celui d'un ange, Juives, la mère du Seigneur, et cette Madeleine qui préfigure à jamais toutes les grandes âmes à qui il sera beaucoup pardonné parce qu'elles ont beaucoup aimé, Juifs, les deux disciples au crépuscule sur le chemin d'Emmaüs écoutant cet Inconnu qui leur expliquait les Écritures. C'est de communauté juive en communauté juive que grâce à Paul de Tarse le feu s'est communiqué à travers le monde romain : « Je suis venu apporter le Feu sur la terre et que désiré-je, sinon qu'il s'allume ? »

Mystiquement, chacun de nous a crucifié le Christ et le crucifie encore. Si les Juifs avaient une dette particulière à payer, qui oserait nier qu'ils s'en sont acquittés jusqu'à la dernière obole ? Songez à ces pères qui pressaient leurs petits garçons dans leurs bras avant de passer le seuil des chambres à gaz. Songez à ces enfants que nous avons vus comme des agneaux entassés dans des wagons de marchandise à la gare d'Austerlitz, gardés par des hommes qui portaient un uniforme français. Puisse la lecture de ce bréviaire constituer dans notre vie un événement, puisse-t-elle nous mettre en garde contre les retours en nous de l'antique haine que nous avons trouvée dans notre héritage et que nous avons vue fructifier abominablement aux sombres jours d'Adolf Hitler.

FRANÇOIS MAURIAC.
Paris, 11 avril 1951.

Avant-propos de 1979

Cette édition intégrale du Bréviaire de la haine *est conforme à l'édition originale de 1951-1960. Il n'y a pas lieu d'y introduire d'importants changements ou compléments. En effet, les connaissances dont on dispose sur la politique dite « raciale » du III*e *Reich, visant à exterminer les Juifs et réduire, à l'aide de procédés parfois semblables, le nombre des Slaves, ne se sont pas sensiblement enrichies depuis 1951. Elles avaient été puisées, lors des procès des principaux criminels de guerre, dans les Archives de l'État nazi, qu'en ma qualité d'expert de la Délégation française au Tribunal de Nuremberg j'ai pu étudier à loisir dès 1946-1948.*

Si j'avais à rédiger mon ouvrage aujourd'hui, sans doute le ferais-je, à quelques accents personnels près, de la même façon. Les seuls aspects de la grande tragédie auxquels j'aurais été appelé à donner de nos jours un développement meilleur ou différent ne concernent pas le programme nazi à proprement parler, mais ceux que j'aborde à la fin du chapitre VII, *et dans la Conclusion.*

D'une part, je traite, pages 344-349, de la mauvaise volonté manifestée par les autorités civiles et militaires anglo-américaines pour porter secours aux Juifs. Il est vrai que Staline y était hostile (ce qui ne saurait étonner) ; mais des mesures humanitaires d'ordre divers qui n'avaient aucun rapport avec la conduite générale de la guerre, et que je mentionne dans les pages précitées, furent elles *aussi systématiquement sabotées. De nos jours, on dispose à ce sujet d'abondantes données nouvelles fournies par la publication de documents diplomatiques, et de travaux spécialisés, tels que ceux de Gideon Hausner et surtout d'Arthur Morse[1]. La quintessence de cette attitude est reflétée par un propos de Winston Churchill : « Je ne puis me permettre de voir le Dr Weismann, car après chaque entretien avec lui, je ne dors pas de la nuit, ce qui est mauvais pour la conduite de la guerre[2]. »*

D'autre part, cette « combinaison satanique d'ambiguïté et de glaciale froideur » projette un rayon supplémentaire de lumière sur la position que se crut obligé d'adopter à propos de l'holocauste le gouvernement de l'Église catholique, une question dont je traite dans la Conclusion. On se souviendra peut-être que « les silences de Pie XII » firent l'objet, en 1962, d'une polémique l'échelle mondiale, déclenchée par la pièce Le Vicaire *de Rolf Hochhuth. Pour violent qu'il aît été, ce grand débat contribua en fin de compte à réduire la question à ses justes proportions. En 1961, je fus le premier historien à publier certains éléments essentiels de ce dossier, qu'on trouvera aux pages 392-400, et qui a été complété depuis dans d'excellents travaux spécialisés[3].*

Aujourd'hui, j'aurais consacré moins de place à ce thème. En revanche, et dans ce contexte, je n'aurais pas manqué de faire état, de due manière, de la révision radicale, en France notamment, de l'attitude catholique à l'égard des Juifs.

Léon Poliakov
C.N.R.S.

---

1. Gideon HAUSNER, *Justice in Jerusalem*, 1966 ; Arthur D. MORSE, *Pendant que six millions de Juifs mourraient*, Paris, Robert Laffont, 1968.

2. HAUSNER, *op. cit.*, p.245. Le Dr Weismann, futur président de l'État d'Israël, était le principal dirigeant du mouvement sioniste.

3. Saul FRIEDLANDER, *Pie XII et le IIIe Reich*, Paris, Le Seuil, 1964 ; Guenter LEWY, *L'Église catholique et l'Allemagne nazie*, Paris, Stock, 1965.

Chapitre premier

Prodromes

Que l'on se souvienne de 1933, année de l'avènement de Hitler au pouvoir. Deux mois après que le maréchal Hindenburg eut confié à Adolf Hitler la constitution du gouvernement, les premières mesures contre les Juifs allemands entraient en vigueur. Le prélude en fut un boycott monstre des commerces juifs, organisé le 1er avril 1933 par un comité officieux présidé par Julius Streicher. Le 7 avril, deux premières lois étaient publiées, qui excluaient les Juifs des fonctions publiques et du barreau (sauf exceptions prévues pour les anciens combattants et les fonctionnaires ou avocats admis avant le 1er août 1914). Une loi du 22 avril excluait les médecins juifs des caisses de sécurité sociale : à une cadence rapide, une série d'autres dispositions législatives ou administratives éliminaient les Juifs de tous les secteurs de la vie du pays. Le 15 septembre 1935, les lois raciales de Nuremberg venaient apporter à l'antisémitisme allemand une note très caractéristique et nouvelle.

Ces mesures suscitèrent dans le monde des réactions diverses : articles de journaux, meetings de protestation, formations de ligues et de comités, publications de Livres Bruns et autres. Ces réactions ne furent ni unanimes ni nettes, épousant tout naturellement les intérêts de certains camps politiques dressés contre d'autres camps, se heurtant souvent à un antisémitisme un peu partout latent. Les gouvernements n'intervinrent pas : les chancelleries cherchaient l'apaisement. Et ce que ces premières mesures discriminatoires pouvaient annoncer de sinistre, personne, ou presque, ne s'en doutait. Les Juifs tout les premiers.

Qu'exterminations il devait y avoir, ne ressortait, du reste, nulle part des dogmes des nationaux-socialistes ni de leurs principaux écrits. *Mein Kampf*, où le mot « Juifs » revient presque à chaque page, est muet sur le sort qui leur sera dévolu dans l'État national-socialiste. Le programme officiel du parti était un peu plus explicite : il prévoyait (§ 4 et 5) :

> « *Seul un compatriote (Volksgenosse) peut être citoyen. Celui seul qui est de sang allemand, indépendamment de sa confession, peut être compatriote. Un Juif ne peut pas être compatriote.*
>
> « *Celui qui n'est pas citoyen ne peut vivre en Allemagne qu'en tant qu'hôte et est soumis à la législation des étrangers.* »

D'une manière plus précise les commentaires au programme exigeaient :

> « § 3. — *L'éviction des Juifs et de tous les non-Allemands de tous les postes responsables de la vie publique.*
>
> « § 4. — *L'arrêt de l'immigration des Juifs de l'Est ainsi que de tous les étrangers parasites ; l'expulsion des Juifs et étrangers indésirables.* »

En ces premières années du régime, des grands chefs nationaux-socialistes, seuls Julius Streicher et Gœbbels avaient eu l'occasion d'exprimer publiquement des intentions sanguinaires.

Streicher (extrait de discours) :

> « *C'est une erreur de croire que la question juive puisse être résolue sans épanchement de sang : cette résolution ne peut s'effectuer que de manière sanglante*[1]1. »

---

1. Pour les appels de notes entre parenthèses, prière de se reporter à l'appendice de sources et documents cités, à la fin de l'ouvrage.

Gœbbels (extrait d'interview) :

« *À mort les Juifs ! À été notre cri de guerre pendant quatorze années. Qu'ils crèvent enfin*[2]. »

Mais de tels souhaits se retrouvent périodiquement sous la plume de polémistes particulièrement combatifs de tous les pays et sous toutes les latitudes.

Hitler et ses principaux lieutenants envisageaient-ils à l'époque d'effacer le peuple juif de la surface de la terre ? Rien ne nous permet de l'affirmer : aucun document ou témoignage retrouvé ou produit à ce jour ne plaide en ce sens, et à vrai dire, nous penchons résolument vers la négative. Et tout d'abord, d'un point de vue idéologique, la théodicée nazie exigeait la présence de l'Ennemi, du « Gegenreich » (Anti-Reich) qui polarisait si bien la précieuse agressivité nationale : « Si le Juif n'existait pas, il nous faudrait l'inventer » (cité par Rauschning[1]) n'était pas une vaine boutade ; on aura encore longtemps besoin de Juifs pour l'édification du IIIe Reich millénaire. D'un point de vue plus terre à terre, à quoi bon ? Il est tellement plus économique de les affecter aux travaux les plus durs, les parquant dans une réserve, par exemple. On détiendra ainsi des otages précieux : « Les Juifs sont la meilleure sauvegarde de l'Allemagne », disait Hitler à Rauschning : « ils seront les bienfaiteurs de l'Allemagne !»[3] » Et Alfred Rosenberg parlera encore au procès de Nuremberg de la solution « chevaleresque » de la question juive.

À l'époque où nous sommes, il n'est certainement pas question d'une extermination physique, dans les cénacles du parti. Encore que chacun soit libre d'avoir ses idées personnelles : si Julius Streicher, ce psychopathe primitif, rêve de sang et de massacres,

---

1. Hermann Rauschning, l'ancien chef national-socialiste, du gouvernement de Dantzig, offre l'exemple rare et presque unique d'un très haut dignitaire nazi rompant avec le régime dès 1935. Réfugié à l'étranger – tout en évitant peloton d'exécution ou assassinat – il publia des révélations et des analyses *(La Révolution du nihilisme, Hitler m'a dit)* dont le déroulement des événements a permis d'apprécier l'exceptionnelle justesse.

un autre obsédé à froid, Reinhard Heydrich, le chef de la police, y songe peut-être déjà, ainsi que le laisse entendre le témoignage de Dieter Wisliceny[1]. Parmi les tout premiers rôles (les foudres de Gœbbels nous paraissent avoir été davantage verbales) ces deux-là doivent être les seuls.

Que les Nazis n'en soient venus au génocide que malgré eux en quelque sorte, poussés, emportés par les démons qu'ils avaient déchaînés, n'en dramatise que davantage le problème. Lorsque les accusés de Nuremberg, mis en présence des faits, assuraient qu'« ils n'en avaient rien su », ils mentaient plus. Car telle est l'histoire de la majorité des crimes. Cela nous rappelle que les Nazis, aussi criminels qu'ils aient été, n'étaient que des hommes...

FONDEMENTS ET SENS DE L'ANTISÉMITISME HITLÉRIEN

Le sort des Juifs allemands, cependant, devient rapidement dramatique. Une première série de mesures les évince des professions libérales, de l'administration, de l'enseignement : leurs commerces sont soumis à un boycottage de plus en plus strict. Notons que, sauf exceptions isolées, leurs personnes ne font pas encore l'objet de services : et Gœbbels peut proclamer : « Man krümmt den Juden kein Haar ! » (« On ne touche pas à un cheveu des Juifs ! »). Mais d'autres mesures suivent, qui étonnent vivement l'imagination, aucune civilisation humaine n'ayant jamais connu rien de pareil (ou du moins sous cette forme). En automne 1935, les lois de Nuremberg interdisent, sous peine de sanctions très sévères, les rapports sexuels entre Allemands et Juifs. La première loi, celle de base, est la « loi du 15 septembre 1935 pour la protection du sang allemand et de l'honneur allemand ».

---

1. Dieter Wisliceny, un des principaux agents du « Judenreferat » (section juive) de la Gestapo. Condamné à mort et exécuté à Bratislava en 1947. A rédigé dans sa prison plusieurs mémoires qui contiennent des renseignements d'un grand intérêt.

« *Pénétré de la conscience que la pureté du sang allemand est la prémisse de la perpétuation du peuple allemand et inspiré de la volonté indomptable d'assurer l'avenir de la nation allemande, le Reichstag a adopté à l'unanimité la loi suivante, qui est proclamée par les présentes :*

« § 1. — *Les mariages entre Juifs et sujets de sang allemand ou assimilé sont interdits…*

« § 2. — *Le rapport extra-marital entre Juifs et sujets de sang allemand ou assimilé est interdit.*

« § 3. — *Les Juifs ne peuvent pas utiliser au service de leurs ménages des femmes de sang allemand ou assimilé âgées de moins de quarante-cinq ans.*

« § 4. — *Il est interdit aux Juifs de pavoiser aux couleurs allemandes nationales. Par contre, ils peuvent pavoiser aux couleurs juives : l'exercice de ce droit est protégé par l'État.*

« § 5. — *Les infractions au § 1 seront sanctionnées par une peine de réclusion. Les infractions au § 2 seront sanctionnées par une peine d'emprisonnement ou une peine de réclusion…* »

Des ordonnances d'application, des dispositions relatives au cas des « Mischlinge » (« métis ») suivent quelques semaines plus tard.

Ces lois ont un sens profond : elles sont étroitement liées au phénomène national-socialiste en son ensemble : elles étaient essentielles pour le succès du IIIe Reich. Et sans elles l'extermination des Juifs n'eût pas été possible. Nous les appellerons (ainsi que certaines autres, qui leur font suite) mesures « sacrales », par opposition aux premières mesures antijuives, que l'on pourrait qualifier de mesures « profanes ». Celles-ci correspondent à un appareil discriminatif à l'égard de minorités (qui ne sont pas nécessairement juives : étrangers, indigènes, etc.) fort souvent appliqué, pour des raisons surtout d'ordre économique, en d'autres temps et en d'autres lieux. Celles-là sont entièrement originales. Et pour la réussite des projets hitlériens, elles étaient certainement indispensables. Pour le comprendre, une brève digression est nécessaire.

Dominer le monde… « Aujourd'hui l'Allemagne nous appartient, demain ce sera le monde entier ! » chantaient les jeunes

SS. Les visées du Führer étaient immenses : pour les atteindre, aucun programme politique, aucune revendication nationale ne pouvaient lui servir de ferment suffisant, quelles qu'aient été les caractéristiques favorables de la pâte humaine qu'il travaillait. L'échec allemand en 1914-1918 — auquel il se référait si souvent — ne lui servait-il pas d'avertissement supplémentaire ? Adolf Hitler ne rêvait-il pas à un homme entièrement nouveau, à une « jeunesse dure, violente et cruelle ; ... ayant la force et la beauté de jeunes fauves[4]... » ? Les innombrables aspirations confuses, le dynamisme latent et les déceptions individuelles, le « complexe d'infériorité » national, tous ces divers éléments et tendances propices devaient être fondus en un seul élan collectif. Il rêvait d'extirper la religion chrétienne et de la remplacer par un culte nouveau et par une morale nouvelle, « une foi forte et héroïque... en un Dieu indiscernable du destin et du sang[5] ». Doctrines pangermanistes, théories racistes et simples croyances populaires proliférant en Allemagne s'offraient au « grand simplificateur » ; il en tira la matière première de dogmes faciles et accessibles. Car seul un culte, une religion, avec tout ce qu'elle insuffle dans l'âme d'enthousiasme et d'esprit de sacrifice, avec « l'influence dynamogénique qu'elle exerce sur les consciences » (pour se servir d'une expression d'Emile Durkheim), pouvait le conduire au but. Seule, elle pouvait l'assurer des hommes, religieusement obéissants, fanatiquement soumis, qu'il lui fallait avoir derrière lui. Et avec une remarquable sûreté de vues, grâce à une véritable divination des âmes allemandes, le Führer modelait le culte nécessaire à cet effet.

Que le nazisme ait été avant tout une religion a été avancé à maintes reprises. Une démonstration nous entraînerait trop loin : constatons simplement que les trois caractéristiques d'une religion proposées pour la définir — la perception d'un pouvoir supérieur, la soumission à ce pouvoir et l'établissement de relations avec lui[6] — étaient en l'espèce incontestablement présentes. L'âme raciale, le sang et son appel mystérieux, est le pouvoir immanent et supérieur concrétisé par le peuple (« Volk ») ; la soumission au Führer, qui en est l'émanation, est inconditionnelle et absolue ; et le Führer, qui sait infailliblement percevoir les commandements de l'âme raciale, est aussi le grand prêtre qui sait exprimer la volonté divine.

Mais l'âme raciale, le sang, le « Volk », ces objets d'une révérence sacrée, resteraient des notions floues et vagues, tant qu'elles n'allaient pas être rendues tangibles aux fidèles en leur opposant une antirace, un antipeuple bien présent et bien incarné. Le Juif, principe de l'impureté et du mal, symbolise le Diable : « Si le Juif n'existait pas, il nous faudrait l'inventer[7] », car pour cette religion, il fallait de toute nécessité un Diable. Cette dualité manichéenne était essentielle. La présence du Diable permettait de mieux saisir le dieu : en déchaînant la haine de l'Impur, l'adoration de la divinité s'en trouvait activée. Taillée sur mesure, la religion de la Race des Maîtres allait permettre d'obtenir des fidèles une crainte totale et une soumission totale.

Et l'on voit les exégètes nazis discuter pesamment sur la question de savoir si, d'une manière précise, les Juifs sont un « antipeuple » ou un « pseudo-peuple[1] ».

Mais pour rendre le symbole encore plus convaincant, pour rendre le Diable plus tangible, il importait de l'entourer d'une horreur sacrée. Plus cette horreur serait forte, plus entières seraient foi et adoration. Pour mieux fouetter le sang, il importait de conjuguer l'hostilité au Juif avec les instincts les plus actifs, les relier aux représentations les plus sacrées : la mère, l'épouse. D'où l'appel

---

1. « Gegenvolk » ou « Scheinvolk ». Weinreich, *Hitler's Professors*, p. 184 ff. Est-il seulement nécessaire de se demander pourquoi il échut aux Juifs d'incarner le Diable ? Leur muette présence « parmi les nations » a de tout temps polarisé les haines, leur faisant assumer le rôle des boucs émissaires, ces haines étant alimentées par l'esprit de jalousie économique, etc. Sur ce fond préexistant, très fort en Allemagne, venaient jouer des raisons plus spécifiquement hitlériennes. Internationalisme et individualisme juifs étaient un obstacle certain aux plans nazis. Aux yeux des néo-païens, le peuple élu symbolisait facilement la morale honnie des Evangiles et la tradition judéo-chrétienne. Tout cela s'enchaînait à merveille ; en sorte que l'on a pu parler d'une véritable « complicité de l'assassin et de la victime ».

à la sexualité (et les immondices pornographiques du *Stürmer*[1]). Tel est le sens profond des lois sacrales de Nuremberg, et des sanctions sévères qui les accompagnaient.

Les nouvelles notions font leur office, et pénètrent rapidement dans les esprits. Non seulement le Juif est impur, et souille par son contact, mais tout ce qui lui appartient et tout ce qui participe de lui. Il y a une science, un art juifs ; il y a aussi des cafés où les Juifs sont indésirables, et des rues qui leur sont interdites. Entendant les lois de Nuremberg aux animaux appartenant aux Juifs, les conseils municipaux des villages interdisent aux Juifs de présenter leurs vaches à la saillie du taureau communal. De même pour les chèvres : elles sont intouchables par le bouc communal. Les tondeurs de chiens refusent de tondre des chiens appartenant aux Juifs. Une véritable rivalité s'instaure entre les mesures d'État (telles que les lois de Nuremberg) et celles des pouvoirs locaux ou de simples particuliers. La femme d'un membre du parti achète-t-elle chez un Juif ? Son mari sera exclu du parti, ses explications, suivant lesquelles « non pas lui, mais sa femme avait acheté à son insu des cartes postales pour dix pfennigs chez le Juif Cohn », sont jugées insuffisantes. Les tribunaux distribuent libéralement les peines de prison et de réclusion pour souillure de race (dès 1936, Streicher estime que ces sanctions sont insuffisantes et réclame l'introduction de la peine capitale : son vœu sera exaucé en 1939) et la jurisprudence précise que les baisers et les simples contacts corporels sont constitutifs du crime de souillure de race. « La souillure de race est pire que l'assassinat ! » s'exclame un président de tribunal en commentant son verdict. *Das Schwarze Korps,* l'organe des SS, signale à ses lecteurs que tout Allemand possède le droit d'arrêter un Juif qu'il aperçoit en public en compagnie d'une femme allemande, « en employant la force si besoin est » — « cependant, il n'y a lieu de le ligoter que dans les cas extrêmes » — la jurisprudence des tribunaux l'exonérant de toute

---

1. Hebdomadaire paraissant à Nuremberg ; organe personnel de Julius Streicher, le Gauleiter de Franconie.

responsabilité en cas d'erreur[1]. Si certains procédés — processions et mises au pilori, autodafés de livres « juifs et dégénérés » — tiennent davantage des pratiques moyenâgeuses, d'autres — ainsi une étonnante loi du 18 août 1938, prescrivant à tout Juif d'adopter le prénom d'Israël, à toute Juive celui de Sara — ressortissent directement au domaine de la magie des peuples primitifs. (Il est vrai que sorciers ou chamanes faisaient usage de la vertu magique des noms pour guérir aussi bien que pour envoûter : les sorciers modernes, eux, se bornent aux fins maléfiques.) Tout ceci est accompagné d'une campagne de presse d'une violence et d'une obscénité dont il est difficile de donner une idée autrement qu'en citant des textes. Le *Stürmer* de Julius Streicher, qui tire à plusieurs centaines de milliers d'exemplaires et s'efforce d'atteindre plus particulièrement les enfants, en est le chef de file : « Campagne adroite et amusante », dira le Führer. « Où Streicher va-t-il chercher toutes ses idées[8] ? »

Ainsi que le dit excellemment Robert Kanters, « par la multiplication de ces tabous, la division du monde en sacré et en profane est présente à chaque instant à la mémoire d'un Allemand : il vit presque continuellement dans une atmosphère religieuse. De l'acte le plus simple au plus important, d'entrer dans un café à se marier, il ne peut rien faire sans prendre garde d'abord à ne pas méconnaître la barrière qui sépare les deux mondes. S'il se trompe, il aura contre lui, non seulement les sanctions diffuses de l'opinion publique, mais encore les sanctions organisées de l'État et du droit : un contrat de travail, un mariage, tout peut être irrémédiablement vicié et cassé par les tribunaux, si on y trouve une atteinte à la pureté du sacré... Ce trait marque d'une façon éclatante le contraste entre le monde de la tiédeur et une vie pénétrée par la foi[9] ».

C'est ainsi qu'une atmosphère d'horreur sacrée a pu imprégner à un degré plus ou moins profond des millions d'âmes allemandes.

---

1. *Das Schwarze Korps*, 7 août 1938. (L'article s'intitule : « Quand ai-je le droit d'arrêter quelqu'un ? »)

Si une minorité exécrait le Juif, lui portant une haine homicide, une majorité qui n'était pas foncièrement antisémite le laissait tuer, et y prêtait la main, parce qu'elle le voyait exécré. « Elle avait appris à détourner les yeux : c'est le destin des Juifs et non le nôtre[10] ». Ainsi à un prisonnier qui lui avait dit qu'il était Juif, une vieille sentinelle de la Wehrmacht répliquait, stupéfaite : « Mais pourquoi me le dis-tu ? À ta place je serais mort de honte, plutôt que d'avouer une chose pareille[1] ! » Telles furent les conditions qui rendirent le génocide possible. Ces prémisses psychologiques étaient indispensables : les quelques milliers de SS du service juif ou des « groupes d'action », même assistés des 300 000 — 400 000 Waffen-SS, n'auraient jamais pu assassiner six millions d'êtres humains sans la connivence tacite du peuple allemand et de sa Wehrmacht.

L'on verra du reste par la suite comment, ayant décidé de supprimer en Allemagne les « bouches inutiles » — les aliénés et les faibles d'esprit — Hitler fut pour une fois contraint de faire machine arrière devant la forte opposition populaire, et de renoncer à son vaste programme « d'euthanasie ».

La tragédie des juifs allemands

Les collectivités juives dans les pays de la dispersion vivent et se développent suivant leurs lois propres. Si, au cours du Moyen Age, l'Espagne a servi au judaïsme de foyer principal, si, plus tard, jusqu'à une date récente, son centre de gravité s'établissait en Pologne, ce fut en Allemagne que les minorités juives « assimilées » paraissaient avoir planté les racines les plus profondes. Leurs premiers établissements dans la région rhénane datent des IIIe et IVe siècles de notre ère. Est-ce parce que, contrairement à la France et l'Angleterre, ils n'en avaient jamais été expulsés ? ou parce que les subtilités, le goût fort épicé de l'intellect juif venaient

---

1. Souvenir vécu de l'auteur lors de la campagne de France en juin 1940.

relever très à propos la pesanteur et la fadeur de l'esprit germanique ambiant ? Le fait est que leur assimilation était profonde, leur adhésion aux intérêts et aspirations nationales totale, et leur apport dans toutes les branches de l'activité plus grand que partout ailleurs. Et si, conformément au processus de l'assimilation, cette adhésion leur faisait quelquefois épouser les outrances et l'agressivité chauvine du caractère national (à tel point qu'un type particulier s'est créé, que le Juif d'ailleurs qualifie volontiers de « Jäcke[1] » — l'humour juif n'affirme-t-il pas que « chaque pays a les Juifs qu'il mérite » ? –) leur apport s'exprime facilement en quelques chiffres, faits et symboles.

Sur les 44 prix Nobel décernés à des Allemands, 8 l'ont été à des Juifs, et 4 à des demi-Juifs, le pourcentage des Juifs en Allemagne étant de 0,8 p. 100. Rappelons quelques noms illustres : en philosophie, Hermann Cohen, Edmund Husserl, Georg Simmel ; dans les sciences exactes, Albert Einstein, Heinrich Hertz, Fritz Haber, Georg Cantor ; en médecine, Sigmund Freud (Vienne), August Wassermann, Paul Ehrlich. En musique, Meyerbeer, Mendelssohn, Gustav Mahler ; en littérature, Heinrich Heine, Jacob Wassermann, et les Autrichiens Stefan Zweig et Franz Werfel ; et en politique, Karl Marx, Ferdinand Lassalle, Ludwig Bamberger et Walter Rathenau. Ces derniers noms nous rappellent qu'il est dans la tradition juive de se rallier naturellement aux tendances critiques et réformatrices, de se solidariser avec la cause des déshérités. Cependant, les 12 000 combattants juifs tués en 1914-1918 rappelaient l'attachement des Juifs à l'idéal collectif, et le suicide d'Albert Ballin, illustre armateur et ami personnel de Guillaume II, lors de la capitulation du 9 novembre, symbolisait leur patriotisme. Le sort de Walter Rathenau, le puissant industriel qui avait imaginé et mis sur pied pendant la guerre la première économie planifiée de notre époque, permettant à l'Allemagne de tenir, et qui, négociateur de Rapallo et ministre des Affaires étrangères,

---

1. Cette dénomination est particulièrement propre à Israël, où « Jäcke » désigne le Juif allemand pédant et prétentieux, à l'esprit lent.

succombait en 1923 sous les balles d'assassins pré-nazis, fournit du reste un symbole plus significatif. L'âme tourmentée de cet homme prodigieusement doué cherchait le délassement dans la poésie, dans les métaphysiques ; déchiré par le doute, il lui arriva d'exhaler un soupir à propos « de la horde orientale campant sur les sables brandebourgeois »...

Au point de vue démographique, les 525 000 Juifs d'Allemagne, traditionnellement concentrés dans les villes, s'étaient en majorité consacrés au commerce et aux professions libérales, encore que leur pourcentage fût loin d'être celui qu'une infatigable propagande leur prêtait (3,3 p. 100 dans le commerce et 2,3 p. 100 dans les professions libérales, avec des pointes de 8,1 p. 100 pour le droit et de 7,1 p. 100 pour la médecine). Sur leur nombre total, 29 p. 100 étaient employés ; 7 p. 100 ouvriers. Leurs communautés confessionnelles dans les grandes villes étaient prospères et — conformément en cela au climat ambiant — mieux et plus solidement organisées que dans les autres pays occidentaux. De même que dans ceux-ci, seule une minorité de Juifs en faisaient cependant partie. Depuis le début du siècle dernier, les conversions ainsi que les mariages mixtes devenaient de plus en plus nombreux[1]. Ces quelques indications peuvent laisser entendre à quel point le judaïsme allemand était évolué et hétérogène.

La montée de l'hitlérisme inquiétait et consternait les Juifs — au point que leur courbe démographique, qui accusait une élévation de 29 000 de 1910 à 1925, décrut de 69 000 de 1925 à 1933 — mais pas au point de les pousser dès cette époque à s'expatrier en nombre appréciable. Leurs attaches étaient fortes, et leur imagination certes insuffisante. Les persécutions une fois déchaînées, leurs réactions furent diverses et caractéristiques.

Tentatives pour s'adapter aux nouvelles conditions, telle fut une première tendance. Son expression extrême fut la création

1. Dès 1900, le nombre des conversions était de plus de 400 par an ; 12 p. 100 des mariages étaient des mariages mixtes. (S. Grayzel, *A History of the Jews*, p. 708.)

d'une « Union des Juifs nationaux allemands[1] » présidée par le docteur Max Naumann, qui ne prétendait à rien de moins qu'à la conciliation du programme du parti national-socialiste et de « l'avenir allemand » avec les aspirations des Juifs vraiment allemands et « nationaux ». Ce pitoyable essai fit long feu. Le masochisme du docteur Naumann et de ses amis ne trouva nulle grâce aux yeux des Nazis ; leur association fut rapidement dissoute. L'épisode en dit long sur le drame psychologique des Juifs allemands ; il serait vain de l'attribuer au seul instinct de conservation : ne fait-il pas écho, en un sens, aux tourments d'un Walter Rathenau et de bien d'autres ?

Sans en venir à de telles extrémités, la plupart des Juifs allemands se montrèrent incapables de réaliser leur situation nouvelle. Ils croyaient à un phénomène passager, à un malentendu : une fidélité à toute épreuve permettrait de dissiper celui-ci. Ils crurent habile de porter publiquement témoignage de leur attachement indéfectible à la patrie allemande. Lors de l'avènement de Hitler, ils allèrent jusqu'à louer le nouveau gouvernement de sa modération et de sa sagesse.

« La diffusion de nouvelles inexactes… suscitera des difficultés et ternira la renommée de notre patrie allemande[11] », câblait en avril 1933 la communauté israélite de Berlin au grand rabbin de Londres ; « nous vous prions d'agir en vue de faire cesser tout acte de propagande et de boycottage ». L'association allemande d'anciens combattants juifs remettait à l'ambassadeur des États-Unis, « dans l'intérêt patriotique, mais aussi au nom de la vérité », une protestation encore plus énergique, destinée à l'opinion publique américaine, Leo Baeck, grand rabbin de Berlin, s'en prenait « aux partis de gauche ». « Afin de susciter des difficultés aux nouveaux détenteurs du pouvoir en Allemagne, les partis de gauche dans le monde entier ont pris le judaïsme allemand pour bouclier. Ils ont tenté de nuire à leurs adversaires, les dirigeants nationaux-socialistes, par des communications mensongères inouïes. » Le docteur Alfred Tietz,

---

1. « Verband national-deutscher Juden. »

directeur des plus importants grands magasins berlinois, câblait
« à ses clients et amis » : « Sécurité complète pour vie et propriété
assurée. Partout règnent le calme et l'ordre, uniquement menacés
par propagande aussi fausse qu'insensée. »

Ces naïves tentatives « d'apaisement » que le gouvernement
allemand s'employait au début à provoquer (« les Juifs allemands
doivent agir sur leurs congénères étrangers : autrement il leur en
cuira ! » écrivait Gœbbels[(12)]) cessèrent rapidement. Leurs auteurs
s'aperçurent qu'il était vain d'espérer amadouer la bête. Elles
ne servirent qu'à faire ressortir la faiblesse des victimes : et les
Nazis se convainquirent bien vite qu'ils n'avaient nul besoin de
ces « attestations de moralité ».

Le judaïsme allemand, cependant, mit un certain temps à
accepter l'idée qu'il était définitivement et irrévocablement rejeté
de la communauté nationale, et que l'expatriation était la seule
solution qui lui restait ouverte. En ces premières années de régime
hitlérien, l'émigration des Juifs allemands était peu importante. Ne
s'expatriaient en premier lieu que ceux qui, hommes politiques,
journalistes, sentaient planer la menace immédiate de la prison
ou du camp de concentration. L'attachement à la mère patrie
était une des raisons de cette indécision générale, l'autre étant les
immenses difficultés que présentait l'émigration. Non seulement
l'obtention d'un visa pour un pays étranger était déjà une entreprise
assez malaisée, mais par le jeu d'une complexe réglementation
fiancière, un émigrant se trouvait dépouillé des 9/10 de son avoir[1]

Honni par son pays, dépouillé de sa fortune, le malheureux Juif
allemand émigré, en cette époque de planète sans visa, pâtissait en
plus de l'hostilité généralisée témoignée à l'étranger aux détenteurs de passeports allemands, revêtus d'une svastika... Seule la
Palestine recevait les émigrants à bras ouverts, et 40 p. 100 d'entre
eux s'installèrent dans ce minuscule pays. Le sort de nombreux

---

1. Sur tout capital transféré à l'étranger, le fisc allemand prélevait depuis 1931
une « taxe d'évasion » d'un montant de 25 p. 100.

Les 75 p. 100 restants ne pouvaient être transférés que sous forme de « marks
bloqués » (Sperrmark) dont la valeur en Bourse n'était que de 1/6 environ du mark libre.

émigrés était tellement précaire, que beaucoup d'entre eux songèrent à rentrer en Allemagne, où, à partir d'une réglementation datant de mars 1935, ils étaient dès leur retour immédiatement internés dans un camp de concentration. 25 000 Juifs allemands quittaient l'Allemagne dans le premier semestre de 1933, 50 000 entre le 1er juillet 1933 et le 15 septembre 1935, et 100 000 au cours des deux années suivantes.

Ceux qui restaient furent les premiers Juifs d'Europe à connaître la douloureuse voie de l'isolation forcée et du repliement sur eux-mêmes, qui dans tous les pays précédaient les déportations, avec cette circonstance aggravante qu'ils ne connurent presque pas ce réconfort moral de leurs concitoyens, leur aide matérielle et cette solidarité qui ailleurs les unira dans une opposition commune contre l'oppresseur. Aussi le drame des Juifs allemands, à cette époque, un drame essentiellement moral, a-t-il une résonance particulièrement déchirante.

Voici un Juif qui dirigeait un club sportif dans une petite ville de Württemberg. En août 1933 il se suicide en laissant le billet suivant :

« Mes amis ! C'est mon dernier adieu !

« Un Juif allemand ne pouvait accepter de vivre, sachant que le mouvement dont l'Allemagne nationale attend son salut le tenait pour un traître ! Je m'en vais sans haine ! Je n'ai qu'un désir ardent : que la raison fasse son retour !

« Ne pouvant exercer aucune activité qui me convienne, j'essaie par mon suicide de secouer mes amis chrétiens. Que cela vous fasse voir ce qu'éprouvent les Juifs allemands. Combien j'aurais préféré donner ma vie à ma patrie ! Ne me pleurez pas : essayez plutôt de faire comprendre et d'aider la vérité à vaincre. C'est ainsi que vous me ferez honneur.

« Votre FRITZ. *»*

« Fritz Rosenfelder est raisonnable et se pend ! écrivait le journal local en annonçant ce suicide. Nous sommes heureux, et ne voyons aucun inconvénient à ce que ses congénères nous disent adieu de la même manière[13]. »

C'est par centaines que se suicidaient les Juifs allemands, et leur désespoir est encore mieux mis en relief par le déplacement paradoxal de leur « pyramide démographique », dû à la chute verticale des naissances. Ils comptaient, en 1933, autant de vieillards de plus de soixante ans que d'enfants de moins de quinze ans : en 1939, le pourcentage des vieillards deviendra le quadruple du pourcentage des enfants.

Les quelques prérogatives que l'on réservait encore aux anciens combattants juifs, les meilleurs d'entre eux y renonçaient d'eux-mêmes. Ils suivaient l'exemple d'un illustre détenteur de la Croix de fer, le professeur James Franck, prix Nobel de physique, qui écrivait dès avril 1933, au recteur de l'université de Gœttingue :

« *J'ai demandé au ministère de me libérer de mes fonctions. J'essaierai de poursuivre mes recherches scientifiques en Allemagne. Nous, Allemands d'origine juive, sommes traités comme des ennemis de la patrie. On exige que nos enfants grandissent sachant que jamais ils ne seront Allemands. Il sera permis aux anciens combattants de continuer à servir l'État. Je refuse de bénéficier de cette faveur, bien que j'aie de la compréhension pour le point de vue de ceux qui estiment de leur devoir de persévérer dans leurs tâches[14]… »*

Cependant les quelques exceptions en faveur des anciens combattants ou de ceux qui étaient entrés en fonctions avant 1914 étaient supprimées dès septembre 1937.

Une quantité quasi incalculable de nouvelles mesures, s'appliquant à tous les domaines de l'activité professionnelle ou privée, aggravait de mois en mois le sort des Juifs allemands. Leur énumération complète est impossible et serait d'ailleurs fastidieuse. Ils furent exclus du bénéfice des lois sociales et de l'allocation de chômage, soumis à des taxes et des impôts spéciaux : l'ingéniosité des Nazis ne connaissait pas de limites, allant jusqu'à assimiler les filles-mères juives aux personnes habitant seules, afin de pouvoir leur appliquer l'impôt sur les célibataires. Soumis à un boycott tenace, leurs commerces périclitaient de plus en plus, ils vivaient de leurs économies, ou du maigre pourcentage qui leur était alloué sur le produit des ventes de leurs commerces : une proportion de plus en plus grande en était réduite à vivre des subsides que leur allouaient les œuvres philanthropiques juives : dès mars 1937, sur les 150 000 Juifs qui restaient à Berlin, 60 000 en étaient déjà arrivés à ce stade. L'émigration quasi insignifiante du début se mit à croître malgré toutes les difficultés.

C'est ainsi qu'il fut enseigné aux Juifs allemands qu'aucun renoncement, aucune platitude, aucun héroïsme ne leur était d'aucun secours, et qu'ils devaient définitivement abandonner leur rêve de rester Allemands, malgré et contre tout. L'homme cependant a besoin de se réclamer d'un groupe et d'une patrie, fût-elle spirituelle : et ce furent les meilleurs des Juifs allemands qui — suivant le conseil que leur donnaient ironiquement les Nazis (« les Juifs… peuvent pavoiser aux couleurs juives » : § 4 de la première loi de Nuremberg) — se tournèrent résolument vers leur judaïsme. Il y eut un renouveau de la vie juive, dans l'Allemagne hitlérienne : la jeunesse s'enthousiasmait pour le sionisme, étudiait l'hébreu, s'apprêtait à partir pour la Palestine : les gens d'âge mûr retournaient à la synagogue ou se plongeaient dans la lecture, recherchant davantage les consolations de l'esprit. Ainsi, animée d'une vie spirituelle parfois intense, se constituait la première de ces « sociétés en vase clos » qui semblent avoir été une étape inévitable entre la vie de jadis et l'extermination. À cette époque ces hommes étaient encore libres de leur personne, libres de leurs mouvements : jusqu'à la fin de 1938 (s'ils étaient politiquement neutres) on ne les molestait qu'exceptionnellement. L'avalanche de mesures destinées à les évincer de la vie du pays étaient promulguées par le ministère de la Justice, appliquées par le ministère de l'Intérieur. La Gestapo de Gœring n'intervenait que dans les cas « politiques » (il est vrai qu'on donnait à cette notion le sens le plus large possible, y englobant même, on l'a vu, les cas de tous les émigrants rentrant en Allemagne). Himmler n'était que le chef de la SS naissante ; ce n'est que fin 1936 qu'un « Service des Questions juives » fut constitué auprès du Service de Sécurité (Sicherheitsdienst, plus communément désigné par SD) de la SS (auparavant, ces questions rentraient dans le cadre du service « Francs-Maçons »). Ce fut un fait apparemment insignifiant que l'étude des questions palestiniennes et sionistes fut confiée, au début de 1937, à un jeune sous-officier SS, nommé Adolf Eichmann. Le but essentiel du nouveau service était l'étude de toutes questions préparatoires pour une émigration massive des Juifs.

LE MOIS CRUCIAL DE NOVEMBRE 1938

À partir de l'Anschluss de l'Autriche (mars 1938), les mesures antijuives, qu'elles soient profanes ou qu'elles soient sacrales, sont promulguées à une cadence redoublée. Il va de soi que tout d'abord l'Autriche a été « mise au pas », sous le rapport de la législation antijuive, avec une brutalité d'autant plus grande qu'il s'agissait de rattraper en l'espace de quelques semaines le terrain parcouru en Allemagne même pendant cinq années. Parmi les mesures nouvelles qui se succèdent maintenant, relevons la déclaration obligatoire des biens des Juifs, prélude de confiscations massives (26 avril 1938), l'étonnante injonction d'avoir à s'appeler « Israël ou Sara » (18 août 1938), la suppression des dernières exceptions de faveur pour les avocats anciens combattants (27 septembre 1938), enfin le tamponnage des passeports et pièces d'identité au moyen de la lettre « J » (7 octobre 1938). Une semaine plus tard, Gœring déclarait en petit comité que le moment était venu d'en finir avec la question juive. Les Juifs devaient disparaître de l'économie, et quitter l'Allemagne. Mais il n'était pas question de mettre des devises à la disposition des émigrants. « Si besoin était, on organisera des ghettos dans les grandes villes[15]. »

Le jour même où le gouvernement hitlérien ordonnait le tamponnage des passeports des Juifs, le gouvernement polonais prescrivait à ses nationaux habitant à l'étranger un tamponnage d'un autre genre. Faute de faire revêtir leurs passeports par un cachet spécial apposé par les consulats, ils allaient être déchus de la nationalité polonaise. De leur côté, les consulats polonais avaient reçu l'instruction de ne pas renouveler les passeports des Juifs vivant à l'étranger depuis plus de cinq années. Plus de 20 000 Juifs polonais résidant en Allemagne depuis de longues années allaient se trouver apatrides du jour au lendemain. Cette fois-ci, la Gestapo le soulignait ironiquement, c'est sur la suggestion du ministère des Affaires étrangères que Himmler ordonna l'arrestation immédiate et l'expulsion de tous les Juifs polonais habitant en Allemagne. Dans la seule ville de Vienne, 3 135 Juifs furent arrêtés et envoyés en Pologne.

Mais le gouvernement de Varsovie refusa de les laisser entrer en territoire polonais. C'est ainsi que dans la région de Zbonszyn, des milliers d'hommes, femmes et enfants, premières personnes déplacées de notre époque, durent camper de longues semaines dans un *no man's land* sur la frontière, par un froid rigoureux, en attendant que les gouvernements se missent d'accord sur leur sort.

Parmi ces malheureux se trouvait le ménage Grunspan, qui précédemment avait habité Hanovre, et dont le fils, le jeune Herschel Grunspan, vivait avec son oncle à Paris. Le jeune homme — il avait dix-sept ans — était pieux, un peu mystique, un peu exalté : le 6 novembre, il acheta un revolver, s'en fit montrer l'usage, se rendit à l'ambassade d'Allemagne à Paris et abattit, à titre de victime expiatoire, le fonctionnaire qui le reçut, le conseiller d'ambassade Ernst vom Rath. Vom Rath succombait à ses blessures, deux jours plus tard.

Tel fut le rapide enchaînement des circonstances connu sous le nom de « l'affaire Grunspan », et qui pour les Nazis venait si bien à point, qu'une supposition a pu être formulée suivant laquelle un agent provocateur avait armé le bras de Grunspan. En Allemagne, le parti s'apprêtait à célébrer le 9 novembre, date anniversaire du premier « putsch » hitlérien de 1923 à Munich. Les célébrations dégénérèrent en manifestations « spontanées » de vengeance.

Les lignes qui suivent sont extraites d'un document national-socialiste très curieux (et auquel nous allons revenir) qui nous en relate la genèse. Il s'agit d'un rapport qui fut rédigé trois mois plus tard par le juge suprême du parti, le major Walter Buch[16].

« Le soir du 9 novembre 1938, le camarade docteur Gœbbels signala aux chefs du parti, réunis en soirée amicale dans le vieil hôtel de ville de Munich, que des démonstrations antijuives avaient eu lieu dans les provinces de Hesse et de Magdebourg. Des magasins juifs avaient été démolis, des synagogues avaient été incendiées. Il en avait fait part au Führer, qui avait décidé que de telles démonstrations n'avaient pas à être préparées ni organisées par le parti, du moment qu'elles étaient spontanées, mais qu'il n'y avait pas lieu de s'y opposer.

« Les instructions orales du ministre de la Propagande ont certainement été interprétées par tous les chefs présents dans le sens que le parti ne voulait pas apparaître publiquement comme l'instigateur des démonstrations, mais qu'en réalité il les voulait organiser et exécuter. C'est de cette manière qu'elles ont été aussitôt transmises par téléphone à leurs provinces (Gauen) respectives par une grande partie des camarades présents. »

« Le 10 novembre 1938, à 1 h 20, le télégramme ci-joint de la Geheime Staatspolizei (Gestapo) était adressé à tous les bureaux de police », continuait le rapport.

Ce télégramme, signé par Heydrich, spécifiait que des démonstrations antijuives « étaient à prévoir » dans la nuit du 9 au 10 novembre. Il enjoignait aux commissaires de police de se mettre en contact « avec la direction politique de leur province » et de veiller à ce que la vie ou la propriété allemandes ne soient pas menacées, que les magasins ou appartements juifs, lors de leur saccage, ne soient pas pillés, et que les étrangers — même s'ils étaient Juifs — ne soient pas molestés. Dans ce cadre, les commissaires ne devaient s'opposer en aucune manière aux manifestations, se bornant à les faire surveiller. « Aussitôt que les événements de cette nuit rendront les inspecteurs de police disponibles, il y aura lieu d'arrêter autant de Juifs — Juifs aisés de préférence — que les locaux de détention le permettent. Sont à arrêter en premier lieu des Juifs en bonne santé de sexe masculin, point trop âgés. Après les arrestations, il y a lieu de prendre immédiatement contact avec les camps de concentration correspondants, aux fins de l'hébergement rapide des Juifs. »

Les pogromes immédiatement déclenchés n'ont rien de commun avec les éruptions sadiques, les brutalités isolées des années précédentes. Aux mesures profanes ou sacrales s'ajoutent maintenant, massivement appliquées, des mesures proprement physiques. Le lendemain, Heydrich en soumet le bilan à Gœring :

« *À cette date, l'échelle du saccage des magasins et appartements juifs ne se laisse pas chiffrer encore.*

Les chiffres déjà connus : 815 magasins démolis, 29 entrepôts incendiés, 171 maisons incendiées, ne représentent qu'une partie des saccages. Vu l'urgence, la grande majorité des rapports qui nous sont parvenus se limitent à des données générales comme « *destruction de nombreux magasins* » *ou* « *destruction de la majorité des magasins* ». *191 synagogues ont été incendiées et 76 ont été complètement détruites. 20 000 Juifs ont été arrêtés, de même que 7 aryens et 3 étrangers. 36 Juifs ont été assassinés, 36 grièvement blessés*[17]*... »*

Le jour suivant, à une conférence convoquée par Gœring dont il sera question plus loin, Heydrich parle déjà de 7 500 magasins détruits. Les archives du camp de Buchenwald indiquent que ce seul camp recevait entre le 10 et le 13 novembre livraison de 10 454 Juifs, où ils étaient reçus et traités avec les sadiques raffinements d'usage, couchés en plein air hivernal, battus et torturés à longueur de journée, tandis qu'un haut-parleur proclamait : « Tout Juif qui veut se pendre est prié d'avoir l'amabilité de mettre un morceau de papier portant son nom dans sa bouche, afin que nous sachions de qui il s'agit. »

Cette orgie dévastatrice n'émut pas outre mesure le peuple allemand, qui en était le témoin global. Elle se poursuivait devant une indifférence quasi générale. « La réaction du peuple allemand aux pogromes de l'automne 1938 montre jusqu'où Hitler l'a mené en cinq ans et jusqu'à quel point il l'a avili », écrivait Rauschning en 1939[18]. Et Karl Jaspers observe : « Lorsqu'en novembre 1938 les synagogues brûlaient et que les Juifs étaient déportés pour la première fois... les généraux étaient présents ; dans chaque ville, le commandant avait la possibilité d'intervenir... ils n'ont rien fait[19]. »

C'est que le dressage collectif était suffisamment avancé déjà. La nuit du 9 au 10 novembre est un point tournant. Pour les Juifs allemands, elle signifie une aggravation extraordinaire de leur sort ; pour les chefs nazis, si l'extermination est encore loin d'entrer dans leurs intentions, du moins peuvent-ils se convaincre que toutes les brutalités et tous les excès leur sont désormais permis. Sur les « attitudes mentales » qu'ils inculquent à leurs hommes, le rapport précité du juge Walter Buch contient des détails infiniment instructifs.

Les assassinats et les viols n'étant pas inclus dans les instructions câblées par la Gestapo, certains magistrats de la justice ordinaire avaient voulu ouvrir des enquêtes ; le parti y coupa court en déférant tous les cas de ce genre à sa juridiction extraordinaire, dont Buch était le juge suprême. Sur 91 cas qui avaient fait l'objet d'enquêtes, Buch en examine 16[20]. Dans 13 cas, il décide de ne pas donner suite aux poursuites. Il s'agit, en effet, d'assassinats. Les hommes avaient pu mal interpréter les ordres donnés, et *ils ont pu avoir en plus les inhibitions psychiques les plus lourdes à surmonter, afin d'accomplir leurs actes...* De les avoir surmontées on leur fera gloire : le sixième commandement, le « tu ne tueras point », n'est-il pas un obstacle à l'éclosion de la jeunesse « dure, violente et cruelle » ?

Est-ce à dire que toutes les « inhibitions psychiques » sont à supprimer ? Point. Dans les cas 2 et 3, il s'agit, en effet, de viols. Les coupables, estime Buch, doivent être déférés à la justice ordinaire ; ils ont été exclus du parti. Or, il pouvait arriver, lors d'excès ou de pogromes commis en tel autre lieu ou telle autre époque, que le soudard ou le cosaque soit poursuivi, soit mis en accusation pour avoir violé, souillé une Juive. Mais en l'occurrence, c'est pour s'être souillé lui-même qu'il sera poursuivi, pour crime de souillure raciale, *des mobiles égoïstes ou criminels ont été à la base de son acte*. Ici, l'inhibition, le tabou doit être infranchissable.

Ainsi, l'on atteindra l'obéissance totale. On voit le renversement complet « des attitudes mentales » qui est méthodiquement poursuivi. Comment punir des hommes qui n'ont fait que répondre logiquement à ce que le parti exigeait d'eux ? « Chaque auteur a mis en application non pas l'apparente volonté de la direction du parti, mais sa volonté clairement perçue, bien que confusément exprimée. Il ne peut pas être puni pour cela », conclut très judicieusement le remarquable rapport du « Parteirichter[1] » Walter Buch.

Il s'agit maintenant pour les Nazis de faire le point. Le 12 novembre, Gœring réunit à cet effet un conseil de ministres.

Le ton de la réunion est extraordinairement caractéristique : nous allons citer d'assez longs extraits de son procès-verbal sténographié, qui se lit comme une pièce de théâtre (pièce qui irrésistiblement fait songer à l'immortel *Ubu-roi,* tant il est vrai que souvent la nature imite l'art…). Le lecteur en jugera lui-même, et il pourra, en écoutant dialoguer les Nazis, confronter ses impressions avec certaines des considérations que nous avons développées jusqu'ici. Qu'il note seulement qu'il s'agit d'un conseil de ministres, dont certains membres (ainsi par exemple Schwerin-Krosigk, ministre des Finances) ne sont pas de purs Nazis : quel langage ne devait-on pas tenir dans les cénacles suprêmes ! Dans le somptueux édifice nouvellement construit du ministère de l'Aviation, sont présents la plupart des grands dignitaires : Gœring (qui préside), Gœbbels, Frick (Intérieur), Heydrich, Daluege (Police), Funk (Economie), Schwerin-Krosigk (Finances) ; et si le Führer est absent, son esprit plane au-dessus de l'assemblée, ainsi que l'annoncent les premières paroles de Gœring :

1. « Juge du parti »

GŒRING :

« *Messieurs, la séance d'aujourd'hui est d'une importance décisive. J'ai reçu une lettre que m'a envoyée Bormann sur ordre du Führer, demandant que la question juive soit traitée en son ensemble et résolue d'une manière ou de l'autre. Hier le Führer m'a téléphoné, afin de me signaler à nouveau que les mesures décisives doivent être entreprises d'une manière coordonnée...*

« *Il s'agit avant tout d'un gros problème économique, et c'est là qu'il faudra appliquer le levier...* »

La première partie de la conférence traite de la dépossession totale et rapide des Juifs de leurs commerces, de leurs usines, de leurs immeubles (questions qui seront examinées dans un autre chapitre de cet ouvrage). Rapidement, la question se pose de savoir comment seront réglés les immenses dommages causés par les récents événements : comment éviter que les Juifs ne deviennent les bénéficiaires des sommes à payer par les assurances, surtout au cas où il s'agit de sociétés d'assurances étrangères ? Cette question nécessite la convocation d'un expert en assurances. En attendant que celui-ci vienne, Gœbbels prend la parole :

GŒBBELS :

« ... *Dans presque toutes les villes allemandes, les synagogues ont été incendiées. On peut utiliser des manières les plus diverses les terrains sur lesquels elles se trouvaient. Certaines villes veulent en faire des jardins, d'autres veulent y construire.* »

GŒRING :

« *Combien de synagogues ont été incendiées ?* »

HEYDRICH :

« *101 synagogues ont été incendiées, 76 ont été démolies, 7 500 commerces ont été détruits.* »

GŒBBELS :

« *Je suis d'avis que cela nous donne l'occasion de dissoudre les synagogues. Toutes celles qui ne sont pas entièrement intactes*

doivent être démolies par les Juifs eux-mêmes. Les Juifs doivent
payer ce travail. Ici à Berlin, ils y sont prêts. Les synagogues
incendiées à Berlin seront rasées par les soins des Juifs. Ce
devrait devenir le principe directeur pour le Reich en son entier.

« *De plus, j'estime nécessaire de publier une ordonnance*
interdisant aux Juifs de fréquenter les théâtres, les cinémas et les
cirques allemands. La situation actuelle nous le permet. Les théâtres
sont remplis de toute manière ; c'est à peine si on y trouve de
la place. Je suis d'avis qu'il n'est pas possible de permettre aux
Juifs de s'asseoir aux côtés des Allemands dans les salles. Par la
suite on pourrait peut-être mettre à leur disposition un ou deux
cinémas, où ils présenteraient des films juifs. Mais ils n'ont rien
à chercher dans les théâtres allemands.

« *De plus, il faut qu'ils disparaissent partout de la circulation*
publique, car ils exercent un effet provocateur. Il est par exemple
encore possible aujourd'hui qu'un Juif utilise le même comparti-
ment de wagon-lit qu'un Allemand. Une ordonnance devrait être
publiée par le ministre des Communications, introduisant des
compartiments pour les Juifs, qui ne seraient mis à leur disposition
que lorsque tous les Allemands sont assis, et sans qu'ils puissent
se mélanger à eux. S'il n'y a pas assez de place, ils doivent rester
debout dans le couloir. »

Gœring :

« *Je trouve plus raisonnable de leur donner des compartiments*
spéciaux. »

Gœbbels :

« *Pas quand le train est rempli.* »

Gœring :

« *Un moment ! Il n'y aura qu'un seul compartiment juif. S'il*
est rempli, les autres Juifs doivent rester chez eux. »

Gœbbels :

« *Et si, mettons dans le rapide de Munich, il n'y a pas assez de*
Juifs : il y a deux Juifs dans le train, et les autres compartiments
sont remplis. Ces deux Juifs ont alors un compartiment spécial

à eux deux. Il faut donc dire : les Juifs ne peuvent s'asseoir que lorsque tous les Allemands sont assis. »

GŒRING :

« Ce n'est pas la peine de le dire expressément. Si vraiment le train est rempli comme vous le dites, croyez-moi, je n'ai pas besoin d'une loi. Le Juif sera foutu à la porte, il n'aura qu'à s'asseoir tout seul dans les chiottes pendant tout le voyage. »

GŒBBELS :

« Une autre ordonnance doit interdire aux Juifs la visite des villes d'eaux, plages et stations estivales allemandes... Je me demande s'il n'est pas nécessaire d'interdire aux Juifs l'accès de la forêt allemande. Aujourd'hui les Juifs se promènent en bandes dans le Grunewald[1]. C'est une provocation continuelle, nous avons constamment des incidents. Ce que font les Juifs est tellement énervant et tellement provoquant qu'il y a constamment des bagarres. »

GŒRING :

« Bien, nous mettrons à la disposition des Juifs une certaine partie de la forêt. Alpers prendra soin d'y faire venir les différents animaux qui ressemblent bougrement aux Juifs, le cerf a également un nez bien crochu. »

GŒBBELS :

« Ensuite, il ne faut pas que les Juifs puissent se pavaner dans les jardins allemands. À ce propos, je signale la propagande chuchotée des Juives dans les jardins du Fehrbelliner Platz. Il existe des Juifs qui n'ont pas tellement l'air juif. Ils s'assoient à côté des mères allemandes et des enfants allemands et commencent à rouspéter et à empester l'atmosphère. »

GŒRING :

« Ils ne disent pas du tout qu'ils sont Juifs. »

GŒBBELS :

« J'y vois un danger tout particulièrement grave. J'estime nécessaire de mettre à la disposition des Juifs certains squares

---

1. Bois de plaisance à l'ouest de Berlin.

— sûrement pas les plus beaux — et de dire : les Juifs ont le droit de s'asseoir sur ces bancs. Ceux-ci sont marqués d'une manière spéciale. Il est écrit dessus : pour les Juifs seulement ! Autrement ils n'ont rien à chercher dans les jardins allemands.

« Finalement, il faut s'occuper de ceci : il se présente aujourd'hui encore des cas où les enfants juifs vont dans les écoles allemandes. J'estime que cela est insupportable. J'estime qu'il est impossible que mon garçon soit assis à côté d'un Juif dans un lycée allemand et se voie enseigner l'histoire allemande. Il est absolument indispensable d'éloigner les Juifs des écoles allemandes, et de les laisser se charger eux-mêmes d'élever dans leurs communautés leurs enfants. »

Gœring :

« Je prie de faire entrer Herr Hilgard, qui représente les sociétés d'assurances. Il attend dehors. Lorsque nous aurons fini avec lui, il partira, et nous reprendrons notre discussion. »

Hilgard entre. Gœring lui annonce que le peuple allemand ayant, dans sa colère justifiée, causé d'importants dommages matériels, il est à craindre que ces dommages ne soient en partie supportés par les sociétés d'assurances, c'est-à-dire par une parcelle de la communauté allemande. Il serait facile de publier une ordonnance suivant laquelle ces dommages n'ont pas à être couverts par les sociétés : mais la question « qui l'intéresse passionnément » est celle-ci : si ces sociétés ont été réassurées à l'étranger, comment faire pour ne pas laisser échapper les précieuses devises ?

Il s'ensuit une longue discussion technique : il apparaît que les cas sont très différents, qu'en particulier dans un grand nombre de cas l'immeuble « aryen » a été détruit ou endommagé en même temps que le commerce « juif » qui s'y trouvait, le Juif seul étant assuré. Chemin faisant nous apprenons de la bouche de Hilgard que le nombre de vitrines brisées est tel qu'il correspond à deux années de production belge (la Belgique est le seul fournisseur de ces glaces spéciales pour vitrines) ; nous apprenons aussi quelques détails sur les pillages.

Hilgard :

« ... *Le cas le plus important est celui de la joaillerie Margraf, Unter den Linden. Cette joaillerie est couverte chez nous par ce qu'on appelle une police combinée, couvrant tout dommage susceptible de se produire. 1,7 million de marks de dommages nous ont été déclarés, le magasin ayant été complètement pillé.* »

Gœring :

« *Daluege et Heydrich, vous devez me récupérer tous les bijoux. Faites faire des rafles monstres !* »

Daluege :

« *C'est déjà ordonné. Il y a des vérifications continuelles. Au cours de l'après-midi d'hier on a arrêté 150 personnes.* »

Heydrich :

« *Nous avons déjà arrêté plusieurs centaines de pillards et sommes en passe de récupérer les objets.* »

Gœring :

« *Et les bijoux ?* »

Heydrich :

« *Il est difficile de le dire. Ils ont été en partie jetés dans la rue et y ont été ramassés. De même en ce qui concerne les fourrures. La foule s'est précipitée sur les zibelines, les loutres, etc. ; tout cela est difficile à récupérer. Souvent, ce sont les enfants qui en jouant se sont remplis les poches. À l'avenir, on ne devrait plus faire appel aux jeunesses hitlériennes...* »

Suit l'énumération des pertes subies. « *J'aurais préféré que vous eussiez abattu 200 Juifs plutôt que de détruire de telles valeurs...* » soupire Gœring. En ce qui concerne la question des assurances, la solution est facilement trouvée : les sociétés ne paieront que dans les cas où des Aryens ont subi des dommages, en même temps que les Juifs assurés.

Gœring :

« *Le Juif déclare les dommages. On lui verse la somme due, mais elle lui est confisquée. En fin de compte les sociétés d'assurances ont un bénéfice, puisqu'elles n'ont pas à régler certains dommages. Herr Hilgard, vous pouvez vous réjouir !* »

HILGARD :

« *Je n'y vois pas de motifs. Le fait de ne pas avoir à régler certains dommages ne constitue pas un bénéfice.* »

GŒRING :

« *Permettez ! Si vous avez l'obligation juridique de régler 5 millions, et si un ange vous apparaît sous ma forme assez corpulente et vous dit : « Vous pouvez garder 1 million », mille tonnerres ! n'est-ce pas un bénéfice ?*

« *Je le vois du reste à votre attitude. Tout votre corps se réjouit. Vous avez fait un gros « rebbes[1] ».*

Après quoi, Hilgard quitte la conférence.

La discussion reprend sur les problèmes « d'aryanisation » : immeubles, entreprises industrielles, participations, actions nominatives ou au porteur... Mais Heydrich se charge de rappeler que tout cela ne résout pas le problème.

HEYDRICH :

« *... Malgré l'expulsion des Juifs de la vie économique, le problème essentiel reste toujours de faire partir le Juif d'Allemagne. Puis-je faire quelques propositions à ce sujet ?*

« *Nous avons organisé à Vienne un centre d'émigration juive, grâce auquel nous avons pu évacuer d'Autriche 50 000 Juifs, tandis que dans l'ancien Reich 19 000 Juifs seulement sont partis pendant la même période.* »

GŒRING :

« *Il faut avant tout collaborer avec les chefs de la « frontière verte[2] ». C'est l'essentiel.* »

HEYDRICH :

« *C'étaient les chiffres minima, monsieur le Maréchal. Clandestinement...* »

---

1. « Rebbes » : bénéfice, en argot berlinois. Le terme vient de l'hébreu « ribbith » (intérêt).
2. Expression d'argot désignant les passages clandestins des frontières.

Gœring :

« *L'histoire a fait le tour de la presse mondiale. La première nuit, les Juifs ont été expulsés en Tchécoslovaquie. Le lendemain matin, les Tchèques les ont pris et les ont expédiés en Hongrie. De là ils allèrent en Allemagne et de nouveau en Tchécoslovaquie. Ils tournaient et ils tournaient. Finalement ils ont pris pied sur une vieille barque sur le Danube. Dès qu'ils touchaient terre on les expulsait.* »

Heydrich :

« *Il ne s'agissait même pas de 100 Juifs… Au moins 45 000 ont été évacués légalement.* »

Gœring :

« *Comment était-ce possible ?* »

Heydrich :

« *Nous avons exigé, par l'intermédiaire de la communauté juive, certaines sommes chez les Juifs riches qui voulaient partir. Ces sommes ont permis de sortir une certaine quantité de Juifs pauvres. Le problème n'était pas de faire partir les Juifs riches, mais d'évacuer la plèbe juive.* »

Gœring :

« *Mes enfants, à quoi pensez-vous ? Cela ne nous servira à rien de faire partir la plèbe juive par centaines de milliers, si cela nous coûte trop de devises…* »

Tous les ministres sont d'accord : l'évacuation des Juifs sera une affaire de longue haleine. Entre temps, il faut isoler complètement les Juifs.

Heydrich :

« *… Pour l'isolation, je voudrais faire quelques suggestions d'ordre strictement policier, précieuses d'autre part pour leur effet psychologique sur l'opinion publique. Ainsi, le marquage personnel du Juif : tout Juif devra porter un insigne spécial ! C'est une mesure qui facilitera beaucoup les autres, en particulier dans la question des Juifs étrangers.* »

Gœring :

« *Un uniforme !* »

HEYDRICH :

« *Un insigne. On évitera ainsi les ennuis surgissant du fait que les Juifs étrangers, qui ne se distinguent pas extérieurement des Juifs locaux, en prennent pour leur compte.*

« *Je passe maintenant à la question du ghetto. Du point de vue policier, je crois impossible à réaliser un ghetto sous forme de quartiers spéciaux où sont rassemblés les Juifs. Un tel ghetto, où toute la juiverie se trouvera réunie, sera impossible à surveiller. Il sera un repaire de criminels, un foyer d'épidémies, et ainsi de suite. Aujourd'hui, la population allemande force les Juifs à se concentrer dans des maisons déterminées, car nous ne voulons pas habiter la même maison qu'un Juif. La surveillance des Juifs par l'œil vigilant de la population tout entière est préférable à leur concentration par milliers dans des quartiers spéciaux, où je ne puis faire surveiller leur existence quotidienne par les fonctionnaires.* »

GŒRING :

« *Et des villes particulières ?* »

HEYDRICH :

« *Si je les mets dans des villes isolées, nous aurons encore le danger de centres de criminalité…* »

Les ministres discutent longuement la question du ghetto. De quoi y vivront les Juifs ? Comment se ravitailleront-ils ? Les magasins seront-ils tenus par les Juifs — mais il a été décidé de les évincer du commerce une fois pour toutes — ou par des Allemands, ce qui aurait le désavantage de multiplier des contacts indésirables ? La question reste ouverte. Et Heydrich reprend :

« *… Je propose en outre de retirer aux Juifs toutes les espèces de privilèges personnels, tels que les permis de conduire, de leur interdire la possession d'automobiles, car un Juif n'a pas le droit de menacer des vies aryennes, de limiter leur liberté par des interdictions de résidence ou de séjour… De même pour les hôpitaux. Un Juif ne peut pas être soigné dans le même hôpital que des Aryens.* »

GŒRING :

« *Mais cela doit être réalisé progressivement.* »

HEYDRICH :

« *De même en ce qui concerne les transports publics.* »

GŒRING :

« *N'y a-t-il pas d'hôpitaux juifs et de sanatoriums juifs ? (Cris : Si, il en existe !) Il faut examiner tout cela. Ces choses doivent sortir l'une après l'autre.* »

HEYDRICH :

« *Je ne voulais que solliciter un accord de principe, afin que nous puissions commencer à nous en occuper.* »

GŒRING :

« *Encore une question, messieurs. Que diriez-vous si je proclamais aujourd'hui qu'une amende d'un milliard sera imposée aux Juifs à titre de contribution ?* »

BURCKEL :

« *Les Viennois seront très satisfaits.* »

GŒBBELS :

« *Je me demande si les Juifs n'auront pas la possibilité de se dérober en mettant de l'argent de côté…* »

Les ministres discutent de la meilleure manière pour rendre impossible pareille, éventualité, ainsi que des procédés techniques à appliquer pour la perception de l'amende.

GŒRING :

« *J'aimerais formuler cela comme suit : à titre de châtiment pour leurs crimes odieux, etc., les Juifs allemands en leur totalité se voient imposer une contribution de un milliard. Cela va taper. Les cochons ne recommenceront pas si facilement une deuxième fois. Du reste, il faut bien que je le constate à nouveau : je ne voudrais pas être un Juif en Allemagne !* »

VON KROSIGK :

« *C'est pourquoi je voudrais appuyer, ce que M. Heydrich a dit au début : nous devons tout tenter pour évacuer les Juifs à l'étranger, à l'aide d'un accord sur nos exportations. Ce qui compte, c'est de ne pas garder leur prolétariat chez nous. Ce serait une charge terrible. »*

FRICK :

« Et un danger !

« Je m'imagine qu'un ghetto obligatoire ne vous ouvre pas de perspectives bien plaisantes. Le but doit donc être, ainsi que Heydrich l'a dit : évacuer ce qu'on pourra évacuer ! »

GŒRING :

« En deuxième lieu, si le Reich se trouve par la suite impliqué dans un conflit extérieur, il va de soi que nous aurons à envisager en Allemagne un grand règlement de comptes avec les Juifs. De plus, le Führer va maintenant se livrer enfin à une manœuvre politique auprès des puissances qui agitent la question juive, pour en venir effectivement à la solution de la question de Madagascar. Il me l'a expliqué le 9 novembre. Cela ne va plus autrement. Il veut dire aux autres pays : « Pourquoi parlez-vous toujours des Juifs ? Prenez-les ! » On peut également faire une autre proposition : les Juifs riches peuvent acheter en Amérique du Nord, au Canada ou ailleurs une vaste territoire pour leurs coreligionnaires[21]*... »*

Messieurs, je vous remercie.

(Fin de la séance à 2 h 40.)

Tels étaient les propos échangés sur la question juive par les grands dignitaires du IIIe Reich, au mois de novembre 1938.

LA DERNIÈRE ANNÉE DE PAIX

Le centre d'émigration juive, dont Heydrich parlait si élogieusement, avait été créé à Vienne en avril 1938. Immédiatement après l'Anschluss, Heydrich s'était rendu en Autriche pour y organiser les bureaux de la Gestapo : parmi les fonctionnaires qui l'accompagnaient se trouvait, en qualité de « spécialiste des questions juives », l'Obersturmführer (lieutenant SS) Adolf Eichmann, dont il a déjà été question. C'est Eichmann qui suggéra à Heydrich l'idée de grouper en un seul service, intégré à la Gestapo, les nombreux bureaux appartenant à des administrations différentes (police, intérieur, finances) qui avaient à connaître de l'émigration. Celle-ci devait s'en trouver accélérée. Heydrich accepta la suggestion d'Eichmann, et lui confia la direction du nouveau « bureau central pour l'émigration » : nous avons vu qu'il n'avait qu'à se louer du nouvel organisme. C'est pourquoi, en janvier 1939, un « bureau central du Reich pour l'émigration juive », compétent pour l'Allemagne entière, fut créé sur le modèle viennois, toujours sous la haute main de Reinhard Heydrich, la direction effective étant confiée à Eichmann. En mars 1939, Eichmann était délégué à Prague, afin d'y diriger le « bureau central pour la question juive en Bohême et Moravie ». Ainsi, ses tâches s'élargissaient progressivement.

Dans ces conditions, comment s'expliquer que l'émigration des Juifs allemands ne progressait point, ou ne s'accélérait qu'à peine ? Leur nombre était de 350 000 en septembre 1937 : si, au cours des deux années suivantes, près de 115 000 départs eurent lieu, l'annexion de l'Autriche et des Sudètes eut pour effet de porter à plus de 350 000 leur nombre total dans les limites du IIIe Reich.

La volonté propre des Juifs, ruinés, abaissés et estampillés, ne jouait plus à ce moment qu'un rôle négligeable. Il va de soi que l'émigration était maintenant devenue leur aspiration suprême : elle dépendait de deux facteurs : la bonne volonté des autres pays pour les laisser entrer, la bonne volonté de l'Allemagne pour les laisser partir.

C'est un des phénomènes les plus caractéristiques de l'époque contemporaine que la difficulté pour les persécutés politiques ou religieux de trouver une terre d'asile. L'Histoire n'a connu rien de pareil. Les Juifs chassés d'Espagne trouvèrent un abri dans l'empire du Sultan, dans la république des Pays-Bas ; les Huguenots fuyant la France s'installèrent dans les colonies du Nouveau-Monde, ou dans le royaume de Prusse : les « Personnes déplacées » sont un phénomène essentiellement moderne. Aucun pays n'accordait de visas aux Juifs allemands impécunieux, ou n'en accordait qu'avec des réticences extrêmes. À la suite de mouvements d'opinion et d'interventions diverses, le président Roosevelt convoqua une conférence internationale pour trouver une solution à ce problème : cette conférence se réunit le 6 juillet 1938 à Evian. Le seul résultat de la conférence d'Evian fut la création d'un comité intergouvernemental permanent, ayant son siège à Londres, et dont les émissaires se rendaient régulièrement à Berlin, échafaudant des plans pour un financement d'ensemble de l'émigration, à l'aide des biens réquisitionnés des Juifs. Ces tentatives n'eurent aucune suite : les pouvoirs du Comité intergouvernemental étaient très limités : les États qui en faisaient partie, tiraillés entre des tendances variées et désunis entre eux, ne savaient pas très bien ce qu'ils voulaient.

Les Nazis, eux, savaient très bien ce qu'ils voulaient. En premier lieu, ainsi que certaines exclamations de Gœring au cours de la conférence du 12 novembre nous l'ont laissé entendre, une question financière domine le débat ; il s'agit justement d'éviter que le départ des Juifs n'entraîne « un appauvrissement du corps économique allemand ». Ils ne pourront donc sortir la moindre parcelle de leurs biens et de leurs capitaux : la seule forme de financement qui convienne aux Nazis, suggérée par le cerveau fertile de Hjalmar Schacht, le ministre des Finances, est le déblocage d'un certain pourcentage de ces biens, qui sortiraient d'Allemagne sous la forme de marchandises allemandes à exporter. Ainsi, l'Allemagne ne perdrait pas de devises, et s'ouvrirait des débouchés nouveaux. Mais les États occidentaux ne veulent pas consentir, à ce dumping. Assez paradoxalement, le seul accord que l'Allemagne avait pu conclure en ce domaine l'avait été avec l'Agence juive pour la Palestine, tant il est vrai qu'il est souvent plus facile de s'entendre entre les adversaires occupant des positions nettes[1]. Cet accord, qui portait le nom de « Haavara », était soumis à des critiques sévères en Palestine, où il était même l'objet d'un boycott de la part

---

1. Rappelons que l'immigration juive en Palestine était réglementée par l'Angleterre. Le nombre de certificats pour « travailleurs » était de 1 500 par mois, tandis que le nombre de certificats pour « capitalistes » (1 000 £) était illimité.

d'une partie de la population. Mais il était également très discuté en Allemagne, et une note du ministère des Affaires étrangères du 10 mars 1938 nous apprend que les bureaux du ministère s'efforçaient depuis plus d'une année d'en arriver à une dénonciation de l'accord. Les raisons, indiquées dans cette note du 10 mars 1938, sont les suivantes :

« *1° L'accord, Haavara est la seule possibilité ouverte aux Juifs allemands pour transférer leurs capitaux à l'étranger.*

« *2° L'afflux de capitaux allemands facilite l'édification d'un État juif en Palestine, ce qui est contraire aux intérêts allemands, car cet État signifiera pour le judaïsme un accroissement de puissance considérable, ainsi que c'est le cas pour l'État du Vatican, en ce qui concerne le catholicisme (cette conception est formulée par le Führer dans son livre* Mein Kampf*).*

« *3° L'Allemagne n'a aucun intérêt à faciliter l'émigration des Juifs riches qui exportent leurs capitaux. L'Allemagne a intérêt à une émigration juive* massive[22]... »

Nous entrevoyons la deuxième raison pour laquelle l'émigration n'a pas été menée à bien, pour laquelle le tout-puissant Führer ne paraissait pas s'en préoccuper outre mesure. Ce n'était pas une simple question financière. Il va de soi que le départ des Juifs allemands, quoi qu'en pût penser Heydrich, ne pouvait épuiser le problème. Il n'était pas à l'échelle du prodigieux potentiel de la haine accumulée par les hitlériens, et l'on peut ajouter que ce potentiel aurait eu à se décharger par d'autre chenaux au cas d'un règlement du problème des Juifs allemands par la voie d'une émigration totale. Ainsi que le dit un autre rapport du ministère des Affaires étrangères de janvier 1939[23], « la question juive ne sera pas résolue pour l'Allemagne lorsque le dernier Juif aura quitté le sol allemand ». Ce même rapport indique dans ses derniers alinéas pourquoi c'est le départ des Juifs pauvres qui constitue le but essentiel :

« ... *C'est l'expérience qui enseignera aux populations (des autres pays) ce que représente pour eux le danger juif. Plus le Juif immigré est pauvre, plus lourdement il tombera à la charge du pays d'immigration, et plus vigoureusement réagira ce pays, dans un sens essentiellement favorable aux intérêts allemands.*

« *Le but de l'action allemande est une solution future internationale de la question juive, qui ne serait pas inspirée par une fausse pitié pour* « *la minorité religieuse pourchassée* », *mais qui serait dictée par la mûre compréhension de toutes les nations au sujet du danger que représente le judaïsme pour l'existence nationale des peuples.* »

Ce que pouvaient être les modalités de cette solution future, le lecteur le verra dans les chapitres suivants. Entre-temps, le rapport signale avec satisfaction les résultats déjà atteints en ce domaine. « Une vague d'antisémitisme se fait percevoir dans tous les pays vers lesquels se dirige le courant d'émigration juif. C'est une tâche de la politique extérieure allemande que d'intensifier cette vague. » Une énumération suit :

« *Les rapports en provenance des États-Unis signalent de nombreuses manifestations antisémites de la population. Il est symptomatique que le nombre des auditeurs du* « *radio-prêtre* » *antisémite bien connu, Coughlin, s'élève à vingt millions. La légation de Montevideo rapporte le 12 décembre dernier que l'afflux des immigrés juifs, semaine après semaine, ne discontinue pas depuis des mois. Il ne fait pas de doute que l'antisémitisme est en croissance...* »

La Grèce, la France, les Pays-bas, la Norvège sont ensuite complaisamment passés en revue. « Ces exemples peuvent être multipliés à volonté à l'aide d'autres rapports diplomatiques », ajoute le rapport. On aperçoit là une deuxième tendance essentielle de la politique suivie dans cette question : ne faciliter le départ des Juifs que dans la mesure où celui-ci permettait de marquer des points dans un domaine quelconque de l'ensemble du jeu international allemand. Décidément, les avantages que la politique hitlérienne s'ingéniait à tirer de la « question juive » étaient multiples et variés.

C'est maintenant à une allure vertigineuse que se suivent les diverses mesures envisagées par Gœring, Gœbbels ou Heydrich le 12 novembre 1938. Mesures économiques d'abord : l'ordonnance sur l'éviction totale et définitive des Juifs du commerce est datée du même jour, celle imposant aux Juifs une amende collective de 1 milliard de marks est publiée le 14 novembre. Le 15 novembre, une ordonnance du ministère de l'Education interdit aux enfants juifs de fréquenter les écoles allemandes. Suit une ordonnance de police du 28 novembre sur « l'apparition des Juifs en public » : franchissant un pas nouveau, elle prévoit que « des restrictions dans l'espace et le temps peuvent être imposées aux Juifs, stipulant qu'ils ne peuvent fréquenter certains quartiers ni se montrer en public à certaines heures ». La ghettoïsation est en vue. Le thème est repris par une ordonnance de Gœring du 28 décembre : « L'accès des wagons-lits et wagons-restaurants est interdit aux Juifs : de même, l'accès des restaurants et hôtels fréquentés par les membres du parti. » Cette ordonnance introduit également des mesures assez complexes en vue « d'en arriver, si possible, à une concentration des Juifs dans des immeubles déterminés ». Le rapport du ministère des Affaires étrangères que nous avons cité plus haut constate : « L'action de représailles consécutive à l'assassinat du conseiller de légation vom Rath a tellement bien accéléré le processus, que le commerce de détail juif — les entreprises étrangères exceptées — a complètement disparu de la circulation. La liquidation du commerce en gros et de l'industrie juifs, ainsi que celle de la propriété immobilière juive, est tellement avancée qu'à brève échéance il ne sera plus possible de parler de propriété juive en Allemagne. » À cette époque les communautés juives d'Allemagne veillaient au déblayage des ruines des synagogues ; presque partout, les terrains étaient transformés à leurs frais en squares « pour Aryens », suivant le désir de Gœbbels.

Quelques mois plus tard, à la veille de la guerre, une loi de base règle le statut des Juifs, édictant la constitution d'une « Union des Juifs du Reich » dont font obligatoirement partie tous les Juifs allemands ou apatrides, et à laquelle incombent l'instruction des enfants juifs, l'assistance sociale, et les problèmes d'émigration (Loi du 4 juillet 1939). L'Union sera placée sous la surveillance du ministère de l'Intérieur et de la Police, et elle servira de modèle pour des institutions similaires créées par la suite dans tous les pays occupés : ainsi, la ghettoïsation avance à grands pas.

Telle était la situation des Juifs allemands à la veille de la deuxième guerre mondiale. Reprenant les sourdes menaces de Gœring au sujet d'un « grand règlement de comptes », le Führer s'exclamait en 1939, lors de son discours annuel du 30 janvier :

« L'Europe ne trouvera pas la paix avant que la question juive soit résolue. Il se peut qu'un accord se fasse sur cette question entre les nations qui autrement n'arriveraient pas si facilement à s'entendre. Il existe encore suffisamment de terres disponibles sur ce globe... En ce jour d'aujourd'hui, qui peut-être ne restera pas mémorable pour les Allemands seuls, je voudrais ajouter ceci : Dans ma vie, lors de ma lutte pour le pouvoir, j'ai souvent été prophète, et j'ai souvent été tourné en ridicule, en tout premier lieu par le peuple juif. Je crois que ce rire retentissant des Juifs allemands leur est resté entre-temps dans la gorge.

« À nouveau, je vais être un prophète aujourd'hui. Si la juiverie internationale réussissait, en Europe ou ailleurs, à précipiter les peuples dans une guerre mondiale, le résultat n'en serait point une bolchévisation de l'Europe et une victoire du judaïsme, mais l'extermination de la race juive en Europe... »

Chapitre II

Déchaînement

Il serait certainement erroné d'attribuer aux « prophéties » de Hitler la signification d'un plan précis, de décisions nettement arrêtées à l'avance. Rien n'était plus étranger à sa nature : et cependant, le discours du 30 janvier 1939 esquisse les deux termes de l'alternative du problème tels que, plus ou moins consciemment, ils devaient se poser à son esprit. Ou bien l'Europe, le monde se plieront à mes désirs ; alors je concentrerai le peuple juif sur quelque île déserte : ou bien ils tenteront de me résister : alors, la race maudite sera vouée à l'annihilation. Dès qu'en 1941 la guerre deviendra authentiquement totale, dès que le Führer sentira que les ponts sont définitivement coupés, qu'un nouveau Munich est impossible, c'est à cette deuxième solution que les Nazis auront recours. Nous n'en sommes pas encore là pour l'instant : et au cours de la période que nous allons examiner maintenant, chaque nouveau succès des Nazis est suivi de l'éclosion d'un projet de « solution » de nature territoriale. L'invasion de la Pologne donne naissance à l'idée d'une réserve juive dans la région de Lublin ; celle de la France, au « plan Madagascar ». Mais c'est à peine si ces projets sont suivis d'un commencement d'exécution ; ils restent dans l'abstrait, tandis que se concrétise l'implacable engrenage. Dès le déclenchement de la guerre, le sort des Juifs empire avec une rapidité singulière.

Dorénavant, ce ne sont plus des actes législatifs qui présideront à leurs destinées, mais des mesures policières, évolution qui s'insère dans le cadre organique du développement de l'État totalitaire nazi. En 1936, le « Reichsführer » de la SS, Heinrich Himmler, avait été nommé chef de la Police allemande, obtenant ainsi la haute main sur la Gestapo. Il en confia l'administration à Reinhard Heydrich, le chef du SD (Service de sécurité du parti[1]). Ainsi, police d'État et organisation du parti se fondent en fait l'une dans l'autre, puisqu'elles se trouvent réunies entre les mêmes mains. Cet état de choses est consacré officiellement après la déclaration de la guerre, lorsque le 27 septembre 1939 les différents services de l'État et du parti qui dépendaient de Heydrich se trouvent réunis en une seule unité administrative : le RSHA (Service principal de la sûreté du Reich[2]). Le RSHA était à la fois une administration SS et un service essentiel du ministère de l'Intérieur. Il comprenait 7 bureaux : la Gestapo était le IVe bureau, et la section B 4 du IVe bureau (Amt IV B 4) avait pour champ d'activité les « questions juives » et les « questions d'évacuation ». La section B 4 était dirigée par cet Adolf Eichmann dont nous avons déjà parlé : entre-temps il avait été promu commandant SS[3]. Ainsi que nous le verrons plus loin, son pouvoir et son autonomie d'action étaient infiniment plus élevés que son grade et son poste ne pouvaient le laisser supposer, et généralement il traitait avec Heydrich ou même avec Himmler directement par-dessus la tête de ses supérieurs immédiats.

Si les bureaux de Himmler étaient les principaux organes chargés de la « question juive », jusqu'à la fin ils resteront loin d'être les seuls. Ceci, en vertu tout d'abord de la nature du problème. Les mesures physiques — déportations, exterminations — vont commencer maintenant sur une large échelle : mais les mesures

---

1. Sicherheitsdienst.
2. Reichsicherheithauptamt.
3. Hauptsturmführer, d'après la terminologie SS.

profanes et sacrales énumérées au chapitre précédent continuent leur cours, que cela soit en Allemagne même ou dans les pays progressivement occupés. Dans ces derniers, les « protecteurs », gouverneurs généraux, militaires ou autres seront l'autorité qui veillera à l'introduction et à l'application des mesures de cette catégorie. Dans les pays « satellites », gardant un semblant d'autonomie, cette fonction incombera aux représentants diplomatiques allemands. Les uns et les autres collaboreront plus ou moins activement, plus ou moins consciemment, à l'activité génocidale des représentants de Himmler et des envoyés d'Eichmann, et cette coopération pose un peu partout le terrifiant problème de la responsabilité de larges couches de la Wehrmacht et des cadres dirigeants proprement dits de l'Allemagne, problème auquel nous reviendrons à la fin de cet ouvrage. C'est ainsi que s'explique le fait que sur les dix-neuf condamnés du procès de Nuremberg, 16 ont été trouvés coupables de crimes contre l'humanité et de persécutions raciales (seuls Hess et les deux marins Raeder et Dönitz faisaient exception). Le même état de choses se retrouve à tous les degrés de la hiérarchie : si les appétits et affirmations de puissance, les complexes refoulés, ont joué dans la martyrisation des Juifs et dans le processus du génocide un rôle primordial, le régime leur donnait par sa forme d'organisation même, par le principe des « délégations de souveraineté », ample licence à s'exercer. Ils étaient légion, ceux qui, de leur propre chef et aux postes les plus divers, cherchaient à concourir à la « solution de la question juive ». Tel ce jeune SS (mentionné dans le jugement du tribunal de Nuremberg) qui en septembre 1939 assassina de sa propre initiative cinquante travailleurs juifs se trouvant sous sa garde : la condamnation à trois années qui lui fut infligée par la justice militaire de la Wehrmacht (et qui fut effacée par une amnistie) l'excusait en expliquant qu'il avait été poussé « par un esprit d'aventure juvénile[24] ».

PROJET DE « RÉSERVE » À LUBLIN LES DÉPORTATIONS SAUVAGES

L'ouverture des hostilités, en septembre 1939, marque naturellement une nouvelle aggravation du sort des Juifs se trouvant sous l'emprise hitlérienne. Mais, surtout, la conquête fulgurante de la Pologne fait passer sous la coupe des Nazis la communauté juive la plus nombreuse et la plus vivante d'Europe : plus de trois millions de Juifs établis en Pologne depuis les xive et xve siècles, ayant créé des formes de vie, une culture qui rayonnait sur tous les pays de la dispersion juive, ayant pour la grande majorité conservé intactes les mœurs et les traditions qui s'étaient élaborées au cours des siècles, ainsi que la foi vivante de leurs ancêtres. Les voici entre les mains des Nazis : voici que ceux-ci pourront s'attaquer à une grande échelle à la « solution de la question juive ».

À ce propos, les projets les plus variés sont mis en avant. Rappelons que les territoires conquis furent partiellement annexés par le Reich, tandis que leur plus grande partie fut constituée en « gouvernement général », dont l'administration fut confiée à Hans Frank ; et citons, à titre de curiosité, un projet élaboré par un expert du « Bureau de politique extérieure[1] » d'Alfred Rosenberg, le conseiller Wetzel. Ce Wetzel, s'il prévoyait l'expulsion immédiate de tous les Juifs des territoires annexés vers le gouvernement général, envisageait pour eux, au sein du gouvernement même, « des libertés plus grandes que pour les Polonais dans les domaines culturel et économique, maintes mesures administratives et économiques pouvant être prises avec leur concours ». Les raisons de cette mansuétude inattendue s'expliquent par « la tâche de l'administration allemande qui consistera à exciter Polonais et Juifs les uns contre les autres : et les Juifs n'ont à leur disposition aucune force réelle du genre de celle qui est représentée par l'idéologie nationale polonaise ». « Inutile d'ajouter, continue Wetzel, que le destin sanitaire des Juifs ne nous intéresse pas, et pour eux

---

1. « Aussenpolitisches Amt » (APA).

également, le principe suivant lequel leur multiplication doit être enrayée par tous les moyens conserve sa valeur entière[25]. »

Bagatelles que tout cela. De tous les bureaux nazis, les officines « idéologiques » de Rosenberg étaient probablement ceux qui avaient le moins d'influence réelle.

En réalité, avant même que soit terminée la campagne de Pologne, le redoutable Heydrich prend lui-même l'affaire en main, et communique, le 21 septembre 1939, ses instructions aux chefs SS qu'il délègue en Pologne.

Le document[26] débute par une brève introduction, qui se réfère à une conférence SS tenue le jour même à Berlin, et qui rappelle que les mesures projetées « sont à garder rigoureusement secrètes ». Nous voici placés dans l'ambiance : Heydrich envoie ses chiens de chasse dans les territoires qui viennent d'être conquis, et leur donne au moment du départ les dernières instructions. « Il faut distinguer, continue-t-il, 1° entre le but final (qui exige des délais considérables) et 2° les étapes nécessaires à sa réalisation (qui peuvent être appliquées à brève échéance). » Et il expose les lignes directrices de son plan.

La condition n° 1 pour la réalisation du « but final » est la concentration des Juifs de la campagne dans les villes. Les campagnes doivent dans la mesure du possible être nettoyées de Juifs, tandis que dans le restant des territoires les points de concentration doivent être choisis parmi les villes où se trouvent des nœuds ferroviaires ou qui sont traversées par des lignes de chemin de fer. Toutes les communautés juives de moins de cinq cents têtes doivent être dissoutes et incorporées dans les villes de concentration avoisinantes.

Le deuxième paragraphe du document donne des instructions sur la manière de créer dans chaque communauté juive un conseil juif, « composé, autant que possible, des personnalités marquantes et des rabbins restés sur place ». Ces Conseils seront « entièrement responsables de l'exécution ponctuelle de toutes instructions parues et à paraître », et en particulier de la concentration des Juifs dans les endroits prévus à cet effet. (Celle-ci, du reste, devra

« être motivée par la participation active des Juifs aux attentats des francs-tireurs et aux pillages ».)

« D'une façon générale, toutes les mesures seront prises en contact étroit et en collaboration avec les administrations civiles et militaires », signale le troisième paragraphe. Et d'énumérer les différents cas où il y aura lieu de surseoir à leur exécution, par égard à la vie économique des territoires occupés.

Ensuite, la circulaire indique aux chefs SS les renseignements statistiques et économiques qu'ils auront à réunir en premier lieu (par exemple « le maintien des entreprises sera-t-il possible après l'évacuation des Juifs qui y travaillent ? »), ordonne un recensement général des Juifs et exhorte à la « collaboration sans réserve de toutes les forces de la Police et du SD pour atteindre le but fixé ». En fin de texte suit la liste des diverses administrations auxquelles une copie en a été communiquée :

De ces instructions, deux points sont à retenir : Il est question d'un « but final ». Quel était-il ? Non point l'extermination, encore : nous ne sommes qu'en 1939. Un passage du document nous en donne la clef : dans le territoire « situé à l'est de Cracovie » on ne touchera pas aux Juifs ; et si dans les autres régions on les groupe près des gares de chemin de fer, c'est évidemment pour pouvoir par la suite les en évacuer plus aisément. Vers quelle destination ? Très certainement vers cette « région à l'est de Cracovie ». Encore que Heydrich ne soit pas tellement sûr de son fait : car, deuxième point à retenir, le document est caractérisé par des réserves et des références aux « exigences de l'administration civile » et aux nécessités économiques et militaires. (En fait, au cours des mois qui vont suivre, les Juifs seront l'enjeu d'une lutte incessante qui va opposer le RSHA aux administrations civiles et militaires, et en particulier, au gouverneur général Hans Frank. On verra les arguments dont ceux-ci se serviront, et parmi lesquels le philo-sémitisme ou la simple humanité jouait certes un rôle fort réduit.)

C'est ainsi que se dessine le projet de résoudre la question juive en groupant dans la région de Lublin, à la frontière de l'URSS, tous les Juifs sous la domination nazie. Ce plan d'une création d'une « réserve juive » connut une certaine publicité dans les colonnes de la presse allemande à cette époque. Un territoire fut choisi, délimité, semble-t-il (les renseignements sont incomplets et contradictoires) par la Vistule, le San et la frontière de l'URSS, dans lequel les Juifs devaient se livrer à des travaux de colonisation sous la surveillance des SS. Et aussitôt, les rouages policiers se mettent en branle : de Vienne, de Prague, de Stettin, des convois de Juifs sont évacués sur la « réserve ». Le procès-verbal d'une conférence réunie par Heydrich en janvier 1940 nous apprend que 78 000 Juifs ont déjà été transférés à cette date : l'évacuation de 400 000 est prévue pour les mois prochains[27]. Les convois étaient formés par les autorités de police, à l'insu des administrations civiles ou militaires.

Mais il apparut bientôt que cette manière de procéder, ces « déportations sauvages[1] », semait le désordre et troublait la vie économique. Elle provoqua l'indignation des généraux :

« … Ces évacuations, menées sans plan aucun, ont empêché tout recensement et toute utilisation systématique de la main-d'œuvre juive, remplissant par contre les ghettos des grandes villes (Varsovie en particulier) d'un prolétariat misérable… La continuation de ces transferts de populations menace l'avenir social et économique de la région et comporte des dangers immédiats pour la bonne marche de l'économie[28]… »

Elle blesse gravement le prestige de Frank, qui déclare publiquement le 8 mars 1940 :

« Il n'existe pas dans le gouvernement général de pouvoir plus élevé en rang, plus fort en influence et plus grand en autorité, que le pouvoir du gouverneur général… Ceci est valable pour la police et les SS. Il n'y a pas d'État dans l'État, c'est nous qui sommes ici les représentants du Führer et du Reich[29]… »

---

1. Wilde Deportationen.

Ainsi surgissait un conflit de plus en plus aigu, que Gœring fut chargé d'arbitrer. Et par une décision du 12 février 1940, confirmée par une ordonnance du 23 mars 1940, il interdit pour l'avenir et jusqu'à nouvel ordre toutes les « évacuations » de cette espèce.

Le RSHA, cependant, ne se tient pas pour battu. Insidieusement, par petits paquets, il continue les « déportations sauvages ». Le document qui suit est intéressant parce qu'il nous donne le tableau vivant d'une telle déportation, et aussi parce qu'il révèle un état d'esprit : au début de 1940, les Juifs polonais croyaient encore que des arguments d'humanité pouvaient avoir prise sur les consciences nazies. Il s'agit d'une lettre anonyme adressée à Lammers, le chef de la chancellerie du Reich, et que celui-ci fit suivre à Himmler.

LES DÉPORTATIONS CONTINUENT.

« *Le rapport ci-dessous émane de la commission mixte polono-juive de secours, qui collabore dans le gouvernement général avec les Quakers américains, le délégué de la Croix-Rouge et les autorités régionales de l'administration du territoire polonais occupé. Il constitue un appel pressant à la conscience humaine et aux sentiments de responsabilité du monde.*

« *Cracovie, le 14 mars 1940.*

« *Malgré les protestations du gouvernement général contre les déportations hâtives et chaotiques de Juifs sujets allemands vers la Pologne orientale, celles-ci sont continuées sur l'ordre du Reichsführer SS.*

« *Le 12 mars 1940, les 160 Juifs de Schneidemühl ont été déportés par train de marchandises vers la région de Lublin. D'autres convois y sont attendus. Les déportés ont dû abandonner la totalité de leurs biens. Ils n'ont même pas pu emporter de valise à bras. Les femmes ont dû laisser leurs sacs. Certains déportés se sont vu enlever leurs manteaux, en particulier ceux qui avaient voulu en mettre plusieurs afin de mieux se protéger contre le froid. Ils n'ont pu emporter aucun argent, même pas les 20 zlotys accordés aux déportés de Stettin. De même ils n'ont pu emporter ni vivres, ni literie, ni vaisselle. À leur arrivée à Lublin ils ne possédaient que ce qu'ils portaient sur le corps.*

« *Les déportés ont été dirigés sur les villages de Piaski, Glusk et Belcyca, à 25-30 kilomètres de Lublin. C'est là que se trouvaient les déportés de Stettin, ou ceux d'entre eux qui se trouvent encore en vie.*

« *Hommes, femmes et enfants ont dû gagner à pied ces villages par des routes profondément enneigées et par — 22° de froid. Sur les 1 200 déportés de Stettin, 72 personnes succombèrent pendant la marche, qui dura plus de quatorze heures. La majorité succomba de froid. Entre autres une mère qui portait un enfant de trois ans sur les bras et qui cherchait à le protéger du froid à l'aide de ses vêtements a été retrouvée morte, gelée dans cette position. On a également retrouvé à moitié gelé le corps d'un enfant de cinq ans. Il portait autour du cou un écriteau en carton avec l'inscription* « *Renate Alexander, de Hammerstein, en Poméranie* ». *Cet enfant séjournait chez des parents à Stettin, et fut compris dans la déportation, tandis que ses père et mère restaient en Allemagne. Les pieds et les mains ont dû lui être amputés à l'hôpital de Lublin. Les cadavres des déportés ayant succombé au froid ont été ramassés par des traîneaux et ont été enterrés dans les cimetières juifs de Piaski et de Lublin…*

« *Le gouvernement général (chef de district gouverneur Zörner) a décliné toute responsabilité pour ces événements et pour leurs conséquences. Le maréchal Gœring a été mis au courant de la situation*[(30)]. »

Les « déportations sauvages » ne cessèrent qu'en été 1940, après la campagne de France. À ce moment, les esprits du RSHA s'orientèrent dans une direction toute nouvelle.

Remarquons encore, que parallèlement à ces déportations vers l'Est, le « Centre pour l'émigration juive » s'efforçait d'expulser les Juifs allemands vers d'autres destinations. L'émigration légale était devenue presque impossible : un mince filet d'émigrants continuait cependant à s'écouler, d'Autriche en particulier, via l'Italie, vers les pays d'outre-mer. Quelques convois clandestins, formés avec le concours d'Eichmann, tentèrent de descendre le Danube en barque, à destination de la Palestine : mais le gouvernement britannique refusa de laisser entrer dans le Foyer national juif ces voyageurs sans visa. Nous retrouverons plus loin ce paradoxe amer de la Gestapo poussant les Juifs vers leur salut, tandis que le gouvernement démocratique de Sa Majesté en barrait l'accès aux futures victimes des fours crématoires.

CHASSE OUVERTE EN POLOGNE

Le sort fait aux Juifs de Pologne, il va de soi, n'eut rien de commun avec les vues subtiles développées par le conseiller Wetzel. La politique adoptée par les Nazis ne pouvait que correspondre aux procédés et usages en vigueur en Allemagne, mais d'une violence décuplée par les rudesses d'une occupation militaire et policière s'exerçant dans un pays détesté. D'autre part, certaines mesures sacrales, telles les lois de Nuremberg, par exemple, ne furent jamais introduites dans un territoire habité par une race slave jugée inférieure. En ce domaine, les Nazis se contenteront de mesures d'un symbolisme plus superficiel, ainsi l'obligation imposée aux Juifs de céder le trottoir aux Allemands, que d'autre part il leur est interdit de saluer. Nous avons affaire à un triangle : les occupants — la population autochtone — les Juifs ; et l'oppression suit un programme qu'on retrouvera généralement dans les autres pays occupés, à la différence de cadence près. Les mesures sont rendues publiques sous la forme d'ordonnances du gouvernement général signées toutes par Hans Frank.

La politique générale est dans ses grandes lignes conforme au programme de Heydrich : isolement des Juifs et leur concentration dans les ghettos ; leur utilisation pour les travaux obligatoires, en attendant que les circonstances permettent leur évacuation « totale ». Inspirée surtout par une haine bestiale et irraisonnée, elle est d'autre part caractérisée par un recours systématique à des « Conseils juifs » créés à l'instigation des Allemands : nous en avons vu l'apparition en 1939 en Allemagne même (cf. pages 52-53) ; ils servent d'organes responsables en vue d'assurer l'application et le contrôle des mesures édictées par les Allemands.

Dès le 26 octobre 1939, le principe général du service de travail obligatoire est établi. Un recensement général, prescrit le 28 octobre, permet le tamponnement des pièces d'identité des Juifs : et ceux-ci sont assujettis le 23 novembre au port d'un brassard blanc « d'une largeur de 10 centimètres au moins[1] ». Le 11 décembre, les changements de résidence sont interdits, et un couvre-feu de 21 heures à 5 heures est institué. Le lendemain, une autre ordonnance précise que tous les Juifs de quatorze à soixante ans sont assujettis au travail obligatoire « pour une durée de deux ans, laquelle durée peut être prolongée si le but éducatif poursuivi n'a pas été atteint ». L'utilisation des chemins de fer est interdite le 26 janvier 1940 : cette interdiction est étendue à tous les moyens de transports en commun le 20 février 1941. Une série d'ordonnances mineures, analogues à celles introduites en Allemagne, interdit aux Juifs la fréquentation des établissements publics et des spectacles, les expulse des écoles et universités, les évince des professions libérales et de tous les secteurs de la vie économique, les prive du bénéfice des lois sociales et « aryanise » en quelques semaines leurs commerces et industries. Seuls les métiers manuels leur sont autorisés. Enfin, une ghettoïsation systématique est mise en application. Le ghetto de Lodz est le premier en date. « L'évacuation immédiate de 320 000 Juifs de Lodz[2] étant impossible, décide le 10 décembre 1939 le gouverneur provincial, ils seront concentrés

1. Dans les « territoires annexés » les Juifs furent astreints au port de deux étoiles jaunes, « cousues sur le vêtement, du côté gauche sur la poitrine, du côté droit sur le dos ».
2. Nous rappelons que Lodz faisait partie des « territoires annexés » et fut baptisée « Litzmannstaat ».

dans un quartier précisément délimité[31]. » Cette mesure est mise en application en février 1940, entraînant le déménagement de 200 000 Juifs et de plusieurs dizaines de milliers de Polonais. De même, en novembre 1939, la communauté juive de Varsovie est avisée de la création d'un ghetto : ce n'était qu'un procédé SS servant de prétexte à l'extorsion d'une contribution extraordinaire et massive. La menace fut écartée pour plusieurs mois : trop de raisons s'opposaient encore à la constitution de ghettos, qui apportaient des entraves considérables à la vie économique. Le ghetto de Varsovie ne fut créé qu'en novembre 1940.

À propos des mesures antijuives en général, et de la ghettoïsation en particulier, le rapport de la Wehrmacht cité page 66 s'exprimait comme suit.

« … Ces diverses ordonnances… ont détruit les bases économiques de l'existence des Juifs. Ainsi, conformément à un rapport du Rüko[1] Varsovie, du 29 janvier 1941, cette « solution de la question juive » a eu de graves conséquences à Varsovie. La création d'un quartier juif en plein centre de la ville morcela brutalement des ensembles économiques importants. L'interdiction de traverser ce quartier entraîne des pertes de temps et de matériel (combustible). 2 000 entreprises aryennes furent évacuées de ce quartier et 4 000 entreprises juives y furent transférées. Le nombre de Juifs dans ce quartier est de 400 000 auxquels viennent s'ajouter 200 000 amenés de l'extérieur. Les bureaux de l'administration municipale ont émis 60 000 laissez-passer autorisant à pénétrer dans le quartier.

« Malgré de telles complications et difficultés, dont nous ne donnons qu'un seul exemple, la politique de l'éviction totale des Juifs de la vie économique a été continuée… Ceci, bien que l'administration civile ne pût nier que le Juif était pratiquement irremplaçable dans certains domaines de la vie économique[32]… »

---

1. Rüstungs-Kommando (Kommando de l'inspection d'armement).

De telles considérations pouvaient ralentir le processus, mais ne pouvaient guère l'empêcher. Dans les grandes villes, les ghettos furent entourés de murs ; ailleurs, il s'agissait de quartiers délimités à l'entrée desquels des pancartes annonçaient, en allemand : « Danger d'épidémie ; vous entrez à vos risques et périls ! » Dès le début de 1941, la ghettoïsation fut chose achevée en Pologne. Le 15 octobre 1941, la peine de mort fut édictée pour tout Juif trouvé en dehors du ghetto. Entre autres conséquences, la méthode condamnait les Juifs à la mort lente par inanition : « Que nous ayons condamné à mort un ou deux millions de Juifs, doit être dit en passant ; si les Juifs ne meurent pas de faim, les mesures seront intensifiées… » (Journal de Hans Frank, le 24 août 1942[33]. L'interminable liste des mesures légales édictées à l'encontre des Juifs culmine en quelques textes statuant très juridiquement que le Juif n'est plus sujet du droit civil ou pénal : il ne peut porter plainte, les tribunaux sont incompétents pour connaître de son cas, il est mis hors la loi, et les délits ou crimes commis par lui sont uniquement du ressort de la police et des SS (Ordonnances du 4 décembre 1941 et du 9 novembre 1942)[34].

*

Ce n'était qu'exprimer une réalité qui s'était affirmée dès le premier jour de l'invasion de la Pologne. Les Allemands — SS, simples soldats ou civils — constatèrent assez rapidement que tout, ou à peu près, leur était permis à l'égard des Juifs. Il suffisait que, pris individuellement, ils portent quelque intérêt actif à la « question juive ». Et les « activistes » étaient légion. Le dressage intensif avait fait son œuvre. Les freins qu'en Allemagne opposait aux excès une administration extérieurement policée ne jouaient plus ici, en régime d'occupation militaire : et la vue même du Juif polonais, son accoutrement traditionnel, excitait au rouge vif les passions hitlériennes. Quant aux Juifs, le déchaînement des excès individuels était pour eux une source de supplices pires que le lent pressoir des « mesures légales ». Les rôles sont nets. En face de trois millions de victimes désarmées, un million de soldats et policiers, auxquels il a été soigneusement inculqué qu'ils ont entière licence pour tout service, toute brimade, que toute sauvagerie par eux commise sera considérée œuvre pie ; leurs exploits seront fêtés par la presse, glorifiés par le cinéma : « Les Juifs polonais sont mis au travail », « les Juifs de Varsovie rendent leurs comptes », et ainsi de suite. Les résultats ne tardent pas. Que le lecteur fasse un effort d'imagination, qu'en fermant les yeux il essaie d'inventer des tortures raffinées, des humiliations particulièrement vengeresses, nous doutons fort qu'il puisse jamais égaler l'esprit fertile et industrieux des porteurs de l'Ordre nouveau.

Ce qui suit était surtout le fait des SS. Ils donnaient l'exemple : ils étaient loin de détenir un monopole.

Il y eut des procédés classiques, patentés en quelque sorte. Couper la barbe et les papillotes des Juifs était un divertissement répandu : il était de bon ton de se faire ensuite traîner par la victime dans une charrette. Que d'Allemands ont envoyé à leurs familles les photos éternisant ces hauts faits ! Un autre amusement en vogue consistait à faire irruption dans un appartement ou une maison juifs, et à contraindre jeunes et vieux à se déshabiller et à danser, ainsi enlacés, au son d'un phonographe : le viol consécutif était facultatif (étant donnés les risques : poursuites pour « crime contre la race »). Des esprits plus rassis, joignant l'utile à l'agréable, happaient dans la rue des passantes juives afin de leur faire nettoyer leurs cantonnements ou casernes (l'utile) avec le linge de dessous des victimes (l'agréable).

Il y eut aussi l'innombrable gamme des inventions individuelles. Lors d'une perquisition chez un commerçant juif de Varsovie, les SS trouvent un frac dans l'armoire : l'idée jaillit aussitôt : le malheureux est contraint d'endosser le frac, on le jette dehors, on le poursuit dans la rue à coups de cravache. Des jeunes filles juives, arrêtées au hasard dans la rue, doivent laver les pieds de leurs geôliers, et sont forcées de boire l'eau du bain[35].

Des milliers de tels cas sont dûment consignés dans les procès-verbaux et interrogatoires des commissions d'enquête et de crimes de guerre, tandis que des dizaines de milliers d'autres ne seront jamais connus. Mais à quoi bon en citer d'autres ? De même, bien monotone paraîtra l'énumération des milliers d'assassinats individuels commis à cette époque ; ils pâlissent, du reste, à côté du génocide systématique des années qui vont suivre. Relevons le cas de huit Juifs enlevés par des soldats allemands dans le centre de Varsovie le jour du Vendredi Saint 1940 et assassinés dans la banlieue de la ville[36] : c'est le jour où on disait dans les églises catholiques la messe dans laquelle il était question de la « perfidia judaïca » et où les fidèles tapaient du bâton, maudissant les ennemis du Seigneur. On voit comment les enseignements de l'Église catholique pouvaient contribuer, eux aussi, à l'acharnement des fidèles du Führer.

Ce que ce déchaînement sanguinaire signifiait d'explosif et d'auto-destructeur, certains Allemands, les hauts officiers en particulier, l'ont compris dès le début. Les lignes qui suivent sont extraites d'un rapport du général Johannes Blaskowitz « Oberbefehlshaber Ost » (commandant suprême à l'Est), soumis par lui à von Brauchitsch en février 1940 (c'est-à-dire le cinquième mois de l'occupation)[37] :

« ... Ces mesures entraînent les pires dommages et compliquent les problèmes, les rendant bien plus dangereux qu'ils ne l'eussent été au cas d'une attitude raisonnable et appropriée. Les résultats sont :

« *a)* Il est mis à la disposition de la propagande ennemie un matériel plus efficace que tout ce qu'il serait possible d'inventer de par le monde. Ce que les émetteurs de radios étrangères ont signalé à ce jour n'est qu'une infime partie de ce qui s'est passé en réalité. Il y a lieu de prévoir que les cris de l'étranger ne feront que croître, entraînant les plus graves dommages politiques, d'autant plus que les atrocités ont effectivement eu lieu et ne peuvent être réfutées en rien.

« *b)* Publiquement commises, les violences contre les Juifs provoquent chez le peuple religieux polonais non seulement un dégoût profond, mais une pitié tout aussi profonde pour la population juive, à l'égard de laquelle le Polonais était plus au moins hostile jusqu'à ce jour. Très rapidement nos ennemis jurés dans l'Est, les Polonais et les Juifs, appuyés par l'Église catholique, se coaliseront sur toute la ligne dans leur haine contre leurs bourreaux.

« *c)* Il n'y a pas lieu de revenir sur le rôle de la Wehrmacht, forcée d'être le témoin passif de ces crimes, et dont la réputation auprès de la population polonaise subit un dommage irréparable.

« *d)* Mais le dommage le pire causé au peuple allemand par la situation actuelle est la brutalité sans bornes et la dépravation morale qui se répandent comme une épidémie à travers le matériel humain allemand le plus précieux.

« Si les hauts fonctionnaires de la police et les SS réclament la violence et la brutalité et en font l'éloge public, alors le forcené régnera bientôt en maître. C'est avec une rapidité déconcertante que se retrouvent les gens du même bord, aux caractères tarés, afin d'assouvir, ainsi que c'est le cas en Pologne, leurs instincts bestiaux et pathologiques. Il n'est plus possible de les tenir en laisse : car c'est à bon droit qu'ils se sentent officiellement autorisés et justifiés à commettre les pires cruautés… »

On remarquera l'allure du raisonnement de Blaskowitz, d'ailleurs impeccable, mais qui fait uniquement appel à des considérations d'opportunité politique, à l'exclusion de toute référence à des principes généraux d'ordre moral ou humanitaire. On retrouve le même ton dans d'autres documents de la même catégorie. Déformation professionnelle de « technocrates » ? ou appel aux seuls arguments acceptables pour le régime ?

Au rapport de Blaskowitz étaient joints les rapports du général Ulex, commandant la région sud, et celui du major von Tschammer und Osten, officier de liaison auprès du gouvernement général, ainsi qu'une trentaine d'exemples précis d'atrocités. Il y a bien peu à ajouter au jugement lucide de ces hauts officiers allemands. Est-il besoin de dire que leurs protestations n'eurent nul effet ? La fatalité historique a voulu que tout en voyant clair dans beaucoup de choses, ces hommes ont été incapables d'agir, et ont failli dans l'essentiel.

LE « PLAN MADAGASCAR »

Tandis que le sort des Juifs s'aggravait implacablement, les armées allemandes fêtaient leurs triomphes de 1940. Lorsque, après l'effondrement de la France, des perspectives démesurées s'ouvrirent aux yeux des Nazis, un plan caressé depuis longtemps par certains d'entre eux revint sur le tapis avec une actualité nouvelle. Ils croyaient, enfin, tenir entre leurs mains la clef de la « solution définitive de la question juive ».

Nous avons vu qu'au cours de l'étonnante réunion du 12 novembre 1938 Gœring avait mentionné la « question de Madagascar ». Himmler, lui, y rêvait depuis 1934, assure un témoin[38]. Parquer tous les Juifs sur une grande île — ce qui plus est, une île appartenant à la France — voilà ce qui devait satisfaire leur amour du symbolisme. Quoi qu'il en soit, dès l'armistice de juin 1940, l'idée est lancée par le ministère des Affaires étrangères, reprise d'enthousiasme par le RSHA, et agréée par Himmler ainsi que par le Führer lui-même, semble-t-il[1] Les grandes inventions ayant toujours plusieurs auteurs, d'autres dignitaires plus ou moins illustres peuvent prétendre à l'honneur de la paternité de cette solution « philanthropique ». Ainsi Philip Bouhler, le chef de la chancellerie personnelle du Führer, qui, à en croire son adjoint Viktor Brack, aspirait à devenir lui-même le gouverneur de la grande île[39]. Rademacher, le chef de la section « juive » (« Referat D 111 ») du ministère des Affaires étrangères, peut cependant se

---

1. La question peut être posée de savoir quelle était en ce moment l'attitude personnelle de Hitler à ce sujet. Nous avons vu qu'il s'intéressait à cette « solution » en novembre 1938. Pour la période en cours, nous n'avons aucun document ou témoignage de valeur absolue. D'après Abetz, le Führer lui aurait dit en août 1940 que « tous les Juifs devaient partir hors d'Europe ». Et d'après Ribbentrop, c'est bien à Madagascar qu'ils devaient aller (Interrogatoire de Ribbentrop au procès de Nuremberg). Un rapport de février 1942, rédigé à l'intention de ce dernier, signale à propos du « projet de Madagascar » que « dans l'esprit du Führer, cette question est dorénavant dépassée par les événements », ce qui semble bien impliquer qu'elle était à l'ordre du jour à une époque immédiatement antérieure. Surtout il est difficile de s'imaginer que le RSHA ait pu se livrer à l'insu ou même contre le gré du Führer à d'assez considérables travaux préparatoires.

targuer de ce que, tel qu'il fut présenté par lui, son projet connut au moins un commencement de réalisation. Nous allons examiner cette question avec quelque détail, car cela nous permet de pénétrer un peu plus avant dans les antres où s'élaboraient les projets « millénaires » nazis.

Jeune juriste ambitieux, ancien volontaire de la brigade « Ehrhardt » (1923), membre du parti depuis 1932, Franz Rademacher entre au ministère des Affaires étrangères en 1937. Il est nommé secrétaire de légation à Montevideo, d'où il revient en avril 1940. Il brûle de servir et de faire de grandes choses : on lui offre de diriger un service d'affaires intérieures, le « Referat D 111 » qui vient d'être créé à la Wilhelmstrasse. Le 3 juin 1940 il couche sur le papier quelques notes, à soumettre à Ribbentrop, à propos des « buts de guerre nationaux-socialistes dans la question juive ». Ces buts sont évidents : les Juifs doivent quitter l'Europe. Et Rademacher se demande s'il faut évacuer tous les Juifs, ou s'il est préférable « de faire la séparation entre Juifs orientaux et Juifs occidentaux ».

> « *Les Juifs orientaux, plus prolifiques, réservoir du talmudisme pour l'intellect juif, restent à titre d'otages entre les mains allemandes (Lublin ?), paralysant les Juifs américains. Les Juifs occidentaux hors de l'Europe (Madagascar ?)*[(40)]. »

D'aussi vastes considérations sont suivies d'un souhait plus modeste visant à l'élargissement immédiat du service D 111 pour ce travail : « un secrétaire de consulat jeune et habile, ainsi qu'une dactylo. »

Ce dernier vœu paraît avoir été exaucé, puisqu'au début de juillet un « plan pour la question de la solution juive » quittait le Referat D 111, suivi quelques semaines plus tard par des « considérations au sujet de la création d'une banque intereuropéenne pour l'utilisation des biens juifs en Europe ». Approuvé par Ribbentrop, le dossier ainsi constitué fut communiqué au RSHA, où il reçut un accueil enthousiaste ; le service compétent du RSHA élabora un plan détaillé pour l'évacuation des Juifs à Madagascar et pour leur installation sur place ; ce plan fut approuvé par le Reichsführer SS[41]. Ainsi, c'est à Adolf Eichmann, puisque c'est bien de son service qu'il s'agissait, qu'allait incomber le détail de l'opération.

Voici quelles étaient les idées de Rademacher dans leurs grandes lignes : par le traité de paix l'Allemagne se ferait confier l'administration de Madagascar, à titre de mandat. Des ports et des points d'appui de la Kriegsmarine seraient établis dans les principales rades et des aérodromes militaires créés à l'intérieur du pays. La partie de l'île « inutilisable militairement » serait placée sous la direction d'un administrateur directement subordonné au Reichsführer SS, car « du point de vue allemand il s'agit de la création d'un super-ghetto ; seule, la police de sécurité dispose dans ce domaine de l'expérience nécessaire ». Voici comment Rademacher envisage l'administration du « super-ghetto » : « Les Juifs s'administrent eux-mêmes : ils ont leurs propres maires, leur propre police, leurs postes et leurs chemins de fer... Mais l'administration politique repose entre les mains allemandes... Ainsi, les Juifs restent des otages entre nos mains, garantissant une attitude convenable de la part de leurs congénères en Amérique. » Ainsi, on fait d'une pierre deux coups, car « on pourra utiliser pour notre propagande la grandeur d'âme dont fait preuve l'Allemagne en accordant aux Juifs une autonomie culturelle, économique et administrative, tout en soulignant que notre sens des responsabilités nous interdit de gratifier d'un État indépendant une race qui, depuis des millénaires, n'a plus connu l'indépendance... »

Quant au financement de l'opération, il est également prévu. Les Juifs en leur totalité répondent de la valeur économique de l'île. Leurs biens en Europe seront transférés à une banque spéciale, créée à cet effet, et cette banque financera l'émigration et l'installation des Juifs et leur vendra leurs terres.

Encore fallait-il avoir quelques détails sur Madagascar. À cet effet, Rademacher (malgré secrétaire et dactylo) paraissait avoir été bien mal outillé, puisqu'à son projet il n'a pu joindre, faute de mieux, que deux feuillets dactylographiés copiés sur le *Meyers Lexicon*, un dictionnaire encyclopédique allemand (vol. 7-8, édition 1939).

Le RSHA, lui, fera mieux. Le lieutenant SS Dannecker, le futur chef du « service juif » de Paris, est spécialement chargé de la question de la documentation. Il se rend à Paris et perquisitionne au ministère des Colonies à cet effet[42]. Le dossier « Projet Madagascar » du RSHA (août 1940) développe les considérations suivantes :

> « *Une solution de caractère insulaire est à préférer à toute autre, afin d'éviter les contacts permanents des Juifs avec les autres peuples... Ci-dessous... les études préalables concernant le projet du transfert d'environ 4 000 000 de Juifs à Madagascar :*
>
> « *a) Les bureaux chargés de l'opération ont tout d'abord à recenser les Juifs de leur ressort. Ils sont chargés des mesures préalables telles que l'établissement de documents pour chaque Juif, la liquidation de leurs biens et la constitution des convois. Les premiers convois doivent surtout comprendre des agriculteurs, des spécialistes du bâtiment, des artisans ainsi que des médecins, précédant à titre d'avant-garde les masses qui suivront ensuite.*
>
> « *b) Les Juifs peuvent emporter jusqu'à 200 kilos de bagages. Les agriculteurs, artisans, médecins doivent emporter leurs outils et instruments professionnels. En ce qui concerne l'argent liquide et les objets précieux, on appliquera les règlements en vigueur*[43]... »

Et le travail commence. Dieter Wisliceny assure que jusqu'à l'été 1941 Eichmann travailla activement à ce projet. Il s'entoura d'experts maritimes pour élaborer un plan de transports : ceux-ci devaient être assurés par un pool des grandes compagnies de navigation allemandes, l'embarquement se faisant dans les principaux ports de la mer du Nord et de la Méditerranée. Il s'efforçait en même temps de faire prononcer au profit du « Fonds central » la confiscation de toutes les fortunes juives[1]. Il envoya des émissaires dans les pays occupés ou contrôlés, afin de recueillir

---

1. En octobre 1941 une loi prononçant la déchéance de la nationalité des Juifs allemands à l'étranger stipule que « leurs biens confisqués seront utilisés afin de promouvoir les problèmes liés à la solution finale de la question juive » (Reichsgesetzblatt, I, 722).

des statistiques sur le nombre, l'âge, la distribution profession-nelle, etc., des Juifs. Ces statistiques détaillées serviront, on le verra, à un autre but... Tout était prêt afin que, dès la conclusion de la paix, la machinerie se mît en action. Une vaste propagande, assurée en particulier par Alfred Rosenberg et ses collaborateurs de l'Institut d'Etudes des Questions juives, créé à Francfort, en mars 1941, annonçait que bientôt le dernier Juif allait quitter le continent européen. Mais le triomphal traité de paix tardait à venir.

Le déchaînement en France et dans les pays limitrophes

Près de 600 000 Juifs habitaient les pays occupés de l'Ouest : France, Belgique, Pays-Bas, Luxembourg. La France occupée ainsi que la Belgique sont placées sous l'autorité de l'administration militaire, les Pays-Bas sont gouvernés par Seyss-Inquart, commissaire du Reich, tandis que le Luxembourg est annexé au Reich. Dans ses grandes lignes, et malgré de notables différences de détail, le sort des Juifs suivra la même courbe dans ces territoires. La situation, ici, était bien différente de celle qui se présentait en Pologne et la politique nazie s'y attaquera de manière tout autre. Mais une première réaction de Heydrich et d'Eichmann sera de profiter des nouveaux territoires afin d'y expulser les Juifs du Reich, en attendant l'annexion de Madagascar, et à titre de « première étape », en quelque sorte.

L'impulsion est donnée par l'expulsion des Juifs d'Alsace-Lorraine, pratiquement terminée au début d'octobre 1940[44]. Ensuite, l'opération « Bürckel » a lieu : elle nous donne très exactement la mesure du pouvoir réel du RSHA et de la section IV B 4. Avec l'accord de Joseph Bürckel, Gauleiter du pays de Bade, mais sans que ni le ministère de l'Intérieur, ni aucune autre administration en soient avisés, les SS déportent le 22 octobre 1940 les 6 300 Juifs du pays de Bade sur la ligne de démarcation de la « zone libre » française. 1 125 Juifs du Palatinat et de la Sarre furent joints au convoi. Les intéressés avaient été avertis une demi-heure à l'avance : l'opération fut « totale », y compris les asiles de vieillards : l'un des déportés était âgé de quatre-vingt-dix-sept ans ! Le gouvernement de Vichy, fort ennuyé de l'affaire, parqua les déportés dans les camps de Gurs et de Rivesaltes, au pied des Pyrénées, où ils retrouvèrent plusieurs milliers de leurs compatriotes, « lie de la terre », arrêtés coup après coup par les polices de tous les pays et tous les régimes[1]. En même temps, il éleva une protestation par l'intermédiaire de la Commission d'Armistice. Le ministère des Affaires étrangères mit la protestation sous le tapis et Rademacher s'ingénia même à en égarer le texte, afin de ne pas créer de complications au RSHA et à Bürckel. Mais cette nouvelle forme de « déportations sauvages », que Heydrich et Eichmann espéraient pouvoir étendre au 270 000 Juifs se trouvant encore dans le Reich et en Bohême-Moravie, ne fut pas continuée[(45)]. Il fallait éviter que Vichy ne fût froissé outre mesure.

Car c'est de haute politique qu'il va s'agir maintenant. En 1940, à une époque où Hitler espère une paix rapide, une retenue s'impose encore dans l'Europe occidentale, grande ouverte sur l'Atlantique, retenue oubliée depuis bien longtemps à l'Est. En France surtout, l'atmosphère est à la pacification. Hitler envoie Abetz, qui promet de lui gagner les cœurs français, en qualité de ministre plénipotentiaire à Paris, et le raisonnement essentiel des Nazis est que des mesures antijuives prises par la France de l'Ordre nouveau donneront naissance à un sentiment d'allégeance chez les Français et créeront un lien de solidarité, tandis que des mesures directement imposées par l'occupant risquent de paraître un effet de l'oppression ennemie. Il s'agit « d'éviter, dans ce domaine, la réaction du peuple français contre tout ce qui vient des Allemands », proclame, un des fonctionnaires du SD en France[(46)]. Longuement les Nazis s'efforceront donc en France de faire prendre ces mesures par des « mains françaises ». En Belgique, le déroulement des événements suit dans ses grandes lignes la cadence

---

1. Par la Gestapo (pour leur race), par la police de la IIIe République (pour leur nationalité) et par Vichy (pour leur religion).

française : encore faut-il distinguer entre Wallonie et Flandre. Aux Pays-Bas et au Luxembourg, la situation est quelque peu différente, puisqu'il s'agit de « peuples de souche germanique », auxquels tôt ou tard on espère inculquer l'évangile raciste, après quoi ils seront incorporés dans les rangs de la Race des Maîtres — tandis qu'on a affaire en France (et en Belgique wallonne) à des sous-hommes quelque peu exotiques, de toute évidence dégénérés, mais à l'égard desquels on ressent confusément un complexe d'infériorité inavouable mais tenace. Politiquement, on aspire à les maintenir dans un état de division et de faiblesse, s'en désintéressant pour le reste et les laissant cuire dans leur mauvais jus de sous-natalité biologique. Mais humainement on craint parfois de trop les choquer. À toutes ces considérations, ajoutons que dans les territoires envahis de l'Ouest les Juifs sont bien moins nombreux qu'à l'Est, que l'égalité de droits y est effective entre les citoyens israélites et les autres, qu'ils vivent disséminés parmi la population dont ils ne se distinguent nullement par leur habillement et leur aspect physique, et l'on comprendra pourquoi la persécution, au début surtout, a pris dans l'Ouest une cadence toute différente, et que les mesures aient été « plus difficiles, plus tardives, et d'une apparence peu cruelle » (René Cassin[1]).

En France, les mesures antijuives présentent cette particularité d'être prises par deux instances différentes : par le gouvernement militaire allemand, en zone occupée, et par Vichy, dont la législation était valable pour la totalité de la France. Attelage bancal, où l'enragée cavale hitlérienne s'efforçait d'entraîner à sa suite la rosse vichyssoise, laquelle possédait sa cadence bien à elle. L'antisémitisme de Vichy était le produit d'un croisement de la xénophobie si caractéristique d'une certaine bourgeoisie française avec une vieille doctrine antisémite traditionnellement réactionnaire et cléricale, qui prétendait puiser ses inspirations chez les docteurs de l'Église moyenâgeux, et se réclamait de la *Somme*

1. Extrait de la préface à l'ouvrage de Henri Monneray *La Persécution des Juifs en France*, Editions du Centre, Paris, 1948.

de saint Thomas d'Aquin. Les Allemands n'imposent rien de force à Vichy : ils conseillent, « ils font des suggestions », allant même jusqu'à « laisser entrevoir aux Français l'abrogation des mesures allemandes, afin de stimuler leur initiative dans le domaine de la question juive[47] ». Vichy s'y prête de bonne grâce, et même — dans la mesure où la politique allemande était conforme à sa doctrine — avec un zèle convaincu. De cette politique, Pétain et Xavier Vallat (le premier commissaire général aux Questions juives) sont les protagonistes attitrés : Pétain prend même la précaution de se renseigner auprès du Saint-Siège sur l'opportunité des mesures vichyssoises, et la réponse très précise de son ambassadeur : « Jamais il ne m'avait rien été dit au Vatican qui supposât, de la part du Saint-Siège, une critique ou une désapprobation des actes législatifs et réglementaires dont il s'agit[1] » apaise sans doute définitivement sa conscience.

D'autres gros pontifes de Vichy, et en particulier Pierre Laval, voient, pour une part, dans les Juifs, un objet de marchandage, une monnaie d'échange : en cédant sur la question de la livraison des Juifs étrangers de zone libre par exemple, ils espèrent obtenir tel autre avantage, peut-être l'assouplissement de la ligne de démarcation... ils chercheront même à « échanger » des Juifs étrangers contre des Juifs français, et Knochen, le chef du SD en France, tirera une moralité sinistre de cet état d'esprit lorsqu'il écrira :

« Des Juifs de nationalité française, arrêtés pour n'avoir pas porté l'étoile ou pour d'autres infractions, devaient être déportés. Bousquet[2] déclara... que la police française ne se prêterait pas à cette mesure. À notre réponse que celle-ci serait effectuée par des forces allemandes, la police française répliqua en organisant une rafle et en arrêtant mille trois cents Juifs étrangers. Ces Juifs

---

1. Rapport du 7 septembre 1941 de Léon Bérard, ambassadeur de France près du Saint-Siège, au maréchal Pétain, sur les « questions et difficultés que pouvaient soulever les mesures prises à l'égard des Juifs ». À propos de l'attitude du Vatican, voir pp. 389 et suiv.
2. Secrétaire d'État à la Police du gouvernement de Vichy.

furent remis à la police allemande avec l'indication de les déporter à la place des Juifs français. Il va sans dire qu'en l'espèce, les deux catégories de Juifs vont être déportées[48]. »

Observons pour conclure que, dans les limites mêmes de sa doctrine, le concours prêté par Vichy aux Allemands fut essentiel, assurant par l'effet du recensement, du *numerus clausus* et d'autres opérations préalables l'isolement des Juifs au sein de la population française — ce qui est une technique indispensable au génocide —, et enlevant de plus aux occupants le souci des opérations policières, effectuées en zone libre, mais aussi en zone occupée, par les forces de la police française. De cette complicité délibérée, rien ne pourra jamais laver le régime du maréchal Pétain, aussi vrai qu'il soit que X. Vallat, par exemple, qui, s'il était antisémite, était également germanophobe, s'est à différentes reprises violemment opposé aux Allemands : ceux-ci en obtinrent finalement le remplacement par un forcené (Darquier de Pellepoix) plus conforme à leurs pratiques[1].

De l'existence d'une zone « libre », au régime relativement plus bénin, les Juifs de France ont incontestablement tiré maint bénéfice. L'exemple de pays tels que le Danemark, ou même la Bulgarie (dont les Juifs furent sauvés presque en leur totalité) est toutefois présent, afin de nous montrer les possibilités d'action de régimes ou de gouvernements aussi inféodés et asservis qu'ils

1. Dannecker, le premier délégué du IV B 4 en France a rédigé le procès-verbal de son dernier entretien avec Vallat. En voici un extrait très caractéristique :

« J'ai fait observer à Vallat que la tactique d'atermoiement pratiquée par lui me révélait, une fois de plus, qu'il ne désirait pas véritablement la séparation des non-Juifs d'avec les Juifs. Vallat riposta sur un ton inouï : « ... Je suis un antisémite bien plus ancien que vous. Je pourrais, en outre, être votre père. » J'ai répondu qu'il ne pouvait me parler ainsi, notre entretien ayant un caractère officiel.

« Au cours de la conversation, Vallat s'était, du reste, consciemment servi à un moment donné du terme « invasion » ; sur mon insistance, il y substitua le terme « occupation ».

« Lorsque, vers la fin de l'entretien, Vallat poussa l'audace jusqu'à observer qu'il ne saurait tolérer que je le traitasse en subordonné, je lui déclarai textuellement : « Je ne puis tolérer pareil langage, d'autant plus que cette affirmation est dépourvue de tout fondement. Je qualifie ce reproche d'impertinence inouïe et je considère l'entretien comme terminé. »

le fussent, lorsque les gouvernants n'adoptaient pas, au fond de leur cœur, une attitude hypocritement complice.

Dès le 3 octobre 1940, Vichy publie un « statut des Juifs », écartant les Juifs de la fonction publique, de la presse, etc ; en avril 1941, le « commissariat général aux Questions juives » est appelé à l'existence. C'est cet organisme, dirigé par X. Vallat, qui va prendre la plupart des mesures profanes écartant les Juifs des différents secteurs de la vie sociale et économique, « aryanisant » leurs commerces et leurs industries. Des mesures sacrales ne seront jamais prises en France, étant fondamentalement contraires à l'inspiration confessionnelle de l'antisémitisme officiel : point de loi de Nuremberg, par conséquent. Quant aux mesures physiques, c'est, en France, Vichy qui donnera l'exemple. Une des pierres angulaires de ses conceptions étant la discrimination entre Juifs français et Juifs étrangers, plus de trente mille de ceux-ci, « en surnombre dans l'économie française », sont dès l'été 1940 internés dans des camps ; les plus valides sont enrégimentés en « compagnies de travailleurs », suivant l'exemple allemand de Pologne. Les SS, eux, se réclament de l'exemple français : Knochen ne manque pas d'en faire état lorsque, au début de 1941, il réclame l'internement des Juifs en zone occupée[1].

Car, ainsi que nous l'avons dit, la cadence allemande sera lente au début. Il est vrai que dès le 19 août 1940 le gouvernement

1. Lettre de Knochen au chef de l'administration militaire en France, du 28 février 1941 : « L'évolution antijuive des mois écoulés a nettement montré que l'antisémitisme des Français vise surtout les éléments étrangers. Le gouvernement français en a tenu compte, en publiant le 4 octobre 1940 une loi sur les étrangers de race juive, rendant possible leur internement dans des camps de concentration...

« À l'heure présente la création de camps paraît tout indiquée (en zone occupée). Deux considérations sont décisives à ce point de vue :

« 1° Les principaux appuis de la propagande pro-anglaise et pro-gaulliste sont probablement les Juifs étrangers.

« 2° Il est apparu qu'il est presque impossible de cultiver chez les Français un sentiment antijuif qui reposerait sur des bases idéologiques, tandis que l'offre d'avantages économiques susciterait plus facilement des sympathies pour la lutte antijuive (l'internement de près de 100 000 Juifs étrangers habitant Paris donnerait à de nombreux Français l'occasion de se hisser des couches inférieures aux classes moyennes). »

militaire interdit le retour des Juifs qui, pendant l'exode, s'étaient réfugiés dans le sud de la France. Cette mesure avait été prise sur l'instigation d'Abetz, et celui-ci suggérait en même temps d'expulser tous les Juifs de Paris en « zone libre[49] ». Le gouvernement militaire ne le suivit pas : tout comme en Pologne, les militaires manifesteront souvent un certain détachement devant l'action antijuive. Le manque de feu sacré ne les empêchera pas de se prêter à l'application d'un programme progressif : fin septembre (le jour de la Nouvelle Année juive), une première ordonnance prescrit l'enregistrement des Juifs dans les commissariats ; leurs papiers sont tamponnés, leurs commerces signalés par une affiche spéciale. La cadence s'accélère lorsque, en décembre, un représentant de la section IV B 4, le lieutenant SS Dannecker, délégué par Eichmann auprès du SD en France, vient avec son équipe s'installer à Paris.

En juillet 1941, Dannecker rédigea un véritable bréviaire de quatre-vingt-seize pages sur les conceptions qu'il se faisait de son activité, « dans l'espoir que cette étude pourrait être utile et suggestive pour le travail d'autres équipes[50] ». À ce stade ces efforts tendaient essentiellement à en arriver à un isolement forcé des Juifs, à leur ségrégation totale au sein de la collectivité française. Celle-ci devait d'autre part être soumise à une propagande inlassable : Dannecker nous narre par le détail comment il appela à la vie « l'Institut antijuif » de Paris, instrument indispensable « pour donner à la propagande antijuive une tournure française ». Il est curieux de constater avec quelle facilité ce simple lieutenant SS parvient à bousculer les quelques résistances qu'il rencontre de la part du gouvernement militaire et à imposer aux événements une cadence accélérée. « Après l'internement de 3 600 Juifs polonais (en vertu d'une loi française et à la suite de notre pression) et l'arrestation du Juif Alphonse Weill, les Juifs français se sont pliés… » annonce-t-il, et, en novembre 1941, « l'Union générale des Israélites de France » est constituée, contrepartie des « Conseils juifs » de Pologne. Dorénavant, toutes les mesures sont prises sous l'impulsion de Dannecker ; l'internement de 3 600 Juifs polonais est de mai 1941, deux autres rafles de même envergure suivent en août et en décembre de la même année, le camp de Drancy de sinistre mémoire est créé aux portes de Paris, et, en mars 1942, les déportations vers l'Est commencent... Ce même mois, un couvre-feu de 20 heures à 6 heures est édicté pour les Juifs de zone occupée qui ne peuvent plus changer de domicile : « l'étoile jaune » est introduite en juin 1942 et sert à les rendre repérables en public ; une ordonnance de juillet de la même année peut alors leur interdire l'accès des théâtres, cinémas, des autres lieux publics et même des magasins. À ce moment leur dépossession est totale, et la paupérisation est imminente. Les difficultés qui s'opposaient en France à la création d'un ghetto matériel (cependant, il sera fort question de les concentrer tous à Paris) ainsi que la solidarité et le large concours apporté par la population française rendront plus supportable le sort de ceux qui échapperont aux rafles monstres, lesquelles, en 1942 surtout, lorsque les dés auront été jetés à Berlin, ne discontinuent plus.

LE DRAME DES JUIFS FRANÇAIS

Ainsi donc, tandis que s'approchait l'heure de la tragédie finale, le sort des Juifs de France était déterminé en « zone libre » — et même partiellement en « zone occupée[1] » — par des mesures adoptées par le gouvernement de Vichy. À quel point, dans cette question, Vichy suivait son impulsion propre est attesté par le fait que, sur certains points, sa législation allait plus loin que celle de Berlin. Elle était en particulier plus extensive : certaines catégories de Juifs, qui du point de vue des Allemands n'étaient pas considérés comme tels, et dont la vie ne fut jamais menacée, se trouvaient amoindris dans leurs droits et leur patrimoine par la réglementation

---

1. Rappelons que la grande majorité des mesures antijuives de Vichy étaient applicables dans la France entière.

de Vichy[1]. Il est bien entendu qu'exception faite pour quelques forcenés, des projets homicides n'entraient nullement dans les vues des inspirateurs du maréchal Pétain et des idéologues de « l'État Français ». Ils ne déniaient point aux Juifs la qualité humaine. Ils avaient même tendance à admettre qu'exceptionnellement et individuellement un Juif pouvait mériter le titre de citoyen et de Français. Mais ils tendaient en règle générale à les rejeter de la communauté nationale, par voie de déchéance de nationalité, de l'interdiction apportée à l'exercice d'innombrables professions, et ainsi de suite. Si l'on réfléchit qu'au cours des deux premières années de l'occupation une grande partie des Français était ralliée derrière le gouvernement du maréchal, et approuvait ses actes, on comprendra les souffrances morales de la minorité ainsi mise au ban de la nation.

Certes, il ne s'agissait pas en l'espèce de la tragédie irrémissible du judaïsme allemand. Les couleurs du drame sont moins crues : plutôt que de l'enfer, il s'agit d'un purgatoire. Mis en accusation, les Juifs n'étaient pas définitivement condamnés encore. Les expressions mêmes des textes législatifs consacrant leur humiliation, qui prévoient le plus souvent des exceptions de faveur pour « services exceptionnels », « faits de guerre et citations homologuées », « établissement en France depuis plus de cinq générations », montrent qu'à condition de faire preuve de mérites éclatants, de faire en toute occasion beaucoup plus que son concitoyen, le Juif français pouvait espérer être traité d'égal

1. Témoin cette note de service du commissariat aux Questions juives (« Statut des Personnes ») (10 mars 1944) : « … Je crois devoir attirer votre attention sur le fait que la décision qui fut prise en janvier 1943 par le Statut des Personnes à Vichy, décision qui conférait la qualité de non-Juifs à tous les ressortissants géorgiens de confession mosaïque, doit être considérée comme nulle et non avenue…

« Les autorités allemandes exemptent du port de l'étoile les Géorgiens de confession mosaïque, parce qu'elles les considèrent comme n'étant pas de pure race juive.

« Néanmoins, il n'apparaît pas que cette exemption du port de l'étoile doive entraîner *ipso facto* la levée des administrateurs provisoires que vous auriez cru devoir faire placer aux biens des Géorgiens de confession mosaïque. Bien mieux, je crois devoir décider que, dans tous les cas, les Géorgiens de confession mosaïque doivent faire l'objet d'une mesure d'aryanisation. »

à égal. Cette injustice flagrante même blessait profondément les Juifs français, que d'autres textes s'ingéniaient à outrager. C'est ainsi qu'une circulaire du commissariat aux Questions juives précise : « Le commissaire général a remarqué que, dans la correspondance de certains services, les Juifs étaient dénommés « israélites ». Au commissariat général aux Questions juives, un Juif doit être appelé un Juif, et on ne doit pas écrire « M. Lévy » ou « M. Dreyfus », mais « le Juif Lévy » ou « le Juif Dreyfus ». Le terme « israélite » ne sera employé que du point de vue religieux[51]... »

Ce n'est que par des protestations impuissantes que les Juifs français pouvaient exprimer leur déception. Maintes lettres émouvantes furent ainsi adressées au maréchal Pétain. « J'estime avoir le droit et le devoir d'élever cette protestation... parce que je ne reconnais ni le droit ni le pouvoir à personne de contrôler l'amour que j'ai pour ma patrie, amour qui fait partie du patrimoine de mon cœur, de ma pensée, asiles inviolables pour autrui[52]... », écrivait le général Boris, l'officier le plus ancien en grade des Juifs globalement expulsés de l'armée. Et un chef éclaireur, Marc Haguenau (futur martyr de la Résistance), s'adressait dans les termes suivants au commissaire aux Questions juives : « J'élève ma protestation personnelle, après celle de tant de mes concitoyens juifs et non juifs, pour vous dire ma tristesse qu'une loi d'exception soit faite pour une catégorie de Français. Je compte dans ma famille de trop nombreuses générations d'Israélites français, qui ont vécu sous tous les régimes, royautés, empires, républiques, pour ne pas être capable de juger d'un esprit totalement français quel pas en arrière cela représente pour le pays, par rapport au respect de toutes les valeurs spirituelles dans lesquelles j'ai été élevé, et auxquelles je reste attaché.

« J'aurais cru contraire à ma dignité de ne pas vous faire cette brève et inutile déclaration[53]... »

De telles protestations restaient le plus souvent sans réponse ; parfois le cabinet du maréchal y répondait, en des termes assez ambigus. Telle cette réponse à la protestation du grand rabbin de Paris, relative aux attentats perpétrés en décembre 1941 contre les synagogues de Paris par les hommes du parti « M.S.R. » de Deloncle :

« *Le maréchal a pris connaissance de votre lettre en date du 11 décembre et me charge de vous en remercier... Les temps présents sont trop troublés et trop confus pour permettre de porter d'ores et déjà un jugement sûr. L'Histoire appréciera à son exacte valeur votre protestation*[54]*...* »

Mais plus caractéristique est cette brève correspondance qui montre que ce n'est qu'une fois parti pour un monde meilleur, à l'heure d'affronter son Juge suprême, que le Juif trouvait entièrement grâce devant ses juges terrestres...

Le 27 janvier 1941.

« *Monsieur le Maréchal Pétain,*

« *Je lis dans un journal de la région* : « *En application de la loi du 3 décembre 1940, M. Peyrouton a révoqué (entre autres noms) Cahen, chef de cabinet de la Préfecture de la Côte-d'Or.* »

« *M. Peyrouton aurait dû se renseigner avant de prendre cette mesure ; il aurait appris que l'aspirant Jacques Cahen a été tué, le 20 mai, et inhumé à Abbeville.*

« *Il a suivi les glorieuses traditions de ses cousins, morts pour la France, en 1914-1918, l'un comme chasseur alpin, l'autre comme officier au 7e génie, à l'âge de 24 et 25 ans, nos deux seuls fils et dont les mânes ont dû tressaillir d'horreur devant un pareil traitement.*

« *Agréez, etc.* »

Cabinet civil du Maréchal Pétain.

Vichy, 31 janvier 1941.

« *Madame,*

« *Le maréchal a lu la lettre que vous lui avez adressée au sujet de votre neveu.*

« *Il en a été d'autant plus ému, que l'un de ses collaborateurs s'est trouvé avec M. J. Cahen le 20 mai 1940, quelques heures avant qu'il soit frappé.*

« *Le maréchal Pétain va demander à M. le ministre de l'Intérieur de reconsidérer la mesure qu'il avait prise à l'encontre de votre neveu.*

« *Veuillez agréer, Madame, mes hommages respectueux*[55]. »

COUP D'ŒIL SUR LES AUTRES PAYS D'EUROPE

En Belgique, qui ne comptait que 90 000 Juifs, les mesures seront prises à la même cadence qu'en France occupée, avec parfois de légères variations de détail : la première mesure est l'interdiction de l'abattage rituel des animaux (23 octobre 1940), fin 1941, les enfants juifs sont exclus des écoles… L'exiguïté du territoire, les facilités de surveillance y rendent le sort des Juifs plus précaire qu'en France.

Bien pire encore fut la situation aux Pays-Bas, pour les raisons que nous avons exposées plus haut. Dans ce pays, où le nombre des Juifs dépassait 150 000, dès le début de 1941 l'action antijuive prend une intensité extrême. Les premières déportations ont lieu en février 1941 et ce même mois la ségrégation des Juifs devient effective, une ordonnance leur interdisant tout contact avec les autorités hollandaises. Les mesures sacrales suivent : les lois de Nuremberg sont introduites en mai : le cycle des interdictions, bien plus vaste qu'en France et comprenant l'interdiction d'acheter des fruits et du poisson, de circuler à bicyclette, d'entrer dans une maison non juive, est complet en mai 1942.

Ainsi donc, tels raffinements apparaissent aux Pays-Bas qu'on n'a pas connus en Pologne même : du reste, la ghettoïsation y fut effective, tous les Juifs étant concentrés dès mars 1942 dans trois districts d'Amsterdam. On pourrait rapprocher cette virulence extrême de la haine particulière que Hitler paraissait nourrir contre l'indomptable peuple hollandais : n'avait-il pas projeté, en 1941, de le déporter en son intégralité vers l'Est du gouvernement général[1] ?

D'autres pays, d'autres territoires vont maintenant passer sous la coupe allemande : les uns, par la voie d'une conquête brutale, les autres, à la suite d'une pénétration progressive et insidieuse. Nous retrouverons encore ce nouvel aspect paradoxal de la tragédie juive : dans les pays qui se sont rangés dans le camp de la résistance, le sort des Juifs est presque immédiatement scellé, tandis que les régimes inféodés et alliés au gouvernement du Reich et qui presque toujours suivent, dans le cadre de l'autonomie dont ils bénéficient, une politique antisémite de leur propre cru, préservent en conséquence une partie de la substance humaine menacée. (C'est, du point de vue juif, un moindre mal : l'expression paraît déplacée dès qu'on se situe sur un terrain plus général : est-ce un moindre mal que de prêter activement la main à un génocide même partiel ?) Dans les territoires conquis et occupés militairement, quelques mois à peine, une année au plus séparent l'invasion des déportations : les « équipes » du B 4 se rendent sur place, et, grâce à des techniques ajustées et perfectionnées, couvertes par des ordres impératifs venant de Berlin, elles accélèrent à l'envi la séquence désormais classique des mesures antijuives. Quant aux pays satellites, ils sont pris dans l'engrenage dont nous avons suivi l'enclenchement en France de Vichy, sous l'égide du catholique Pétain : avec de notables différences de détail, l'allure générale du processus est la même dans la catholique Hongrie, ou dans la Roumanie orthodoxe, où dès 1937 le patriarche Miron Christea, futur premier ministre, exhortait ses fidèles à combattre « les parasites juifs ». C'est dans ce dernier

---

1. À propos de ce projet, voir pp. 372-373.

pays, où, dès l'été 1940, un « statut des Juifs » très complet, lois de Nuremberg comprises, avait été promulgué, que les méthodes hitlériennes paraissent s'être implantées le mieux. Sous le régime du « conducator » Antonescu, des pogromes sanglants ont lieu en janvier 1941, occasionnant plusieurs milliers de victimes, et dès le début de la guerre contre l'URSS, plus de trois cent mille Juifs des provinces de Bukovine et de Bessarabie sont déportés en « Transnistrie », dans les régions nouvellement conquises. Les Juifs de la Roumanie proprement dite seront déchus de tous leurs droits et réduits à un état de misère extrême, mais la majorité d'entre eux survivra ; quant aux Juifs hongrois, ils vivront dans une sécurité relative jusqu'à l'occupation militaire allemande en mars 1944. Pour des raisons complexes, mais dont la première a été l'attitude décidée et active de l'ensemble de la population, la Bulgarie est celui de tous les pays satellites où l'activité antijuive a été la moins intense, tandis que la Slovaquie de Mgr Tiso et la Croatie d'Ante Pavelitch n'avaient pas beaucoup à apprendre de leurs maîtres hitlériens. Nous assisterons plus loin au rythme des événements dans ces pays du Sud-Est européen.

L'AGONIE DES JUIFS ALLEMANDS

La pensée paraît étrange que près de trois cent mille Juifs aient pu continuer à vivre en Allemagne pendant que les hostilités faisaient rage. C'est un fait cependant que des changements radicaux dans leur destin ne sont intervenus qu'en automne 1941. Tant il est vrai que le génocide n'est pas un mouvement de fureur collective (condition nécessaire, mais non suffisante) et ne peut se déclencher sans une volonté claire et des ordres précis. On peut même se dire que l'accoutumance aidant, et les ressources de l'âme humaine étant infinies, ces dernières années ont été pour maint Juif allemand plus supportables à vivre que les surprenantes épreuves des années précédentes...

Ce n'est pas que la machinerie nazie ait fini par se lasser. Légiférer contre les Juifs paraissait être chez les Nazis un besoin inextinguible, à tel point qu'ils continueront à le faire longtemps après que l'Allemagne soit, à la lettre, « nettoyée » des Juifs. (On pourrait se demander quelles voies à la longue ils auraient choisies après que les démons du Mal, quittant leur enveloppe charnelle (transformée en phosphates et en savon) n'auraient plus été qu'une légion spectrale. Nous verrons que dès 1944 des cris d'alarme ont déjà été poussés à ce sujet.) C'est ainsi que, « la situation politique étant complètement modifiée », le port de l'étoile jaune, que Hitler avait hésité à introduire en 1938, devient obligatoire dans le Reich, le 1er septembre 1941. Ainsi observation des tabous rituels deviendra plus aisée : peu après, interdiction absolue est faite aux Allemands de paraître avec les Juifs en public ; « quant à ceux qui resteraient incompréhensifs devant ces principes élémentaires du national-socialisme », le délinquant allemand sera interné dans un camp tout comme le délinquant juif[56]. Et la séquence continue : interdiction d'utiliser les moyens de transport publics, de s'arrêter dans la rue, de flâner ou de regarder les devantures, de posséder des animaux domestiques et ainsi de suite.

Mention particulière doit être faite du rationnement alimentaire. Par une série de décrets, la ration des Juifs a été progressivement réduite à la plus simple expression : pommes de terre, légumes, pain et farine de seigle et lait écrémé pour les nourrissons[57]. Les douanes avaient reçu des instructions pour signaler les colis expédiés des pays neutres aux destinataires « portant un nom juif », afin que leur contenu soit déduit des attributions mensuelles du rationnement[58] !

Donner une base juridique générale au concept de sous-homme juif était une autre préoccupation des législateurs allemands de cette époque. C'est le même processus qu'en Pologne occupée : mais les juristes de la chancellerie berlinoise cherchaient à faire du travail de précision, et l'effort d'enserrer l'idéologie raciste dans le moule des rapports juridiques classiques aboutit parfois à d'étranges impasses. Ainsi un projet de loi sur le statut général des Juifs prévoyait qu'il leur sera interdit de déposer sous la foi du serment (que vaut le serment d'un Juif ?) : mais « l'incapacité du Juif de prêter serment ne doit pas tourner à son avantage », c'est pourquoi « la déposition d'un Juif sera traitée pénalement comme une déposition faite sous la foi du serment[59] ». Comme il est d'usage, le ministère de la Justice avait communiqué le projet pour avis à toutes les administrations intéressées, et c'est le commandement de la Wehrmacht qui avec un restant de logique fit observer que « cette réglementation conduirait à une surestimation injustifiée des témoignages juifs non assermentés par rapport aux témoignages non assermentés des témoins assermentables[60] ». De modification en modification, la loi, réduite à sa plus simple expression, précisait dans son premier paragraphe que la police seule était compétente pour les délits et crimes juifs, et dans le deuxième, que le Reich était l'unique héritier de leurs biens : il n'était, en Allemagne, plus un seul Juif en liberté (les « conjoints d'Aryens » exceptés) lorsqu'elle fut promulguée (juillet 1943)[61].

Il devait y rester, par contre, un certain nombre d'Allemands « incompréhensifs des principes élémentaires du national-socialisme ». Une statistique du ministère de la Justice nous apprend que 189 condamnations pour « crime contre la race » avaient été prononcées en 1941, et 109 en 1942[62].

Pour ramener le peuple à de meilleurs sentiments, des procès à grand spectacle étaient mis en scène de temps en temps. Ainsi le procès d'Israël Katzenberger, condamné à mort à Nuremberg en mars 1942, pour avoir pratiqué des « gestes de remplacement » (Ersatzhandlungen) à l'égard d'une femme allemande[1].

---

1. Voici un extrait du jugement :
Au nom du peuple allemand !
Le Tribunal spécial pour le district du tribunal de Nuremberg, auprès du tribunal de Nuremberg-Fürth, connaît dans l'affaire correctionnelle contre :
Katzenberger Lehmann, dit Léo, commerçant et président de la communauté culturelle israélite de Nuremberg, et Seiler Irène, propriétaire d'un commerce de photographie à Nuremberg.
Tous les deux en détention préventive pour délit contre la race et parjure, dans sa session publique du 13 mars 1942.

« La souillure de race est pire que l'assassinat ! s'exclamait à l'audience Rothaug, le président du tribunal. Des générations entières sont touchées par elle jusque dans l'avenir le plus lointain ! » Et en effet, les Juifs ne trouvaient-ils pas, pour ternir la race des Maîtres, des moyens de plus en plus insidieux ? Témoin cette note retrouvée dans les archives du ministère de la Justice, et destinée au Führer en personne :

« *Après la naissance de son enfant, une Juive pur sang vendit son lait maternel à un pédiatre en dissimulant qu'elle était Juive. Des bébés de sang allemand furent nourris avec ce lait dans une maternité. L'accusée sera poursuivie pour escroquerie. Les acheteurs du lait ont été lésés, car le lait d'une Juive ne peut pas être considéré comme un aliment pour des enfants allemands. L'attitude impudente de l'accusée constitue en même temps une injure grave. L'instruction de l'affaire a toutefois été suspendue afin de ne pas troubler les parents, qui ignorent les faits. Je discuterai avec le ministre de la Santé les aspects raciaux et hygiéniques de la question*[63]. »

On voit qu'en l'espèce, étant donné le caractère particulier de l'affaire, les gardiens du Graal racial envisageaient de l'étouffer. Par contre, un autre procès monté à grand spectacle devait être celui du jeune Herschel Grunspan, qui avait été livré aux Allemands par Vichy dès l'été 1940. L'affaire avait été prévue pour le mois de mai 1942, elle devait durer plusieurs jours ; nombre de témoins

Il faut entendre par relation sexuelle non matrimoniale dans le sens de la loi sur la protection du sang, en dehors du coït, toute espèce d'activité sexuelle avec une personne du sexe opposé, destinée à servir, à satisfaire, du moins en partie, les besoins sexuels de l'un au moins des partenaires, par les moyens autres que le coït. Les faits reconnus par les accusés, et qui consistaient, dans le cas de Katzenberger, en ce qu'il attirait la Seiler, l'embrassait, flattait ses hanches à travers ses vêtements, se caractérisent en ce qu'il a accompli ces gestes sur le corps de la Seiler d'une façon grossière, ce que le jargon populaire désigne par le « pelotage ». Il est évident qu'il faut rechercher le motif pour ces faits et gestes dans le seul désir sexuel. Si un Juif a entrepris auprès de la Seiler ne fût-ce que ces « gestes de remplacement », il s'est rendu coupable du crime contre la race... (NG 154).

devaient être convoqués, dont quelques témoins français, entre autres Georges Bonnet, l'ancien ministre des Affaires étrangères. Mais au dernier moment, le procès fut décommandé[1].

Sans trêve, la question juive continuait à être le principal point de mire de la propagande hitlérienne. Pas un discours d'un chef nazi ne pouvait se passer de ressasser l'inépuisable sujet, pas moins de cinq compagnies savantes travaillaient à en approfondir les bases idéologiques, le consacrant du sceau de l'érudition allemande[2]. Un de ces savants auteurs, le lieutenant-colonel Meyers-Christian, signalait en mars 1944 les nouvelles et déconcertantes données du problème : « ... De jeunes officiers de vingt ans déclarent, en réponse à des enquêtes, qu'ils n'ont encore jamais aperçu de Juifs. Par conséquent, ils ne portent aucun intérêt, ou qu'un intérêt minime, au problème juif tel qu'il leur a été présenté à ce jour... Le risque se dessine que les discours du Führer, qui commence toujours ses messages politiques avec un sommaire du problème juif, perdent de leur pouvoir pénétrant sur la nouvelle génération[(64)]... »

Il semble bien, du reste, que depuis quelque temps déjà, depuis 1938, la propagande en était arrivée à son point de saturation psychologique. On peut parler d'insensibilisation ; d'autre part, les réactions humaines sont parfois imprévisibles, et suivent des voies contradictoires ; et lorsqu'on se demande quelle pouvait être l'existence des Juifs allemands au cours de ces ultimes années, il est bon de se dire que, même dans le IIIᵉ Reich, des complicités individuelles se faisaient jour, timides certes, et isolées, mais qui rendaient l'agonie moins insupportable.

---

1. Grunspan avait menacé de « saboter » le procès, en faisant à l'audience des révélations sur de prétendus rapports homosexuels qui l'unissaient à vom Rath. C'est sur l'intervention personnelle de Hitler lui-même que le procès fut décommandé (NG 179).

2. « Reichsinstitut für Geschichte des neuen Deutschlands », patronné par Streicher et Hess ; « Institut zum Studium der Judenfrage », patronné par Gœbbels ; « Institut zur Erforschung der jüdischen Einflusses auf das deutsche kirchliche Leben », patronné par le ministère des Cultes ; « Institut für deutsche Ostarbeit », patronné par Frank, et « Institut zur Erforschung der Judenfrage », d'Alfred Rosenberg (*Hitler's Professors*, by Max Weinreich, Yivo, 1946).

À partir de l'automne 1941 se déclenchent les vagues successives de la déportation totale des Juifs allemands. Seuls, les « métis », ainsi que les « conjoints d'Aryens », en furent provisoirement exemptés. Leur sort fit l'objet d'interminables débats au cours de plusieurs conférences interministérielles réunies au courant de l'année 1942. Elles valent la peine d'être citées, les considérations développées à l'encontre de la déportation des demi-Juifs par l'un des participants :

« ... Le fait est qu'en déportant les demi-Juifs on sacrifie pour la moitié du sang allemand. J'ai toujours tenu pour biologiquement très dangereux d'amener du sang allemand au camp ennemi. Ce sang ne servira qu'à susciter dans ce camp des personnalités qui mettront au service de l'ennemi les qualités précieuses héritées avec le sang allemand. L'intelligence et l'excellente éducation des demi-Juifs, liées à l'héritage ancestral germanique, en fait hors de l'Allemagne des chefs nés, par conséquent des ennemis dangereux... Je préfère donc la mort naturelle des demi-Juifs à l'intérieur de l'Allemagne, bien qu'un laps de temps de trois à quatre décades soit nécessaire à cet effet[65]... »

Ces lignes ne sont pas d'un pince-sans-rire génial. Elles portent la signature de l'un des plus hauts fonctionnaires du régime, Wilhelm Stuckart, secrétaire d'État au ministère de l'Intérieur et général SS. Quoi qu'il en soit, il fut finalement décidé d'englober en principe les demi-Juifs dans les déportations, mais de leur laisser la possibilité de s'y soustraire, à condition qu'ils sollicitent « spontanément » leur stérilisation. De cette manière allait être évitée la perpétuation d'une « troisième race ». En effet, les « quarts-de-Juifs » (« métis du deuxième degré ») étaient assimilés aux Allemands, à moins qu'ils ne « ressemblent physiquement aux Juifs » ou « donnent lieu de constater qu'ils sentent et se conduisent comme des Juifs », auquel cas ils étaient considérés comme des Juifs intégraux[66].

Quant aux « conjoints d'Aryens », en règle générale, eux aussi devaient être déportés : mais un divorce devait intervenir auparavant, auquel il y avait lieu de donner autant que possible un caractère spontané, une annulation forcée « étant susceptible de provoquer l'émoi des familles du côté allemand[67] ». Cette subtile considération, entraînant des procédures et des délais, permit au plus grand nombre de « conjoints d'Aryens » d'éviter en fin de compte la déportation.

Chapitre III

Pillages et mise en esclavage

Maints auteurs ont voulu voir dans l'antisémitisme une conséquence des rivalités économiques entre groupes humains donnés. Des écrivains marxistes ont cherché à la réduire à un aspect de la lutte des classes, les Juifs, classe désuète de petits marchands et d'intermédiaires, étant voués à l'extinction en vertu de la loi implacable du processus dialectique ; c'est ainsi qu'ils expliquent l'extermination. La vérité est certes autrement complexe : mais le substrat économique a joué dans le déroulement des événements un rôle si important et si diversifié qu'il importe d'examiner cet aspect de la question en son ensemble. Si l'asservissement du Juif rappelle, par maints côtés, le dialogue hégélien entre le maître et l'esclave, l'assassinat délibéré et prématuré du Juif mis en esclavage vient mettre en défaut la logique du système. Mais auparavant, la spoliation du Juif sera totale : on bénéficiera des biens du Juif, de la main-d'œuvre qu'il peut fournir, de son savoir, on poussera le raffinement jusqu'à utiliser les éléments récupérables de son enveloppe charnelle, graisses ou phosphates. Le caractère global du détroussement ressort d'une manière particulièrement frappante de certains documents nazis (c'est ainsi, par exemple, que « l'Action Reinhardt », dont il sera question plus loin, embrasse sous une même tête de rubrique le transfert de la population juive, l'utilisation de la main-d'œuvre, la confiscation des biens, des mobiliers, la récupération des créances et ainsi de suite). L'entreprise est si grandiose qu'il est difficile de trouver une désignation pouvant la définir en son ensemble : c'est moins son aspect quantitatif — que les meilleurs experts évaluent à près de 9 milliards de dollars[68] — que cet aspect qualitatif, vu à travers certaines de ses formes très caractéristiques, que nous nous attacherons à examiner dans ce chapitre.

On sait à quel point le national-socialisme a été alimenté par l'inflation allemande de 1923 et par la crise de 1929. Les déçus, les aigris, les chômeurs ont été ses principaux électeurs. Les légendes sur l'immensité des fortunes juives trouvaient une audience crédule et enthousiaste. Dès cette époque, classes moyennes ruinées et intellectuels sans avenir ont été séduits par les perspectives que l'élimination des Juifs allemands paraissait leur ouvrir. Leur foi national-socialiste en a été vivifiée d'autant.

Leurs espoirs ont été partiellement assouvis en 1933, 1934, 1935. Des avocats, des médecins « aryens » ont pu profiter de l'élimination de leurs confrères juifs ; de même, le boycottage, volontaire ou forcé, commençait à se refléter favorablement sur le chiffre d'affaires de nombreux commerces « aryens ». On sait cependant que l'élimination totale des Juifs de l'activité commerciale et industrielle fut plus tardive, la date cruciale étant novembre 1938. On a vu Gœring proclamer en octobre 1938 : « Les Juifs doivent disparaître de l'économie allemande ! » À cette époque, des prétendants nouveaux font leur apparition, plus voraces, et infiniment plus dangereux.

La nuit du 9 au 10 octobre 1938 a ouvert la voie à l'exercice de l'action directe sur une grande échelle. Désormais le lent étranglement économique sera inséparable du pillage pur et simple. Celui-ci devient de plus en plus caractéristique pour le processus. Les ménagements sont mis de côté : SA et SS ont maintenant le champ libre : l'article du code cède la place au revolver braqué. Mais SA et SS se servent indifféremment de l'un ou de l'autre moyen. À défaut de savoir-faire ils ont de l'assurance, des appuis et des appétits considérables.

Les procédés dont pouvait se servir un Nazi conscient et organisé nous sont relatés, par exemple, par les conclusions

d'une commission d'enquête chargée par Gœring d'examiner les
« aryanisations » en Franconie, le fief de Julius Streicher. Une
« aryanisation » résultait, en principe, de la nomination d'un
administrateur provisoire, lequel devait gérer, et vendre s'il y avait
lieu, le magasin ou l'usine juifs. Les grands Nazis comprirent
facilement les possibilités que leur ouvraient leur prestige et leurs
fonctions lors de cette espèce de transactions. Le propre adjudant
de Streicher, SA-Oberführer Hanns König, organisa l'aryanisation
d'une demi-douzaine d'usines et de manufactures, « aryanisées »
en trois ou quatre jours, achetées à un dixième de leur valeur par
des hommes de paille et revendues le lendemain avec 200 p. 100
ou 400 p. 100 de bénéfice. Ces opérations se faisant impudemment
et au grand jour, une commission d'enquête fut envoyée de Berlin
sur les instances du ministère de l'Economie. Quelques ventes
furent annulées, quelques SA ou SS par trop entreprenants furent
déplacés[69]. Mais le procédé se généralisa.

Joseph Bürkel, le premier gauleiter de Vienne, le décrit dans
un rapport qu'il adresse à Gœring le 19 novembre 1938[70] :

« … Les vieux membres du parti se sont dit : « Nous avons
beaucoup souffert, nous avons vaillamment « lutté et nous avons
maintenant droit à des réparations. » L'idée de réparation est à la
base de la conception que les camarades autrichiens se font de
l'aryanisation. Dès le début, j'ai lutté contre ce point de vue. J'ai
dit aux hommes : « Votre exigence d'attribuer au meilleur combattant national-socialiste la plus grosse affaire juive est de la folie.
Vous nuisez à l'économie allemande et vous nuisez à vos propres
camarades, car leur incapacité professionnelle les mènera rapidement à un échec, et ce ne sera pas un beau couronnement pour une
carrière de combattant. » J'ai fini par donner l'ordre catégorique de
séparer à l'avenir aryanisation et réparations. » Et Bürckel continue
un peu plus loin : « … C'est alors que sont arrivés les événements
des 9 et 10 novembre. À Vienne, la police a donné l'ordre de raser
au niveau du sol toutes les propriétés et tous les biens juifs. Il est
évident que cet ordre a ramené à zéro tout mon travail éducatif… »

Nous avons affaire à une évolution où le gangster politique, l'homme du coup de main, passe au premier plan, sans que le combinard, le profiteur commercial, soit supplanté pour autant. Selon un exposé fait par le ministre Funk, la masse totale des biens à aryaniser en Allemagne était estimée à près de sept milliards de Reichsmarks[71]. Les plus grosses affaires furent acquises par les potentats de l'économie, et des entreprises bien établies tels que Krupp, I. G. Farben, Siemens figurent en bonne place parmi les acquéreurs. Des noms nouveaux leur font concurrence : ainsi, les maisons d'édition Ullstein et Mosse passent aux mains de Franz Eher, le trust-champignon de la presse nazie. La couche des profiteurs, petits ou grands, ira en s'élargissant et finira par englober, d'une manière ou de l'autre, le peuple allemand en sa presque totalité, que cela soit par voie de reprise personnelle et directe, par enrichissement de la collectivité ou par participation spécifique à des distributions qui se feront nombreuses et variées. C'est un processus qui se précisera au courant de la guerre.

*

Dans les pays progressivement conquis à l'est et à l'ouest, la dépossession des Juifs s'effectue sous le signe d'une occupation militaire, ce qui signifie évidemment qu'elle s'effectue avec une intensité centuplée. Décrets et ordonnances sont promulgués dès l'occupation du territoire : ils joueront, à l'ouest, un rôle essentiel ; en Pologne leur rôle est subsidiaire. Mentionnons l'ordonnance du 29 septembre 1939, prononçant dans le gouvernement général la confiscation des biens des « Juifs absents de leur domicile » ; un an plus tard, tous les biens juifs et les capitaux au-dessus de mille marks sont définitivement confisqués (17 septembre 1940). Un « fidéicommissariat », créé le 15 novembre 1939, s'occupait de « l'aryanisation » des entreprises juives. Les principales affaires furent reprises par l'État ; l'armée confisqua les entrepôts de marchandises. La concentration des Juifs en ghettos, collectivités populeuses repliées sur elles-mêmes, fixait aux effets de cette dépossession totale certaines limites de fait. Mais c'est au pillage et à l'extorsion directe que revient le rôle essentiel.

Sur la manière dont ils s'effectuaient, voici quelques témoignages. Un témoin raconte : « Dans les trois premiers mois de l'occupation, les pillards ne s'attaquaient pas au mobilier. Mais par la suite, les Nazis allaient systématiquement de maison en maison, mettant la main sur tout ce qu'ils y trouvaient. Chambres à coucher, salles à manger et même salles de bain étaient mises à nu. Les Juifs étaient accostés dans la rue et contraints de charger les dépouilles sur les camions. Le pillage n'était pas limité aux appartements privés. Boutiques, usines, institutions culturelles et publiques ne connaissaient pas un meilleur sort[72]…

« Si de tels pillages étaient endémiques, des opérations globales et massives avaient lieu de temps en temps. Ainsi, à Cracovie, le 3 décembre 1939, à onze heures du soir, d'importants détachements militaires cernaient le quartier juif. Des sentinelles furent postées devant les portes des maisons, empêchant les habitants de sortir. Le lendemain matin, à huit heures, toutes les maisons furent fouillées de fond en comble. Le motif officiel était la recherche de devises, bijoux et d'argent liquide.

« Les officiers n'hésitaient pas à confisquer pour leur usage personnel des objets tels que bas de soie, chaussures ou literie et même du ravitaillement. Les recherches continuèrent le lendemain et ne s'arrêtèrent qu'à quatorze heures trente[73]… »

À ce propos le général Blaskowitz notait, dans son rapport précité : « … Toute perquisition policière et toute confiscation sont accompagnées de vols et de pillages commis par les policiers chargés de l'action. Il est de notoriété publique que des marchandises de toute espèce sont réparties ou vendues par les détachements de police et des SS[74]… »

Un autre procédé courant était la taxation d'une communauté juive, chargée de réunir en vingt-quatre heures une somme ou de livrer une quantité de marchandises donnée. Si les grosses entreprises industrielles étaient confisquées par l'administration du gouvernement général et distribuées, sous le paravent d'une gérance, aux grands trusts allemands, les petites usines et les commerces étaient distribués aux « Volksdeutsche » (Allemands ethniques) de Pologne. De nouvelles perspectives s'offrirent à ceux-ci lors de la ghettoïsation, par envoi en possession des appartements juifs à l'abandon et de leurs mobiliers. Pour conclure, citons encore Blaskowitz :

« En présence d'un pareil état de choses, il n'y a naturellement rien d'étonnant à ce que l'Allemand isolé utilise toute occasion pour s'enrichir soi-même. Et il peut le faire sans danger, car lorsque la collectivité vole en son entier, le voleur isolé n'a pas tellement à craindre le châtiment… »

Ainsi va progressivement en s'élargissant le cercle des bénéficiaires : administration et armée, grands trusts, commerçants venus du IIIe Reich et Allemands « ethniques », SS et pillards isolés. Agents d'exécution, les SS jouent en tout ceci un rôle terriblement actif, et se posent de plus en plus en profiteurs principaux.

À l'ouest, par contre, c'est dans le cadre de la légalité nouvelle que s'exercent les spoliations. Il s'agit essentiellement du blocage des comptes en banque, de l'aryanisation des commerces, industries et de la propriété immobilière. En France, par exemple, plus de 70 000 aryanisations eurent lieu de 1940 à 1944. Les morceaux de choix — grosses industries, palais des Rothschild — furent réservés aux émissaires des trusts et à l'armée : le reste fut abandonné aux collaborateurs du pays envahi et confié à la gestion du commissariat général aux Questions juives, faisant proliférer toute une faune d'administrateurs provisoires, d'intermédiaires, de trafiquants véreux et de profiteurs. La politique avait été délibérée et, pour une fois, les Allemands paraissent avoir été bons psychologues. Le docteur Knochen, chef du SD en France, le résumait comme suit : « Il est apparu qu'il est presque impossible de cultiver chez les Français un sentiment antijuif qui reposerait sur des bases idéologiques, tandis que l'offre d'avantages économiques susciterait plus facilement des sympathies pour la lutte antijuive…

« … L'internement de près de 100 000 Juifs étrangers habitant Paris donnerait à de nombreux Français l'occasion de se hisser des couches inférieures aux classes moyennes[75]. » On ne saurait être plus clair. Si l'esprit de lucre et la rivalité économique (aussi grand qu'ait été leur rôle dans la gestation de l'antisémitisme nazi) ont été largement dépassés par l'hitlérisme dans sa fureur religieuse, ils fournissent pour les comportements individuels dans les pays conquis une clef essentielle.

LES PILLAGES « IDÉOLOGIQUES »
L'ÉTAT-MAJOR SPÉCIAL DE ALFRED ROSENBERG

Nous allons maintenant examiner d'un peu plus près une entreprise spécialisée de pillages. Son évolution est assez caractéristique : créé aux fins d'une lutte idéologique, « l'Einsatzstab Rosenberg » (l'état-major spécial Rosenberg) élargit rapidement son champ d'action, et se livre à la chasse aux « trésors culturels », pour finir par le pillage des appartements sur une large échelle.

L'« Einsatzstab » fut créé par une ordonnance de Hitler en janvier 1940, et était financé directement par la caisse du parti. Ses pouvoirs et attributions furent précisés et élargis par un autre ordre de Hitler du 1er mars 1942. Dans une note destinée à l'usage interne[76], ses buts sont définis de la manière suivante :

« Ils consistent en la création d'un arsenal de matériaux fournissant les bases scientifiques et techniques pour la lutte contre l'adversaire idéologique. De ce point de vue il s'agit de créer une bibliothèque sur tous les problèmes du judaïsme, de la franc-maçonnerie et du bolchévisme, ainsi que des archives de films, affiches, disques, photographies, tableaux et tous les objets propres à faire connaître les bases spirituelles et la tactique de l'adversaire idéologique… »

Les « armes spirituelles » en surnombre, « sans intérêt pour la collection envisagée », devaient être détruites sur place. « Le soussigné ne croit pas qu'il soit indiqué de lier le Reichsleiter en fixant des buts très précis : l'Einsatzstab doit rester élastique dans le choix de ses objectifs... », ajoute l'auteur du rapport. Un autre document[77] relate par le détail les luttes que dut soutenir l'Einsatzstab afin de se faire reconnaître droit de cité, auprès de la Wehrmacht en particulier. Il y est question de son statut juridique, d'essence et de ravitaillement, de grades et d'uniformes, de l'accès aux cantines et de l'attribution de numéros de secteurs postaux. Il est surtout question « de la mauvaise volonté avec laquelle la plupart des services considéraient notre situation spéciale et qu'ils opposaient à nos tâches ». Dans le monde des clans nazis, l'Einsatzstab, organisme hybride mi-civil, mi-militaire, paraît avoir été tout particulièrement impopulaire. Les SS réagissaient de leur côté à la concurrence des « archivistes du Reichsleiter Rosenberg ». Le général SS Veesenmayer, promu proconsul nazi de Hongrie en mars 1944, leur interdit l'accès du territoire hongrois : « Je connais l'Einsatzstab, l'ayant vu à l'œuvre dans les Balkans, à Agram en particulier : cela me suffit », déclara-t-il au représentant de l'état-major spécial[78].

Ainsi, la première tâche de l'Einsatzstab consistait à réunir une bibliothèque représentative de l' « adversaire idéologique » et à puiser dans ce but parmi les livres appartenant aux Juifs, tout en détruisant la majeure partie. C'est ici que les choses deviennent intéressantes. Mettre au pilon des millions de volumes devrait être, semble-t-il, le premier souci des Nazis, constamment en quête de matières premières. Il n'en fut rien. Un travail immense, s'étendant à l'Europe entière, aboutira à la concentration, dans un château des environs de Francfort, d'une collection de près de 6 millions de volumes, qui tomberont intacts entre les mains de l'armée américaine[1]. Les Hebraïca, Talmuds, livres de prières, en constituaient le principal attrait : après avoir passé en revue les richesses des grandes bibliothèques juives d'Europe, J. Pohl,

---

1. L'identification, le classement et la restitution de ces livres ont duré plus de deux ans, et ont occupé près de 150 employés. (Voir notre article sur la « Récupération des livres volés », *Le Monde juif*, janvier 1947.)

l'un des bibliothécaires, concluait fièrement... : « Cette bibliothèque dispose, en ce qui concerne la littérature juive, de collections telles qu'elles n'ont jamais pu être rassemblées auparavant, ni en Europe ni ailleurs. En concordance avec l'organisation du Nouvel Ordre en Europe, cette bibliothèque se développera non seulement pour l'Europe, mais pour le monde entier[79]. » Ainsi, tandis que le Juif était « évacué hors d'Europe » ou exterminé, la pensée juive, soigneusement préservée (pieusement, pourrait-on dire), sera mise à la disposition des meilleurs esprits nazis. Car les simples mortels en seront prudemment mis à l'écart[1].

Très rapidement, les hommes de Rosenberg étendent leur activité à un domaine beaucoup moins exclusif, mais plus facilement monnayable : « les trésors culturels » en général, c'est-à-dire les œuvres d'art appartenant à des Juifs. Cet aspect de la question a été traité en détail dans un excellent ouvrage spécialisé, auquel nous renvoyons le lecteur[2]. L'Einsatzstab eut à soutenir une lutte sévère contre d'autres prétendants à ce butin de choix, et surtout contre l'ambassade d'Allemagne en France. Grâce à l'appui du tout-puissant Gœring, auquel furent réservées en contrepartie les pièces les plus précieuses, il en sortit finalement vainqueur. Le butin, destiné aux principaux chefs nazis et aux musées allemands, fut d'envergure : en voici la description :

---

1. À ce propos, l'un des fonctionnaires de l'Einsatzstab chargé du ramassage des livres (qui en Allemagne même s'effectuait par les organes du ministère des Finances), relate l'histoire suivante :

« ... J'ai appris que des bibliothèques importantes ont été entreposées dans certains bureaux. Les livres étaient couramment prêtés aux fonctionnaires... Dans un bureau un livre fut prêté, contenant l'histoire d'un homme qui avait remplacé sa tête malade par une tête en bois fabriquée par un menuisier. À la question comment il se portait et ce qu'il faisait, cet homme répondit : « Très bien, je suis devenu orateur du parti. » Je n'ai rien pu apprendre sur l'auteur et l'éditeur de ce livre...

« Cet incident m'amène à suggérer que le contenu des livres doit être vérifié par un délégué du parti avant qu'ils soient prêtés... » (Lettre du dirigeant du bureau de Neuwied à l'Einsatzstab central de Berlin, le 26 janvier 1943.)

2. *Le Pillage par les Allemands des œuvres d'art et des bibliothèques appartenant à des Juifs en France,* éditions du Centre, Paris, 1947.

« Dans la période située entre mars 1941 et juillet 1944 l'état-major des arts plastiques a envoyé dans le Reich 29 grands transports comprenant 137 wagons chargés de 4174 caisses d'œuvres d'art... Au 15 juillet 1944 ont été inventoriées 21 903 œuvres d'art, dont 5 281 tableaux, pastels, aquarelles, dessins ; 684 miniatures, peintures sur verre ou sur émail ; 583 sculptures, terres cuites, médaillons ; 2 477 meubles précieux... La valeur artistique et matérielle des objets saisis ne se laisse pas exprimer en chiffres[80]... »

Dès avril 1943, à l'occasion de l'anniversaire du Führer, Rosenberg lui adressait « un album contenant les photographies des tableaux les plus précieux des collections juives qui, conformément à vos ordres, ont été mises en sûreté... » et il terminait par ce compliment :

« Je me permettrai de vous remettre vingt autres albums de photographies, avec l'espoir que cette brève détente devant les beaux objets d'art qui vous sont si chers fasse tomber un rayon de beauté et de joie dans la gravité et la grandeur de votre vie présente[81]. »

Il y a lieu d'ajouter que l'administration militaire en France tenta de s'opposer à ce pillage. De son côté, « soucieux de protéger le patrimoine artistique national », Vichy protestait sans cesse, et dans ces protestations les hommes du maréchal surent trouver des accents qu'aucune exécution ou déportation n'avait pu susciter. « Cette question... appartient à la catégorie de celles qui entraînent à la longue le plus d'amertume, les peuples en conservant jalousement le souvenir... », écrivait le 11 août 1941 l'amiral Darlan[1], et il exhortait l'administration militaire, « que l'on s'accorde à trouver pleine d'égards », « à conserver sa bonne renommée dans l'Histoire ». L'Einsatzstab avait à l'appui de ses exactions construit une théorie dont l'essentiel est contenu dans les considérations suivantes :

---

1. Cette citation, ainsi que celles qui suivent, est extraite d'un important rapport manuscrit traitant d'une manière détaillée la question du pillage des œuvres d'art en France, et dont l'auteur, qui nous est inconnu, était de toute évidence un des juristes de l'administration militaire allemande. Le document se trouve aux archives du C. D. J. C.

« La juiverie consacre toutes ses forces à la lutte contre le peuple allemand... Le Rembrandt d'aujourd'hui représente pratiquement le financement du combat antiallemand de demain. C'est pourquoi il est à ranger parmi le butin de guerre, tout autant que les armes des soldats qui en sont les instruments militaires[1]... »

Les juristes de l'hôtel Majestic reculaient devant de telles conceptions. La caste militaire avait ses traditions. « Logiquement, cela conduirait à la dépossession de tous les ressortissants du pays occupé mal disposés à l'égard des autorités d'occupation, par conséquent, de presque tous les habitants... » remarquait l'un d'eux[2]. Ces scrupules restaient évidemment lettre morte. « Le premier juriste de l'État, c'est moi ! » s'emportait Gœring, lorsque ses subordonnés le mirent au courant de la question[82].

De l'évacuation des « trésors culturels », il n'y avait qu'un pas au pillage systématique des appartements juifs. Ce pas est franchi quelques mois plus tard, sous le signe de « l'action M » (meubles). Un compte rendu d'activité de l'Einsatzstab nous apporte à ce sujet les précisions suivantes :

« La réquisition des appartements juifs s'effectuait comme suit : à Paris, par exemple, des fonctionnaires spéciaux allaient de maison en maison afin de constater si des appartements abandonnés de Juifs s'y trouvaient. Un inventaire était dressé, et les scellés apposés. Rien qu'à Paris, 20 fonctionnaires ont saisi plus de 38 000 appartements. Leur transport s'effectue avec le concours de la totalité du parc automobile de l'Union des déménageurs parisiens, qui avaient à fournir quotidiennement jusqu'à 150 camions avec 1 200 à 1 500 ouvriers déménageurs[83]. »

---

1. Note de von Behr, dirigeant de l'Einsatzstab en France, du 27 janvier 1941. Elle est citée dans le rapport mentionné plus haut.
2. Rapport précité.

Le rapport se plaint de ce que les fonctionnaires allemands, trop peu nombreux, « n'ont pu empêcher les actes de sabotage commis par les ouvriers français, qui ont pris une ampleur considérable ». Une autre méthode fut appliquée ensuite : « Deux grands camps de rassemblement furent créés et le SD mit à notre disposition, à titre de main-d'œuvre, sept cents Juifs qui furent internés dans ces camps. » Cependant, « malgré une surveillance sévère, les actes de sabotage ne purent être évités ».

Et le bilan de l'opération, dont les principaux champs d'activité furent la ville de Paris d'une part, les Pays-Bas de l'autre, fut de 736 trains de mobilier, chaque train comportant 40 wagons, en ce qui concerne Paris, et de 586 péniches de mobilier, chargées de 248 525 tonnes de meubles, pour les Pays-Bas.

À travers l'Europe entière, les appartements des Juifs déportés faisaient à la même époque l'objet de maintes convoitises. C'est toujours Rosenberg, promu ministre pour les territoires à l'est, qui, en janvier 1942, s'adresse personnellement à Albert Speer, en lui demandant de mettre des appartements à la disposition des fonctionnaires du nouveau ministère. « Votre désir m'est bien compréhensible, lui répond le futur ministre de l'Armement[84], mais je dois d'abord mettre une grande quantité d'appartements à la disposition des sinistrés. L'évacuation des Juifs a été stoppée, pour des raisons d'ordre ferroviaire, jusqu'au mois d'avril, j'ai donc à faire face à de grandes difficultés… En vous demandant de traiter confidentiellement la question, je m'engage à mettre à votre disposition, au cours des mois à venir, quinze appartements… »

Les prétendants, en effet, étaient fort nombreux. Voici à titre d'exemple le secrétaire de légation Rademacher, l'auteur du « plan Madagascar », qui s'adresse à ses supérieurs du bureau du personnel : « J'ai réussi en sous-main à obtenir la promesse qu'un appartement juif sera libéré pour moi par mesure spéciale, à condition que je prenne à mon compte sa remise en état, d'un montant de 700 RM… Etant donnée la crise actuelle, je ne vois aucune autre possibilité de trouver un appartement convenable à un prix abordable. Je ne dispose pas des 700 RM nécessaires et je prie, étant donnée cette situation, de m'accorder un secours unique de 700 RM...[85] » Rien ne peut mieux illustrer cette mentalité et ce style qu'une phrase d'un autre diplomate nazi, le conseiller de légation Carlthéo Zeitschel. Attaché à l'ambassade de Paris, Zeitschel écrit au SD pour lui signaler qu'un « émigrant juif allemand » est en train de déménager clandestinement son mobilier. « Malheureusement, je n'ai eu connaissance de cette affaire qu'aujourd'hui même, mais il paraît qu'il y a encore quelques caisses dans l'appartement. » Et le diplomate nazi ajoute textuellement ceci[86] :

« *Peut-être y a-t-il encore moyen de « faucher » quelque chose ?[1]* »

LA MISE EN ESCLAVAGE

L'exploitation de la main-d'œuvre juive fut pour le IIIe Reich et ses hommes une autre source de revenus substantiels. L'idée de châtiment s'y conjugue avec des modifications structurales bien définies, déterminées essentiellement par le rôle grandissant de la SS et accélérées pendant la guerre.

Parallèlement à l'ascension vertigineuse de Himmler, les SS augmentaient leur influence et leur pouvoir. Grâce aux nominations de haut rang dans la hiérarchie de l'ordre, distribuées aux gros industriels, aux banquiers et aux personnalités en vue, ils s'infiltraient dans toutes les sphères de la vie allemande, devenant un État dans l'État. Le désir de rendre l'organisation financièrement autonome, les appétits croissants des SS grands et petits, précipitaient un nouveau développement, qui était contenu en germe dès l'apparition des premiers camps de concentration. Détenteurs d'esclaves en nombre grandissant, ils firent usage du parti magnifique que leur offraient des pouvoirs policiers absolus

1. « Vielleicht kann man noch etwas schnappen ? »

sur le « matériel humain[1] » à leur merci. Il s'agissait de « mettre la main sur tous les éléments antisociaux, qui n'ont plus le droit de vivre dans l'État national-socialiste, et de tourner leur potentiel de travail au profit de la nation tout entière[(87)] ». Les hauts lieux d'expiation qu'étaient les camps devinrent une source d'énormes profits. Ainsi débutait la mise en pratique des vues apocalyptiques de Hitler sur la structure de la société future ; et ainsi naquit et s'étendit cet empire économique SS, qui en quelques brèves années se développa en un trust tentaculaire. Pour la plus grande gloire du Führer, les hommes de l'Ordre Allemand se découvraient des qualités d'hommes d'affaires : un nouveau département SS surgit, créé par une disposition de Himmler le 20 avril 1939, mais qui prit sa forme définitive en mars 1942 : l'Office central économique et administratif SS (« WVHA[2] »). À sa tête fut placé le général SS Oswald Pohl. Le but du WVHA, dit un rapport d'activité[(88)], est « d'utiliser sur une grande échelle la main-d'œuvre des détenus » et le rapport ajoute :

« ... L'idée la plus splendide et la plus belle tâche sont sans valeur, s'il n'est pas possible de trouver des hommes capables de les accomplir. Cette règle, applicable dans la politique, joue particulièrement dans l'économie privée ; il y a lieu d'agir suivant ce principe... »

Des plaintes suivent sur l'intrusion d'hommes nouveaux, « affluant dans les SS, afin de revêtir l'uniforme noir et d'exercer, pour des considérations matérielles, une activité administrative »... Ainsi, tandis que s'enrichissaient les anciens du parti et de la SS, de nouvelles recrues affluaient, attirées par les débouchés s'offrant en nombre incalculable. Le manque de main-d'œuvre dans l'Allemagne en guerre accélère le processus, qui ouvre des vues

---

1. En allemand « Menschenmaterial » : c'était le terme bureaucratique et consacré par l'usage.
2. Wirtschafts-Verwaltungs hauptamt SS.

significatives sur l'évolution d'un État totalitaire. Le nombre des esclaves concentrationnaires finit par atteindre plusieurs millions[1]. S'il ne se limita pas aux Juifs seuls, ceux-ci fournirent la majorité des premiers contingents. Leur exploitation se faisait suivant deux procédés différents : louage aux industries publiques ou privées, ou emploi dans les industries appartenant en propre aux SS. Celles-ci, dans le seul gouvernement général, occupaient, en mars 1943, 52 000 esclaves juifs, et comprenaient des forges, des carrières, des tissages, une verrerie, une brosserie et de nombreuses briqueteries, groupés sous la raison sociale de « OSTI » (Industries de l'Est)[89]. Dans le cas du louage, une redevance qui variait de 0,70 à 1 RM par jour était versée par l'employeur et, dans tous les cas, la garde et le contrôle des esclaves étaient assurés par les SS. Le régime auquel ils étaient soumis ne dépendait pas de leur affectation économique, mais variait suivant les fluctuations de la politique et les conditions locales. Les lieux de concentration des esclaves étaient particulièrement recherchés par les industriels lors de la fondation d'industries nouvelles[2].

La mise en esclavage s'effectue progressivement et de manières diverses. Dès l'invasion de la Pologne, hommes et femmes sont raflés par milliers dans la rue et contraints de se livrer à des travaux de nettoyage, de déblaiement et à mille corvées diverses. Les ordonnances du 25 septembre et du 12 décembre 1939 fournissent ensuite le cadre de l'utilisation de la main-d'œuvre juive, employée pour des travaux de terrassement, de construction de canaux, et plus tard de fortifications. Des centaines de camps de travail surgissent un peu partout sur le territoire. Leur régime ne diffère guère du régime des camps.

---

1. La justice américaine en Allemagne l'a estimé à 3,5 millions. (Procès d'Oswald Pohl et complices, audience du 8 avril 1947.) Ce chiffre nous semble bien inférieur à la vérité. Mais il faut observer d'autre part qu'il s'agit du chiffre total des détenus entre 1939 et 1945 : peu avant la fin de la guerre, d'après la même estimation, 1,2 million seulement restaient en vie.
2. Ainsi lors de la création par la I. G. Farben de la fameuse usine Buna à Auschwitz.

Coups et tortures raffinées, faim et froid minaient la résistance physique des détenus et conduisaient à plus ou moins brève échéance à la maladie et à la mort. « Pourquoi nous ont-ils amenés là ? » écrit un jeune garçon, affecté à la construction d'une mine sur l'ancienne frontière polono-allemande[90]. « Cent garçons juifs de quinze, dix-sept et vingt ans, misérables et désolés. Beaucoup d'entre nous ont vu tuer leur propre famille. Uniquement, nous semble-t-il, pour nous faire souffrir. Nous sommes l'objet de la risée, de la moquerie des brutes allemandes. En plus des coups : la faim. Nous sommes prévenus : si l'on trouve sur nous un morceau de pain en plus de la ration, nous serons passés par les armes. Quinze jours après, nous ne sommes que soixante-dix-huit sur les cent… »

Ainsi, mise au travail et mise à mort devenaient des termes presque synonymes, les camps en étant un pervers alliage. On lira plus loin (chapitre V) les propos que Heydrich tenait à ce sujet. Que, dans une première période, il rentrât dans les vues nazies de déporter les Juifs dans le continent austral, ou qu'ensuite leur extermination sur place fût décidée, la ligne générale reste sensiblement la même. La volonté de faire souffrir et de faire expier est à l'origine, et la structure du système est dominée par ces intentions sadiques qui, à l'encontre de toute logique économique, prévalent bientôt et cherchent à s'assouvir par le génocide intégral.

Dans le cas des Juifs, le déchet humain était d'autant plus grand et l'usure plus rapide qu'il s'agissait d'une main-d'œuvre inexperte et inadaptée au travail physique de force. Dans certains cas particuliers, des entrepreneurs et des chefs de groupes s'efforçaient d'introduire des conditions moins infernales. Peine perdue : des textes comminatoires venaient rappeler les contrevenants à l'ordre. Citons cette circulaire de Himmler du 13 août 1943 :

« *De différents côtés il m'a été signalé que l'attitude de certaines administrations allemandes à l'égard des Juifs a pris dans les territoires occupés de l'Est un cours troublant… Il arrive malheureusement que les relations personnelles d'Allemands et de Juives dépassent les bornes qui, pour des raisons idéologiques et raciales, doivent être scrupuleusement observées... À la suite d'une utilisation erronée de la main-d'œuvre juive, la renommée du grand Reich allemand et la situation de ses représentants sont mises en danger... Je prie donc... de donner les instructions suivantes :*

« 1° Les Juifs et assimilés ne peuvent être affectés qu'à des travaux corporels. Leur utilisation dans le travail de bureau est interdite.

« 2° Il est interdit d'utiliser les Juifs pour le service personnel ainsi que pour les courses et commandes de tout genre.

« 3° Toutes les relations d'ordre privé avec les Juifs, les Juives et les personnes assimilées ainsi que tous les rapports sortant du cadre des besoins du service sont interdits[91]. »

Tel était le sort des esclaves juifs, misérable « matériel humain » ballotté entre la fureur théologique du nazisme et les bizarres formes économiques auxquelles il donnait naissance. Une vive concurrence opposait du reste les entrepreneurs et loueurs d'esclaves les uns aux autres pour cette main-d'œuvre qui se raréfiait de plus en plus. Les SS jalousaient l'industrie privée. Ainsi, en juin 1943, la OSTI fit une tentative pour faire affecter à ses établissements les Juifs du ghetto de Lodz. « En ce qui concerne Lodz, je propose d'affecter les ouvriers bien qualifiés et les machines au camp de travail de Poniatowa, l'agrandir en conséquence et transférer toute la production de Lodz à Poniatowa. Ainsi, Lodz serait liquidé ; car seule une partie des 78 000 Juifs qui y travaillent, travaillent dans la production de guerre... », écrivait le général SS Globocnik, le maître bourreau de Pologne, à Himmler[92]. La proposition n'eut pas de suites ; la tentative fut renouvelée en janvier 1944[93]. Quelques lignes plus loin, dans le même document, Globocnik se plaint de la mauvaise volonté de ses concurrents : « Lodz a été bourrée de commandes, pour en empêcher l'évacuation, tandis que les mêmes commandes auraient pu être passées à nous, entraînant sa liquidation automatique. »

Le document que nous allons citer pour conclure cet aperçu nous permet de pénétrer un peu plus avant dans le fonctionnement du système. Il s'agit des démêlés d'un loueur d'importance moyenne, ingénieur-constructeur de son métier, avec la SS propriétaire : il n'a pas payé régulièrement ses redevances, mais surtout il a commis le crime majeur d'avoir entamé une correspondance directe avec le Conseil juif de Lodz, d'où ses esclaves sont originaires. C'est un simple particulier qui n'est ni SS ni membre du parti. Ses affaires marchent mal ; il se plaint ; le ton de la lettre est extraordinairement révélateur. Et l'on voit quel pouvait être le sort des esclaves.

Ing. Rudolf Lautrich Hohensalza (Posnanie).

À l'administrateur du ghetto de Lodz.

Hohensalza, le 15 juillet 1943.

Concerne : Habillement des Juifs
v / Lettre du 8. 7. 43.

« *Je vous prie beaucoup de bien vouloir m'excuser si j'ai commis l'erreur d'adresser une lettre au doyen des Juifs (Juden-älteste) à propos de l'envoi d'habillement et de linge pour les Juifs travaillant chez moi.*

« *Chez une grande partie de ces Juifs les haillons tombent littéralement du corps et ne tiennent qu'avec des ficelles. Beaucoup n'ont ni linge ni chaussures. La lettre m'a été soumise avec le reste du courrier et je l'ai signée par inadvertance. À 60 ans je dirige ce chantier (ainsi qu'un autre) et je suis le seul Allemand ici, en sorte qu'une pareille erreur est facilement explicable.*

« *En ce qui concerne les redevances dues pour les Juifs, j'ai aussitôt écrit à ma maison mère à Posnanie, où se trouve la comptabilité principale, à laquelle j'envoie les factures, et qui est compétente pour les paiements importants.*

« *Sur le fond de la question, je me permets d'observer que j'occupe sur mon chantier 211 Juifs, dont 54 hommes et 157 femmes. Si j'ai pu parvenir, grâce à une dureté inflexible, à transformer les hommes en ouvriers acceptables, je dois constater que ce n'est pas le cas pour les femmes. Seul un tiers de ces dernières est en état de travailler de manière à me permettre de couvrir mes frais, tandis que pour les autres j'en suis de ma poche.*

« *Pendant l'hiver, à cause du froid et de la brièveté des journées de travail, les hommes n'ont fourni du travail que pour 0,80 RM par jour. Cette somme est dépensée pour leur entretien, en sorte qu'il ne reste rien pour les redevances. Ainsi, je dois payer les redevances pour l'hiver sans pouvoir occuper les Juifs, et lorsque arrive la saison où on peut véritablement travailler, vient l'administration cantonale de Hohensalza, qui m'enlève les Juifs pour les occuper ailleurs. Peu avant le début de l'hiver ces Juifs rentrent complètement pouilleux, et je dois payer leur entretien et régler les redevances pour l'hiver.*

« *Se peut-il donc que l'entrepreneur privé soit obligé d'entretenir le matériel de travail (Arbeitsmaterial) à ses frais, et doive le mettre sur ordre à la disposition de l'administration, sans en être dédommagé ?*

« *Je prie de me donner à ma lettre du 21. 6. 1943 une réponse plus favorable, et je vous assure que je ferai mon possible pour remplir ponctuellement les engagements.*

« *Heil Hitler !*

(*Signé*) Ing. Robert Lautrich.[94]

Quelques mois plus tard, les soucis de l'ingénieur Lautrich prenaient fin. Son « matériel de travail » avait été envoyé dans un monde meilleur.

L'ULTIME DÉTROUSSEMENT

Si l'extermination des esclaves fut un non-sens économique, au moins les SS la rachetèrent-ils par une exploitation admirable du détail lors de l'opération. Tel fut le sens de « l'action Reinhardt » dont nous allons parler maintenant.

Lorsqu'en mai 1942 Reinhardt Heydrich, chef du RSHA et « Reichsprotektor » de Bohême-Moravie, est assassiné à Prague, l'extermination des Juifs progresse déjà à pleine cadence à travers l'Europe entière. L'exécution de Heydrich semble avoir donné le signal d'une accélération : surtout, « l'action Reinhardt » constitue, sur une échelle colossale, une contribution expiatoire prélevée sur les Juifs de Pologne. (Peu importait que l'acte eût été commis à Prague, par des patriotes tchèques « aryens », puisque, par définition, le Juif est tenu pour responsable.) L'esprit obsédé de Himmler, fasciné par la nuit des temps germaniques, peut bien avoir été à l'origine de ce Wehrgeld grandiose, bien conforme à l'imagination délirante du nazisme. Et la démence s'organise en système Taylor, suivant les meilleures règles de la rationalisation.

L'homme que Hitler avait placé à la tête de l'opération, le Brigadeführer SS Globocnik, divise l'action Reinhardt en quatre têtes de rubrique : « l'évacuation » (dont il sera question au chapitre V), « l'utilisation de la main-d'œuvre » que nous avons déjà examinée, la « récupération des biens meubles[1] », et la « récupération de valeurs dissimulées[95] ». Par « valeurs dissimulées », Globocnik entend « les machines, matières premières, etc., passées en mains aryennes… permettant aux intéressés de s'enrichir à peu de frais », et évaluées à quinze millions de marks, ainsi que les créances juives en Pologne et à l'étranger (les SS pensent à tout), dont onze millions de zlotys ont déjà été récupérés. Mais c'est à propos de la « récupération des biens meubles », ce terme étant pris dans le sens le plus large, puisque voici venue l'heure du pillage ultime, que l'astuce économique des SS a pu se donner libre cours.

---

1. « Sachverwertung. »

Une note du 26 septembre 1942 énumère sous dix rubriques, de *(a)* à *(j)*, soixante-dix-huit catégories d'objets récupérables[96]. Les espèces liquides, devises et métaux précieux (« métaux précieux, joyaux, pierres précieuses, perles, or ou or dentaire prélevé sur les Juifs ») étaient adressés à la Reichsbank, où le « fonds Reinhardt » servait à alimenter les opérations commerciales courantes du WVHA[97]. Les devises étaient versées à un compte à part, ouvert sous le nom fictif de « Max Heiliger[98] » (Max le Saint : suprême dérision pour les victimes). Les « montres, réveils, stylos, porte-mine, rasoirs à main ou électriques, ciseaux, lampes de poche, portefeuilles », étaient destinés à être distribués ou vendus à la troupe, à l'occasion des grandes fêtes nazies, telles que la « fête du solstice d'hiver » en particulier[99]. Le « linge, les habits et chaussures masculins seront triés et estimés » ; de même pour « les vêtements d'enfants, y compris les chaussures, à remettre moyennant paiement à la « Vomi[1] ». Le produit reviendra au Reich ».

Nous en sommes ici aux rubriques *(d)* et (e). À ce propos, la note recommande « de faire sévèrement attention à ce que l'étoile juive soit enlevée de tous les vêtements et survêtements à distribuer ». Précaution nécessaire s'il en fut. La bonne renommée des fournisseurs SS était en jeu : quelques mois plus tard, le « Secours d'Hiver du peuple allemand » se plaindra de ce que « une grande partie des vêtements est couverte de taches, partiellement recouverte de saletés et de taches de sang… Lors d'une expédition de deux cents robes sur Posnanie-ville, l'étoile juive n'avait pas été enlevée sur cinquante et une robes[100] ». C'est pourquoi le « Secours d'Hiver » veut retourner la marchandise. (Il ne s'agit pas de taches de sang mais de taches de rouille ! répondront les SS ; la macabre correspondance continuera pendant plusieurs semaines : finalement, le « Secours d'Hiver » acceptera les vêtements dans l'état où ils sont, mais exigera que les SS fassent découdre les étoiles par leurs soins.) Ajoutons qu'il ne s'agissait pas d'un cas

---

1. Vomi : « Volksdeutsche Mittelstelle » ; organisation destinée à prendre en charge les « Allemands ethniques » des pays de l'Est, rapatriés dans le Reich.

isolé, puisque une circulaire du WVHA signalait en juillet 1942 aux commandants des camps que « les camps de concentration ont envoyé des colis de vêtements... dont certains contenaient des effets souillés de sang et troués de balles. Une partie des paquets était en état défectueux : de la sorte, des personnes étrangères au service ont pu prendre connaissance de leur contenu[101] ».

L'énumération continue : « *(f)* matelas, couvertures en coton ou en laine, coupons d'étoffe, châles, parapluies, cannes, bouteilles, thermos, voitures d'enfants, peignes, pipes, valises et coffres... ; *(g)* draps de lit, coussins, serviettes de toilette, nappes, services de table... ; *(h)* lunettes et monocles... ; *(i)* fourrures... ». Le produit total de l'action Reinhardt est évalué par Globocnik à 180 millions de marks, « suivant l'estimation prudente ci-jointe, la valeur réelle étant probablement deux fois plus élevée[102] ». Ainsi qu'il ressort de cette estimation, 42 millions de joyaux et objets précieux et 6 millions de devises furent versés aux comptes du WVHA à la Reichsbank : plus de 160 000 montres diverses, 7 000 réveils, 29 000 paires de lunettes, etc, furent officiellement « récupérés », 1 901 wagons de vêtements, de linge et d'objets divers, destinés en principe aux « Allemands ethniques » rapatriés, furent envoyés dans le Reich : personne ne saura jamais évaluer les montants des vols et récupérations « privées » effectués au cours de l'action Reinhardt.

Mettant le point final à ces pillages, Pohl, le chef du WVHA, était nommé en septembre 1942 administrateur de tous les biens juifs, meubles ou immeubles, du gouvernement général[103]. Plus loin à l'est, des émissaires du WVHA étaient attachés à chacun des « commandos volants » chargés de l'extermination des Juifs en URSS[104]. Pour les Juifs déportés de l'Ouest ou du Sud-Est de l'Europe, l'ultime pillage avait généralement lieu à Auschwitz même. Les vêtements ou bagages qu'ils avaient pu amener remplissaient les 35 entrepôts du « Canada » (le sobriquet par lequel les détenus désignaient cette région du camp avait acquis droit de cité auprès des SS eux-mêmes) ; à certaines époques, de 2 000 à 3 000 détenus privilégiés étaient chargés de trier les amoncellements de linge, de vêtements, de chaussures et d'une quantité incalculable d'objets divers[105]. Entre autres, lunettes, prothèses médicales et cheveux de femmes : nous en sommes au tout dernier stade des industries de la mort, celui où les os sont transformés en phosphate, et la graisse humaine, en savon… Plus même que l'horreur pure, c'est l'organisation bureaucratique de l'horreur qui frappe l'imagination. Même les Juifs des générations antérieures contribuaient, modestement il est vrai, à la prospérité du IIIe Reich et de ses hommes ; dans de nombreuses villes allemandes, les municipalités faisaient vendre les grilles et monuments funéraires des cimetières juifs, tandis que dans le gouvernement général, les pierres tombales étaient utilisées pour le pavage des rues[106].

D'autres exemples encore peuvent être apportés, plus grand-guignolesques encore si cela faire se peut : mais à quoi bon s'en étonner, puisque nous sommes en face d'une tentative de renversement total de valeurs, et que ce qui était blâmable, repoussant et odieux pour la mentalité de l'homme doit devenir non simplement indifférent, mais louable et élevé ? Poussées par des instincts déchaînés, les âmes s'enfièvrent ; toutes barrières balayées, les esprits s'appliquent à trouver plus et mieux. Tout ce qu'ils feront sera bien fait. « Nous avons écrit une page de gloire de notre histoire », dira Himmler en parlant des Juifs exterminés, et il enchaîne : « Nous leur avons pris tout ce qu'ils possédaient[107]… »

La plupart des pièces relatives à l'action Reinhardt portent en exergue : « Utilisation des biens volés, recélés et stockés par les Juifs[1]. » La circulaire du 26 septembre 1942 prescrit formellement l'emploi de ces termes à l'avenir. Il fallait tranquilliser les consciences des fonctionnaires allemands et des relations d'affaires des SS, produire une justification supplémentaire et même une auto-justification. Mais inversement, certains profits, certaines opérations apparemment lucratives, semblent n'avoir été en d'autres cas qu'une opération accessoire, servant à consolider les bases morales des entreprises antijuives. Ainsi, lors de la déportation des Juifs livrés par les pays satellites, les Nazis s'efforçaient de

---

1. « Jüdisches Diebes-, Hehler- und Hamstergut. »

percevoir un tribut par tête de déporté : la Slovaquie accepta de payer 500 RM par Juif « évacué », tandis que la France de Vichy et la Bulgarie refusaient de s'acquitter[108]. Dans cette curieuse exigence allemande, il y a certes plus que le souci d'enrichir les caisses de l'État : il y a la recherche d'un satisfecit délivré par le pays « débarrassé » de ses Juifs. Les rapports du IIIe Reich avec ses satellites offrent dans la question juive des aspects multiples ; entrent dans ce complexe problème le prix que la trouble conscience nazie attachait à l'opinion de « l'Europe nouvelle », la tendance de faire partager les responsabilités, ainsi qu'un effort de propagande tel que l'envisageait le docteur Knochen. Lors du pillage des œuvres d'art en France, Rosenberg suggérait de répondre à peu près ce qui suit aux protestations de Vichy : les Français doivent nous être reconnaissants de les avoir débarrassés de leurs Juifs. Qu'ils gardent l'argent et les immeubles juifs et qu'ils nous laissent donc leurs tableaux[1] ! C'est dans ce cadre et dans la mesure où cela leur paraissait servir leurs fins politiques que les Nazis invitaient les autres peuples à prendre part à la curée.

Par centaines de milliers, leurs propres nationaux y participaient pour leur compte personnel. Dans son travail sur le camp d'Auschwitz[109], l'historien F. Friedmann signale le cas de cette épouse SS qui écrivait à son mari de ne pas hésiter à lui envoyer du linge ensanglanté, ajoutant qu'elle saurait bien laver elle-même le sang ; mais en règle générale, on peut laisser de côté de telles attitudes hystériques dans ce qui était devenu une affaire de simple

---

1. « Exposé de principes de l'état-major spécial du Reichsleiter Rosenberg au sujet de la protestation du gouvernement français en date du 25 juillet 1941, contre la saisie d'objets d'art appartenant à des Juifs » : « Le gouvernement français invoque à tort la disposition selon laquelle les biens de ces Juifs ont été, pour la plus grande part, après le retrait de la nationalité française, saisis et mis à la disposition du Secours national. Cette possibilité de disposer des biens des Juifs, l'État Français ne l'a pas acquise par son propre pouvoir : il ne l'a obtenue que par la victoire des armées allemandes. L'État Français a toutes les raisons d'être reconnaissant au Grand Reich allemand de la lutte menée contre la juiverie. C'est pourquoi il n'a aucun droit de protester... Le Reich a, par un geste magnanime au bénéfice de l'État Français, renoncé aux biens immobiliers et autres biens juifs en France, mettant en sûreté seulement les documents d'intérêt scientifique et les biens culturels appartenant à des Juifs... »

routine. Ainsi que l'écrivait Blaskowitz, « lorsque la collectivité vole, le voleur isolé n'a pas à craindre la punition ». À l'est en particulier, s'enrichir aux dépens du Juif était devenu un acte de la vie quotidienne. Mais c'est surtout à l'occasion des grandes « actions » antijuives que les pillards s'en donnaient à cœur joie. Voici comment un fonctionnaire allemand en Russie Blanche décrit un pareil pillage (il s'agit de la « liquidation » du ghetto de Sluzk[110] :

« … *Pour conclure je suis obligé de signaler que, lors de l'action, le bataillon de police a pillé d'une manière inouïe, et cela non point seulement dans les maisons juives, mais exactement de même dans les maisons des Blancs-Russiens. Toutes choses utilisables, telles que chaussures, cuir, étoffes, or et objets de valeur, ont été emportées par eux. Suivant les dires des soldats dans la rue, les montres ont été arrachées publiquement des bras des Juifs, et les bagues brutalement tirées des doigts. Un intendant militaire signale qu'une jeune fille juive a été invitée à aller chercher cinq mille roubles moyennant quoi son père serait mis en liberté. En fait cette jeune fille a couru partout pour trouver cet argent…* »

L'usage s'était implanté, du reste, de faire suivre la liquidation d'un ghetto d'une distribution officielle des dépouilles — cédées gratuitement ou vendues à vil prix — organisée par le commandant du détachement. Les hommes soumettaient une « liste de vœux » (Wunschliste) dont ci-contre un échantillon[111].

Certes, c'est surtout les SS ainsi que les administrations d'État et organisations spécialisées telles que l'Einsatzstab qui ont été les artisans des pillages. Mais ce n'est pas eux seuls qui ont profité des biens terrestres des six millions de Juifs assassinés, de ces convois interminables de biens de toute espèce qui, jour après jour et année après année, prenaient le chemin de l'Allemagne. « Biens volés, recélés et stockés… » Le nombre incalculable des profiteurs se chiffre lui aussi par millions, et c'est par le biais de ce crime mineur que des millions d'Allemands ont directement trempé dans le crime majeur du génocide.

Liste de vœux des fonctionnaires de la garde du ghetto pabianice au
fins de l'acquisition nature des objets et articles nommés dans la lis

Nature des objets et articles

N° d'ordre	Grade militaire	Nom	Bracelet-montre h.	Bracelet-montre d.	Montre h.	Pendule, régulat.	Chaussures h.	Souliers h.	Chaussures d.	Souliers d.	Chaussures Garc.	Chaussures fill.	Galoches d.
1.	Zgw. d. Sch.	Mikl............	1	1	—	—	—	—	—	—	—	—	—
2.	Obw. d. R.	Knott	1	—	—	—	—	—	—	—	—	—	—
3.	—	Ragg............	—	1	1	—	1/41	—	—	—	1/39	—	—
4.	—	Rheinländer ..	1	1	—	—	$2\frac{45}{46}$	—	$2\frac{39}{40}$	—	2/26	—	—
5.	—	Weiher.........	1	—	—	1/42	—	—	—	—	—	—	—
6.	–	Abentheim...	1	1	—	—	—	1/42	1/39	—	—	—	—
7.	—	Kümmerl	—	—	—	—	1/42	—	—	—	2/38	—	—
8.	—	Neumann.....	1	1	—	—	—	—	—	—	—	—	—
9.	—	Hilsner........	1	1	—	—	—	—	-	—	—	—	——
10.	—	Warmuth......	1	1	—	——	—	-	——	—	—	—	1/40
11.	—	Wegner	1	—	—	—	—	1/37	—	—	1/39	—	1/37
12.	R. d. R.	Bohacek.......	—	1	—	—	1/40	—	1/35	—	1/36	—	—
13.	—	Drecler.........	—	1	—	—	—	1/42	—	1/38	—	—	—
14.	—	Hillmann	1	—	—	—	1/45	—	—	—	1/38	—	—
15.	—	Klär	1	1	—	—	—	1/39	—	—	—	—	—
16.	—	Kobinger	—	1	—	—	1/43	—	3/40	2/39	1/39	—	—
17.	—	Kraus...........	—	—	—	—	1/43	—	1/37	1/38	—	—	—
18.	—	Küdrisch......	1	—	—	—	1/41	—	1/39	—	1/35	—	—
19.	—	Larisch.........	—	—	—	1	1/41	1/41	1/36	—	—	—	—
20.	—	Mierscheug..	1	1	—	—	1/41	—	1/40	—	—	—	—
21.	—	Wilke...........	—	1	1	—	1/40	—	1/38	1/40	—	—	—
22.	Obw. d. R.	Langer.........	—	1	—	—	—	1/42	—	1/39	—	—	—

Serviette	Cabas	Sac à main d.	Portefeuille	Porte-monnaie	Pardessus (Ulster)	Manteau d.	Couverture laine	Couverture d'ottom.	Caleçon long h.	Chemises sport	Parapluie d.	Stylo	Rasoir	Bretelles	Blaireau	Crème beauté	Savon à barbe	Savon Marseille	Observations
—	—	1	—	—	—	—	—	—	—	—	—	—	—	—	—	—	—	—	
1	—	—	—	—	—	—	—	—	—	—	—	—	—	—	—	—	—	—	
1	—	—	—	—	—	—	—	—	—	—	—	—	—	—	—	—	—	—	
—	—	—	—	—	—	—	—	—	—	—	—	1	—	—	—	—	—	—	
1	—	—	—	—	—	—	—	—	—	2	—	—	1	1	—	—	?	?	
—	—	—	—	—	—	—	—	—	—	—	—	—	—	—	—	—	—	—	
1	1	—	—	—	—	—	—	1	—	—	—	—	—	—	—	—	—	—	
1	—	—	—	—	—	—	—	—	—	—	1	—	—	—	—	—	—	—	
1	—	—	1	1	—	—	—	—	—	—	—	1	—	—	1	—	1	1	
1	—	1	—	—	—	—	—	—	—	—	—	1	—	—	—	—	—	—	
—	—	—	—	—	—	—	—	—	—	—	—	1	—	—	—	—	—	—	
—	—	—	—	—	—	—	—	1	—	—	—	—	—	—	—	—	—	—	
1	—	—	—	—	—	—	1	—	—	—	—	—	—	—	—	1	1	1	
1	—	1	—	—	—	—	—	—	—	—	—	1	—	—	—	—	—	—	
1	—	—	—	1	—	—	—	—	—	—	—	—	—	—	—	—	—	—	
—	—	—	—	—	—	—	—	1	—	3	—	—	—	—	—	—	—	—	
—	—	—	1	—	1	1	—	—	—	—	1	—	—	—	—	—	—	—	
—	—	1	—	—	—	—	—	—	—	—	—	—	—	—	—	—	—	—	
1	—	—	—	—	—	—	—	—	—	—	—	—	—	—	—	—	—	—	
—	—	—	1	1	—	—	—	—	—	—	1	—	—	—	—	—	—	—	
—	—	1	—	—	—	—	—	—	—	—	—	—	—	—	—	—	—	—	
1	—	—	—	—	—	—	—	—	—	—	—	—	—	—	—	—	—	—	

Chapitre IV

Les ghettos
Une collectivité en vase clos

Persécutés à travers l'Europe entière, soumis à un régime dont la dureté allait en empirant, bien rares étaient les Juifs à se douter du sort final qui leur était réservé. Une extermination de sang-froid, cette chose si simple et si monstrueuse dépassait leur imagination ; ils s'attendaient à des épreuves, mais ils avaient le ferme espoir d'en voir la fin ; voilà un premier point qu'il importe de garder présent à la mémoire lorsqu'on cherche à comprendre le processus en son ensemble. Dans le détail, et suivant les pays, les réactions juives furent aussi variées et aussi dissemblables que l'ont été de tous temps leurs destinées. Une différence de base doit être faite entre l'Est, où la collectivité juive constituait une entité nationale *sui generis* mais bien définie, et les pays de l'Ouest, où les liens unissant entre eux les membres des communautés juives n'avaient gardé qu'un caractère fort relâché et hybride, mi-religieux, mi-psychologique. Cette distinction, à laquelle nous reviendrons plus loin, est essentielle à qui veut comprendre le fait juif. Elle explique, entre autres, pourquoi la ghettoïsation voulue par les Allemands ne fut pratiquement réalisée par eux qu'à l'est. C'est la vie de ces collectivités artificiellement créées que nous allons étudier dans ce chapitre. Nous sommes devant la phase dernière précédant le génocide : celle où les victimes, artificiellement isolées, réduites à la misère et affaiblies par la famine, font des tentatives en vue d'organiser leur existence, en attendant l'après-guerre, dont elles espèrent leur salut.

Le fait qu'en Pologne, par exemple, ainsi que dans certaines régions de l'URSS, les populations juives, à forte densité, aient été de tous temps concentrées dans certains quartiers des villes, expliquerait à lui seul que la ghettoïsation y ait été plus facile à réaliser. Le « quartier juif » devint l'emplacement désigné du ghetto. La différenciation accentuée de la population juive, frappant l'œil et allant jusqu'à des particularités de l'aspect physique, fut un autre facteur supplémentaire facilitant l'isolement artificiel. Langue, mœurs, habillement, tout différenciait les victimes désignées des persécutions des populations environnantes. Ils avaient créé des formes de vie et de culture à nulles autres pareilles, lentement élaborées au cours des siècles ; civilisation unique en son espèce, qu'une fureur barbare a maintenant effacée à tout jamais de la surface de la terre. Elle s'était développée sous la pression d'un monde hostile ; et c'est de cette pression même que la vie juive tirait les ressources de sa vitalité étonnante. Les Juifs de l'Est possédaient une antique expérience des persécutions : le persécuteur ne trouva point ses victimes désemparées, et leur résistance psychique facilita leur adaptation à des formes de vie atroces : monde de cauchemar, miroir déformé de la condition humaine, le ghetto sut être un monde viable.

La question peut être posée, ce qui dans cette étonnante expérience d'une collectivité humaine en vase hermétiquement clos est dû à une spécificité foncièrement juive et ce qui peut être considéré d'un enseignement général, humain et social. Elle ne sera qu'effleurée au cours des pages qui suivent. On pourrait dire que les intensités de certaines réactions juives, leur amour de la vie, leur souplesse et leur combativité, leurs passions et ambitions démesurées, dues justement au fait que leur épanouissement vital ait été si sévèrement comprimé au cours des siècles, ne sont que l'expression de l'universelle servitude humaine portée à son point extrême. Telle serait alors la « signification universelle du Juif »…

Certains ghettos, en URSS en particulier, ont disparu sans laisser de vestiges pour ainsi dire, et des documents qui existent ne sont pas toujours accessibles. D'autre part, chaque ghetto ayant constitué un monde en soi, il n'est pas possible d'en retracer les histoires successives sans risquer longueurs et répétitions.

Nous nous contenterons de relater avec quelque détail l'histoire du plus grand d'entre eux : le ghetto de Varsovie, la capitale du judaïsme polonais. C'est aussi celui dont l'histoire est le mieux connue, grâce à des survivants, mais grâce surtout à des disparus. Dès la création du ghetto, en effet, une équipe d'historiens avait entrepris la constitution d'archives, retraçant sa vie du jour au jour. Le journal tenu par l'animateur du groupe, l'historien Emmanuel Ringelblum, nous servira de fil conducteur particulièrement précieux[112]. Lorsqu'en été 1942 commença l'agonie du ghetto de Varsovie, ces archives furent enterrées. Les membres du groupe y joignirent leurs derniers messages : « Ce que nous ne pouvions crier à la face du monde, nous l'avons enfoui sous terre... », écrivait l'un d'eux.

VIE ET STRUCTURE D'UN GHETTO

Ainsi que nous l'avons vu, le ghetto de Varsovie ne fut institué que le 16 octobre 1940 : à plusieurs reprises, sa création avait été annoncée, puis renvoyée à plus tard. Dès l'été 1940, les Allemands faisaient élever des murs dans les rues, isolant des pâtés de maisons. Peu à peu, les tronçons de murs se rejoignaient, isolant un quartier, sur lequel étaient dirigés les Juifs expulsés des villages et petites villes de province. À partir du 1er juillet 1940, il leur fut interdit de prendre domicile ailleurs que dans le secteur ainsi délimité. L'ordonnance du 16 octobre prescrivait le transfert dans ce quartier des 140 000 Juifs de Varsovie habitant en dehors de ces limites, et l'évacuation des 80 000 Polonais y résidant. Et, à partir du 16 novembre, les Juifs de Varsovie ne purent plus quitter leur ghetto sans autorisation spéciale.

Le nombre total des habitants du ghetto de Varsovie ne peut être chiffré avec certitude. Aux 359 827 Juifs recensés à Varsovie en octobre 1939 vinrent s'ajouter en 1940 et 1941 de nouveaux évacués de province, au nombre de 140 000 suivant certaines sources : la population totale du ghetto ne devait pas être éloignée du demi-million en été 1941[113]. Il s'agissait d'une collectivité hétérogène au possible, embrassant tous les âges, toutes les professions, toutes les classes sociales, différenciée par la culture et la langue (au Juif orthodoxe, ne parlant que le yiddish, s'opposait l'intellectuel déjudaïsé, dont le polonais était la langue maternelle). En faisaient entre autres partie un certain nombre de Juifs convertis (plusieurs milliers suivant certains témoignages)[114] fréquentant régulièrement les trois églises que possédait le ghetto. Dans les limites de son enceinte, le ghetto comptait près de 1 500 maisons d'habitation ou bâtiments divers ; après un rétrécissement de son périmètre imposé par une ordonnance d'octobre 1941, on comptait en moyenne 14 habitants par local d'habitation. L'entassement était donc effroyable. Les Allemands avaient pris soin d'exclure tout jardin, toute verdure des limites du ghetto ; l'air frais devenant une véritable denrée précieuse, les propriétaires des quelques rares arbres prélevaient une taxe spéciale pour le droit de s'asseoir à leur pied. Cette densité terrifiante imprimait son cachet à l'aspect des rues grouillantes de monde, et dont un témoin a dit qu'elles ressemblaient à quelque chose d'intermédiaire entre une maison de fous et un marché oriental.

Dans ces conditions, et étant donné le manque de médicaments, rien d'étonnant à ce que les épidémies aient fait rage : la plus grave, celle de typhus exanthématique, préleva 15 749 victimes au courant de 1941. Ces fléaux n'étaient cependant que des fléaux mineurs en comparaison avec la famine atroce qui régnait en permanence dans le camp de concentration gigantesque qu'était le ghetto. Nous avons vu qu'il s'agissait de la part des Allemands d'une politique délibérée d'extermination par la famine. Les rations alimentaires des Juifs étaient réduites à leur plus simple expression : des aliments essentiels tels que viande, poisson, légumes frais, fruits, etc., en étaient expressément exclus ; pain, pommes de terre et ersatz de graisses en constituaient les bases, et la valeur nutritive de la ration était en moyenne de huit cents calories. L'isolement du ghetto facilitait le contrôle des quantités globales de nourriture qui y parvenaient. Les maladies de la faim à leurs divers stades y sévissaient dès le début et allaient en s'aggravant, faisant croître la mortalité d'une manière vertigineuse[115] et amoindrissant singulièrement le ressort et la résistance psychique de la majorité de la population. Les réfugiés de province, sans feu ni lieu, en étaient les principales victimes. Des dizaines de malheureux mouraient dans les rues ; les passants recouvraient hâtivement leurs corps avec des journaux, en attendant que la voiture des pompes funèbres vînt chercher les cadavres.

Certains cas très rares exceptés, ce n'est qu'en colonnes de travail que ses habitants pouvaient le quitter ; des factionnaires polonais et allemands gardaient les quatorze portes d'entrée, tirant à vue sur les Juifs qui s'en approchaient de trop près. Les lignes téléphoniques, de même que les lignes de tramway conduisant au ghetto avaient été interrompues (une ligne spéciale de tramway, portant l'étoile de Sion en panonceau, fonctionnait à l'intérieur du ghetto ; cette « concession » avait été affermée à l'entreprise Kohn et Heller dont il sera question plus loin). Les communications postales avec l'étranger étaient prohibées ; l'entrée de colis de ravitaillement fut interdite (sous le prétexte du « danger d'épidémies »), le 1er décembre 1941.

Dans le ghetto ainsi isolé, ayant toutes facilités pour contrôler les quantités globales de nourriture qui y parvenaient, les Allemands pouvaient appliquer à loisir la politique de famine préconisée par Frank.

Le contrôle allemand s'exerçait essentiellement de l'extérieur. En effet, il n'y avait dans le ghetto ni bureaux de l'administration allemande, ni détachements SS ou autres en cantonnement. Sauf certaines voies de passage régulièrement utilisées (en particulier celle menant vers la prison politique de Pawiak, située au centre du ghetto) leurs intrusions étaient rares. Quelques visites de journalistes, quelques circuits de permissionnaires de la Wehrmacht, auxquels, à titre de détente, on offrait le spectacle de la lente agonie des sous-hommes, visites et circuits abolis, du reste, au début 1942, à la suite des réactions diverses et souvent défavorables qu'elles provoquaient chez les spectateurs[1]. Les uniformes allemands étaient rares dans le ghetto ; quelques détachements SS, toujours les mêmes, y effectuaient quelques rondes régulières. Ainsi les Nazis pouvaient hypocritement prétendre qu'ils avaient accordé « l'autonomie » aux Juifs. Le souci de l'administration allemande, dirigée par Auerswald, commissaire du ghetto, était de l'isoler aussi complètement que possible, et d'en tirer le maximum de fournitures et de prestations de main-d'œuvre, tout en concourant, grâce à la famine, à l'affaiblissement biologique de ses occupants.

Ainsi que tous les ghettos, le ghetto de Varsovie était administré par un « Conseil juif » nommé par les Allemands dès l'occupation de la ville.

Beaucoup d'encre a déjà été versée à propos des Conseils juifs, ces instruments d'exécution des volontés allemandes à tous ses stades, isolation ou exterminations. Un opprobre indélébile semble s'attacher à ces organes de collaboration par excellence, dont les membres étaient des seigneurs dans le ghetto et bénéficiaient de prérogatives certaines ; une comparaison avec les Quisling ou les Laval vient d'elle-même sous la plume. Qu'on se dise cependant que les Allemands se trouvaient non pas devant un pays vaincu, possédant sa structure et ses organes d'administration propres, mais devant une artificielle agglomération humaine créée par eux et qui, d'une manière ou de l'autre, devait trouver

---

1. Emmanuel Ringelblum relate à ce propos : « ... Un grand nombre d'Allemands venaient visiter le cimetière et la morgue, où se trouvaient entassés les cadavres trouvés dans la rue ou ceux des miséreux morts de faim, en attendant d'être enterrés dans la fosse commune. Des discussions naissaient entre les Allemands à propos de la question juive. Certains exprimaient leur plaisir à voir les victimes de la politique exterminatrice hitlérienne, mais d'autres manifestaient leur indignation et en appelaient à la « culture allemande ». Etant donné un effet aussi indésirable, les excursions ont été interdites. » (Journal d'E. Ringelblum, 8 mai 1942.)

un mode d'organisation interne et de rapports avec les Allemands. Historiquement, les Conseils juifs étaient inévitables. Différentes sortes de jugements peuvent être portées, suivant les cas, sur les mobiles qui ont guidé ces hommes et sur la manière dont ils s'acquittèrent de leurs fonctions. Il est certain que, bien souvent, de franches crapules se glissèrent dans les Conseils. Quels qu'aient été les mobiles de leurs membres et quoi qu'on puisse dire de leur politique, un choix entre le martyre et l'ignominie a fini par se poser à eux dans tous les cas. Par une ironie suprême, le choix qu'ils ont alors fait n'était appelé à avoir qu'une portée pratique très restreinte pour leurs administrés, ou pour eux-mêmes. Tous ont péri : ceux qui ont avancé leur mort, ou ceux qui ont choisi le suicide, bénéficieront sans doute, aux yeux de l'Histoire, de quelques circonstances atténuantes.

Le Conseil juif de Varsovie comptait vingt-quatre membres, tous nommés par les Allemands, et était présidé par l'ingénieur Adam Tcherniakov. La plupart des fonctions gouvernementales usuelles entraient dans ses attributions. Un corps de police juive, fort de plus de mille hommes, fut créé ; des impôts furent levés, qui permirent d'entretenir un réseau d'aide sociale et de cuisines populaires, afin de secourir et de nourrir les indigents de plus en plus nombreux. Cependant, ce secteur essentiel des activités du ghetto bénéficiait d'une autonomie propre, ainsi qu'on le verra plus loin. Il incombait au Conseil juif de fournir les bataillons de main-d'œuvre exigés par l'occupant. La formation artisanale ainsi qu'un embryon d'enseignement primaire officiellement admis[1] étaient également assurés par le Conseil ; de même, les questions médicales et sanitaires, l'entretien des hôpitaux, la lutte contre les épidémies. Enfin, le Conseil organisa des ateliers où des lots de matières premières (textiles, cuirs, etc.) attribuées par les Allemands étaient transformées par les ouvriers et artisans du ghetto pour

---

1. Lors de la création du ghetto, les Allemands refusèrent l'autorisation pour l'ouverture des écoles. Ce n'est qu'en mai 1941 que des écoles pour 5 000 enfants purent être ouvertes (*Gazota Zydowska*, n° 34 du 29 avril 1941.)

les besoins de la Wehrmacht. Toutefois, la majeure partie des activités économiques du ghetto était assurée en dehors du Conseil. Elles étaient dirigées soit par les Allemands eux-mêmes, soit par certains personnages qui avaient su entrer dans leurs bonnes grâces. C'est que, tout comme la collaboration administrative, la collaboration économique était tragiquement inscrite dans les faits ; et l'intérêt économique offert par le ghetto représentait sa principale chance de survie. Nous avons cité au chapitre II quelques documents allemands mettant l'accent sur la signification que présentait pour la Wehrmacht en particulier l'appoint de la main-d'œuvre industrielle et artisanale juive. Les Juifs du ghetto de Varsovie ne l'ignoraient pas. Dès avril 1942, Emmanuel Ringelblum notait dans son journal :

« ... *L'histoire des peuples n'a pas encore connu de tragédie pareille. Un peuple qui hait les Allemands avec toutes les forces de son âme ne peut se racheter de la mort qu'au prix de sa contribution à la victoire de l'ennemi, de cette victoire qui signifie son extermination complète en Europe et peut-être dans le monde entier...* »

La grande majorité de ces fabrications était assurée par des entrepreneurs allemands tels que Walter C. Többens, dont les entreprises textiles et les tanneries occupaient des milliers d'ouvriers. Ce travail signifiait pour l'ouvrier juif une paie assurée, des avantages en nourriture et l'exemption de l'envoi aux travaux forcés ; il allait signifier, dans la période finale, une assurance provisoire contre la déportation et la mort. Ainsi, une étonnante solidarité d'intérêts s'établissait entre le Juif exploité et son exploiteur allemand, qui luttait pour la préservation de ses esclaves. Leur travail parfois leur assurait, du reste, de sombres compensations, ainsi que lorsque, au début de 1942, plus de deux cent mille uniformes allemands, ensanglantés et déchirés, arrivèrent à Varsovie afin d'être nettoyés et réparés dans les ateliers juifs (Ringelblum relate que les poches de certaines vareuses contenaient encore les lettres que les soldats, du fin fond de l'hiver russe, envoyaient à leurs familles).

Ainsi, le courant économique officiel était limité à l'introduction de maigres quantités de nourriture, ainsi que des matières premières utilisées par les ateliers du ghetto, exportées sous forme de produits finis. Ces échanges se faisaient principalement par « l'Umschlagplatz », immense gare de triage établie près de l'une des portes. En marge, le ghetto connaissait une autre vie économique soutenue et intense.

Les économies de ses habitants, les bijoux, devises, ustensiles et objets divers que certains Juifs avaient réussi à conserver en formèrent la base essentielle. Vinrent s'y joindre quelques stocks de matières premières, de denrées rares que leurs possesseurs avaient réussi à préserver.

Aux ateliers et usines existant dans le ghetto, l'ingéniosité de ses entrepreneurs, de ses ingénieurs et de ses chimistes permit d'adjoindre un grand nombre d'industries nouvelles. Ainsi, des industries alimentaires (conserves de poisson, charcuterie de cheval, confiserie « synthétique » et ersatz de toutes espèces), des tanneries et des teintureries clandestines, et même des industries de luxe (chocolat, cigarettes, horlogerie). Certaines de ces fabrications étaient destinées à l'exportation ; des commerçants juifs parvenaient au cours des premiers mois à traiter des affaires avec la ville « aryenne » par téléphone sans quitter le ghetto. Exportations et importations se faisaient soit en fraude, soit avec la complicité des douaniers allemands de « l'Umschlagplatz »[116]. En échange de l'argent et de ces fabrications clandestines, un afflux régulier de ravitaillement parvenait au ghetto, dont une assez mince couche de privilégiés étaient les principaux bénéficiaires. Les contrebandiers du ghetto en furent les agents actifs, depuis le gros entrepreneur travaillant de complicité avec les gardes ukrainiens ou allemands, jusqu'aux enfants juifs se faufilant par les égouts ou les interstices des murs. Les principales denrées de contrebande étaient les pommes de terre et surtout la farine : des dizaines de moulins clandestins furent installés dans les caves, dans les greniers, tournant à la main et exigeant une main-d'œuvre assez nombreuse : leurs ouvriers se constituèrent en syndicat clandestin. Les gros contrebandiers constituaient au ghetto une confrérie importante et respectée ; une bourse d'assurances fonctionnait, 13, rue Nalewki, pour assurer les grosses cargaisons de contrebande.

Tels étaient les correctifs que la vie apportait d'elle-même au cercle de fer dont les Allemands s'efforçaient de ceinturer le ghetto.

Afin de lutter contre ces activités, les Allemands instituèrent, indépendamment de la police du Conseil juif, une police économique spéciale, chargée en particulier de signaler et de confisquer les marchandises introduites en fraude. Cette police relevait directement de la Gestapo de Varsovie. Installée 13, rue Leszno, et dirigée par un certain Chaïm Ganzweich, elle était connue dans le ghetto sous la désignation « les Treize », assemblant des figures sinistres, telles qu'il en surgit spontanément dans les époques troublées. De tels personnages étaient d'ailleurs le mieux faits à s'entendre avec leurs partenaires SS et à les acheter. Les entrées de Ganzweich auprès de la Gestapo lui valaient un certain nombre de faveurs, dont la délivrance d'une quantité limitée de laissez-passer était la plus appréciable. Il put donc mener un nombre incalculable de trafics divers, et devint rapidement un des magnats du ghetto. Aussi bien tenait-il table ouverte, posant au mécène, entretenant à ses frais des écrivains et des artistes, installant même pour eux une maison d'accueil. Il avait également équipé à ses frais un service ambulancier (le « Secours rapide ») dont il avait habillé les membres d'uniformes de son invention. On pourrait remarquer à cet endroit que dans la société du ghetto, plus que dans toute autre, les grands flibustiers avaient tendance à compenser leurs excès par une affectation d'activité sociale, et à justifier les services qu'ils rendaient aux Allemands en assumant le rôle de bienfaiteurs populaires. La solidarité de sort dans l'essentiel avec le dernier des miséreux du ghetto pouvait en être une des causes[1].

---

1. Dans son étude sur le ghetto de Kovno, S. Gringauz cite un cas analogue et particulièrement caractéristique, celui du Juif Serebrowitz : « Serebrowitz était un fonctionnaire de la Gestapo. Il ne vivait pas au ghetto mais dans la ville même. Il avait reçu une bonne éducation juive, était bien doué et avait été un aventurier intellectuel avant la guerre. Il était déjà craint avant la guerre, étant au service de la police politique

La bande des Treize fut liquidée, pour des raisons mal connues et, semble-t-il, par une section de la Gestapo autre que celle avec laquelle elle travaillait, en mai 1942, bien avant les déportations et la liquidation finale.

D'autres puissances s'affirmèrent au ghetto, qui, sans être investies de fonctions officielles, jouissaient en fait d'un pouvoir considérable. Ainsi le groupe Kohn-Heller, concessionnaire de l'unique ligne de tramway du ghetto. Il s'agissait en l'espèce d'une maison de commerce qui avant la guerre avait eu de nombreux rapports d'affaires avec l'Allemagne. Si la bande des Treize tirait son pouvoir de la Gestapo, c'est auprès de l'administration du commissaire Auerswald que Kohn et Heller étaient bien en cour. Le système était sensiblement le même : informations et services divers rendus aux Allemands, pots-de-vin et cadeaux. L'intercession de Kohn-Heller était décisive pour obtenir l'autorisation d'introduire des marchandises au ghetto. Eux-mêmes en étaient devenus les principaux importateurs : ils jouissaient en particulier du monopole de l'introduction des médicaments, mais importaient aussi du ravitaillement sur une large échelle[1]. À l'occasion, ils faisaient office de délateurs : Ringelblum leur impute en particulier la nuit sanglante du 18 avril 1942, qui fit plusieurs dizaines de victimes, et qui visait les imprimeurs et distributeurs de la presse clandestine du ghetto. Le faste, l'ostentation dont s'entouraient Kohn et Heller surpassaient encore, si faire se peut, celui dont la bande des Treize faisait étalage. Ils organisaient des réceptions et

en même temps qu'agent du contre-espionnage allemand. Bien qu'il vécût en dehors du ghetto, il tenait à apparaître dans le ghetto comme un « bienfaiteur » et un martyr de la cause juive. Un soir, il invita chez lui les intellectuels du ghetto – professeurs, littérateurs, avocats, journalistes – et leur tint un long discours idéologique, exposant sa confuse philosophie de l'Histoire. Il conclut par ces mots : « Je souffre plus que vous, bien que je mange et vive « mieux que vous. Vous avez au moins une chance de survivre. « Je serai fusillé bien avant vous. » Lui-même, sa femme et ses deux enfants furent fusillés par la Gestapo au début de 1943. » (S. Gringauz, *The Ghetto as a social experiment,* Jewish Social Studies, New York, janvier 1949.)

1. Dans un exemple cité par Ringelblum, 20 wagons de pommes de terre importées au ghetto par Kohn et Heller et achetées aux prix de 0,40 zloty le kilo furent revendues à 2 zlotys le kilo.

des banquets somptueux : la célébration de la circoncision de son premier-né fut annoncée par Heller au moyen d'affiches placardées dans toutes les rues du ghetto (tel le baptême d'un enfant princier. Cette étonnante tendance des Grands du ghetto aux fastes royaux trouve son comble au ghetto de Lodz ; il sera question plus loin de son « doyen » Chaïm Rumkowski). En octobre 1941, la ligne de tramway fut supprimée, et remplacée par un service de diligences : ce fut le signal du déclin progressif de Kohn et Heller, dont la fin fut aussi obscure que celle des « Treize ».

La lutte contre la faim

Une famine lancinante, des dangers de tous les instants planaient au-dessus des têtes des habitants du ghetto : la lutte pour la vie nue était devenue le but essentiel de leur existence. De telles conditions sont propres à mettre à découvert la nature profonde des hommes, faisant tomber les masques conventionnels, exacerbant les conflits de toute espèce et accentuant les contrastes. La société humaine, cependant, continue à exister (on peut se livrer à des conjectures sur le cours qu'aurait pris l'évolution du ghetto si celui-ci s'était perpétué, donnant naissance à des générations nouvelles. Mais il n'a duré que deux ans à peine). Des correctifs naissent spontanément aux extrémités que nous venons de décrire.

Un tel correctif fut l'institution des « Comités de maison » qui ont commencé à s'organiser dans chaque immeuble dès la création du ghetto. Les membres, au nombre de cinq à douze, étaient élus par les habitants de la maison : le rôle des Comités était de venir en aide aux locataires les plus indigents, qu'il s'agisse de leur nourriture, de leur habillement ou de l'aide aux enfants. Les locataires plus aisés étaient imposés à cet effet. Ces institutions, entièrement indépendantes de l'emprise du Conseil juif, remédiaient quelque peu aux terribles injustices sociales régnant au ghetto. Bientôt celui-ci fut couvert d'un réseau de Comités, qui se groupèrent pour créer des Comités d'arrondissement : ceux-ci, à leur tour, envoyaient des délégués à la Commission centrale des comités du ghetto. C'est ainsi que naquit spontanément une assemblée représentative de l'opinion publique, sans pouvoir autre qu'une autorité morale. Son ampleur fut cependant certaine. Une grande partie de l'aide sociale au ghetto, et en particulier certaines cantines, fonctionnait sous l'égide de la Commission centrale et de ses organes, qui contrôlait ainsi un problème primordial : le ravitaillement des indigents. À plusieurs reprises, le Conseil juif s'efforça de se subordonner les Comités de maison, mais la Commission centrale réussit à maintenir leur indépendance jusqu'à la fin.

Ainsi, conformément aux plus pures traditions de la solidarité juive, des tempéraments de lutteurs se révélaient, hommes et femmes qui, se plongeant avec ardeur dans le travail social, en arrivaient à s'y adonner corps et âme. C'étaient des gens de tous les âges et de toutes les classes sociales, de simples artisans comme les intellectuels les plus qualifiés, les membres de tous les partis politiques souffrant eux-mêmes de la faim et du froid. Aucune fatigue, aucune difficulté ne les rebutait, ni les risques de contagion dans les maisons infectées par le typhus, ni les manœuvres sournoises et la dangereuse opposition des autorités « officielles ». Dans cette activité si fiévreuse et si intensive, les femmes jouaient un rôle de premier plan. Ce rôle parfois devenait prépondérant, surtout vers la fin. « Dans une partie des Comités de maison, les femmes remplacent maintenant les hommes, notait Ringelblum le 3 juin 1942, ceux-ci cèdent la place à bout d'énergie, usés par le travail fourni par eux. Dans certains Comités, la direction est entièrement assurée par les femmes ; pour l'aide sociale, plus indispensable que jamais, c'est un réservoir de forces nouvelles... »

D'innombrables champs d'activité s'offraient au ghetto aux gens de bonne volonté. Les organisations de jeunesse, celles-là mêmes qui plus tard fourniront les cadres de la résistance du ghetto, s'efforçaient de pallier la famine en cultivant les moindres espaces disponibles. Des jardins potagers furent établis sur l'emplacement de maisons bombardées ; des légumes furent cultivés sur les balcons et jusque sur les toits ; quelques contingents de jeunes volontaires furent autorisés à cultiver des champs en dehors du ghetto. Quelques fermes collectives de jeunes sionistes purent d'ailleurs se maintenir aux environs de Varsovie, et contribuaient au ravitaillement du ghetto.

Toute cette activité n'était cependant qu'une goutte d'eau dans la mer. En mai 1942, Ringelblum notait dans son journal :

« *L'aide sociale ne résout pas la question. Elle prolonge l'existence ; mais la fin est inévitable. Elle prolonge les souffrances et n'apporte pas de solution, car elle ne dispose pas des moyens nécessaires. Les clients des cuisines populaires, réduits à la soupe et au pain sec, meurent peu à peu. La question se pose s'il n'aurait pas mieux valu aider en premier lieu les gens précieux au point de vue social, les élites spirituelles et ainsi de suite ; mais la situation est telle que même pour ces élus, les moyens dont nous disposons ne sont pas suffisants, et d'autre part la question se pose pourquoi il faut sacrifier des gens qui avant la guerre étaient des ouvriers ou des artisans productifs, et que seuls la guerre et le ghetto ont transformés en lie de la population et en candidats pour les fosses communes. La tragique question reste posée : faut-il aider par cuillerées, ce qui est insuffisant pour survivre, ou faut-il aider à pleines mains un petit groupe d'élus ? ...* »

Ainsi se trouvait posé le tragique problème des bouches inutiles, la solution adoptée étant, jusqu'à la fin du ghetto, une aide fournie à tous les nécessiteux sans aucune exception, et de ce fait largement insuffisante. Nous avons vu que les évacués de province furent les premières victimes de la famine, mourant par milliers, en sorte que la clientèle des cuisines populaires changeait progressivement de caractère, les Juifs de Varsovie même remplaçant les provinciaux, dont quelques milliers seulement restaient en vie en juillet 1942. Ainsi que le note Ringelblum, ils se laissaient mourir sans révolte, et le chroniqueur s'interroge sur les raisons de cette passivité, et trouve de lui-même la réponse :

... « *Une question déconcertante est la passivité des masses juives qui meurent en silence. Pourquoi se taisent-elles ? Pourquoi meurent-elles sans protester ? Pourquoi ne se sont pas réalisées les menaces que nous mettions en avant, les rébellions, les pillages, ces dangers qui ont stimulé les Comités de maison et les ont incités à constituer des réserves de vivres ?*

« *Il y a plusieurs réponses à cette question. Les occupants ont institué une terreur telle qu'on a peur de lever la tête. Des assassinats en masse peuvent être la réplique à toute réaction des masses affamées, et c'est la raison de la retenue de la partie réfléchie de la population. Il y a une autre raison : une partie des classes pauvres, la partie la plus active, a réussi à se caser d'une manière ou de l'autre. La contrebande ouvre des possibilités à des milliers de porteurs qui touchent dix zlotys par sac transporté en plus des tarifs. Une grande partie des ouvriers et des artisans ont trouvé du travail dans les ateliers travaillant pour les Allemands. D'autres sont devenus marchands ambulants. Ainsi sont restés par-dessus bord les gens passifs, ayant moins de ressort ; et ils meurent en silence. La police juive, qui a appris à frapper, à envoyer les gens dans les camps de travail et à faire régner l'ordre, est un autre facteur qui tient les masses en respect. Les victimes de la faim sont en grande partie les réfugiés de province, qui se sentent perdus et découragés dans un milieu étranger. Leurs réactions s'en tiennent à des plaintes ; ils assaillent les passants dans les rues et exigent énergiquement l'aumône, ils font le siège des institutions charitables et protestent auprès des Comités de maison... Je me suis récemment entretenu avec un de ces réfugiés. Toutes ses pensées allaient à la nourriture, où qu'il aille et quoi qu'il fasse, il rêve au pain, il s'arrête devant chaque boulangerie, devant chaque devanture. En même temps il était devenu résigné et apathique, rien ne l'intéressait plus : il avait de la peine à se laver et ne le faisait que parce qu'il y était habitué dès son enfance... Peut-être cette passivité provoquée par la faim est-elle cause de ce que les masses juives succombent en silence à la faim, sans protester vigoureusement... »*

Il n'y a pas grand-chose à ajouter à ces lignes : elles nous font entrevoir en même temps l'une des raisons essentielles pour lesquelles la résistance juive a été si lente à s'instituer dans les ghettos. La mendicité dont parle Ringelblum apportait au tableau du ghetto une de ses notes caractéristiques. Après avoir dépensé leurs dernières économies, vendu leurs dernières hardes, les malheureux cherchaient en mendiant le dernier appoint à la maigre pitance des cuisines populaires. Adultes et enfants, isolés ou en groupes, tendaient la main dans la rue, passaient même « du côté aryen » au mépris de tout risque, pour y recueillir quelque aumône. Venait ensuite le dernier stade, celui de la lente agonie dans les rues. Mary Berg évoque dans son journal « les innombrables enfants, dont les parents ont péri, restant assis dans les rues. Leurs pauvres petits corps sont d'une maigreur effrayante, on voit les os sous leur peau jaune qui a l'aspect du parchemin... ils se traînent sur le sol en gémissant, ils n'ont plus rien d'humain, et ressemblent plus à des singes qu'à des enfants... ». À quelques pas de là, dans certains cafés du ghetto, on pouvait trouver « absolument tout ce qu'on veut, les liqueurs les plus chères, du cognac, du poisson en marinade, des conserves de toutes sortes, du canard, du poulet, de l'oie : le prix du dîner avec boisson est de cent à deux cents zlotys[117]... »

PSYCHOLOGIE DU GHETTO : L'ÉVASION DE L'ESPRIT

Les expériences des années 1939-1945 nous ont apporté maint enseignement déconcertant sur le fonctionnement de la société et sur les réactions des hommes soumis à une pression inimaginable et des tortures sans nombre. Bon nombre des survivants des camps de concentration ont laissé échapper des paroles désabusées sur le sort dévolu aux valeurs humaines dans les antichambres de la mort ; lorsqu'elles ont été maintenues, cependant, elles ont été élevées jusqu'au sublime. Le ghetto n'était autre chose qu'un camp de concentration plus autonome et plus diversifié ; et les contrastes sociaux : luxe-misère, tout comme les contrastes moraux : égoïsme féroce-altruisme total, y ont été poussés jusqu'à leur point extrême.

L'origine juive de ses habitants y a-t-elle apporté quelque caractéristique particulière ? Peut-être a-t-elle eu pour effet d'accentuer certains traits : ainsi le magnifique effort de solidarité et d'aide sociale que nous avons décrit. D'autres particularités, que nous allons voir maintenant, s'expliquent sans doute partiellement par des traits du caractère national juif, tel qu'il s'est développé au cours des âges. Là encore, il s'agit de réactions d'une signification universelle, mais portées dans le cas présent à un degré de grande intensité.

Quelles qu'aient été ses épreuves, la recherche du délassement intellectuel ou artistique, ainsi que l'esprit de curiosité désintéressée, se sont renforcés plutôt qu'ils n'ont faibli au ghetto. Plusieurs théâtres y ont fonctionné jusqu'à sa fin. De jeunes troupes d'amateurs faisaient concurrence aux artistes professionnels. Nous avons vu que les grands rapaces du ghetto se faisaient un point d'honneur de nourrir ou d'entretenir artistes, musiciens ou littérateurs. D'autre part, l'enseignement, bien qu'il fût interdit ou brimé par les Allemands, se développa dans la clandestinité sur une large échelle et à tous les degrés. Mary Berg nous a laissé une description touchante d'un tel cours clandestin : une école d'arts graphiques et de dessin industriel avec divers cycles complets d'études, examens de fin d'année et délivrance de diplômes. Même la science pure trouvait à s'exercer au ghetto. C'est ainsi qu'un groupe de médecins avait entrepris une série d'études sur les aspects pathologiques de la famine. Les fonds nécessaires provenaient de donations privées ; des appareils spéciaux furent installés dans les hôpitaux. Les résultats des recherches, mis en sécurité dans la Varsovie « aryenne » au fur et à mesure des observations, ont pu être retrouvés après la guerre et exploités[118].

La vie intellectuelle des habitants du ghetto a été d'une intensité singulière. Le goût de la lecture, si développé de tous temps chez les Juifs, était plus fort que jamais. L'actualité se trouvait évidemment au premier plan de leurs préoccupations : mais seul un maigre bulletin officiel contrôlé par les Allemands, le *Gazeta Zydowska,* ainsi que quelques feuilles clandestines publiées dans le ghetto leur étaient accessibles. Dans ces conditions, leur intérêt allait aux lettres, à l'histoire, et surtout aux périodes permettant de tirer quelque parallèle avec l'époque présente. Ringelblum nous a laissé à ce sujet quelques considérations, qui, datées de mai 1942, témoignent d'une lucidité émouvante :

« *Que lit-on ? ... On se demandera après la guerre : à quoi étaient occupés les esprits des hommes du ghetto de Varsovie, de ces hommes qui savaient que la mort les attendait, cette mort qui a déjà pesé sur les habitants des petites villes ? Qu'on se dise que nous n'avons pas perdu nos esprits ; notre cerveau travaille comme avant la guerre.*

« *Le lecteur sérieux s'intéresse fort à la littérature de guerre. On lit les mémoires, tels que ceux de Lloyd George, les grands romans de la guerre 1914-1918 et ainsi de suite. On savoure les pages traitant de l'année 1918 et de la défaite allemande. On cherche des comparaisons avec les temps actuels, on cherche à prouver que la défaite de l'invincible armée allemande est proche. On goûte avec un plaisir particulier le récit de la réception des parlementaires allemands à Compiègne et on voit déjà en imagination comment se déroulera un Compiègne nouveau et plus frappant encore. J'ai relu pour ma part récemment le grand ouvrage de Van der Meersch sur l'occupation allemande en France et en Belgique[1]. À chaque pas, la comparaison s'imposait avec l'époque actuelle, bien plus terrible encore que celle de la guerre précédente. Une chose reste identique : les pillages et l'oppression impitoyable et froide de la population civile des pays occupés... La population avait été mise en esclavage et contrainte à travailler tout comme de nos jours. Après la lecture de ce livre, la question surgit : qu'a-t-on donc fait, afin d'éviter un nouveau régime de Huns en Europe ?*

« *Bien des lecteurs se passionnent pour l'époque de Napoléon. On cherche des analogies entre Hitler et Napoléon, qui sont*

---

1. *Invasion* 1914, par Maxence Van der Meersch.

toujours à l'avantage de ce dernier, car s'il a sur sa conscience des mers de sang versé sur tous les champs de bataille de l'Europe, il a secoué le monde féodal et apporté le nouvel ordre révolutionnaire, tandis que Hitler ne laissera après lui que des dizaines de milliers de victimes et une Europe désolée et ruinée. On se plaît à lire l'histoire de Napoléon, car on voit que l'étoile d'un dictateur invincible n'est pas éternelle, et peut décliner plus vite qu'il n'est possible de se l'imaginer. C'est dire qu'on lit surtout les pages sur la campagne de Russie... on espère que l'Histoire se répétera. Guerre et Paix *de Tolstoï est relu par des gens qui l'ont déjà lu plus d'une fois, à cause de la manière dont il y traite l'épopée napoléonienne.*

« En un mot, n'ayant pas la possibilité de se venger sur l'ennemi dans la réalité, on cherche à le faire dans l'imagination et à l'aide de la lecture... »

C'est ainsi que l'évasion dans la lecture et l'Histoire apportait quelque délassement aux habitants du ghetto et les aidait à vivre. Le réconfort principal, cependant, ils le trouvaient au fond d'eux-mêmes, en cette vitalité et cet optimiste si caractéristiques pour les Juifs. Encore faut-il distinguer entre le Juif polonais, ayant gardé intactes les traditions et les expériences de plusieurs siècles de vie spécifiquement juive, et le Juif occidentalisé et assimilé. Nous avons vu, au chapitre premier, l'insupportable drame moral que représentait pour les Juifs allemands leur rejet hors de la communauté nationale. Ce choc affectif avait été épargné à la grande majorité des Juifs polonais, dont nous avons évoqué la longue tradition de persécutions, et cette accoutumance dont ils tiraient leur force de résistance psychique. Par l'effet d'un véritable mécanisme compensateur, elle leur avait permis de forger cette magnifique vitalité et cette foi en l'avenir, coulées dans le monde millénaire de fidélité à la Loi et aux prophètes, qui les aidait à faire face à toutes les menaces, à survivre à des siècles de pogromes et de misère. Une résistance à toute épreuve allait de pair avec une souplesse obstinée. Une technique particulière de rapports avec les détenteurs du pouvoir s'était élaborée au cours des siècles chez les Juifs ; ils y mettaient une partie de leurs espoirs. Ils rêvaient à des corruptions grandioses offertes à la Gestapo ; ils tablaient ferme sur les nécessités économiques de la Wehrmacht, et les Nazis en tiraient profit de mille manières, mais surtout par le système de fallacieux « certificats de protection » qui assuraient une main-d'œuvre docile. Par-dessus tout, les Juifs ne pouvaient croire à tant de cruauté. Ainsi, tout concourait à alimenter leur optimisme traditionnel : la duplicité nazie et la démesure même des massacres que recouvrait celle-ci. Tant qu'ils espéraient, ils pouvaient vivre. Symptôme caractéristique de la vitalité du ghetto : l'épidémie de suicides qui s'abattit sur les Juifs d'Allemagne, par exemple, fut chose inconnue à Varsovie, exception faite précisément pour un groupe de Juifs allemands déportés d'Allemagne en Pologne, et qui y bénéficièrent de conditions matérielles bien supérieures au reste de la population. L'engouement du ghetto pour l'étude de l'anglais (dont la connaissance devait servir à l'émigration de l'après-guerre) est un autre symptôme de la robuste foi juive en l'avenir.

La frontière entre l'espoir et l'illusion est parfois malaisée à tracer. À tout moment, mais surtout aux moments les plus tragiques, les masses juives du ghetto étaient prêtes à croire que la fin de la guerre était imminente et qu'aussitôt la vie redeviendrait « normale » ; des rumeurs diverses aidaient à entretenir cet état d'esprit ; ainsi, une véritable industrie de « faux communiqués » de la radio s'était développée, entretenue par quelques journalistes peu scrupuleux, qui rédigeaient et écoulaient ces communiqués de fantaisie[1]. Des esprits plus rassis étaient évidemment incapables de se sustenter à l'aide de toniques aussi fallacieux. L'humour

---

1. Le 8 mai 1942, Ringelblum avait noté le texte de quelques « faux communiqués » : « ... Qu'y a-t-il dans ces communiqués ? D'abord, Smolensk a été pris par un débarquement de 60 000 soldats, qui se sont joints à l'Armée Rouge. Ce même communiqué a également pris Kharkow. Il a fait débarquer à Mourmansk une armée amenée par 160 navires dont aucun n'a été coulé. Pour le cas où cela ne suffirait pas, on a en plus assassiné Mussolini et fait une révolution en Italie. Il s'y ajoute enfin un ultimatum de Roosevelt au peuple allemand, expirant le 15 mai... »

juif, amer et sarcastique, leur offrait parfois quelques exutoires. Ringelblum donne de nombreux exemples de ces créations si frappantes de l'esprit populaire. Nous citerons celle-ci, où le désespoir se cache sous le rictus : « Churchill va consulter un rabbin miraculeux sur la manière de vaincre l'Allemagne. Deux voies sont possibles, lui dit le rabbin : une voie naturelle, l'Eternel enverra en Allemagne un million d'anges armés d'épées enflammées ; et une voie surnaturelle, le débarquement d'un million de soldats britanniques... »

LE CRÉPUSCULE DU GHETTO

Deux ans à peine, telle a été la durée de l'existence du ghetto de Varsovie. Tandis que ses habitants s'ingéniaient à vivre en dépit du destin, l'engrenage génocidal se mettait en branle. Dès le début de 1942, les exterminations massives commençaient en Pologne. En avril 1942, les premières informations sur les massacres de province parvenaient au ghetto. Le 12 avril, Ringelblum note dans son journal des rumeurs sur l'arrivée à Varsovie d'une brigade d'extermination. Le massacre des 40 000 Juifs du ghetto de Lublin y fut connu quelques jours plus tard[119]. Des pogromes qui eurent lieu le 17 avril et au début de mai contribuaient à alourdir l'atmosphère. À la date du 8 mai, Mary Berg note : « ... Les assassinats nocturnes continuent, il se peut bien que la moitié de la population ait disparu avant la fin de la guerre... Il est devenu très dangereux de faire de longues courses dans le ghetto. Malgré tout, la vie suit son cours, les magasins sont ouverts... les théâtres jouent comme d'habitude[120]... »

Des informations très précises à propos du camp d'extermination de Belzec, des massacres de Pabianice et de Biala Podlaska, que Ringelblum consigne dans son journal en juin 1942, montrent que les hommes renseignés n'ignoraient pas la fin imminente du ghetto — même si parmi les masses l'illusion a été entretenue plus longtemps.

L'orage éclate un mois plus tard. Le 22 juillet 1942, un avis publié par les soins du Conseil juif annonçait aux habitants du ghetto qu'ils allaient être déportés « vers l'Est », sans distinction d'âge, ni de sexe ; seuls les Juifs travaillant dans les industries allemandes, ou employés dans les institutions du Conseil, étaient exemptés de cette mesure. Ainsi commença l'agonie du ghetto. Nous allons examiner dans un autre chapitre les procédés mis en œuvre par les SS pour en arriver à leurs fins avec l'économie maxima de moyens, avec ou sans le concours des Conseils juifs ; ils ressortissent aux techniques allemandes de la mort, et non plus à la volonté juive de vivre. Tandis que les trains partaient vers les camps de la mort, les Juifs s'agrippaient avec une énergie accrue à la principale et provisoire planche de salut : les certificats d'emploi des esclavagistes allemands. Des sélections systématiques avaient été instituées par les SS dans les ateliers, afin d'en éliminer les ouvriers trop vieux ou d'un rendement insuffisant ceux-ci avaient recours à divers subterfuges, se rajeunissant à l'aide de faux actes de naissance ou teignant en noir leurs cheveux gris. Le ghetto, cependant, se vidait. Deux mois plus tard, plus des trois quarts de ses habitants avaient été évacués.

Sa vie interne, naguère si complexe, s'éteignait ; par sa structure il se rapprochait de plus en plus du camp de concentration nazi du modèle classique. Cafés, théâtres, magasins disparurent. Les enfants et les vieillards ayant été déportés en premier lieu, seuls restaient les hommes et les femmes valides ; les certificats de protection ne suffisant plus, ces esclaves étaient marqués par leurs propriétaires sur diverses parties du corps d'un cachet distinctif, afin que lors des chasses à l'homme, les SS allemands ou ukrainiens ne commettent plus d'erreurs[121]. Le jour du Grand Pardon, à la fin du mois de septembre, 2 000 agents de police furent déportés avec leurs familles ; seuls, 380 policiers juifs furent provisoirement laissés en fonctions. Le 22 septembre, le périmètre du ghetto fut modifié, et sa superficie réduite de plus de la moitié. Quelques notes de Mary Berg permettent de saisir ce qu'était la vie du ghetto lors de sa période crépusculaire :

« *Le ghetto n'est plus qu'un immense camp de travail. Pendant la journée les rues sont presque désertes, il n'y a de circulation qu'à six heures du matin quand les gens se rendent à leur travail. De nos fenêtres nous voyons hommes et femmes sortir de chez eux, et se diriger d'un pas rapide vers les lieux de rassemblement, où ils se mettent en rangs pour aller aux usines ; ils marchent quatre par quatre, escortés par les patrouilles allemandes. Après huit heures il est rare de voir un homme dans les rues du ghetto. De midi à une heure il y a repos pour le déjeuner ; on apporte un grand chaudron dans la cour de l'usine, et les travailleurs se placent sur un rang, leur gamelle à la main, pour la distribution de la soupe claire. Le soir, quand sept heures ont sonné, les rues s'animent à nouveau, les malheureux regagnent au plus vite leur logis. Personne n'ose sortir plus tard, car les patrouilles allemandes s'embusquent partout. Telle est la vie que l'on mène au ghetto maintenant. Les Juifs sentent perpétuellement planer sur eux l'ombre de la mort, mais chacun pense malgré tout avoir des chances d'y échapper. Sans cet espoir qui tient du miracle, les survivants se suicideraient en masse...*

« *Les maris ont été séparés de leurs femmes et de leurs enfants, les enfants de leurs parents, et chacun loge là où il parvient à trouver de la place. Des gens qui ne se connaissent pas du tout demeurent ensemble comme s'ils étaient proches parents. Les hommes dont la famille a été déportée essaient d'échapper à la solitude en priant la première femme venue de s'installer chez eux. La vie est plus facile avec une femme ; en outre, on se sent un peu plus en sécurité quand on est deux dans cet enfer...* »

(1er-2 octobre 1942).

Ces hommes et ces femmes, cependant, apercevant enfin que leur sort était scellé à brève échéance, prenaient des dispositions d'un tout autre caractère que précédemment. Ne comptant plus sur la grâce des Allemands, ils luttaient pour survivre en dépit de ceux-ci. Certains se cachaient dans les maisons sinistrées, ou se barricadaient dans leurs appartements ; d'autres se faisaient murer dans les caves avec des provisions et de l'eau. De profonds abris, les « bunkers » (cagnas) furent creusés sous terre : à partir du réseau des égouts, un véritable ghetto souterrain surgissait à Varsovie. La résistance juive de Varsovie prenait progressivement corps. Les déportations continuaient : quarante mille Juifs seulement restaient dans le ghetto au début de 1943. Mais les implacables SS n'étaient plus les uniques maîtres du ghetto : une autre autorité y était née, celle de l'Organisation juive de Combat. Une proclamation de Walter Többens, le plus gros fournisseur de la Wehrmacht, projette quelque lumière sur l'atmosphère des dernières journées du ghetto de Varsovie. Elle est du 20 mars 1943 :

Aux ouvriers d'armement du quartier juif

L'état-major de l'Organisation de Combat a lancé dans la nuit du 14 au 15 mars une proclamation à laquelle je veux répondre. J'affirme catégoriquement : 1° qu'il n'est pas question de déportation ; 2° que ni M. Schultz, ni moi-même n'avons reçu d'ordres, sous la menace du revolver, de procéder aux déportations ; 3° que le dernier transport est bien arrivé à destination...

« Ouvriers d'armement juifs, ne croyez pas ceux qui cherchent à abuser de vous. Ils veulent vous pousser à des actes dont les conséquences seraient incalculables. Les bunkers n'offrent aucune sécurité, et la vie n'y est pas possible, de même que dans le quartier aryen. L'insécurité et l'inactivité mineront le moral d'ouvriers habitués au travail. Je vous le demande : pourquoi les Juifs riches quittent-ils le quartier aryen et viennent-ils me demander de les employer ? Ils ont assez d'argent pour vivre dans le quartier aryen, mais il n'arrivent pas à supporter cette existence traquée. Je vous conseille d'aller à Trawniki ou à Poniatowo : vous pouvez y vivre et vous y attendrez la fin de la guerre. La direction de l'Organisation de Combat ne pourra pas vous aider, ils ne peuvent vous donner que des promesses creuses[122]*... »*

Les étonnantes exhortations du marchand d'esclaves ne furent suivies que par une minorité d'ouvriers juifs. Ceux qui lui obéirent purent prolonger de quelques mois leur existence dans les « placowki » (camps de travail) de Trawniki et de Poniatowo. Ils y vécurent quelques mois dans des conditions relativement supportables et furent massacrés en novembre 1943.

La majorité des derniers habitants du ghetto périt en avril-mai 1943, lors de son soulèvement[1]. Le quartier fut bombardé, incendié et rasé au niveau du sol dans sa totalité. Un camp de concentration, occupant deux mille détenus juifs et non juifs, fut ensuite installé par les SS sur l'emplacement occupé autrefois par le ghetto. Par les récits de quelques survivants de ce camp, on put savoir qu'une vie sporadique et mystérieuse se prolongea encore pendant quelques mois dans les sous-sols et égouts de ce qui avait été le ghetto de Varsovie[(123)].

LES DESTINÉES DES AUTRES GHETTOS

Ainsi que nous l'avons vu, ce n'est qu'à l'est, c'est-à-dire en Pologne et en U.R.S.S. que la ghettoïsation a été effectivement réalisée. Au total, plus de trois millions de Juifs ont été parqués dans les ghettos, dont celui de Varsovie était le plus vaste et le plus achevé.

Si tous les ghettos ont connu une fin tragique : déportations ou extermination sur place, leur durée de vie a été assez variable. Quelques-uns, ainsi celui de Lodz ou celui de Kovno en Lituanie, ont été maintenus jusqu'en 1944 et liquidés à la veille de la retraite allemande. D'autres n'ont existé que quelques mois : les ghettos de l'U.R.S.S., créés plus tardivement, ont généralement connu une fin plus rapide.

Plus un ghetto était vaste, plus parfait était cet isolement du monde extérieur que les Allemands cherchaient à atteindre.

---

1. Voir chapitre VII.

Les ordonnances allemandes faisaient une distinction entre « ghettos » proprement dits et « quartiers juifs » (une ordonnance du 10 octobre 1942 faisait état de 13 ghettos et 42 quartiers juifs sur le territoire du gouvernement général). Seuls les ghettos étaient clôturés sur tout leur pourtour ; les « quartiers juifs » des petites villes n'étaient que des quartiers réservés d'habitation. L'absence de cloisonnement hermétique y rendait l'existence moins difficile, la famine y faisait moins de ravages. Étroitement surveillés, les Juifs avaient néanmoins plus de facilités pour exercer leurs métiers artisanaux ou pour se livrer à des opérations de troc avec la population environnante. Dès le printemps de 1942, une vague de déportations s'abattit sur les petits ghettos et les quartiers juifs du gouvernement général, mettant ainsi fin à leur existence.

Parmi les ghettos importants, celui de Lodz, en Pologne annexée, mérite une mention particulière ; deuxième ville de Pologne, Lodz était le principal centre industriel du pays. Son ghetto, constitué dès février 1940, comptait lors de son premier recensement plus de 160 000 habitants. C'était, après celui de Varsovie, de loin le ghetto le plus important. Ses fabrications de tout genre, et en particulier ses industries textiles, constituaient pour l'économie allemande un appoint de grande valeur. C'est pourquoi, malgré plusieurs déportations partielles, le ghetto de Lodz subsista pendant plus de quatre années. En août 1944, devant l'avance russe, ses 70 000 survivants furent dirigés sur Auschwitz, où la grande majorité fut envoyée aussitôt vers les chambres à gaz.

La grande importance économique du ghetto de Lodz fut cause que les Allemands y portaient un intérêt particulier. Ils y instituèrent dès le début un régime qui rappelle celui du ghetto de Varsovie de la dernière période. Forcés presque tous de travailler pour l'industrie de guerre allemande, ses habitants vivaient en régime communautaire. Quelques extraits d'un rapport de Hans Biebow, l'administrateur allemand du ghetto, donnent quelques précisions sur la situation au ghetto en avril 1943 :

« *Ainsi que le soussigné vous l'a déjà signalé verbalement, le ravitaillement des Juifs est devenu inadmissible, car une baisse de rendement au détriment de la Wehrmacht menace de survenir. Dans les ateliers et les usines, où la journée de douze heures vient d'être introduite (équipe de jour et équipe de nuit), les ouvriers, en particulier ceux qui travaillent debout, s'effondrent à leurs emplacements de travail.*

« *Lors de la dernière évacuation de septembre 1942, tous les Juifs malades et infirmes ont été évacués. Néanmoins la mortalité depuis cette date et jusqu'au 31 mars 1943 a été de 4 658...*

« *La nourriture des cuisines communautaires des usines est insupportable. Des légumes des qualités B et C, donc de mauvaise qualité, sont boullis dans l'eau ; vu le manque de matières grasses, seule une petite quantité d'huile y est jointe. Ainsi que dit ci-dessus, il n'y a plus de pommes de terre. Il est impossible d'épaissir les soupes avec de la farine, qui est destinée aux boulangeries.*

« *Depuis des mois il n'est plus distribué de lait, ni lait gras, ni lait écrémé. J'ai pu compenser le manque de viande en fournissant des conserves. Il faut prendre en considération qu'il s'agissait d'une marchandise qui n'était plus en état de conservation... Si l'on considère qu'au mois de mars 0,30 RM ont été dépensés pour la nourriture par jour et par Juif, on peut se convaincre de l'insuffisance de ravitaillement dirigé sur le quartier juif... Le montant des commandes passées au ghetto dépasse de quinze fois au moins celui de l'année précédente. Je prie donc d'intervenir auprès des bureaux compétents à Posnanie*[124]... »

De même que partout ailleurs, l'exécution des volontés allemandes au ghetto de Lodz se faisait par l'intermédiaire d'un Conseil juif. Son président, Chaïm Rumkowski, était au ghetto un dictateur omnipotent. Une fois de plus, nous nous heurtons à ce phénomène : les pires épreuves, loin de refroidir les passions, exacerbent les vanités, faisant surgir d'étranges prétendants à l'exercice d'un pouvoir illusoire et sordide. Rumkowski en est une illustration frappante. Tous les pouvoirs de haute et de basse justice se trouvaient concentrés entre ses mains : il levait impôt, frappait monnaie, et s'entourait d'une coterie de courtisans et de thuriféraires. Des poètes de cour rédigeaient des cantates à sa gloire ; les enfants des écoles du ghetto lui adressaient des vœux manuscrits de nouvelle année[1] ; pour les Allemands, il n'était qu'un Juif, le doyen des Juifs de Lodz, tout juste bon à commander les autres Juifs et que l'on rossait à l'occasion ; au ghetto, il faisait étalage de la panoplie complète du chef d'État. Frappant timbre-poste à son effigie et paraissant en public en cape et manteau blancs, il s'était personnellement réservé le droit d'arrestation et le droit de grâce : son but, proclamait-il, était « la paix au ghetto » ; « mes ouvriers », disait-il, en parlant des habitants du ghetto, « mes enfants », et même « mes Juifs ». Il se croyait, du reste, investi d'une mission : préserver, à travers tous écueils, l'existence des Juifs de Lodz... Lors de l'évacuation du ghetto en août 1944, Rumkowski fut poussé par les SS dans un des derniers wagons en partance, tout comme le plus anonyme de ses anciens sujets[125].

D'autres ghettos importants, comptant plusieurs dizaines de milliers d'habitants, furent ceux de Cracovie (72 000 habitants)[126] de Lublin (40 000 habitants)[127], de Radom (35 000 habitants)[128] ; et plus tard, institués après le déclenchement de la guerre contre l'U.R.S.S., ceux de Lvow (120 000 habitants)[129], de Vilna (plus de 60 000 Juifs, dont plus de la moitié fut massacrée dès l'invasion)[130], de Bialystok, de Kovno, de Riga. Ainsi que nous l'avons noté, ces derniers ghettos ont généralement eu une existence plus brève : en été 1942, la population du ghetto de Lvow était réduite à 20 000 habitants. Il y a lieu de signaler ici que, malgré

---

1. L'album des vœux pour 1942, revêtu de 14 587 signatures d'enfants, se trouve dans les archives de l'Institut historique Yivo, à New York. Voici un échantillon d'une poésie en l'honneur de Rumkowski : « Notre président Rumkowski, a été béni par l'Eternel, non seulement par l'intelligence et le talent, mais par un bras ferme et puissant ; dans les bureaux ou les ateliers, tout le monde travaille, tout fonctionne, grâce au bras ferme du président ; les éléments troubles ont été mis au mur, la paix et l'ordre règnent au ghetto, grâce uniquement à son bras ferme. » (L. Berman, *Ghetto Zeitung*, juin 1941.)

tous les efforts des Allemands, des contacts ont toujours pu être maintenus entre les principaux ghettos. Au début, l'échange du courrier était autorisé et, à de rares occasions, des voyages de ghetto à ghetto étaient admis (ainsi, il arriva à Chaïm Rumkowski de venir en visite officielle au ghetto de Varsovie). Plus tard, ces communications devinrent entièrement clandestines. De jeunes courriers (généralement des membres de mouvements de jeunesse sionistes ou autres), travestis en « Aryens », allaient de ghetto en ghetto, se renseignant sur ce qui se passait ailleurs, faisant connaître les déportations en masse, mettant en garde contre les intentions allemandes. Cette activité devint par la suite l'un des pôles de cristallisation de la résistance armée juive. Quelques Polonais « aryens » secondaient courageusement ce travail, et même à l'occasion des soldats allemands : ainsi, la liaison clandestine Vilna-Bialystok fut assurée par un soldat de la Wehrmacht, le Feldwebel Anton Schmidt[131]. D'autre part, un certain nombre de rescapés, le plus souvent des Juifs de nationalités alliées qui furent échangés au cours de la guerre contre des ressortissants allemands, apportaient au monde extérieur des nouvelles sur l'agonie progressive des ghettos. Ces informations étaient diffusées par la presse et portées à la connaissance de l'opinion publique : elles se heurtaient cependant bien souvent à l'incrédulité des Juifs aussi bien que des non-Juifs, tant il est vrai que pour des cerveaux civilisés il paraissait s'agir de choses parfaitement inconcevables.

*

Un ghetto d'un genre tout particulier fut institué par les Allemands en Tchécoslovaquie, dans la vieille cité de Terezin (Theresienstadt). Créé à la fin de 1941, c'est-à-dire à l'époque où se déclenche le mécanisme du génocide, il était destiné aux Juifs allemands et tchèques que leurs relations, leurs mérites passés ou leur situation de fortune rendaient impropres à l'extermination immédiate. Des Juifs hollandais et danois vinrent s'y adjoindre par la suite. Les habitants de ce ghetto vivaient dans les conditions d'un très dur camp d'internement ; mais, au fur et mesure, des convois le quittaient pour une destination inconnue, et aboutissaient à Auschwitz… De la sorte, si le nombre total des arrivages, de 1941 à 1945, fut de près de 150 000 Juifs, la population moyenne fut de 30 000, et de 17 521 au moment de la libération[132]. Tout en ne constituant ainsi qu'une étape particulière du macabre circuit général, ce ghetto servit cependant aux Nazis à une autre fin : à diverses reprises, des Commissions de la Croix-Rouge internationale furent admises à le visiter, auxquelles il fut démontré ainsi que le sort fait aux Juifs était une condition dure, certes, et sévère, mais humainement acceptable…

Chapitre V

Les exterminations

Les archives éventrées du IIIe Reich, les dépositions et récits de ses chefs, nous permettent de reconstituer dans leurs moindres détails la naissance et le développement de ses plans d'agression, de ses campagnes militaires et de toute la gamme des procédés par lesquels les Nazis entendaient recréer le monde à leur façon. Seule, la campagne d'extermination des Juifs reste, en ce qui concerne sa conception, ainsi que sous bien d'autres aspects essentiels, plongée dans le brouillard. Des inférences et considérations psychologiques, des récits de troisième ou de quatrième main, nous permettent d'en reconstituer le développement avec une vraisemblance considérable. Certains détails, cependant, resteront inconnus à tout jamais. En ce qui concerne la conception proprement dite du plan d'une extermination totale, les trois ou quatre principaux acteurs se sont suicidés en mai 1945. Aucun document n'est resté, n'a peut-être jamais existé. Tel est le secret dont les maîtres du IIIe Reich, aussi vantards et cyniques qu'ils aient été à d'autres occasions, ont entouré leur crime majeur.

Les maîtres — ou plus exactement le Maître : car c'est par Adolf Hitler en personne qu'a indubitablement été signé l'arrêt de mort des Juifs d'Europe. Des influences ont pu s'exercer sur lui : des extrémistes tels que Josef Gœbbels ou le chancelier du parti

Martin Bormann, dont l'étoile montait au zénith[133], étaient hommes à le presser de prendre sa décision. Un témoignage curieux nous relate que l'ordre de procéder à une extermination systématique des Juifs avait été donné par le Führer à Himmler en automne 1940, et que cette décision lui aurait été arrachée par Gœbbels. Aussi digne de foi que soit le témoin Kersten[1] — un Finlandais,

1. Le docteur Felix Kersten était un médecin naturiste établi à Berlin. Au début de 1939, il fut recommandé à Himmler, qui souffrait de violentes crampes d'estomac. À l'aide de massages il réussit à supprimer ses douleurs. Himmler l'attacha à sa personne ; il en devint (suivant l'expression de l'historien anglais Trevor-Roper) « le confesseur » et acquit une certaine influence sur lui. Il put développer ainsi une grande activité humanitaire, ce qui fut, du reste, officiellement reconnu après la guerre par le gouvernement des Pays-Bas. Il fut en particulier à l'origine des pourparlers Himmler-Bernadotte de février-avril 1945.

Dans les souvenirs qu'il a publiés sous le titre *Klerk en Beul ; Himmler von nabij* (Ed. Meulenhof, Amsterdam, 1948) Kersten assure que Himmler lui aurait fait, en novembre 1942, les confidences suivantes :

« Je n'ai pas voulu exterminer les Juifs, Kersten. J'avais de tout autres idées à ce sujet. Mais ce misérable Gœbbels a fait tout son possible pour qu'il en soit ainsi.

« Je regardai Himmler avec étonnement. – Je comprends que cela vous étonne, continua Himmler, et l'on ne me croira pas. Peu après 1933 le Führer m'ordonna de faire émigrer les Juifs d'Allemagne. Nous créâmes une organisation afin de rendre possible cette émigration. Des centaines de milliers de Juifs purent ainsi se créer une nouvelle existence à l'étranger. Néanmoins une campagne infâme fut menée contre nous, qui conduisit à la guerre. Jusqu'en 1940 les Juifs pouvaient encore quitter impunément l'Allemagne, ensuite Gœbbels gagna la partie.

« – Pourquoi Gœbbels ? demandai-je. – Gœbbels considérait que le problème Juif ne pouvait être résolu que par une extermination totale des Juifs. Tout Juif qui était encore en vie était un ennemi acharné du national-socialisme allemand. C'est pourquoi tous les égards envers les Juifs étaient absurdes. Ce n'était pas mon avis. Dès 1934, j'avais proposé au Führer d'évacuer tous les Juifs à Madagascar et d'y fonder leur État indépendant. L'île était fertile et le climat était excellent. – Mais Madagascar appartient à la France ? – On aurait pu convoquer une conférence internationale, et l'Allemagne victorieuse aurait résolu le problème une fois pour toutes. Mais pendant des mois et des années, Gœbbels excitait le Führer à exterminer radicalement les Juifs. La guerre une fois déclenchée, il finit par avoir le dessus. En été 1940, le Führer ordonna que les Juifs, par étapes, devaient être exterminés. Il chargea de cette tâche les SS et moi. Ce fut la seule et unique fois où je contredis le Führer. Il se trouvait dans son quartier général en France. Je lui dis : « À commencer par moi et jusqu'au dernier homme, la SS est prête à combattre et à mourir, mais ne me confiez pas de mission pareille. » Le Führer devint furieux et dit : « Himmler, vous désobéissez. Qu'est-ce que cela veut dire ? Je vous donne l'ordre et je prends la responsabilité sur moi. »

« Alors, je ne pus agir autrement. Comprenez-moi maintenant, Kersten, et j'espère que l'Histoire me comprendra aussi. » (*Klerk en Beul,* p. 197-198.)

le médecin personnel et confident de Himmler — le récit qu'il nous en fait, et qui se réfère à un entretien qu'il avait eu avec Himmler en 1942, ne peut être accueilli qu'avec réserves. Tout ce que nous pouvons affirmer avec certitude, c'est que la décision génocidale a été prise par Hitler à une heure qui se place entre la conclusion de la campagne à l'ouest, en juin 1940, et l'agression contre la Russie, un an plus tard. Contrairement au récit du docteur Kersten, il nous apparaît plus vraisemblable de la situer quelques mois plus tard, c'est-à-dire au début de 1941.

Ici nous entrons dans le jeu des déductions psychologiques, celles auxquelles nous sommes obligés de faire appel pour apporter une réponse à la deuxième et lancinante question : quels ont pu être les facteurs qui ont pesé sur la résolution hitlérienne ? Pourquoi cette décision, dont le poids, aux dires de Frank, le bourreau de la Pologne, « ne pourrait être effacé pendant un millénaire[1] », et qui chez les pires criminels nazis provoquait un certain émoi, a-t-elle été prise ? « Haine des Juifs », « folie de Hitler », sont des termes trop généraux, et qui, par là même, ne veulent rien dire ; et Hitler — tout au moins tant que le sort du IIIe Reich n'avait pas été scellé — savait être un politicien calculateur et avisé. Nous avons vu, du reste, que l'extermination des Juifs ne faisait aucunement partie de l'ensemble des visées nazies. Dès lors, pourquoi cette décision, dont nous avons vu tout ce qu'elle comportait d'irrationnel, a-t-elle été prise, et pourquoi justement à cette époque donnée ?

Tâchons donc de voir plus avant, tout en gardant pleinement conscience de ce que des déductions pareilles, en l'absence de tout témoignage, tout procès-verbal, toute pièce péremptoire, peuvent offrir de spéculatif et de fragile.

L'extermination des Juifs est ordonnée à un moment où il devient évident que, contrairement aux rêves des Nazis de 1939-1940, le conflit déclenché par eux, et quelle qu'en soit l'issue, sera affaire de longue durée. Il ne peut plus être question

1. Tribunal militaire international de Nuremberg, audience du 18 avril 1946.

d'une promenade militaire, les chances d'un compromis avec l'Angleterre s'évanouissent, les hitlériens jouent le tout pour le tout. Les énergies populaires doivent être bandées à l'extrême. Pour y parvenir, n'est-il pas tout indiqué d'entraîner le peuple allemand dans une entreprise telle qu'il n'ait plus le choix, qu'il n'ait plus la possibilité de reculer ? C'est ce que laisse entendre un passage du journal intime de Gœbbels, à la date du 2 mars 1943 :

« *Nous sommes en particulier tellement engagés dans la question juive qu'il nous est désormais impossible de reculer. Et c'est tant mieux. Un mouvement et un peuple qui ont coupé les ponts derrière eux combattent avec beaucoup plus d'énergie — l'expérience le prouve — que ceux qui ont encore une possibilité de retrait*[134]... »

Un autre document, datant d'une heure bien plus grave pour l'Allemagne, comporte le même raisonnement, permettant de saisir le cheminement de la dialectique nazie. Il s'agit d'un rapport de Jodl, le chef de l'état-major de la Wehrmacht, rédigé en février 1945.

Lorsque, à cette époque, les Nazis aux abois examinaient le projet de dénoncer la convention de Genève, afin de pouvoir s'acharner à loisir sur les prisonniers de guerre alliés, Jodl soumit à son maître une étude dans laquelle il soupesait les pour et les contre de l'entreprise. Et parmi les pour, le valet fidèle avait consigné ceci : « Rompre tous les ponts... afin d'exciter le peuple à une combativité plus forte encore[1]... »

Rompre tous les ponts... Ce qui s'est avéré impossible à l'égard des prisonniers de guerre alliés, au début de 1945, était plus facilement praticable à l'égard des femmes et enfants juifs, dès le début de 1941. Rompre tous les ponts... afin d'exciter le peuple allemand à une combativité plus forte encore... Au moment où d'une part l'Allemagne nazie, au zénith de sa puissance, pouvait dédaigner ces ménagements « humanitaires » qu'elle qualifiait

---

1. Rapport de Jodl à Hitler du 21 février 1945 (D 606). Ainsi qu'on le sait, les Nazis n'eurent pas le temps d'exécuter ce projet.

de « dégénérés », au moment où d'autre part Hitler, en face de l'Angleterre invaincue, attaquait la Russie et jouait son va-tout pour la domination mondiale, s'attacher plus fortement encore tous les Allemands, se les rendre complices par la perpétration d'un crime collectif et inouï, voilà qui était bien dans l'esprit du « grand simplificateur ». Rien n'attache plus solidement que les crimes commis en commun. Rendre tout retour impossible, ou terriblement difficile ; embarquer son peuple dans une entreprise telle qu'en se mettant solidairement au ban de l'humanité, les Allemands ne pourraient réintégrer le camp de celle-ci qu'au prix d'une trahison intégrale envers la patrie dévoyée : un tel calcul, de telles raisons, étaient bien dans la manière de Hitler. Ainsi, en cimentant une alliance indissoluble, l'holocauste assoirait pour les siècles à venir le mythe sanglant du Reich millénaire, le culte bestial du sang et du sol.

Ces calculs et ces tendances venaient de jouer sur le fond, toujours le même, d'une haine sans bornes et sans répit. Après avoir longuement servi à exciter le fanatisme nazi, à aguerrir les fidèles, voici que les Juifs, une dernière fois, vont unir le Maître et les sujets dans une même communion destructive et inassouvissable. Certes, l'assassinat des Juifs comblait quelque vœu collectif de la sadique aspiration hitlérienne ; certes, sa perpétration n'apporterait nul soulagement aux assassins, et ne serait que le premier chaînon d'une séquence destructive, qui s'amorçait déjà et qui aurait continué sans fin, si la fortune des armes n'avait pas changé de camp... Nous en verrons plus loin le déroulement naissant.

Sur un plan plus concret, l'opposition délibérée et évidente que les Juifs des pays occupés manifestaient à l'hitlérisme, la part qu'ils prenaient aux mouvements de résistance naissants, pouvaient être un facteur subsidiaire de nature à emporter la décision. Oui, mais les femmes, les vieillards juifs, dira-t-on, les enfants ? Avec le cynisme qu'on verra, les exécutants, petits et grands, plaidaient devant le tribunal de Nuremberg qu'il s'agissait de la suppression de « vengeurs éventuels »...

Dans l'atmosphère empoisonnée du IIIe Reich, la mentalité de l'homme hitlérien facilitait singulièrement la décision. Nous avons longuement exposé, au cours des chapitres précédents, comment, jusque dans le tréfonds de leur inconscient, les Allemands avaient été savamment dressés à considérer les Juifs comme des parias, des rebuts de l'humanité. Leur expulsion, leur « élimination du corps national allemand » s'imposait de toute évidence. Ceci étant, la manière dont s'effectuerait cette élimination avait-elle donc tellement d'importance ? Entre l'envoi de tous les chiens de la ville de Stamboul aux îles Prinkipo et leur mise à la fourrière, la différence est-elle donc si grande ? Qu'on nous pardonne cette analogie : mieux que toute autre, elle nous paraît être à la mesure des hommes et des mœurs du IIIe Reich...

LES ÉTAPES

Ainsi donc, la décision d'une liquidation totale du judaïsme européen est prise par le Führer à la fin de 1940 ou au début de 1941, et est notifiée à Himmler au moment même où les services du RSHA travaillent avec zèle au projet d'une émigration totale, d'un transfert massif à Madagascar. Les préparatifs relatifs à Madagascar ne discontinueront cependant pas de sitôt (leur arrêt ne sera officiellement notifié au ministère des Affaires étrangères qu'en février 1942)[(135)] ; en effet, l'extermination une fois décidée, maintes étapes resteront à franchir.

Tout d'abord, des problèmes pratiques se posaient, des techniques étaient à créer, dont on verra combien elles furent malaisées à mettre au point : il n'est pas si facile de conduire de la vie à la mort six millions de personnes sélectionnées en vertu d'un critère arbitraire et quelconque parmi les milieux, les classes, les pays les plus divers du continent ; une industrie de l'abattoir humain était à créer de toutes pièces, tandis que le problème des déportations venait doubler le problème que posaient les exterminations proprement dites. D'autre part, les besoins en main-d'œuvre du Reich en guerre, l'utilité économique des esclaves juifs ont, en maintes occasions et à maints endroits, ralenti ou retardé le processus, bien que, comme nous l'avons vu, ils n'aient jamais constitué un obstacle décisif. Enfin, certaines considérations que les Nazis qualifiaient volontiers de « psychologiques », que ce soit à l'égard de leurs propres nationaux, des gouvernements ou populations satellites, ou (tout au moins au cours de l'année 1941) à l'égard de l'opinion publique américaine en particulier, ont, à des degrés divers, joué l'office d'un frein.

C'est ainsi que la mise en application du plan de liquidation connu sous le nom de « solution finale[1] » se fait par étapes successives, que l'on peut approximativement décomposer en trois grandes phases. Les dates cruciales sont juin 1941, avril 1942 et octobre 1942 ; mais d'une façon générale, le processus se développe d'une manière continue, par tâtonnements et avec des ajustements sporadiques. Des initiatives individuelles et locales, si caractéristiques pour le IIIᵉ Reich, y jouent un rôle considérable ; et ce que l'entreprise avait d'inhabituel, le manque de tout précédent, nécessite des mises au point continuelles.

1° Dès le déclenchement de la guerre en Russie, les populations juives des territoires envahis sont systématiquement exterminées par des détachements spéciaux SS, les « groupes d'action » (Einsatzgruppen), qui suivent immédiatement l'arrière-train des armées. Dans l'Est lointain, sur le fond d'une mêlée confuse et impitoyable, les ménagements « psychologiques » et autres ne jouent pratiquement pas. Les Juifs sont exécutés sur place ; c'est une technique rudimentaire de fusillades et de fosses communes, à laquelle le terme d'exterminations chaotiques peut être appliqué. Dans quelques centres importants, cependant, pour des raisons

---

1. L'expression « solution finale » (Endlösung), que l'on voit apparaître dès 1938, changeait progressivement de contenu. Au début, elle s'appliquait au projet d'une émigration totale. Dès la fin de 1941, elle désigne l'extermination. D'autres termes nazis se sont ainsi, avec le temps, chargés d'un sens de plus en plus sinistre : ainsi « Sonderbehandlung » (traitement spécial).

principalement d'ordre économique, la population juive est provisoirement épargnée.

Entre-temps, les préparatifs sont mis en train afin d'étendre les exterminations à la totalité de l'Europe conquise. Des expériences puisées ailleurs, à l'occasion surtout du « programme d'euthanasie » (récemment mis au point), permettent d'avoir recours à une technique plus savante et plus discrète. Bien que l'entreprise se trouve placée sous la haute main de Himmler, c'est son rival Gœring qui, en vertu des anciens rapports de subordination, donne le 30 juillet 1941 à Heydrich l'ordre de « prendre toutes les mesures préparatoires... requises pour une solution finale de la question juive dans les territoires européens sous l'influence allemande[(136)] »... Ainsi, le chef du RSHA « devient pratiquement, aux termes de la mission qu'il a reçue du Reichsmarschall, commissaire aux Questions juives à l'échelon européen[(137)] ». En fait, les pouvoirs d'exécution se trouvent concentrés entre les mains d'Adolf Eichmann.

Le terme « solution finale » se précise. En vue des mesures qui ne tarderont plus, et par crainte des réactions populaires en Allemagne et dans les pays conquis, la campagne antisémite est intensifiée. En considération de « mesures politiques imminentes », Gœbbels donne à la presse des instructions appropriées[1]. Dans l'attente du déclenchement général, Heydrich autorise Eichmann à mettre en marche les premiers trains de déportation : ce ne sont plus les « déportations sauvages » de 1940, car ce n'est plus d'évacuation, mais d'exterminations imminentes qu'il s'agit.

2° Bien que le mécanisme ait été ainsi mis au point au cours de la deuxième moitié de l'année 1941, ce n'est qu'au printemps 1942 qu'il se déclenche dans l'Europe occupée pour fonctionner à débit massif. L'entrée en guerre des États-Unis n'a pas eu d'effet sur le principe, qui était déjà acquis ; elle a précipité la cadence.

---

1. Ainsi, par exemple la « Tagesparole » (mots d'ordre à la presse) du ministère de la Propagande, indiquait le 21 août 1941 :

« ... Il est dans nos intérêts de mettre en vedette toutes les attaques juives contre l'Allemagne ou les États autoritaires. En effet, des mesures politiques d'ordre interne sont imminentes... »

Dès décembre 1941, le camp d'extermination de Chelmno, en Pologne, fait office de véritable « station expérimentale ». Les signes avant-coureurs se multiplient : Gœbbels déclenche la campagne de propagande et son article du 25 novembre : « Les Juifs sont les coupables », est considéré par les initiés comme le signal de l'action[138] ; Streicher lui fait chorus et réclame l'extermination ; et le 16 décembre, Hans Frank, gouverneur de la Pologne, confie à ses collaborateurs les plus intimes : « Il faut en finir avec les Juifs... De grands débats auront lieu à Berlin à ce sujet, en janvier... Une grande migration juive va commencer... Nous devons exterminer les Juifs partout où nous en trouverons[139]... »

Les débats annoncés par Frank eurent lieu le 20 janvier, date à laquelle Heydrich communique aux représentants de toutes les administrations du Reich, réunis en conférence interministérielle, les grandes lignes du plan d'extermination. Les Juifs seront astreints à travailler jusqu'à ce que leur mort s'ensuive ; et si elle tarde à venir, ils seront « traités en conséquence ». Mais voici les propres termes qu'emploie Heydrich :

> « *Dans le cadre de la solution finale du problème, les Juifs doivent être transférés sous bonne escorte à l'est et y être affectés au service du travail. Formés en colonnes de travail, les Juifs valides, hommes d'un côté, femmes de l'autre, seront amenés dans ces territoires pour construire des routes ; il va sans dire qu'une grande partie d'entre eux s'éliminera par décroissance naturelle.*
> « *Le résidu qui subsisterait en fin de compte — et qu'il faut considérer comme la partie la plus résistante — devra être traité en conséquence. Représentant une sélection naturelle, il doit, en effet, être considéré, dans l'hypothèse d'une mise en liberté, comme la cellule germinale d'une nouvelle renaissance (voir l'expérience de l'Histoire)*[140]. »

Ce qu'il fallait entendre par les termes « traité en conséquence », suffisamment clairs en eux-mêmes, les mois suivants n'allaient pas tarder à le montrer. Avril 1942 fut le mois du déclenchement intensif. Plusieurs camps de la mort (Belzec, Treblinka, Sobibor) commencent à fonctionner en Pologne, engloutissant des milliers de victimes par jour. L'assassinat de Heydrich, en mai 1942, paraît avoir donné le signal des holocaustes accélérés, tels que les déportations massives de Varsovie et de Paris (juillet 1942). Adolf Eichmann, le grand maître de l'appareil déportationnaire, étend son réseau à travers l'Europe entière. La Pologne, ce « dépotoir de l'Europe », suivant la terminologie hitlérienne, est le lieu des exécutions, où sont perfectionnées les chambres à gaz et édifiés les grands créma- toires. À Belzec le commissaire Christian Wirth, ancien spécialiste de l'euthanasie, a parfaitement ajusté ses techniques ; à Auschwitz Rudolf Hœss, le favori de Himmler, introduit de nouvelles amélio- rations et dépasse bientôt son maître. L'oxyde de carbone fait place au « Cyclone B », insecticide à base d'acide prussique.

3 Octobre 1942 est le mois d'une nouvelle et dernière inten- sification. Dès la fin du mois de septembre, von Ribbentrop est chargé de donner des instructions à tous les services diplomatiques du Reich afin « d'accélérer, autant que possible, la déportation de tous les Juifs d'Europe[141] » et les diplomates allemands prêtent à Eichmann et à ses hommes une main-forte partout efficace. Himmler donne l'ordre de ne tenir aucun compte des considéra- tions économiques, et fait remplacer les derniers spécialistes juifs dans les industries allemandes par des Polonais « aryens[142] ». De nouveau les trompettes de la propagande sont embouchées : une nouvelle série de discours incendiaires déferle sur le IIIᵉ Reich. A leur ombre Bormann fait publier un décret qui, pour la première fois, traite publiquement, encore qu'en termes partiellement voilés, de l'action entreprise[143].

Quelques semaines plus tard, le Führer donne à Himmler l'ordre de faire accélérer le programme d'extermination avec la dernière énergie[1] et réclame un rapport statistique sur la progression

---

1. En réplique, semble-t-il, au débarquement allié en Afrique du Nord. Cf. Kersten citant les propos de Himmler : « En réponse au débarquement, le Führer a ordonné d'intensifier l'action contre les Juifs se trouvant encore en notre pouvoir... » (*Op. cit.*, p. 197.)

de l'action ; il aura ainsi la satisfaction d'apprendre que « depuis 1933, c'est-à-dire au cours de la première décade du national-socialisme, le judaïsme européen a décru de près de la moitié[1] ».

Dès lors rien, sinon des facteurs purement techniques, tels que l'importance des effectifs mis à la disposition d'Eichmann ou les disponibilités en matériel roulant, n'influera sur la cadence génocidale. À ces facteurs, cependant, nous devons ajouter l'opposition, plus ou moins larvée, plus ou moins inerte, des populations européennes, prenant des formes différentes suivant les pays et les gouvernements, s'exerçant en Allemagne même, et imposant surtout aux exécutants, à la suite de déconvenues causées par les massacres publics en Russie, une technique tenue soigneusement secrète, ce qui compliquait singulièrement la campagne exterminatrice. (Les Nazis purent exterminer ouvertement, dans la Russie à feu et à sang ; secrètement, dans la Pologne conquise et écartelée ; et ne l'entreprirent nulle part ailleurs. C'est une indication peut-être révélatrice pour les univers concentrationnaires, en ce qui concerne certaines barrières ultimes et certaines impossibilités psychologiques.) Dans ces conditions, quelques centaines de milliers de Juifs purent survivre, camouflés, cachés ou simplement oubliés, et durer jusqu'à l'arrivée des armées libératrices. Quant aux exterminations, Himmler (qui depuis plusieurs semaines cherchait à négocier en sous-main, à l'insu du Führer, avec des représentants du judaïsme américain), crut habile de les arrêter de son propre chef dès octobre 1944. Dès juin 1942, Heydrich avait mis sur pied un commando spécial, chargé d'en effacer soigneusement les traces...

---

1. Rapport de Kornherr, l'inspecteur pour la statistique du Reich, au Reichsführer SS. Berlin, le 19 avril 1943.

Himmler avait d'abord demandé un rapport aux services du RSHA, mais « en raison de manque de précision professionnelle », il fit ensuite appel aux services de statistique du Reich. La rédaction du rapport dura plus de deux mois. On en trouvera la traduction dans la note publiée en annexe.

Les exterminations chaotiques

FIÉVREUSEMENT et dans le plus grand secret, le Reich nazi préparait l'invasion de l'URSS. L'immensité des territoires à conquérir posait de vastes problèmes en ce qui concerne la police des régions occupées. Ils furent étudiés avec la minutie caractéristique du grand état-major allemand. C'est dans leur cadre que furent tout naturellement insérées les mesures exterminatrices.

Conformément au raisonnement développé par le Führer devant les chefs de la Wehrmacht, le conflit imminent allait être une guerre d'essence toute nouvelle, « conflit d'idéologies au sens le plus profond du terme » ; et contre l'ennemi idéologique, des mesures toutes spéciales allaient être indispensables. Mesures tombant nécessairement dans le ressort du RSHA ; et c'est pourquoi le détail des opérations de police projetées fut élaboré au cours de négociations poursuivies vers la mi-mai 1941 entre le RSHA et l'Oberkommando de la Wehrmacht, celui-ci représenté par le général SS Muller, chef de la section IV (Gestapo), celui-là par le quartier-maître général Wagner[1].

1. Déposition du général SS Walter Schellenberg devant le tribunal de Nuremberg (audience du 4 janvier 1946). Ce haut fonctionnaire du RSHA avait été chargé d'arranger les contacts, parfois difficiles, entre les militaires et les SS.
    Au cours d'entretiens complémentaires, qui eurent lieu au début de juillet et concernaient plus spécialement le cas des prisonniers de guerre, les généraux « modérés » obtinrent cette unique concession que les exécutions se feraient, autant que possible,

Le contenu de l'accord conclu était d'ailleurs d'une simplicité extrême. Il stipulait que tous les représentants de l'idéologie ennemie tombant entre les mains des Allemands allaient être passés par les armes. Etaient considérés comme tels les fonctionnaires communistes et commissaires politiques — terme vague mais commode — et tous les Juifs. Un ordre spécial du Führer (dont le texte n'a pas été retrouvé) couvrait la décision.

À cette fin, les détachements de police formés par le RSHA étaient adjoints à la Wehrmacht, dont ils allaient suivre la progression ; ils gardaient toutefois leur autonomie, restant hiérarchiquement subordonnés au RSHA.

Dès mai 1941, plusieurs dizaines de fonctionnaires appartenant à divers services du RSHA (Gestapo, SD, police criminelle) furent réunis dans la bourgade de Pretsch, en Saxe, où dans le plus grand secret ils furent soumis à une instruction accélérée. Cette instruction consistait en un entraînement militaire — marche à pied, tir à la cible — ainsi qu'en une « indoctrination idéologique ». Heydrich en personne vint faire des conférences sur les dangers du judaïsme, « réservoir intellectuel du communisme », et leur révéla les devoirs multiples auxquels ils allaient faire face en Russie. Au cours d'une dernière conférence tenue à Berlin, quelques jours avant l'attaque du 22 juin, il développa ces considérations, insistant en particulier sur la nécessité d'englober femmes et enfants, ces ferments d'une décomposition ultérieure et ces vengeurs virtuels, dans le champ des opérations. Il s'agissait « d'atteindre une sécurité permanente, puisque autrement, en grandissant, ces enfants dont les parents avaient été tués auraient constitué un danger pas moindre que les parents », expliquera le général Ohlendorff devant la justice alliée[144].

à l'écart, dans des endroits déserts et isolés. « Il est essentiel de préciser nos idées aux corps des officiers, qui pensent comme à l'âge de pierre, et non comme à l'ère du national-socialisme », déclara à ceux-ci le général Reinecke (chef du service administratif de la Wehrmacht). (Déposition du général Lahousen devant le tribunal de Nuremberg, audience du 30 septembre 1945.)

C'est ainsi que furent formés les cadres des « Einsatzgruppen[1] », détachements spéciaux chargés d'exterminer les Juifs en Russie. Ils furent, de même que les hommes des Waffen-SS placés sous leurs ordres, désignés d'après les règles de l'affectation militaire ; c'est-à-dire que c'est essentiellement le hasard qui présidait à la désignation de ces hommes, provenant des différentes formations de police du IIIe Reich. Ce détail est à noter : il ne s'agit pas de sadiques friands de tueries, mais d'une sélection moyenne et représentative du corps des policiers allemands en 1941.

Chaque groupe ainsi constitué comptait de 500 à 800 hommes. Ils étaient au nombre de quatre, respectivement désignés par les lettres A, B, C et D ; les trois premiers furent adjoints aux trois groupes d'armées von Leeb, von Bock et von Rundstedt, couvrant le front russe du nord au sud ; le quatrième, destiné au groupe d'armées qui devait être ultérieurement constitué dans le Caucase, opérait sur les confins de la mer Noire et en Crimée. Les noms des commandants respectifs étaient Stahlecker, Nebe, Thomas et Ohlendorff, tous ayant le rang de généraux SS. Les groupes étaient subdivisés en commandos (Einsatzkommandos), lesquels pouvaient se tronçonner en « commandos spéciaux » ou « commandos partiels[2] ».

Deux ou trois jours après le déclenchement de la guerre, les groupes se mettaient en marche. La cadence de leur progression était commandée par les mouvements des armées qu'ils suivaient pas à pas. C'est donc à une allure très rapide qu'ils traversèrent les régions occidentales de l'URSS, celles-là mêmes où la population juive était nombreuse et dense. À cette vitesse, il leur était impossible de s'acquitter de leurs tâches ; la densité même de la population juive, l'unique main-d'œuvre de certaines industries, en faisait d'autre part un facteur de la vie économique irremplaçable pour le moment. Grâce à cette circonstance, les Juifs des pays baltes, de la Russie-Blanche, de l'Ukraine occidentale, c'est-à-dire

---

1. Traduction approximative : « groupes d'action » ou « groupes d'opérations ». Il s'agit de l'un de ces nombreux néologismes nazis dont la traduction littérale est impossible.

2. « Sonderkommandos » et « Teilkommandos ».

essentiellement ceux des régions incorporées à l'URSS en 1939, connurent un sursis de durée variable. Ils furent ghettoïsés et affectés à divers travaux, ainsi que nous l'avons précédemment indiqué. Du reste, les régions conquises furent bientôt confiées à l'administration civile. La Galicie orientale fut intégrée au gouvernement général ; Ukraine, Russie-Blanche et pays baltes furent constitués en « Reichskommissariats » (« Ukraine. » et « Ostland ») relevant du ministère pour les Territoires occupés d'Alfred Rosenberg. Des délégués du RSHA opéraient auprès des commissariats ; de nouveaux commandos furent formés et placés sous leurs ordres.

Ce n'est qu'une fois plus profondément enfoncés en Russie, lorsque l'avance allemande se ralentit, que les groupes purent procéder immédiatement à des exterminations systématiques et massives. À partir de la ligne du Dniepr, ils fonctionnent, pourrait-on dire, avec un rendement optima. Et c'est en réalité dans le sens inverse de l'avance allemande que progressait lentement de l'est vers l'ouest la lame de fond inexorable du génocide intégral.

Le premier souci des groupes en marche fut de susciter, lors de leur passage, des pogromes et massacres « spontanés » parmi les populations locales, ce qui présentait le double avantage de faire endosser à celles-ci la responsabilité des tueries et d'entraîner pour l'avenir des bandes d'auxiliaires et d'hommes de main. Ainsi furent constitués les noyaux des polices auxiliaires lituaniennes, lettones, galiciennes et autres, dont le rôle par la suite fut considérable. Parfois couronnés de succès, ces efforts ne semblent pas avoir eu les résultats qu'en attendaient les Nazis. Stahlecker, le chef du groupe A, en expose le principe dans les termes suivants : « ... Des forces anticommunistes formées d'habitants du pays ont été engagées à entreprendre des pogromes contre les Juifs... il était souhaitable que la police de sécurité ne fît pas son apparition immédiate, car ces mesures extrêmement sévères étaient de nature à soulever l'émoi de milieux même allemands. Il fallait montrer au monde que la population indigène prenait elle-même l'initiative de réagir contre les Juifs[145]... » Plus loin, Stahlecker rend compte des résultats atteints par cette tactique. En Lituanie, « ... à notre étonnement, il fut difficile au début de déclencher un vaste pogrome contre les Juifs. Ce fut Klimatis, chef d'un groupe de partisans, qui, pressenti par nous, réussit à déclencher un pogrome qui ne faisait apparaître aucun ordre, ni même aucune suggestion allemands. Il avait agi conformément aux directives d'un petit détachement d'avant-garde, engagé à Kowno. Au cours du premier pogrome dans la nuit du 25 au 26 juin, les partisans lituaniens se débarrassèrent de plus de 1 500 Juifs... près de 2 300 Juifs furent rendus inoffensifs au cours des nuits suivantes. Dans les autres régions de la Lituanie, l'exemple de Kowno fut suivi, bien qu'à une échelle moindre[146]... »

En Lettonie, déception plus forte. « Il fut sensiblement plus malaisé de déclencher des actions et des pogromes analogues en Lettonie. Il nous fut, il est vrai, possible d'exercer sur la police auxiliaire lettone une action propre à déclencher un pogrome à Riga, et ce pogrome permit la destruction de toutes les synagogues et coûta la vie à 400 Juifs[147]... » En Esthonie, échec total. « Il fut impossible de susciter un pogrome, la population n'étant pas suffisamment éclairée[148]... » Au sein de ces populations souvent arriérées, souvent antisémites par tradition, les Allemands se trouvaient cependant sur un terrain de recrutement particulièrement favorable. Plus au sud, en Galicie et en particulier dans la ville de Lvow, les Nazis semblent avoir mieux réussi. Les pogromes des 29 et 30 juin, suivis de l'action « Petlioura[1] » des 25, 26 et 27 juillet, coûtèrent la vie à 10 000 Juifs au moins. Mais de nouvelles déconvenues attendaient les Nazis dans l'Ukraine proprement dite. « ... Les efforts entrepris avec circonspection afin de susciter des pogromes de Juifs n'ont malheureusement pas eu le succès que nous en espérions. Ce n'est qu'à Tarnopol et à Chorostkow que nous avons réussi à en finir de cette manière avec 600 et 110 Juifs respectivement[149]... » Au sud comme au nord, les groupes durent assumer eux-mêmes l'essentiel de la tâche.

---

1. Ainsi désignée en souvenir de l'hetman séparatiste ukrainien Simon Petlioura, sous le régime duquel de vastes pogromes furent perpétrés en Ukraine en 1919-1920.

TECHNIQUE DES EXTERMINATIONS CHAOTIQUES

Le plus souvent, les commandos d'extermination procédaient de la manière suivante : après avoir pénétré dans une localité, ils se faisaient désigner les notables juifs de l'endroit, et en particulier le rabbin, auxquels ils confiaient la constitution d'un Conseil juif. Le lendemain ou quelques jours plus tard, le Conseil juif était avisé que la population juive devait être enregistrée en vue d'un transfert vers un « territoire juif » en voie de constitution dans une région ukrainienne ou autre. Le Conseil était donc chargé de convoquer la population, qui était également, dans les localités de quelque importance, avertie par voie d'affiches[1]. Etant donnée la rapidité de l'opération, l'ordre était en général suivi par les habitants, non prévenus encore des méthodes allemandes. (Plus tard, lors des liquidations des derniers ghettos de Russie-Blanche ou des pays baltes, c'est par la violence, au cours d'indescriptibles chasses à l'homme, que seront rassemblées les victimes.) Les Juifs étaient chargés sur des camions, parfois sur des wagons de marchandises, et emmenés à quelques kilomètres de la ville, vers un ravin ou un fossé antichar. Dépouillés de leur argent, de leurs objets de valeur et souvent de leurs vêtements, hommes, femmes et enfants étaient aussitôt fusillés sur place.

Telle était la procédure généralement suivie. Dans le détail, chaque groupe et chaque commando avaient leurs variantes préfé-rées. Certains commandos contraignaient leurs victimes à se coucher

---

1. Voici le texte d'une telle proclamation, celle affichée dans la ville de Kislovodsk en Caucase :

« À tous les Juifs ! En vue de repeupler les régions de faible population de l'Ukraine, tous les Juifs résidant à Kislovodsk et tous ceux qui n'ont pas de résidence fixe auront à se présenter le mercredi 9 février 1943, à 5 heures du matin, heure de Berlin (à 6 heures, heure de Moscou) à la gare de marchandises de Kislovodsk. Le convoi partira à 6 heures du matin (7 heures, heure de Moscou). Chaque Juif pourra emporter des bagages d'un poids n'excédant pas 20 kilos, y compris des vivres pour deux jours. Le ravitaillement ultérieur sera assuré dans les gares par les autorités allemandes... »

Les 2 000 Juifs de Kislovodsk furent massacrés dans la localité voisine de Mineralniye Vody. (Exposé du colonel L. Smirnov, avocat général de l'URSS, au tribunal de Nuremberg, audience du 8 février 1946.)

à plat ventre et les fusillaient à coups de pistolet tirés à bout portant dans la nuque. D'autres commandos faisaient descendre les Juifs dans le fossé, les vivants montant sur les cadavres et ceux-ci s'empilaient progressivement. D'autres encore ordonnaient aux victimes de se ranger au bord du fossé et les fusillaient à l'aide de salves successives ; cette manière d'opérer était considérée comme « la plus humaine » et « la plus militaire[1] ». De l'avis placardé jusqu'à l'heure du supplice, quelques heures parfois s'écoulaient à peine.

Les exterminations étaient de préférence menées à bien lors de la bonne saison. Un rapport du groupe A se plaint des difficultés de la tâche : « ... Les froids ont rendu beaucoup plus difficiles les exécutions. Une autre difficulté provient du fait que les Juifs vivent disséminés à travers le territoire. Les grandes distances, le mauvais état des routes, la pénurie de camions et d'essence et l'insuffisance de nos effectifs tendent nos forces à l'extrême. Néanmoins, 41 000 Juifs ont été fusillés à ce jour... » Plus loin, l'auteur du rapport se promet d'en finir avec les Juifs de cette région en deux mois, « si les circonstances atmosphériques le permettent[(150)] ».

Ainsi un nouvel anneau, plus atroce encore, venait se joindre à la chaîne des massacres qui, telles des bornes liminaires, jalonnent l'histoire juive. L'attitude des victimes, cependant, fut le plus souvent pareille à celle dont firent preuve leurs ancêtres, et dont les chroniqueurs médiévaux nous ont laissé des narrations saisissantes. C'est avec un courage tranquille et résigné qu'elles affrontaient la mort. En font foi les relations des témoins, telles que celle qu'on lira plus loin ; en témoignent aussi les récits des tueurs. « J'étais surpris de voir à quel point ils étaient calmes ; presque trop calmes. La tranquillité avec laquelle ces gens acceptaient leur destin me paraissait effroyable... », déposait l'un d'eux[(151)]. Un autre écrivait :

---

1. Toutes ces précisions sur les différents procédés utilisés par les commandos ont été fournies lors du procès des « Einsatzgruppen » devant le tribunal de Nuremberg. En ce qui concerne la « manière humaine et militaire », voir en particulier les dépositions du colonel SS Haensch et du général SS Ohlendorff.

« C'était étonnant de voir comment les Juifs descendaient dans le fossé, en se consolant les uns les autres, afin de se donner du courage. Certains d'entre eux priaient…[152]. » Ohlendorff, lui, raconte comment les Juifs russes entonnaient *L'Internationale* à l'heure du massacre[153]… La rapidité même des opérations laissait intactes les forces morales des victimes, les préservant de la lente désagrégation des camps de concentration ; et peut-être un élément de saisissement, de stupéfaction y ajoutait son effet bienfaisant…

Les fusillades n'étaient pas l'unique procédé auquel les commandos avaient recours Il y eut, sur les bords de la mer Noire, des noyades collectives ; à Bachtchissaraï, cette perle de la Crimée jadis chantée par Pouchkine, un rapport signale la noyade de 1 029 Juifs dans la période du 1er au 15 juillet 1942[154]. Il y eut des cas de Juifs brûlés vifs ; de tels cas ont été signalés à Minsk, en Russie Blanche, en particulier[155]. Enfin, au printemps 1942, des chambres à gaz ambulantes firent leur apparition un peu partout en Russie, sous l'aspect de « camions à gaz » qui entre-temps avaient été mis au point à Berlin.

Ainsi qu'on le verra plus loin, il s'agissait d'un engin assez rudimentaire encore, mis au point par la section homicide ou « euthanasienne » de la chancellerie du Führer à Berlin. À l'aide d'un dispositif très simple, les gaz d'échappement du moteur Diesel, qui sont essentiellement constitués par l'oxyde de carbone, au lieu d'être évacués vers l'air libre, étaient dirigés vers l'intérieur du camion hermétiquement clos. De tels camions furent mis à la disposition de tous les commandos. De nombreux documents, véritables notices de mode d'emploi, nous renseignent sur leur fonc-tionnement. « L'emploi du gaz ne se fait généralement pas d'une façon correcte. Pour en finir le plus vite possible, le conducteur presse l'accélérateur à fond. En agissant ainsi, on fait mourir les gens par étouffement et non par assoupissement progressif comme prévu. Mes directives ont prouvé que, grâce à un ajustement correct des leviers, la mort est plus rapide, et les prisonniers s'endorment paisiblement. On ne voit plus de visages convulsés ni d'excrétions comme on le remarquait auparavant. » Ainsi écrivait le lieutenant

SS Becker, chargé de vérifier le fonctionnement des camions, le 16 mai 1942. Et il ajoutait : « J'avais donné l'ordre de camoufler les camions du groupe D en roulottes, en plaçant de chaque côté une paire de volets, comme on peut en voir fréquemment sur nos fermes dans les campagnes. Ces voitures étaient devenues si connues que non seulement les autorités, mais aussi la population civile les appelait « camions de la mort », dès qu'elle les voyait apparaître. À mon avis, même camouflées, on ne peut dissimuler plus longtemps ces voitures[156]. »

Les hommes des commandos ont assuré lors de leurs procès qu'ils n'aimaient pas se servir de ces voitures. Leur rendement était d'ailleurs médiocre, 50, 60 hommes au plus par exécution. Et les fusillades restaient le procédé de loin le plus répandu lors des exterminations chaotiques en Russie. Sur ce qu'elles pouvaient être, voici une relation claire et précise du témoin Hermann Graebe.

« Je soussigné, Hermann Friedrich Graebe, déclare sous serment ce qui suit :

« De septembre 1941 à janvier 1944, j'exerçai les fonctions de directeur et d'ingénieur en chef de la succursale de Sdolbunow de l'entreprise de constructions Josef Jung, à Solingen. En cette qualité, j'avais, entre autres, à visiter les chantiers de la maison. En vertu d'un contrat avec les services de constructions de l'armée, celle-ci devait construire des entrepôts de céréales sur le terrain de l'ancien aérodrome de Dubno, en Ukraine.

« Le 5 octobre 1942, lors de ma visite aux bureaux de construction de Dubno, mon chef d'équipe Hubert Mœnnikes, demeurant 21, Aussenmuehlenweg, à Hambourg-Haarbourg, me dit qu'à proximité des chantiers, des Juifs de Dubno avaient été fusillés dans trois grandes fosses d'une longueur d'environ 30 mètres, et d'une profondeur de 3 mètres. Le nombre des personnes tuées par jour était environ 1 500. Les 5 000 Juifs qui avaient habité Dubno avant le pogrome étaient tous destinés à être liquidés. Les exécutions ayant eu lieu en présence de mon employé, il en restait péniblement impressionné.

« *Je me rendis alors sur les chantiers, accompagné de Mœnnikes, et je vis près de ceux-ci de grands remblais de terre, d'environ 30 mètres de long et 2 mètres de haut. Plusieurs camions stationnaient dans le voisinage immédiat. Des miliciens ukrainiens armés en faisaient descendre les gens sous la surveillance de soldats SS. Les mêmes miliciens étaient chargés de la garde et de la conduite des camions. Les gens dans les camions avaient sur le devant et au dos de leurs vêtements les pièces d'étoffe jaune réglementaires, qui permettaient de les identifier comme Juifs.*

« *Mœnnikes et moi, nous nous dirigeâmes tout droit vers les fosses, sans en être empêchés. Quand nous nous approchâmes du remblai, j'entendis une série de coups de fusil se succédant de près. Les gens, descendus des camions — hommes, femmes et enfants — étaient forcés de se déshabiller sous la surveillance d'un soldat SS, cravache à la main. Ils étaient obligés de déposer les effets dans certains endroits : chaussures, vêtements et linge séparément. Je vis un tas de chaussures, environ 800 à 1 000 paires, de grandes piles de linge et de vêtements. Sans pleurer, ni gémir, ces gens se déshabillaient et se tenaient tout autour en se groupant par famille, en s'embrassant et en se faisant leurs adieux dans l'attente du signe du soldat SS qui se tenait debout au bord de la fosse, également une cravache à la main. Durant le quart d'heure que je restai là, je n'entendis pas une seule plainte ou demande de grâce. J'observai une famille d'environ 8 membres : un homme et une femme âgés d'une cinquantaine d'années, entourés de leurs enfants, d'environ 1, 8 et 10 ans, et de deux grandes filles d'environ 20 et 24 ans. Une vieille femme, aux cheveux tout blancs, tenait dans ses bras le bébé, le berçant, et lui chantant une chanson. L'enfant, très satisfait, criait de joie. Les parents regardaient le groupe les larmes aux yeux. Le père tenait par la main le garçon de 10 ans, lui parlait doucement ; l'enfant luttait contre ses larmes. Puis le père leva le doigt vers le ciel et, caressant la tête du garçon, sembla lui expliquer quelque chose. À ce moment le SS qui se tenait près de la fosse cria quelques mots à son camarade. Celui-ci compta une vingtaine de personnes et leur donna l'ordre d'aller derrière le remblai. La famille dont je viens de parler était parmi le groupe. Je me souviens encore de la jeune fille, mince et brune, qui en passant tout près de moi se désigna du doigt en prononçant « 23 ». Je fis le tour du remblai et me trouvai en face d'une fosse commune effroyable. Des corps étroitement serrés étaient empilés les uns sur les autres, de sorte que seules les têtes étaient visibles. La plupart étaient blessés à la tête, et le sang leur coulait sur les épaules. Quelques-uns parmi les fusillés bougeaient encore. D'autres levaient les mains et tournaient la tête pour montrer qu'ils étaient encore vivants. La fosse était remplie aux deux tiers. J'évalue à un millier le nombre de corps qu'elle contenait. Je cherchai des yeux l'homme qui avait procédé à l'exécution. C'était un soldat SS ; il était assis, les jambes ballantes, au bord étroit de la fosse, un fusil mitrailleur était posé sur ses genoux, et il fumait une cigarette. Les gens, complètement nus, descendirent quelques marches qui étaient creusées dans la paroi argileuse, et se mirent à l'endroit indiqué par le SS. Etendus en face des morts ou des blessés, ils leur parlaient à mi-voix. Puis j'entendis une série de coups de fusil. Je regardai dans la fosse et vis des corps se contracter et des têtes déjà immobiles au-dessus des corps qui gisaient devant eux. Le sang coulait de leurs nuques. J'étais étonné de ne pas recevoir l'ordre de quitter les lieux, mais je remarquai à proximité deux ou trois postiers en uniforme. Une nouvelle fournée de victimes approchait de l'endroit. Elles descendirent dans la fosse, s'alignèrent en face des victimes précédentes et furent fusillées.*

« Sur le chemin du retour, en contournant le remblai, je vis un nouveau camion, rempli de gens, qui venait d'arriver. Cette fois il ne contenait que des malades ou des infirmes. Des femmes déjà nues étaient en train de déshabiller une vieille femme, au corps décharné, aux jambes d'une maigreur effroyable. Elle était soutenue par deux personnes et semblait paralysée. Les gens nus la conduisirent derrière le remblai. Je quittai les lieux en compagnie de Mœnnikes, et regagnai Dubno en voiture.

« *Le lendemain matin, en retournant au chantier, je vis une trentaine de corps nus gisant à trente ou cinquante mètres de la fosse. Quelques-uns étaient encore vivants ; ils fixaient l'espace d'un regard figé, semblant ne pas réagir à la fraîcheur du matin et ne pas voir nos ouvriers qui se tenaient tout autour. Une jeune fille d'une vingtaine d'années m'adressa la parole, me demandant de lui apporter des vêtements et de l'aider à s'évader. À ce moment, nous entendîmes le bruit d'une voiture qui s'approchait à toute allure ; je vis que c'était un détachement des SS. Je regagnai mes chantiers. Dix minutes après, des coups de fusil retentirent du côté de la fosse. Les Juifs qui étaient encore vivants avaient reçu l'ordre de jeter les cadavres dans la fosse, puis ils durent s'y coucher eux-mêmes pour recevoir un coup de pistolet à la nuque.*

« *Signé :* Graebe.

« *Wiesbaden, le 10 novembre 1945*[157]. »

La psychologie des exécuteurs

Les groupes d'action tenaient eux-mêmes la comptabilité de leur massacres. Les rapports des commandos, centralisés au quartier général du groupe, étaient adressés à Berlin, où le RSHA collationnait l'ensemble sous forme d'un bulletin quotidien. Rédigés dans les termes laconiques et précis du langage militaire, ces rapports nous permettent cependant de plonger plus avant dans la psychologie génocidale.

La phrase-type est brève et simple : « … Au cours de l'action contre les Juifs, 3 412 Juifs ont été fusillés… » (Minsk, mars 1942) « … 10 600 Juifs ont été fusillés… » (Riga, novembre 1941) « … 1 000 Juifs et Tziganes ont été exécutés… » (Crimée, décembre 1941.) Des rapports plus détaillés nous font mieux sentir cet aspect bureaucratique et mécanisé des fonctionnaires hitlériens, s'acquittant consciencieusement de leur travail, et cherchant à améliorer leur rendement dans la mesure de leurs moyens. Ainsi, ces lignes servant de conclusion au rapport décrivant l'extermination des Juifs de Pinsk.

« Conclusions à tirer :

« 1° En ce qui concerne les forces armées destinées au criblage, il est absolument indispensable de les munir de haches, de hachettes et d'autres instruments analogues, la constatation ayant été faite que presque toutes les portes, etc., sont verrouillées ou fermées à clef et qu'elles ne peuvent être ouvertes que par la force.

« 2° Même si l'on ne peut apercevoir, à première vue, l'accès menant au grenier, il n'en faut pas moins compter avec la possibilité que des personnes s'y trouvent. Eventuellement il faut examiner soigneusement chaque grenier, au besoin même de l'extérieur.

3° Même s'il n'existe pas de cave, il ne s'en trouve pas moins une grande quantité de personnes dans le petit espace compris entre le sol et le plancher. Il convient d'enlever le plancher de l'extérieur à ces endroits et d'y envoyer des chiens policiers (lors de l'action à Pinsk, le chien policier « Oste » a fait merveille), ou bien d'y lancer une grenade, ce qui force inévitablement les Juifs à sortir de leur repaire.

« 4° Il convient de tâter le terrain aux alentours des maisons avec un objet dur, car un grand nombre de personnes se tiennent cachées dans les trous bien camouflés.

« 5° Il est recommandé de s'assurer le concours d'adolescents, afin de découvrir les cachettes, en leur promettant la vie sauve. Cette méthode s'est toujours révélée efficace[158]. »

C'est le style d'un rapport sur la lutte contre le doryphore, le compte rendu de l'exécution consciencieuse d'une tâche donnée et précisément délimitée. Et l'on a vu l'un de ces redoutables tueurs renvoyer en territoire roumain plusieurs milliers de Juifs qui venaient d'en être expulsés, simplement parce que leur exécution ne rentrait pas dans le cadre de ses attributions, sa compétence étant limitée aux Juifs de son ressort. « Nous ne voulions pas faire ce travail pour les Roumains[159]. »

Ainsi donc, cette tâche, l'extermination du sous-homme, est envisagée comme une simple affaire de routine. Cette éducation hitlérienne sur laquelle nous nous sommes déjà étendus semble avoir pris admirablement racine. Le général SS Bach-Zelewski, le commandant en chef de la lutte anti-partisane, a caractérisé cette mentalité en une phrase frappante lorsque, interrogé sur les massacres commis par les groupes, il fit ce commentaire : « Je suis d'avis que lorsque, des années et des décades durant, la doctrine a été prêchée que la race slave est une race inférieure, et que les Juifs ne sont même pas humains, un pareil résultat est inévitable[160]. »

À quel point cette mentalité s'était implantée ressort de maintes lettres privées, dont voici un exemple éloquent (il s'agit d'un officier de gendarmerie qui écrit à un général de la Wehrmacht).

Kamenetz-Podolsk, le 5 mai 1942.

« *Très honoré Monsieur le Lieutenant-général, Depuis un mois je me trouve ici à K... Le territoire que j'ai à administrer avec 23 gendarmes et 500 policiers ukrainiens est aussi grand qu'un district de gouvernement en Allemagne... En ma qualité de chef de poste, je suis à la fois procureur, juge, exécuteur, etc.*

« *Il va de soi qu'on fait pas mal de nettoyage, surtout parmi les Juifs. Mais la population doit, elle aussi, être fermement tenue en main. Il s'agit de faire attention. Nous veillons au grain. D'autant plus vite nous pourrons rentrer à la maison. Ma famille est bien malheureuse. Voici bientôt deux ans que je suis en campagne...*

« *J'ai un joli appartement dans un ancien home d'enfants. Chambre à coucher et salon, tout ce qu'il faut ; rien ne manque, sauf évidemment ma femme et mes enfants. Vous me comprendrez bien. Mon Dieter et ma petite Lina m'écrivent souvent. Parfois on voudrait hurler. Il n'est pas bien d'aimer les enfants au point où je le fais. J'espère que la guerre finira bientôt... »*

Le 21 juin 1942.

« *Monsieur le Lieutenant-général Querner, Je réponds aussitôt à votre lettre du 10... Je vous remercie pour votre réprimande. Vous avez raison. Nous autres, les hommes de l'Allemagne nouvelle, devons être durs avec nous-mêmes, même s'il s'agit d'une séparation prolongée avec la famille. Puisqu'il s'agit d'en finir une fois pour toutes, de régler enfin les comptes avec les criminels de guerre, afin de créer pour nos descendants une Allemagne plus belle et éternelle. Nous ne dormons pas ici. Trois ou quatre actions par semaine. Tantôt les Juifs, tantôt les Bohémiens, les partisans et toute sorte de canaille...*

« *J'ignore si Monsieur le Lieutenant-général a vu en Pologne d'aussi affreux types de Juifs. Je remercie le destin d'avoir vu de près cette race bâtarde. Ainsi, si le destin le permet, j'aurai quelque chose à raconter à mes enfants. Des syphilitiques, des mutilés et des idiots étaient ce qu'il y avait de plus caractéristique. Une chose était évidente : matérialistes malgré tout jusqu'au dernier moment. Des phrases comme :* « *Nous sommes des ouvriers qualifiés, vous ne nous assassinerez pas* » *étaient dans la bouche de chacun. Ce n'étaient pas des hommes, c'étaient des singes sous forme humaine.*

« *Eh bien, parmi les Juifs de Kamenetz-Podolsk, il ne reste qu'un pourcentage infime des 24 000 qu'ils étaient. Les youpins des environs font également partie de notre clientèle. Nous faisons place nette sans remords et ensuite...* « *Les vagues se referment, le monde à la paix*[1]... »

« *Une prière encore, Monsieur le Lieutenant-général. Ecrivez-moi de temps en temps. Cela fait du bien de recevoir des nouvelles de sa chère patrie.*

« *Permettez-moi de vous faire parvenir mes salutations d'un lointain pays.*

« *Heil Hitler !*

« *(Signé) :* Jacob.
« *Officier de gendarmerie.* »

---

1. Strophe du *Horst-Wessel Lied,* la chanson favorite des jeunesses hiltlériennes.

Ces lettres sont un échantillon caractéristique de la dépravation morale des SS. C'est en vain que l'on cherchera chez les membres des groupes les traces d'une interrogation morale ou même d'une révolte consciente. Et cependant, le qualificatif de « dure tâche » accolé à l'entreprise d'extermination revient comme un véritable leitmotiv.

Dans cet ordre d'idées, les rapports des groupes présentent une particularité de caractère sémantique qui mérite plus ample considération. À côté des termes « fusillés » ou « exécutés » ou « liquidés », on trouve une quantité considérable de périphrases les plus variées à l'aide desquelles les exterminateurs décrivent leurs opérations. C'est une véritable floraison, qui témoigne de beaucoup d'ingéniosité. Ainsi, il arrive souvent de lire dans les rapports en question qu'un nombre donné de Juifs ont été « rendus inoffensifs ». Les auteurs d'autres rapports se targuent de « s'être débarrassés » des Juifs. D'autres expressions sont plus vagues : « ... à Nicolaïev et à Cherson 5 000 Juifs ont été traités respectivement... » Parfois, l'idée est rendue d'une manière muette : les rapports du groupe A sont agrémentés d'une carte géographique[1]. Certaines régions ont été « libérées » ou « nettoyées » de leurs Juifs, ou bien encore il en a été « pris soin ».

« Traitement spécial » fut un autre euphémisme fréquent, mais le terme le plus raffiné, le plus discret et le plus définitif était bien « solution finale » : dans une région donnée, « le problème juif est définitivement résolu ».

Voici les termes dans lesquels le groupe C rendait compte de 50 000 exécutions :

« Des exécutions ont eu lieu pour les motifs suivants : fonctionnaires politiques, communistes actifs, pilleurs et saboteurs, Juifs munis de faux papiers, agents du NKWD, dénonciateurs d'Allemands ethniques, sadisme et vindicte juifs, éléments indésirables, partisans, menaces d'épidémies, membres des bandes

---

1. Voir la carte p. 381.

russes, insurgés pris les armes à la main, ravitailleurs de partisans, rebelles et agitateurs, jeunes vagabonds et *Juifs en général...*[161]. »

Parfois les comptes rendus décrivent ou expliquent les opérations : leurs commentaires ont alors un tour encore plus cynique. Ainsi, en Russie Blanche, un chef de commando signale que « les femmes juives ont fait preuve d'une conduite particulièrement désobéissante : pour cette raison 28 Juives ont été fusillées à Krougloye et 337 à Moguilev[162] ». Ailleurs, les Juifs « ont manifesté une attitude impudente et provocante » ou bien « ont fait preuve de mauvaise volonté lors de leur travail[162] » ou bien encore « ont été soupçonnés d'être des communistes et des incendiaires ». Le danger d'épidémies fournissait une autre variante d'arguments. Le groupe B signalait qu'une épidémie de gale s'était déclarée dans le ghetto de Newel : « Afin de prévenir la contagion, 640 Juifs ont été liquidés... » Le groupe C signalait qu'à Radomychl, « il était impossible de fournir du ravitaillement pour les Juifs et les enfants. En conséquence, le danger d'une épidémie allait en croissant. Afin de mettre fin à cette situation, 1 107 adultes juifs ont été fusillés par le commando et 561 enfants par la milice ukrainienne »...

Bizarre manière, certes, de combattre ou de prévenir les épidémies ; triviales impudences, et qui veut noyer son chien l'accuse de rage ; mais si l'on essaie de sonder les profondeurs jusqu'auxquelles la rééducation hitlérienne avait pénétré, le degré d'insensibilisation qu'elle avait pu atteindre chez les officiers et les hommes des groupes, il est bon de se souvenir que le cynisme, la forfanterie du criminel n'est souvent que l'expression d'un profond malaise. Ce cynisme, mais aussi ce malaise, apparurent d'une manière encore plus déconcertante lors des interrogatoires des tueurs devant la justice alliée. C'est à eux-mêmes (ou à leurs subordonnés) qu'ils réservaient toute la commisération dont ils étaient capables. Aucune parole, aucune pensée pour les victimes. « Nos hommes qui prenaient part aux exécutions souffraient davantage d'épuisement nerveux que ceux qui devaient être fusillés (colonel Paul Blobel[163]. » « De nombreux hommes souffraient terriblement, et devaient pour maintes raisons être renvoyés à la maison : soit que leur système nerveux s'en allât en lambeaux, soit qu'ils ne le pussent plus supporter moralement (général Otto Ohlendorff) [164]. » « Les hommes des Waffen-SS disaient qu'ils auraient préféré combattre en première ligne que rester ici. Je demandai pourquoi, et ils répondirent : « Nous ne voulons pas le dire… » (caporal Graf) [165]. »

Cela nous paraît singulièrement significatif. Nous apprenons ainsi que les exterminations étaient considérées comme une tâche destructive et néfaste — pour la santé des tueurs. Un rapport de juillet 1941, après avoir évoqué les fatigues des premières semaines de campagne — « mais les dures épreuves physiques furent bien surmontées par tous nos hommes » — continue comme suit : « Il faut apprécier tout autant la tension psychique extrême qui résulte du grand nombre de liquidations [166]. » Une règle était appliquée suivant laquelle il fallait éviter la formation de « commandos de fusilleurs, c'est-à-dire qu'il ne fallait pas utiliser les mêmes hommes pour les différentes exécutions… » (lieutenant-colonel Haensch) [167]. Et Ohlendorff critique un certain Jeckeln, qui avait organisé « des détachements spéciaux chargés uniquement des exécutions : on comprend que cela ruinait spirituellement ces gens, les rendant complètement brutaux »… Il raconte ensuite comment lui-même autorisait ses subordonnés à rentrer en Allemagne, ou à demander une mutation, lorsqu'ils éprouvaient trop de « résistances intérieures ». De tels cas n'étaient pas bien fréquents : les hommes des groupes voulaient se distinguer au service de la plus grande Allemagne, ils aspiraient à être « durs » et l'émulation dans la sauvagerie jouait un rôle considérable. « Papier-soldat », tel était le sobriquet méprisant qu'au commando 6 du groupe C on appliquait au caporal Mathias Graf, qui, chargé du service de renseignements de son commando, n'eut pas l'occasion — et ne la chercha pas — de prendre part aux massacres [168]. Que l'on se souvienne encore qu'il s'agissait d'hommes affectés par un ordre de mobilisation, c'est-à-dire généralement choisis au hasard parmi la police allemande. C'est dans ce milieu que se développèrent les monstres parfaits, véritables ogres de légende, tel ce policier qui plus tard à Lvow tuait des enfants juifs pour divertir ses propres enfants, ou cet autre qui faisait le pari de trancher d'un seul coup de sabre la tête d'un garçon de dix ans[169]... L'alcool jouait dans l'activité des groupes un rôle considérable. D'immenses beuveries précédaient les exécutions : d'autres beuveries leur succédaient. On trouve dans le récit du témoin Metzner, interprète du commissaire régional de Slonim, cette phrase terrible : « L'action (de Nowogrodek) a été l'œuvre d'un commando spécial SS, qui par idéalisme menait à bien les exterminations sans faire usage de schnaps[170]... »

On voit par cet examen à quel point subsistaient ces résistances et « inhibitions psychiques » que les maîtres du IIIe Reich avaient à cœur d'extirper ; résistances noyées dans l'alcool et la folie sanguinaire, et qui, compte tenu des innombrables variations individuelles, prenaient souvent, par un véritable mécanisme de déplacement, les exutoires les plus étranges, tels que cet apitoiement sur soi-même, mais résistances foncièrement incapables de freiner tant soit peu le déchaînement sanguinaire, et tout juste bonnes à apporter un surcroît de ricanement cynique à l'action exterminatrice.s

Lors du procès des principaux membres des groupes, qui eut lieu à Nuremberg plusieurs années plus tard, leur attitude mit à jour l'étonnante confusion mentale régnant dans les cervelles nazies. Parmi les vingt-deux accusés, se trouvaient un professeur d'université, huit avocats, un chirurgien dentiste, un architecte, un expert d'art, et même un théologien, ancien pasteur[1]. Tous plaidèrent non coupables ; aucun n'exprima le moindre regret ; tout au plus se référaient-ils aux ordres reçus et aux dures nécessités de la guerre. Et cependant, lors de leur défense, ils se référaient

---

1. Biberstein-Szymanovski. Citons cette incroyable réplique de ce dernier, auquel le président du tribunal demandait si, en sa qualité d'ancien ecclésiastique, il n'estimait pas utile d'adresser des paroles de consolation, voire de confesser les Juifs immolés.

« Monsieur le Président, on ne jette pas des perles devant les pourceaux. » (Audience du 21 novembre 1947.)

aux mêmes valeurs de la civilisation occidentale qu'ils avaient, des années durant, foulées aux pieds : leurs témoins, leurs avocats, célébraient à l'envi leur honnêteté, leurs vertus familiales, leurs sentiments chrétiens, et même la douceur de leur caractère...

ATTITUDE DE LA WEHRMACHT ET DES POUVOIRS CIVILS

Trois mille hommes : tel était en nombre rond l'effectif global des quatre groupes. Ils opéraient dans un territoire de plus d'un million de km², administré par les fonctionnaires du ministère des Régions occupées, ou bien (plus près du front) par la Wehrmacht, dans lequel les soldats allemands se centaines par millions et les civils allemands par centaines de milliers. Conduites ouvertement, les exterminations étaient nécessairement de notoriété publique. Même si les groupes prenaient leurs ordres directement chez Heydrich, l'attitude des détenteurs du pouvoir local, hauts fonctionnaires, généraux et officiers, n'en constituait pas moins un facteur d'une importance capitale. Et son examen nous permettra de nous livrer à une première analyse des réactions de l'Allemagne en face des massacres.

Question délicate s'il en fut. Rappelons-nous que ces millions d'hommes étaient les soldats d'une armée en campagne d'une part, des fonctionnaires triés sur le volet de l'autre. Disons aussi tout de suite que l'émoi d'une partie des soldats dut être suffisamment profond pour que Bormann jugeât utile d'y faire allusion dans le décret du 9 octobre 1942 : « ... Des rumeurs circulent parmi la population des diverses régions du Reich, au sujet des mesures « très sévères » appliquées aux Juifs... Des enquêtes ont prouvé que ces rumeurs — d'ailleurs déformées et exagérées — ont été répandues par les permissionnaires de diverses unités affectées à l'Est, qui ont été les témoins oculaires de l'application de ces mesures[171]... »

Par les accords de mai 1941, l'Oberkommando de la Wehrmacht s'était obligé à prêter main-forte à l'activité des groupes. Mais les grands chefs placés à la tête des armées disposaient en fait d'une latitude considérable afin d'appliquer les instructions du grand état-major avec plus ou moins de zèle. Certains paraissent n'avoir témoigné que d'un zèle relatif. Ainsi von Rundstedt, interdisant aux membres de la Wehrmacht de prendre part aux exécutions, ainsi que de les photographier[172], (la nécessité d'un tel ordre est par elle-même suffisamment significative). Mais on ne retrouve plus de franches protestations de principe, pareilles à celle que Blaskowitz avait élevée en février 1940... D'autres chefs jetaient de l'huile sur le feu : ainsi von Reichenau, s'adressant en octobre 1941 à ses soldats dans les termes suivants : « ... En ce qui concerne l'attitude des troupes... beaucoup d'idées vagues prédominent encore. Le but le plus important de la guerre contre le système judéo-bolchévique est la destruction complète de ses moyens d'action... C'est pourquoi le soldat doit parfaitement comprendre la nécessité d'une vengeance sévère mais juste contre cette humanité inférieure qu'est la juiverie[173]... » Le chef de commando Blobel a laissé une saisissante description de sa réception par von Reichenau, auquel il était venu se présenter le 26 juin 1941. Ce seigneur de la guerre avait installé son état-major dans une superbe propriété polonaise. C'est en se prélassant en maillot de bain qu'il commenta à Blobel le « Führerorder », et lui recommanda de faire preuve d'une implacabilité absolue et totale[174].

Dans les immensités de l'espace russe, la même latitude se retrouvait aux échelons inférieurs. On a pu voir un commandant de régiment, le major Rössler, instruire une affaire : « Attitude à l'égard de la population civile à l'est », et le rapport du major, après avoir laissé une description vivante de l'extermination des Juifs de Jitomir, fin juillet 1941, conclut ainsi : « Je n'ai vu rien de pareil ni lors de la première guerre mondiale, ni lors de la guerre civile en Russie, ni lors de la campagne à l'ouest ; j'ai vécu bien des choses déplaisantes, ayant été membre des corps francs en 1919, mais je n'ai jamais vu rien de pareil. Je ne parviens pas à concevoir sur la base de quelles décisions judiciaires ces exécutions ont été effectuées ; tout ce qui se passe ici me semble absolument incompatible avec nos vues sur l'éducation et les usages ;

d'une manière entièrement ouverte, comme sur une scène, des hommes assassinent d'autres hommes. J'ajoute que suivant les récits des soldats, qui assistent souvent à des spectacles de ce genre, on tue ainsi quotidiennement des centaines de gens[175]. »

Ce rapport est extrait d'un dossier intitulé « Rapport du commandant du IX⁰ corps d'armée Schirwindt et du major Rössler sur les exécutions en masse des citoyens soviétiques. » Ainsi, des officiers allemands s'enhardissaient à protester pour des raisons éthiques. Mais de tels cas, qui n'étaient pas isolés, étaient fort rares. On pouvait plus facilement rencontrer des officiers qui « par commodité » accordaient une certaine protection aux Juifs, ainsi que cela fut, par exemple, le cas à Baranowitche, dont le commissaire civil signalait : « (La Wehrmacht) se servait dès le début des Juifs, avec lesquels elle pouvait s'entendre plus facilement (en yiddisch)… C'est ainsi que les services de la Wehrmacht avaient recours non seulement aux ouvriers qualifiés juifs, mais les utilisaient pour leur service personnel, pour le nettoyage et même pour la surveillance. Dans un cas caractéristique un Juif circulait avec le brassard « fourrier de l'armée allemande »… Même chez des officiers placés à des postes responsables on se heurte souvent à un manque total de compréhension instinctive de la question juive[176]… »

Ce même rapport, qui proteste contre l'attitude de la Wehrmacht, signale d'ailleurs à un autre endroit que dans la ville de Mir ce fut un membre de la Wehrmacht, le commandant local, qui fit fusiller tous les Juifs. Mais d'une manière générale, beaucoup plus caractéristique pour l'attitude du corps des officiers est cet extrait d'un journal de division : « Le matin du 5 août (1941), plusieurs centaines de Juifs ont été fusillés à Rositten par le corps franc letton. Afin d'éviter toute fausse interprétation, la division se fait confirmer par le commandement en chef que cette action a été commandée et dirigée par le SD. Lors d'une conférence d'officiers, le commandant de la division en fait part aux officiers de l'état-major divisionnaire, et y joint la grave injonction adressée aux officiers et aux soldats de s'abstenir de toute critique et de toute attitude personnelle à l'égard de cet état de choses[177]. »

Toute généralisation est abusive. Mais les faits parlent avec suffisamment d'éloquence pour qu'on puisse formuler ceci : dans le vaste espace russe, quelques milliers de tueurs SS, assistés d'une racaille internationale et aussi de tueurs amateurs venus des rangs de la Wehrmacht, exterminaient en toute quiétude, « comme sur une scène » ; les cadres de la Wehrmacht, ceux de l'administration civile, détournaient passivement les yeux. Et les protestations, car il y en eut un grand nombre, de sévères et même de passionnées, se limitent singulièrement à cette critique que ce n'est pas de cette façon, pas d'une manière aussi ostentatoire et brutale, qu'il convient aux hommes allemands de résoudre le problème juif dans le cadre de l'Europe Nouvelle, étant bien entendu que cette résolution ne peut signifier qu'une seule chose : la disparition totale des Juifs.

« Les exécutions en masse ont été effectuées d'une manière qui ne correspond pas à nos conceptions allemandes », se plaint un fonctionnaire détaché auprès du groupe d'armées du centre, et si on se reporte au contexte, on comprend mieux ce qui, dans son esprit, pouvait correspondre aux « conceptions allemandes » en ce domaine. « L'occupation insuffisamment dense de la première ligne donne la possibilité aux civils de fuir sur des charrettes vers les lignes soviétiques, et de tenir les Soviets au courant des événements. C'est ainsi que les exécutions en masse de Juifs, effectuées en partie d'une manière qui ne correspond pas à nos conceptions allemandes, ne sont pas restées ignorées des Soviets[178]… » Encore plus révélateur est un rapport signé par le gauleiter Heinrich Lohse (commissaire du Reich pour l'Ostland) en personne : « Qu'il faille appliquer le traitement spécial aux Juifs n'exige pas de commentaires. Mais que des événements aient eu lieu tels que les signale le rapport ci-joint paraît à peine croyable. Qu'est donc Katyn en comparaison ? Qu'on se présente ces événements connus par nos adversaires et exploités en conséquence : une telle propagande, si elle restait inefficace, ne le serait alors que parce que lecteurs et auditeurs n'y ajouteraient pas foi[179]… »

Nous commençons à comprendre ce que signifie « manière allemande » : l'extermination des Juifs, tacitement acceptée par l'immense majorité des esprits, va de soi et « n'exige pas de commentaires » ; toutefois, elle doit être menée à bien de façon à ne pas choquer la sensibilité allemande, et, surtout, rester discrète, silencieuse, ignorée. Ignorée par l'opinion publique mondiale ; ignorée, autant que possible, par les Allemands eux-mêmes. Un effort technique d'envergure considérable, réalisé à Auschwitz et en d'autres lieux, ainsi qu'une volonté délibérée de ne pas savoir, satisferont par la suite en grande partie à ce véritable vœu collectif de l'Allemagne hitlérienne. Nous aurons l'occasion d'y revenir ; qu'il nous suffise de signaler ce que cette perverse politique de l'autruche comporte de mentalité irrationnelle et foncièrement primitive. Responsables devant Heydrich seul, les groupes allaient et venaient à leur guise à travers les plaines de la Russie. Certes, hauts fonctionnaires ou généraux de la Wehrmacht devaient parfois être durement ébranlés par la vision des orgies sanguinaires. Leur désarroi se reflète en divers rapports où les protestations au sujet des agissements « non allemands » se mélangent curieusement aux considérations économiques qui reviennent à la surface. « ... En ce qui concerne la réalisation de l'opération, je dois dire, à mon profond regret, qu'elle frisait le sadisme... », écrit le commissaire régional de Sluzk. « Il n'était plus question d'opération antijuive. Cela ressemblait plutôt à une révolution... Le tableau était plus que sinistre. Dans l'après-midi, un grand nombre de charrettes, abandonnées avec leurs chevaux, se trouvaient dans les rues, si bien que je dus donner l'ordre à la municipalité de prendre soin de ces véhicules. Il fut établi plus tard qu'il s'agissait de voitures juives, sur lesquelles les forces de la Wehrmacht faisaient transporter des munitions. Les conducteurs avaient tout simplement été enlevés des voitures et conduits ailleurs, et personne ne s'était le moins du monde préoccupé des véhicules[180]... »

Atteinte directe, par conséquent, au mécanisme compliqué et minutieux de la Wehmarcht. Mais celle-ci, tout en protestant, ne manquait pas de reconnaître que ces opérations étaient menées « en conformité évidente avec les considérations idéologiques de principe ». Un porte-parole hautement qualifié, l'inspecteur de l'armement en Ukraine, dans un rapport confidentiel destiné à ses supérieurs, décrivait la situation dans les termes suivants :

« Immédiatement après les hostilités, la population juive a tout d'abord été laissée en paix. Les formations spéciales de la police n'ont procédé à des fusillades organisées que des semaines, voire des mois plus tard. Cette action était en principe accomplie d'est en ouest. La milice ukrainienne y participait de façon tout à fait officielle, souvent aussi, hélas ! avec le concours de volontaires de la Wehrmacht. L'action, qui s'étendait aux hommes et aux vieillards, aux femmes et aux enfants, était menée d'une façon affreuse ; il n'y en a pas eu à ce jour de plus gigantesque... le nombre des arrestations atteignait facilement 150 000 à 200 000 Juifs pour la partie occupée par l'Ukraine, et ceci, sans tenir compte des nécessités économiques.

« En résumé, on peut dire que la façon de résoudre le problème juif en Ukraine, en conformité évidente avec des considérations idéologiques de principe, a eu les conséquences suivantes :

« *a)* Suppression d'une partie des bouches inutiles dans les villes.

« *b)* Suppression d'une partie de la population qui ne pouvait manquer de nous haïr.

« *c)* Suppression d'ouvriers absolument indispensables, souvent même pour les besoins de la Wehrmacht.

« *d)* Des effets évidents de propagande sur le plan de la politique extérieure.

« *e)* Des répercussions fâcheuses pour la troupe qui prend une part, fût-elle indirecte, à ces exécutions.

« *f)* Une influence dégradante sur les formations de la police d'ordre qui se chargent de ces exécutions[181]... »

Il s'agit, répétons-le, d'un rapport confidentiel et secret, adressé en décembre 1941 au général Thomas, le grand maître de l'économie militaire du Reich. Calmement, en technocrate avisé, son délégué soupèse le pour et le contre...

Tandis qu'une infime minorité protestait sur le fond, c'est ainsi que la majorité des Allemands, militaires ou civils, ne s'élevait

que contre la forme ou l'opportunité des exterminations chaotiques, n'osant pas ou ne voulant pas s'élever contre leur principe,
« conforme aux considérations idéologiques ». Telle était l'emprise
que le mythe hitlérien avait gagnée sur ce qu'un Blaskowitz appelait
« le corps national allemand ».

Bilan des exterminations chaotiques la liquidation des traces

La première année de la guerre fut aussi celle des moissons
les plus sanglantes. Nous avons dit que dans les centres importants, surtout dans ceux qui étaient situés le plus loin à l'arrière,
les « nécessités économiques » parfois gardaient provisoirement
le dessus. Pas bien longtemps. Un rapport d'ensemble du groupe
A, daté de juin 1942, nous apprend à quel point l'extermination
avait progressé au cours de cette première année. Il restait à cette
époque moins de 4 000 Juifs (sur 70 000) en Lettonie, près de
35 000 (sur 150 000) en Lituanie, et 120 000 (sur 450 000) en
Russie Blanche[182]. Nous ne disposons pas de chiffres d'ensemble
pour le groupe B. En ce qui concerne le groupe C, ses rapports
indiquent pour la période allant du 22 juin au 3 novembre le chiffre
de 75 000 victimes, dont 33 771 dans la seule ville de Kiev, les 29 et
30 septembre 1941[183]. Ohlendorff, le chef du groupe D, estimait
à 90 000 le nombre des exécutions effectuées par son groupe[184].
En ce qui concerne la deuxième moitié de l'année 1942, un rapport
d'ensemble soumis par Himmler au Führer annonce qu'au cours
des mois août-novembre (c'est-à-dire lors de la ruée allemande
vers Stalingrad et le Caucase) 363 211 Juifs ont été exécutés[185].

Ces chiffres incomplets n'ont donc qu'une valeur illustrative,
d'autant plus qu'ils pouvaient aussi bien être gonflés par certains
commandos particulièrement zélés[1] qu'omettre de nombreuses
hécatombes perpétrées par l'allié roumain dans le Sud-Ouest ou

---

1. C'est ce qui semble ressortir en particulier du procès des « Einsatzgruppen »
devant le tribunal de Nuremberg.

par les légions auxiliaires et bandes ukrainiennes, baltes et autres. Signalons toutefois qu'Adolf Eichmann estimait le nombre de Juifs exterminés en Russie à deux millions[186]. Les évaluations fondées sur les données démographiques relatives à la population juive des territoires en question respectivement avant et après la guerre fournissent une base meilleure. C'est de cette manière qu'un économiste et statisticien spécialisé dans la question, le professeur Jacob Lestchinsky, est arrivé en ce qui concerne l'URSS au chiffre total de 1 500 000 victimes[187].

Le ratissage du territoire, la chasse aux Juifs cachés ou camouflés, se poursuivait de manière continuelle. Certaines des exécutions les plus massives eurent lieu à la veille même de la retraite allemande. Des commandos, choisis parmi les plus chevronnés, continuèrent leur activité en Pologne, où entre-temps le mécanisme de la « solution finale » achevait sa course. Dès mai 1942, cependant, le RSHA s'était préoccupé de faire disparaître les traces laissées par le passage des groupes.

Ces traces étaient constituées par des milliers de charniers éparpillés à travers le territoire, superficiellement recouverts de terre, et c'étaient ces vestiges qu'il y avait lieu de supprimer. Un intellectuel aviné et déchu, le colonel SS Paul Blobel, avait été choisi pour mener à bien la funèbre besogne. Dans sa vie civile Blobel avait été architecte ; était-ce cette spécialité qui l'avait fait désigner pour ce travail de fossoyeur géant ? Blobel semble n'avoir pas particulièrement joui de la faveur de ses chefs : « Vous avez pris du ventre…, lui aurait dit Heydrich lors de leur entrevue à Berlin en mai 1942, vous êtes beaucoup trop mou. Vous n'êtes bon qu'à devenir un raccommodeur de faïence. Mais je vais faire plonger votre nez bien plus profondément dans tout cela[188]… » À Berlin même, Blobel mit donc au point des combustibles spéciaux, et partit avec son commando vers les territoires de l'Est. Ce commando, connu sous la désignation de « commando 1005 », n'était subordonné à aucun groupe, mais relevait directement de la section IV B 4 du RSHA, c'est-à-dire d'Adolf Eichmann[189]. Et son activité consista dorénavant à sillonner l'espace russe en recherchant les emplacements des tombes communes, à déterrer les cadavres, à les arroser d'un mélange spécial et à les brûler. Décrite par Blobel lui-même, voici par exemple comment fut effectuée la liquidation du charnier de Kiev :

« ... *J'ai assisté à l'incinération des cadavres d'une fosse commune près de Kiev, lors de ma visite du mois d'août (1942). La tombe avait 55 mètres de longueur, 3 mètres de largeur et 2,5 m de profondeur. La tombe une fois ouverte, les corps furent arrosés de combustible et incendiés. L'incinération prit près de deux jours. Je veillai à ce que la tombe passe au rouge vif jusqu'au fond. Ainsi, toutes les traces furent supprimées*[190]... »

Blobel était devenu un grand expert de cette spécialité. À Berlin, il eut l'occasion de tenir des conférences devant les collaborateurs d'Eichmann, leur enseignant les procédés qu'il avait mis au point[191]. Cependant, son travail resta inachevé. Seule, une partie des fosses communes put être traitée de cette manière. Rapidement, le front se déplaçait vers l'Ouest. Et c'est vers l'Ouest que le commando 1005 transportait progressivement ses activités. Hœss, le commandant du camp d'Auschwitz, relate qu'à plusieurs reprises il mit des équipes de travailleurs juifs à la disposition de Blobel : ces équipes étaient fusillées « au fur et à mesure » et remplacées par d'autres[192]. Il raconte aussi que Blobel cherchait à mettre au point des procédés plus expéditifs, en particulier en faisant usage de dynamite : « Mais cette méthode ne donne pas de bons résultats... » C'est aux soldats allemands faits prisonniers par l'armée russe qu'incombera, au fur et à mesure de la libération des territoires envahis, l'exhumation de la majeure partie des charniers.

Les déportations

LES pouvoirs accordés à Heydrich le 31 juillet 1941 aux fins de « résoudre la question juive en Europe » stipulaient entre autres : « Tous les organes gouvernementaux devront coopérer avec vous à cet effet. » Une position extraordinaire était ainsi accordée au service des Affaires juives du RSHA, le bureau IV B 4. Cette phrase d'aspect anodin signifiait en effet que les hommes chargés de la solution finale seraient désormais officiellement investis de pouvoirs discrétionnaires et illimités, devant lesquels devront se plier toutes les administrations du IIIe Reich.

Ces hommes, qui étaient-ils ? Le mandat est confié à Reinhardt Heydrich, l'implacable chef du RSHA, qui dans la question juive a toujours joué le rôle d'un élément moteur. Himmler, qui paraît avoir manifesté moins d'initiative, le couvrait pleinement de son autorité de chef suprême des SS. Il y a quelques mois, nous le savons déjà, Hitler a donné verbalement à ce dernier des directives générales : « Tâche très difficile dont le Führer m'a confié l'exécution..., écrira-t-il à son ami Gottlieb Berger, quelques semaines après la mort de Heydrich ; ... de toute façon, je suis le seul à prendre sur mes épaules le fardeau de cette responsabilité[193] ». Sous leurs ordres, Adolf Eichmann, le chef du bureau IV B 4, est le véritable technicien de la « solution finale », tout au moins en ce qui concerne la première partie du processus, c'est-à-dire le dénombrement, l'arrestation et le transport vers les lieux d'extermination des Juifs. Plus exactement, Eichmann était investi de fonctions doubles. Rapporteur en chef des questions juives, il était chargé, par-dessus la tête de ses supérieurs directs, de la liaison entre Himmler et ses délégués dans les territoires occupés, les « chefs suprêmes des SS et de la police ». Aussi était-il parfaitement renseigné et prenait-il une part active aux exterminations partout où elles s'exerçaient. Chef du bureau IV B 4, il était plus particulièrement chargé en cette qualité de l'organisation des déportations et des négociations qu'elles entraînaient ; cette compétence s'étendait à tous les pays européens, à l'exclusion du Reich et de la Pologne, qui relevaient de la compétence directe de Himmler et de Heydrich.

Depuis les jours de Vienne et de Prague, son bureau s'était considérablement agrandi. Eichmann disposait d'une équipe parfaitement soudée : ses lieutenants — dont la plupart étaient d'origine autrichienne comme lui[1] — parcouraient l'Europe entière, et partout les sections du IV B 4, officiellement rattachées au « chef suprême des SS et de la police » du territoire, disposaient de pouvoirs exorbitants, ne prenant leurs ordres que d'Eichmann seul. Parmi ses adjoints se trouvaient les frères Rolf et Hans Günther, qui, si l'on en croit D. Wisliceny[(194)], étaient les fils du redoutable théoricien des questions raciales, l'anthropologue Hans K. Günther ; Rolf était son remplaçant direct, tandis que Hans, installé à Prague, était le plénipotentiaire pour la Bohême et la Moravie. Le commandant Franz Novak était chargé des laborieuses négociations nécessaires pour l'obtention des trains de déportation[(195)]. Théo Dannecker

---

1. En particulier, Franz Novak, Aloïs Brunner, Franz Abromeit, ainsi que presque tous les membres de l'état-major personnel d'Eichmann. Celui-ci avait tendance à s'entourer de compatriotes ; de plus (ainsi que le rappelle l'écrivain Eugen Kogon, l'historiographe des camps de concentration) au cours des années de croissance de la SS, de 1933 à 1938, les recrues autrichiennes, issues de la « Légion autrichienne » formée en Bavière, étaient particulièrement nombreuses (*Der SS-Staat*, p. 288, Düsseldorf, 1946.)

De toute manière, la part prise par les Autrichiens dans la « solution finale » était singulièrement importante. Rappelons que Kaltenbrunner, le successeur de Heydrich à la tête du RSHA, ainsi qu'Odilo Globocnik, chargé de l'extermination des Juifs de la Pologne, étaient également des compatriotes d'Adolf Hitler.

(France, Bulgarie, Italie), Dieter Wisliceny (Slovaquie, Grèce, Hongrie), Aloïs Brunner (Grèce, France), Franz Abromeit (Croatie, Hongrie), tels sont les noms, encore aujourd'hui chargés d'une signification sinistre, de quelques autres envoyés spéciaux d'Adolf Eichmann, *missi dominici* ayant pouvoir de vie et de mort sur les destinées des Juifs d'Europe.

Les complexités de la tâche d'Eichmann ressortent d'une série de consultations qui furent tenues au siège du RSHA, avec le concours de délégués des « administrations intéressées ». La première de ces conférences, celle du 20 janvier 1942, fut présidée par Heydrich ; celles qui suivirent, par Eichmann ou par Rolf Günther.

Quel était le nombre total de Juifs à déporter ? Dans son discours du 20 janvier, Heydrich évaluait le nombre de Juifs d'Europe à plus de 11 millions, dont plus de 95 p. 100 résidant dans les terri-toires « sous l'influence allemande[1] ». Or, si certains pays étaient complètement asservis, d'autres jouissaient d'une autonomie plus ou moins grande suivant les cas. D'autre part, partout résidaient des Juifs de nationalité étrangère, des ressortissants neutres ou ennemis. Leurs consulats, leurs gouvernements, étaient susceptibles d'intervenir pour eux, leur déportation risquait d'entraîner parfois des complications diplomatiques. C'est pourquoi les experts du ministère des Affaires étrangères étaient appelés à jouer dans ces questions un rôle décisif.

---

1. Voici, pays par pays, les chiffres donnés par Heydrich : « Ancien Reich », 131 800 ; Autriche, 43 700 ; territoires de l'Est, 420 000 ; gouvernement général de Pologne, 2 284 000 ; protectorat de Bohême et Moravie, 74 200 ; Bialystok, 400 000 ; Esthonie : nettoyée de ses Juifs ; Lettonie, 3 500 ; Lituanie, 34 000 ; Belgique, 43 000 ; Danemark, 5 600 ; France (zone occupée), 165 000 (zone non occupée), 700 000 ; Grèce, 69 500 ; Pays-Bas, 160 800 ; Norvège, 1 300 ; Bulgarie, 48 000 ; Angleterre, 330 000 ; Finlande, 2 300 ; Irlande, 4 000 ; Italie, 58 000 ; Albanie, 200 ; Croatie, 40 000 ; Portugal, 3 000 ; Roumanie (Bessarabie comprise), 342 000 ; Suède, 8 000 ; Suisse, 18 000 ; Serbie, 10 000 ; Slovaquie, 88 000 ; Espagne, 6 000 ; Turquie d'Europe, 55 500 ; Hongrie, 742 800 ; U. R. S. S. 5 000 000 (dont Ukraine, 2 994 648) ; Russie Blanche, 446 484. Au total, plus de 11 millions. En général assez précis, ces chiffres sont grandement exagérés en ce qui concerne l'URSS, et surtout en ce qui concerne la France. (Par la suite, la section du IV B 4 en France donnera des chiffres bien plus précis.)

Deux catégories de Juifs échappèrent d'emblée à l'engrenage déportationnaire : ce n'est pas un des moindres paradoxes de la douloureuse histoire de l'extermination, que ce furent justement celles qui auraient dû paraître condamnées au premier chef. N'étaient pas déportés les Juifs de nationalité ennemie (anglaise ou américaine), ni les prisonniers de guerre (français, belges, hollandais et polonais y compris). Dans les deux cas, les Nazis craignaient des représailles. Les prisonniers de guerre étaient protégés par la Convention de Genève, leurs camps contrôlés par la Croix-Rouge. Ainsi furent épargnés les hommes jeunes en âge de combattre, tandis que leurs femmes, leurs enfants ou leurs parents partageaient le sort commun, qui fut aussi celui des prisonniers libérés, parfois arrêtés le lendemain de leur retour au pays natal. D'autre part, les pays neutres furent invités à rapatrier leurs ressortissants juifs, ce que généralement ils s'empressèrent de faire.

Plus complexe fut le problème en ce qui concerne les pays satellites et autonomes. À la conférence du 20 janvier, Heydrich propose que, « dans chaque cas séparé, les experts des Affaires étrangères confèrent avec le spécialiste compétent du RSHA ». Mais le représentant des Affaires étrangères, le sous-secrétaire d'État Luther, avait déjà préparé un mémorandum, qui exprimait « les désirs et les idées des Affaires étrangères à propos de la solution finale prévue pour la question juive en Europe[1] ». Ce mémorandum comprenait 8 paragraphes : « § 3. Déportation de tous les Juifs serbes. § 4. Déportation des Juifs qui nous seront remis par le gouvernement hongrois. § 5. Déclaration de nos bonnes dispositions aux gouvernements roumain, slovaque, croate, bulgare et hongrois, en ce qui concerne les déportations à l'est des Juifs habitant ces pays… » Dans ces conditions, l'entente fut

---

1. Berlin, le 8 décembre 1941. La signature du mémorandum est illisible : sans doute a-t-il été rédigé par Rademacher. Signalons à ce propos que la conférence réunie par Heydrich le 20 janvier 1942 avait été convoquée une première fois pour le 9 décembre 1941 (d'où la date du mémorandum des Affaires étrangères). Au tout dernier instant toutefois, elle fut décommandée « à la suite d'événements inattendus », c'est-à-dire l'attaque de Pearl Harbour, et l'entrée des États-Unis dans la guerre.

facile à réaliser. Le ministère des Affaires étrangères fit accréditer, auprès des gouvernements satellites, des « attachés aux questions juives », dont la mission était d'obtenir, en même temps qu'une « coordination de la législation antijuive », l'accord de ces pays aux déportations des Juifs. Nous verrons les résultats, variables suivant les pays, obtenus par ces diplomates : travaillant la main dans la main avec les émissaires du IV B 4, ils se révélèrent partout des fonctionnaires zélés. Officiellement, il est vrai, il n'était question que de déportations à l'est ; ce n'est qu'à un « transfert de populations » qu'ils étaient appelés à donner leur concours. Nous verrons aussi ce qu'il faut retenir de cette fiction, commode surtout pour l'ancienne garde de diplomates chevronnés : tandis que les jeunes, les membres du parti, se donnaient à leur tâche avec une ardeur entière, ceux-ci, et le secrétaire d'État von Weizsäcker à leur tête, se conduisaient en techniciens indifférents, et ne pas savoir paraissait être leur mot d'ordre. « Les Affaires étrangères manquent des renseignements et éléments nécessaires pour porter un jugement concret sur les mesures prévues... », écrivit le jurisconsulte du ministère, consulté à propos d'un point particulier de la « solution finale[196] ». Ne pas savoir, fermer les yeux : l'attitude du corps constitué des diplomates allemands rappelait singulièrement, dans son ensemble, celle des militaires.

Un autre gros problème qui se posait au IV B 4 était celui des transports. Ceux-ci, qui se faisaient par chemin de fer, nécessitaient des milliers de convois, à une époque où le réseau des communications allemandes était tendu à l'extrême. Les priorités de la « solution finale » se heurtaient aux priorités militaires. Parfois, les déportations se trouvaient suspendues de ce fait : partout le IV B 4 cherchait à les adapter à la situation. Ainsi, lorsque le ministère des Transports annonçait en été 1942 que « des raisons militaires s'opposaient au départ des Juifs d'Allemagne vers la zone d'opérations de l'Est », l'ordre était donné « de transférer une plus grande quantité de Juifs en provenance de l'Europe du Sud-Est et des régions occupées de l'Ouest[197] ». Lorsque, par contre, Eichmann était avisé qu'à l'ouest et en

France notamment, « la Reichsbahn ne disposera probablement pas des moyens de transport nécessaires en novembre, décembre 1942 et janvier 1943 », il ordonnait « d'accélérer le rythme des déportations à partir du 15 septembre, de manière à déporter à partir de cette date 1 000 Juifs par jour[198] ». À en croire Dieter Wisliceny, « les transports liés à la solution finale, venant aussitôt après les transports militaires, avaient priorité sur tous les autres mouvements de marchandises[199] ». Néanmoins, et malgré toute l'énergie dont faisaient preuve Eichmann et Novak, malgré toute la bonne volonté du ministère des Transports, la pénurie du matériel roulant arrêtait dans certains secteurs les déportations pour des mois entiers.

Ainsi donc, la question des transports influait grandement sur le choix des objectifs et l'horaire général des déportations. Dans ce domaine, le trio Himmler-Heydrich-Eichmann n'avait pas de plan préconçu, s'inspirant des possibilités de l'heure, que cela fût du point de vue ferroviaire ou du point de vue politique. L'essentiel, suivant l'expression de Himmler, était « d'envoyer à l'est autant de Juifs que cela est humainement possible[200] ». Il était tout naturel qu'on commençât par les Juifs d'Allemagne : nous avons vu que les déportations des Juifs allemands commencèrent bien avant la mise en marche des exterminations. Tout aussi logiquement, les Juifs polonais vinrent ensuite en deuxième lieu. À ce propos, le sous-secrétaire d'État Buehler, qui à la réunion du 20 janvier représentait Hans Frank et l'administration du gouvernement général, intervint dans les termes suivants : « Le gouvernement général serait heureux que, lors de la solution finale de la question, on commençât par le gouvernement, parce que le problème des transports n'y présente qu'un caractère secondaire, et que les problèmes de main-d'œuvre ne s'y opposeraient pas à l'action. Des deux millions et demi de Juifs qui seraient touchés par ces mesures, la majorité, de toute façon, est inapte au travail... Je ne demande qu'une chose : que la question juive dans ce pays soit résolue au plus vite... » Les désirs de Buehler furent pleinement exaucés.

Le plus souvent, les convois des Juifs du gouvernement général étaient dirigés sur l'un des trois camps d'extermination de Pologne orientale (Belsec, Sobibor, Treblinka), tandis que Auschwitz était réservé aux Juifs des autres nationalités. Mais des milliers de Juifs polonais furent exterminés à Auschwitz, et de nombreux convois venant de l'Europe occidentale, surtout des convois de Juifs hollandais, aboutirent au gouvernement général. Il devait certainement exister au IV B 4 un service régulateur, distribuant les convois suivant la capacité des camps et les conditions de l'heure : nulle trace n'en a encore été retrouvée. Si, en gros, le nombre des trains commandés auprès du ministère des Transports était déterminé par le nombre de Juifs à déporter, dans le détail la cadence des déportations était souvent déterminée par le nombre de convois disponibles, des rafles spéciales étant parfois organisées afin de compléter les effectifs.

De même que toutes les autres phases des exterminations méthodiques, l'activité de l'appareil déportationnaire était entourée de secret et de mystère. Secret portant éventuellement sur la destination des convois, officiellement prévus pour une « colonisation à l'est ». Nous avons vu la terminologie volontairement complexe dont a fait usage Heydrich lors de la conférence du 20 janvier : « ... Formés en colonnes de travail... les Juifs seront menés dans ces territoires ; une partie... s'éliminera par décroissance naturelle. Le résidu... devra être traité en conséquence... » Il est caractéristique qu'il répugnait aux Nazis de mettre les points sur les *i*. Eichmann, qui depuis avril 1942 était en possession d'un ordre écrit plus explicite, n'en révéla le contenu précis à ses plus proches collaborateurs qu'en novembre, c'est-à-dire sept mois plus tard[1]. Et le secrétaire de Himmler, à propos du rapport statistique commandé par le Führer, écrit en avril 1943 : « Le Reichsführer désire qu'en aucun endroit il ne soit parlé de « traitement spécial des

1. À en croire Dieter Wisliceny, qui est le seul membre de l'équipe d'Eichmann à avoir fait devant la justice alliée des révélations abondantes. Les renseignements qu'il a fournis se sont toujours trouvés être corroborés par les autres sources d'information, telles qu'archives allemandes, dépositions de témoins, etc.

Juifs ». Il faut dire : « transport de Juifs vers l'Est russe »[201]... »
Parfois même ce dernier terme paraissait trop cru. Une instruction
du quartier général de l'Oberkommando de l'Armée interdisait
d'utiliser l'expression « envoi à l'Est, ce terme de l'époque tzariste
étant encore associé aux déportations en Sibérie... il faudra donc
employer l'expression : « envoi aux travaux obligatoires[202] ». Cette
fiction était soigneusement entretenue. Une note du sous-secrétaire
d'État Luther, datée du 21 août 1942, indique : « Les transports
vers le gouvernement général sont une mesure provisoire. Les
Juifs seront transférés dans les territoires occupés plus loin à l'est,
dès que les conditions techniques le permettront[203]. » Inutile de
dire que ces circonlocutions de circonstance ne trompaient plus
personne. Un rapport adressé à Luther à la même époque par
son collaborateur Rintelen contient, par exemple, cette phrase :
« Il est prévu de transférer les Juifs de Roumanie, en transports
successifs, vers la région de Lublin, où ceux qui sont aptes au
travail seront affectés de manière correspondante, tandis que
le restant sera soumis au traitement spécial[204]. » Il existe bien
d'autres exemples de pareilles « bévues ». Malgré tous les efforts
des initiés, de plus en plus la véritable destination des convois
devenait de notoriété publique. Aussi bien laissera-t-on partiellement tomber plus tard ces précautions, et Eichmann lui-même
parlera ouvertement en 1944 de ses « moulins d'Auschwitz[205] ».
Nous reviendrons encore à cette question du secret, une des plus
révélatrices qui soient pour la psychologie nazie et la mentalité
allemande en général.

LES DÉPORTATIONS DE « GRANDE ALLEMAGNE »

La « Grande Allemagne » (Allemagne, Autriche, Bohême
et Moravie) constituait, du point de vue qui nous occupe ici, un
seul territoire. Les déportations y étaient menées à bien par les
organes de la police ordinaire allemande, sous la haute surveillance
du IV B 4.

Les déportations massives d'Allemagne commencent le 15 octobre 1941. Elles débutent avant que les modalités de la « solution finale » aient été décidées au RSHA, avant même qu'aient été mis au point les procédés d'extermination. Mais nous avons vu avec quelle hâte extrême Heydrich et Eichmann attendaient l'heure de pouvoir faire disparaître les Juifs du sol du IIIe Reich. Depuis le 31 juillet, carte blanche vient de leur être donnée à cet effet.

Entre le 15 et le 31 octobre, près de 20 000 Juifs, des vieillards pour la plupart, furent, malgré les protestations de l'administration allemande du ghetto de Lodz et de son commissaire Hans Biebow, déportés dans ce ghetto. Ensuite, au cours du mois de novembre 1941, 50 000 Juifs allemands et tchèques furent déportés vers les régions occupées de Russie, à Riga et à Minsk principalement. (Le premier groupe sera exterminé quelques semaines plus tard, le deuxième survivra plusieurs mois.) Les Juifs désignés pour la déportation étaient avertis par convocations individuelles, parfois une ou deux semaines à l'avance. Les possibilités d'évasion ou de camouflage étant presque nulles, peu nombreux étaient ceux qui s'y dérobaient. Par contre, les suicides étaient fréquents. Soigneusement ordonnés, les départs des convois soulevaient peu d'émoi parmi les populations allemandes. Les rapports adressés par les convoyeurs au RSHA ne mentionnent guère d'incidents. Une indifférence mêlée d'hostilité les accompagnait généralement au cours de leurs voyages interminables. « L'Union des Juifs du Reich » prenait une part active à l'organisation des transports, et ses organes étaient même parfois chargés d'en désigner les participants.

Nous voyons ainsi apparaître le procédé caractéristique qui consistait à faire participer les victimes elles-mêmes aux diverses phases de l'action exterminatrice. Né sans doute d'un simple souci de simplification, puisque les organes d'auto-administration juive étaient déjà en place, cet expédient fournissait partout aux Nazis ample occasion d'exercer leur volonté d'abaissement et de haine. Les dirigeants juifs, qui répondaient de leurs têtes et de leurs familles en cas de défections ou d'évasions, étaient invités à se faire les complices des recherches : on s'imagine sans peine les dilemmes sans issue dans lesquels ils se trouvaient placés. Finalement, le personnel de l'Union en son entier était obligé de prêter la main aux déportations. Le récit naïf d'une jeune Juive, assistante sociale à Berlin, fournit un exemple.

« *À huit heures du soir nous fûmes convoqués au siège de la communauté. La Gestapo nous y communiqua qu'un transport d'orphelins devait partir, et que le contingent nécessaire n'ayant pu être fourni par les maisons d'enfants, il nous fallait chercher les orphelins habitant dans les familles privées et les conduire au camp de transit. Nous, les jeunes filles juives, devions aller chercher les enfants juifs. Aujourd'hui encore je ne comprends pas comment j'en trouvai le courage et l'énergie. J'avais vingt ans à l'époque. Nous reçûmes un laissez-passer de nuit, une liste de quatre ou cinq adresses : on nous donna un délai jusqu'à quatre heures du matin.*

« *Nous nous mîmes en route deux par deux, cherchant les maisons dans l'obscurité. Les maisons étant fermées à clef à neuf heures à Berlin, nous devions réveiller le portier et présenter d'abord nos laissez-passer. Les appartements juifs ne nous étaient ouverts qu'après maints coups de sonnette, car c'était l'heure redoutable des arrestations, lorsque les familles pâlissent à chaque coup de sonnette et où la femme va chercher les sacs et bagages, tandis que le mari ouvre la porte.*

« *Nous apercevant avec nos étoiles, les gens respiraient, mais à quelles scènes terribles assistâmes-nous, après qu'on eut appris le but de notre venue*[206]*… »*

La cadence des déportations se ralentit considérablement au début de 1942 (nous avons vu qu'au cours de l'été 1942, les déportations d'Allemagne furent temporairement suspendues), pour reprendre en automne avec une vigueur accrue. Le rapport statistique déjà cité évalue à 217 748 le nombre total des Juifs déportés au 31.12.1942 (Allemagne proprement dite : 100 516 ; Autriche : 47 555 ; Bohême-Moravie : 66 677). Les quelques dizaines de milliers d'ouvriers qualifiés qui restaient furent déportés au cours des premiers mois de 1943 (à Berlin, la « rafle des usines » du 27 février au 3 mars 1942 toucha 12 000 Juifs). Tous ces convois vont directement à Auschwitz, à l'exception de quelques transports « privilégiés », dirigés sur Theresienstadt.

Il nous reste à ajouter quelques mots sur le sort des déportés d'automne 1941. Ainsi que nous l'avons dit, ils connurent un sursis de plusieurs mois. Ceux qui furent dirigés sur Minsk bénéficièrent du reste d'un intercesseur inattendu, en la personne du commissaire général de la Russie Blanche, le gauleiter Wilhelm Kube, vétéran chevronné du mouvement hitlérien. « Je te prie de me donner des instructions…, écrivait-il à son chef, le « commissaire du Reich » Heinrich Lohse. Parmi ces Juifs se trouvent des anciens combattants, détenteurs de la Croix de fer, des blessés de guerre, des demi-Aryens et même des trois quarts d'Aryens… Je ne manque pas de dureté et je suis prêt à contribuer à la solution du problème juif, mais des gens qui viennent des mêmes milieux culturels que nous, c'est tout de même autre chose que les hordes bestiales autochtones[207]… » (Un long rapport du SD de Russie Blanche énumère d'autre part les nombreuses défaillances du vieux gauleiter : il a serré la main d'un Juif qui avait sorti son auto d'un garage en flammes ; il avait avoué qu'il appréciait la musique de Mendelssohn et d'Offenbach en ajoutant « qu'indiscutablement il y avait des artistes parmi les Juifs » ; il a promis la vie sauve à 5 000 Juifs allemands déportés à Minsk)[208]. Le 31 juillet 1942 un rapport du même Kube annonce à Lohse : « A Minsk, approximativement 10 000 Juifs ont été liquidés les 28 et 29 juillet… la plus grande partie d'entre eux avait été déportée à Minsk en novembre dernier, par ordre du Führer, de Vienne, Brünn, Bremen et Berlin[209]… »

LES DÉPORTATIONS DE POLOGNE

Dans le « gouvernement général » de Pologne, la « solution finale » est confiée à un ami personnel d'Eichmann, le général SS Odilo Globocnick, « chef suprême des SS et de la police » de la région de Lublin. Les déportations des Juifs vers les camps d'extermination commencent au mois de mars 1942. Ainsi que partout ailleurs, elles sont présentées comme des « transferts » et « expulsions » (Aussiedlungen). Dès la fin de 1943, Globocnick prend soin de détruire tous les documents relatifs à ces opérations, auxquelles la désignation populaire « d'actions » reste attachée[210]. Dans les conditions particulières du gouvernement général, elles se transforment d'emblée en massacres au grand jour, et l'extermination commence au ghetto même. Un silence de mort plane néanmoins sur le lieu de destination des convois, qui sont censés partir en Russie, et qui sont dirigés en fait sur le camp d'extermination de Belzec, installé à la frontière orientale du gouvernement, à 100 kilomètres de Lublin.

Le capitaine SS Höffle, qui dirigeait le premier commando chargé des « actions », semble avoir hésité au début sur la technique à adopter. Faut-il sélectionner les hommes encore aptes au travail dans le ghetto même, ou lors de leur arrivée au camp d'extermination ? [1]En fait, aucune règle précise ne fut adoptée. Parfois, les habitants étaient emmenés sans discrimination ; plus souvent, un tri sommaire s'effectuait avant l'embarquement. Dans la majorité des cas, l'action avait lieu de la manière suivante : le commando faisait irruption dans un ghetto, avec mission

---

1. Note conservée dans les archives de l'administration allemande à Lublin, datée du 17 mars 1942, signature illisible. L'auteur de la note avait conféré avec Höffle au sujet des déportations : « ... Au cours de l'entretien, le Hauptsturmführer Höffle a déclaré ce qui suit : 1° il serait bon de séparer déjà dans les stations de départ les transports dirigés sur la région de Lublin en Juifs aptes au travail et inaptes au travail. Si cela n'était pas faisable, il faudra éventuellement avoir recours à une sélection à Lublin de ce point de vue ; 2° les Juifs inaptes au travail sont tous dirigés à Belzec, la dernière station au district de Zamosc ; 3° le Hauptsturmführer Höffle prévoit l'installation d'un grand camp de travail pour les Juifs aptes... »

de réunir un contingent donné de Juifs à fournir au camp d'extermination. Le Conseil juif local était avisé en conséquence. Assistés d'auxiliaires de la police spéciale, polonaise ou ukrainienne, et parfois même de membres du service d'ordre juif, les SS, fracturant les portes, mitraillaient et incendiaient les maisons, pourchassaient et canalisaient les Juifs vers le lieu de rassemblement. Au moindre signe de résistance, à la moindre hésitation, les Juifs étaient abattus sur place, de même que les malades et les traînards. Voici une brève description d'une des premières « actions », celle de Zamosc.

« *Le 11 août 1942, un samedi, les SS, les SD et la gendarmerie à cheval, telle une horde de sauvages, s'abattirent sur le quartier juif de Zamosc. Ce fut une surprise totale. Les brutes à cheval surtout semèrent la panique ; ils parcouraient les rues, hurlant des insultes, assenant des coups de cravache de tous les côtés. Notre communauté comptait alors 10 000 personnes. En un clin d'œil, sans même réaliser ce qui se passait, une foule de 3 000 personnes, hommes, femmes et enfants, pris au hasard, dans les rues, dans les logements, fut chassée vers la gare et déportée vers une destination inconnue... Le spectacle que présentait le ghetto après l'assaut rendait les survivants littéralement fous d'horreur. Des tués partout, dans les rues, dans les cours, à l'intérieur des maisons ; des bébés précipités du deuxième, du troisième étage, gisaient écrasés sur les trottoirs. Les Juifs eux-mêmes devaient ramasser et enterrer les morts*[211]... »

Orgie sanguinaire, mais aussi souci d'efficacité : dans les conditions données, une panique totale était de nature à permettre de réunir et compléter les convois dans les plus brefs délais. La proportion des Juifs tués sur place était considérable, s'élevant jusqu'à 5 p.100 et même 10 p.100.

De mars à juillet 1942, les ghettos situés dans un périmètre de deux cents kilomètres autour de Belzec furent ratissés de cette manière[1]. L'action dura plusieurs semaines dans les grands ghettos de Lublin (du 17 mars au 20 avril) et de Lvov (du 10 mars au 1er avril). Le système adopté étant celui de contingents, calculés en fonction de la capacité de Belzec, la plupart des ghettos furent évacués en plusieurs actions, parfois à quelques mois d'intervalle. Entre temps, les camps d'extermination de Sobibor et de Treblinka étaient installés plus au nord en mai et juillet respectivement. Le 19 juillet, Himmler, après avoir pris personnellement connaissance de la progression de la « solution finale » en Pologne, la fit étendre à l'ensemble du gouvernement général. De Lublin, il donna l'ordre au général SS Krüger, « chef suprême des SS et de la police pour l'Est », de « mener à bien et de terminer l'évacuation de la totalité de la population juive du gouvernement général avant le 31 décembre 1942... à moins qu'ils ne séjournent dans un camp de rassemblement (Varsovie, Cracovie, Czestochow, Radom, Lublin[212] ». Trois jours plus tard, le 22 juillet 1942, le commando du capitaine Höffle faisait son apparition au ghetto de Varsovie.

Dans cet énorme ghetto, avec ses 400 000 habitants, avec son corps de police de plus de 2 000 agents juifs, l'action fut d'abord conduite d'une manière différente. Les SS exigèrent du Conseil juif un contingent quotidien de 5 000 Juifs à évacuer, sélectionnés parmi les non-travailleurs, et c'est la police juive qui fut chargée des sélections. De la gare de triage, les convois partaient au camp de Treblinka. Quelques jours plus tard, le contingent quotidien fut élevé à 7 000. Tcherniakov, le président du Conseil juif, se suicidait le lendemain. Un système de primes en nature (7 livres de pain, 2 livres de marmelade) fut introduit pour les candidats volontaires à « l'évacuation » ; pendant deux, trois jours, l'afflux de ces volontaires, épaves affamées et désespérées, dépassa le contingent

---

1. Bien qu'il soit difficile de se faire une idée précise du tableau de marche adopté pour les « actions » successives, on peut admettre que Globocnick envisagea une immense rafle concentrique, dont Belzec était le centre. En effet, les ghettos les plus éloignés de Belzec, tels que Lublin, Lvov, Mielec, furent assaillis en mars-avril, tandis que des ghettos plus rapprochés, tels que Bilgoraj, Tomaszow, Hrubiezow, ne furent attaqués qu'en mai et juin.

exigé qui avait été porté à 10 000 ; il baissa ensuite ; la police juive ne suffisait pas à la besogne. C'est dans ces conditions que, le 7 août, le commando de Höffle, faisant irruption dans le ghetto, adopta un système de chasse à l'homme directe, revenant ainsi à la règle générale... Avec de brèves interruptions, la grande action de Varsovie se poursuivit pendant plus de dix semaines, jusqu'au 3 octobre 1942. D'après les chiffres allemands, 310 322 Juifs furent évacués de Varsovie au cours de cet été 1942[1].

Parallèlement, les actions se poursuivaient dans toutes les régions de l'« ancienne Pologne », toujours dans les mêmes conditions, avec parfois des perfectionnements supplémentaires. Ainsi, à Radom, où l'action débuta dans la nuit du 4 au 5 septembre 1942, des ampoules à grande puissance furent adaptées à l'éclairage urbain, afin d'illuminer *a giorno* le quartier juif[213]. À mesure que diminuait la population des ghettos, la lutte tenace que menaient les entrepreneurs d'esclaves pour la sauvegarde de ce qui leur restait de main-d'œuvre juive prenait des formes nouvelles : ils s'efforçaient de concentrer les travailleurs dans des commandos de travail extérieurs, les « plaçowki ». Peine perdue : les SS venaient faire des « sélections » sur place. Au cours de ce même été 1942, les actions s'étendirent aux derniers ghettos subsistant dans les « territoires annexés » (Sosnowice, Dabrowa, Czestochow, Bieliko) ; le camp d'Auschwitz, situé à proximité, venait d'être puissamment agrandi. Quant au grand ghetto de Lodz, ses « bouches inutiles » étaient envoyées depuis le début de l'année, par petits paquets, au camp d'extermination de Chelmno ; tous les enfants et tous les vieillards y furent déportés en une seule action, en septembre 1942.

Ainsi, c'est au cours de l'année 1942 que fut déportée la majeure partie, près des 5/6, des Juifs de Pologne. L'horaire imposé par Himmler ne fut cependant pas scrupuleusement observé. À la date limite du 31 décembre, il restait encore dans le gouvernement

---

1. Rapport du général SS Stroop sur la destruction du ghetto de Varsovie. Varsovie, le 16 mai 1943 (PS 1061).

général, suivant les statistiques allemandes, près de 300 000 Juifs. Le 16 février 1943, le Reichsführer adresse à Krüger une de ces remontrances sentencieuses si caractéristiques de sa manière d'instituteur-bourreau. « Pour des raisons de sécurité, j'ordonne de démolir le ghetto de Varsovie après la création du camp de concentration, en utilisant judicieusement toutes les parties de maisons et matériaux récupérables. La démolition du ghetto et la création du camp de concentration sont nécessaires, car autrement, nous ne pourrons, sans doute, jamais pacifier Varsovie, et les bandes criminelles ne pourront être exterminées si le ghetto est maintenu[214]. »

On sent percer dans ces lignes la crainte d'une résistance naissante. Un long rapport du général Katzmann, chef suprême des SS et de la police de la province de Galicie, fait état lui aussi de résistance organisée : « … Les Juifs cherchaient par tous les moyens à se soustraire à l'évacuation… Au fur et à mesure que leur nombre diminuait, leur résistance devenait de plus en plus acharnée. Ils se servaient pour leur défense d'armes de toutes catégories et, entre autres, d'armes italiennes, qu'ils achetaient aux soldats italiens cantonnés dans le pays, en payant un prix très élevé[215]… » Le vent de la révolte s'était enfin levé dans les ghettos. Les dernières grandes évacuations, celle de Varsovie en avril 1943, celle de Bialostok en août 1943, furent accompagnées de combats désespérés.

Caractères propres des déportations en Pologne

La densité de la population juive en Pologne pourrait à elle seule expliquer pourquoi, dans un souci du moindre effort, les Nazis installèrent en Pologne les grands camps de la mort. Cette proximité, ainsi que l'échelle gigantesque des opérations, marquent la tragédie polonaise de son caractère spécifique propre, et à nul autre comparable. Il n'y a pas, lors des « actions » dans les ghettos, de solution de continuité entre les déportations proprement dites et les exterminations. L'extermination commence au ghetto même, et Belzec ou Treblinka, qui ne sont qu'une simplification technique, sont à portée de main. Ils permettent cependant d'étendre sur l'œuvre exterminatrice un voile qui satisfait aux exigences de la « manière allemande ». Une fiction s'institue, dont personne n'est dupe, mais qui facilite l'ignorance de commande et permet de couper court aux protestations. Elles sont bien, elles aussi, dans la manière allemande, les paperasseries bureaucratiques qui surgissent à propos des déportations, tel ce dossier, né d'une réclamation de l'Assistance publique de Cracovie, exigeant du Conseil juif de Mielec un arriéré de deux mille deux cent soixante zlotys pour « frais d'hospitalisation », dossier qui trois mois plus tard, après avoir fait le tour de plusieurs administrations, fait retour de Lublin à Cracovie avec cet avis : « ... Comme suite à votre réclamation, je vous communique que le Conseil juif de Mielec a été évacué en Russie. Il est malheureusement impossible de donner des indications précises sur son adresse, car celle-ci est inconnue[216]. »

Les Juifs de Pologne, eux aussi, contrairement à leurs frères des autres pays, ne pouvaient guère être dupes. Les premiers cris d'alarme fusèrent dès l'installation de la station d'extermination de Chelmno près de Lodz. Un de ces messages tragiques a été conservé, il s'agit d'une lettre adressée par le rabbin de la petite localité de Grabow à ses amis de Lodz, le 19 janvier 1942.

« *Mes très chers,*

« *Je ne vous ai pas répondu jusqu'ici, car je ne savais rien de précis sur tout ce qu'on m'a dit. Hélas ! pour notre grand malheur, nous savons déjà tout maintenant. J'ai eu chez moi un témoin oculaire qui grâce à un hasard fut sauvé... j'ai tout appris de lui. L'endroit où ils sont exterminés s'appelle Chelmno, près de Dabia, et on les enterre tous dans la forêt voisine de Lechow. Les hommes sont tués de deux manières : par les fusillades ou par les gaz... Depuis quelques jours, on amène des milliers de Juifs de Lodz et on en fait de même avec eux. Ne pensez pas que tout ceci vous soit écrit par un homme frappé de la folie, hélas ! c'est*

la tragique, l'horrible vérité... Horreur ! Horreur ! « Homme,
ôte tes vêtements, couvre ta tête de cendres, cours dans les rues
et danse, pris de folie... » Je suis tellement las que ma plume ne
peut plus écrire. Créateur de l'univers, viens-nous en aide !

« Jacob Szulman[217]. »

Cette lettre fut écrite en janvier 1942, à une époque où le camp
de Chelmno ne fonctionnait encore qu'à petit débit. Plus tard,
les renseignements, les preuves affluèrent en grande quantité.
Longtemps, cependant, les masses juives des ghettos refusaient
d'y croire. Leur volonté de vivre se nourrissait d'un optimisme
aveugle. Ce faisant, elles n'allaient qu'au-devant des désirs allemands : ainsi, une sourde connivence reliait victimes et bourreaux.

Ils furent nombreux, les facteurs qui contribuèrent à maintenir
les Juifs polonais dans une attitude de résignation passive, jusqu'à
ce que sonnât l'heure des « actions ». Maintes choses, nous l'avons
vu, s'expliquent par l'état d'affaiblissement physique du plus
grand nombre. Le manque de traditions militaires, ainsi que le
manque d'armes tout court, sont d'autres éléments auxquels nous
reviendrons par la suite. Les Allemands, à l'aide de stratagèmes
et de ruses grossiers, s'employaient de leur côté à maintenir les
illusions juives.

Nouvelles et signes de vie donnés par certains déportés exceptionnellement admis à survivre, bruits fantastiques répandus au sujet
d'un échange de Juifs contre des Allemands internés par les Alliés,
tels furent certains de ces procédés. La place essentielle revenait
toujours aux certificats de travail. Ceux-ci étaient constamment
contrôlés, modifiés, annulés ou revalidés : cette confusion même
stimulait la vivace foi en leurs vertus magiques. De la sorte, les
Juifs, pendant de longs mois, se leurraient de l'illusion que leur
ghetto serait épargné, et que même si le pire s'abattait sur leur
communauté, eux-mêmes seraient personnellement préservés.

Le sort du ghetto de Varsovie fut l'événement capital, rendant
tangible la réalité et dispersant tous les doutes. Les imaginations

s'exercèrent alors dans de nouvelles voies à la recherche de subterfuges propres à éviter le sort : cachettes, abris, « bunkers », creusés
profondément sous terre ; faux papiers, évasions à l'étranger.
Rien de tout cela ne fut ignoré des Allemands. « Non seulement
ils essayaient de fuir, mais ils se cachaient dans tous les coins
possibles et imaginables : les canalisations, les cheminées, et
même dans les fosses à purin, etc. Ils se barricadaient dans les
passages des catacombes, dans les caves qu'ils transformaient
en casemates, dans les trous sous la terre, ils aménageaient des
cachettes ingénieuses dans les greniers, dans les hangars et même
dans les meubles... Ils faisaient des efforts désespérés pour fuir
à l'étranger... Ils usaient de tous les moyens pour arriver à leurs
fins et souvent s'adressaient aux membres allemands et alliés de
la Wehrmacht, en les priant de les transporter dans une voiture
militaire à la frontière ou au-delà. Pour se faire transporter, ils
offraient des sommes considérables[218]... »

Sauf de rares exceptions, ces subterfuges restaient inefficaces,
tout aussi que celui qui projeta une lumière trouble et cruelle sur
les derniers jours des ghettos : l'engagement dans la police juive,
l'activité des Conseils juifs et la part prise par certains Juifs aux
déportations, justement dans le but de s'y soustraire eux-mêmes.
Nous revenons ainsi au thème des Conseils juifs, esquissés ou
institués par les Nazis dans tous les pays, amenés en Pologne au
plus haut degré de leur développement. Sur le caractère que pouvait
prendre leur fonctionnement, le témoignage qui suit peut donner
une idée. (Il s'agit des extraits d'un journal tenu au jour le jour dans
la petite ville de Zbarasz, en Galicie, par le Juif Jacob Littner) :

*(Novembre 1942) : « L'effectif de la milice juive a été porté de
80 hommes à 130. Une « action » doit être imminente. Grünfeld[1]
sait ce qu'il veut. Il est craint par les Juifs tout autant que n'importe
lequel des bourreaux SS. Il est convaincu qu'en trahissant ses
frères il se sauvera lui-même avec sa famille. Les membres de*

1. Le président du Conseil juif.

la milice considèrent eux aussi leur poste comme une assurance sur la vie. Les jeunes gens paient des sommes élevées, jusqu'à 10 000 zlotys, pour pouvoir entrer dans la milice... La vie est cruelle, et l'homme le devient aussi. Que de gardiens nous avons au-desssus de nous ! La milice juive, la milice ukrainienne, les SS ordinaires, les commandos spéciaux SS, la gendarmerie allemande, tous patrouillent dans notre misérable ghetto... »

(Quelques jours plus tard) : « ... De l'alcool a été distribué à la milice juive par le Conseil juif. La nouvelle a fusé comme un éclair au ghetto. Nous savons tous ce que cela signifie — une grande chasse à l'homme —, et grelottant de fièvre, malade, j'ai dû descendre dans notre bunker.

« Malheureusement, deux visiteurs se trouvaient dans notre chaumière lorsque le signal du déclenchement fut donné. Il n'y avait cependant pas assez d'espace dans le bunker. Sur notre demande pressante, les visiteurs, ainsi mis au courant de notre cachette, remontèrent en haut et essayèrent de fuir ailleurs. Quelque temps plus tard, nous entendîmes des pas en haut ; à leurs voix, nous reconnûmes divers miliciens. Après des minutes qui nous paraissaient des siècles, ils quittèrent la maison. Nous croyions déjà avoir surmonté le pire, c'était une erreur.

« Vers cinq heures du matin d'autres miliciens entrèrent et se dirigèrent, sans hésiter, vers notre abri, enlevèrent le camouflage de la descente et frappèrent. Notre cachette avait été trahie. Nous dûmes ouvrir la trappe et mes compagnons montèrent : tremblant de peur et de fièvre je restai seul en bas. Mietek a été emmené par les sbires. Avec des malédictions, ils me laissèrent où j'étais. Ils ne pouvaient pas m'emmener, ils auraient dû me porter. Seul, abandonné et désespéré, je restai dans ma tanière. Je grelottais... Cinq autres miliciens parurent brusquement. Ils me tirèrent à travers l'étroite ouverture et me jetèrent sur le sol. J'ai dû finir par susciter leur pitié. Ils me laissèrent où j'étais et envoyèrent chercher un médecin. Et un deuxième miracle s'accomplit : le Conseil juif fit libérer Mietek... »

(Quelques semaines plus tard) : « J'ai été réveillé ce matin par une fusillade sauvage. Je sautai sur mes pieds et regardai par la fenêtre. Dans le crépuscule matinal, les hommes en uniforme poursuivaient d'autres hommes... Je réveillai tout le monde. Nous nous habillâmes en hâte et descendîmes dans le bunker... Peu à peu la fusillade s'affaiblissait, les cris et les coups de feu s'éteignaient.

« Lorsque le jour se leva, Mietek se décida à sortir du bunker. Il alla au Conseil juif... Une heure plus tard, il revint et nous dit de nous tenir tranquilles, une grande action étant en cours. 900 Juifs auraient déjà été pris, parmi eux sa fiancée. À midi Mietek revint à nouveau. Il était désespéré. Sa situation était terrible : mais il voulait essayer de libérer sa fiancée. Lors des actions précédentes les miliciens, s'ils avaient donné satisfaction, pouvaient libérer un parent. Ils pouvaient aller voir les SS qui dirigeaient l'action et leur dire : « J'ai bien travaillé. » Kohanek, un des miliciens les plus efficaces, put libérer ainsi ses parents, mais il dut livrer à cette fin 24 autres Juifs. Il voulait libérer de la même manière sa sœur, mais ne réussit pas à arrêter 12 personnes de plus... Heure après heure, le temps s'écoulait. Mietek ne revenait pas. Nous attendions. Nous écoutions le bruit des pas. Mais Mietek ne vint pas. Nous ouvrîmes la trappe, pour respirer un peu d'air frais, mais nous n'osions pas quitter notre abri...

« La nuit vint. C'était une longue nuit. Le matin, je me risquai enfin prudemment dans la rue. Des cadavres étaient étendus sur le sol... Les paysans, en route pour le marché, les entouraient, avec curiosité, mais, ainsi me sembla-t-il, sans émotion aucune. Il y avait peu de Juifs vivants dans la rue. Comme des bêtes traquées, nous nous regardions en hésitant... Nous apprîmes que Sternberg, le commandant de la milice, avait été fusillé avec 48 autres miliciens. 1 050 Juifs avaient été fusillés par la milice. Ils avaient été enterrés par les miliciens qui restaient. Ceux-ci furent ensuite fusillés à leur tour. Mietek aussi avait été fusillé[219]*... »*

Telles étaient les situations que la technique des « actions » nazies créait dans les ghettos en liquidation progressive, situations sans commune mesure avec toute expérience humaine, défiant tout critère de moralité et sur lesquelles, semble-t-il, des jugements ne peuvent être portés qu'avec une prudence extrême : nous entrons de plain-pied dans l'univers concentrationnaire. Au cours de ces mêmes mois, une prise de conscience s'effectuait cependant dans les derniers ghettos, clôturant l'histoire millénaire du judaïsme polonais, par l'affirmation de cette résistance sans espoir dont il sera traité plus loin.

LES DÉPORTATIONS DE L'EUROPE DU SUD-EST

Suivant le degré de vassalisation des différents pays, suivant aussi la distance qui les séparait de l'Allemagne, les destinées de plus de 1 million 1/2 de Juifs habitant cette partie de l'Europe furent différentes au possible. Un trait commun se manifeste presque partout : dans ces États aux frontières mouvantes, tout récemment révisées à nouveau, les Juifs des « territoires annexés » sont sacrifiés en premier lieu par les gouvernements, lesquels assurent par leurs propres soins les mesures d'exécution, rafles et internements.

La Serbie, pays placé par les Allemands sous administration militaire directe, fut chronologiquement la première à être touchée par la « solution finale ». Dès septembre 1942, la presse berlinoise pouvait annoncer à ses lecteurs : « La Serbie est la première région de l'Europe à être nettoyée de ses Juifs[1]. » En effet, il n'y eut pas de déportations en Serbie : à l'exception de ceux qui trouvèrent refuge auprès des partisans, les Juifs serbes furent exterminés sur place. Il est caractéristique que le ministère des Affaires étrangères joua dans ce massacre un rôle déterminant. Dès septembre 1941, le général von Weichs, Militärbefehlshaber

---

1. *Boersenzeitung* de Berlin, le 9 septembre 1942. La formule se retrouve dans un rapport du conseiller d'État Turner, sur la situation politique en Serbie, adressé au « commandant militaire Sud-Est », en date du 29 août 1942.

en Serbie, ainsi que son conseiller politique, le ministre Benzler, exigeaient la déportation de 8 000 Juifs[220]. C'était y mettre trop de façons : « ... À mon avis, le Militärbefehlshaber doit prendre lui-même soin de l'élimination de ces 8 000 Juifs. En d'autres régions, d'autres commandants militaires se sont débarrassés de bien plus grandes quantités de Juifs, sans même en parler... », tels furent à ce sujet les commentaires du sous-secrétaire d'État Luther[221]. Avec l'autorisation de Ribbentrop, Luther se mit en rapport avec Heydrich : Rademacher, le principal expert du ministère, fut délégué en Serbie afin d'y régler la question sur place avec le concours des autorités SS locales. En conséquence de quoi, les hommes furent fusillés sur place dès novembre 1941. Les femmes et les enfants, internés dans le quartier tzigane de Belgrade, furent exterminés en été 1942.

De 1941 à 1945, un État croate avait existé sur la carte de l'Europe. Des massacres de Serbes et de Juifs, faisant suivant certaines statistiques près de 200 000 victimes, en marquèrent la création. Kasche, l'ambassadeur allemand en Croatie, n'eut pas de peine à obtenir l'accord du « poglavnik » Ante Pavelitch aux déportations. Mais la Croatie était partagée en « sphères d'influence », allemande au nord, italienne au sud. Dans leur zone, les autorités italiennes s'opposèrent aux déportations. Ce fut la première manifestation du conflit aigu qui divisa Allemands et Italiens dans la question juive. Pendant que les diplomates allemands s'efforçaient à Rome, sans grand succès d'ailleurs, de « mettre au pas » la politique italienne en cette matière, les Juifs de Croatie se réfugiaient en zone italienne ou rejoignaient le maquis naissant de Tito. C'est pourquoi sur les 25-30 000 Juifs, seuls quelques milliers furent déportés en 1943 et 1944 (3 000, selon certaines informations)[222].

De même que la Yougoslavie, la Grèce était divisée en zones allemande et italienne, placées sous administration militaire. Malheureusement pour les 75 000 Juifs grecs, l'énorme majorité d'entre eux vivaient en Macédoine, dans la zone allemande ; plus de 55 000 habitaient la ville de Salonique. Du fait de cette concentration, ils constituaient une proie particulièrement facile, et seuls l'immensité des distances ainsi que, peut-être, le désir de conjuguer leur déportation avec celle des Juifs bulgares différèrent quelque peu leur sort. Après un rapide voyage d'inspection de Rolf Günther en janvier 1943, Eichmann désigna Brünner et Wisliceny pour mener à bien leur déportation.

L'opération fut conduite de mars à mai 1943 avec une efficacité totale. Il est vrai que les plus de quinze cents kilomètres qui séparaient Salonique d'Auschwitz permettaient de couvrir la véritable signification de ce « transfert de populations » d'un voile particulièrement opaque. De singuliers raffinements furent mis en œuvre à cet effet par les deux experts allemands. Les Juifs furent invités à changer leurs drachmes en zlotys, et se virent remettre des récépissés spéciaux : ces macabres travellers-chèques d'un nouveau genre devaient leur permettre, leur assurait-on, d'acheter des terrains près de Cracovie[223]. À tel point que, un certain nombre de Juifs célibataires étant destinés à être embrigadés dans l'organisation Todt en Grèce même, de nombreux jeunes gens conclurent des mariages fictifs, afin d'être inclus, grâce à ce stratagème, dans les convois de déportation[224].

Entre le 15 mars et le 9 mai, en seize convois consécutifs, 43 000 Juifs furent déportés à Auschwitz. Le voyage durant dix jours en moyenne ; l'état d'affaiblissement des arrivants était peut-être la cause de ce que les Juifs de Grèce, « Rudolf mauvais matériel humain » aux dires de Rudolf Hœss, étaient parfois exterminés en bloc dès leur arrivée, sans la sélection préalable d'usage[225].

En trois convois supplémentaires, le restant des Juifs de Macédoine fut déporté en juillet-août 1943. Quant aux Juifs de la zone méridionale, et en particulier les Juifs d'Athènes, longtemps protégés par les Italiens, ils ne furent déportés qu'à la veille de la retraite allemande, en juillet 1944[1]. Les Juifs des îles grecques pouvaient se croire protégés par la mer : plusieurs centaines d'entre

---

1. Wisliceny évaluait le nombre de Juifs déportés lors de cette dernière « action » à 8 000-10 000. (Déposition écrite de Wisliceny Bratislava, le 27 juin 1947.)

eux, ceux de Rhodes, en particulier, furent chargés sur des barques hors d'usage et coulés dans l'Egée[226].

C'est encore au tandem Wisliceny-Brünner que fut confiée la solution finale en Slovaquie. Aux portes mêmes de l'Allemagne, la Slovaquie de Mgr Tiso était, depuis mars 1939, le premier en date des pays satellites. Dès août 1940, Dieter Wisliceny y avait été détaché en qualité d'expert aux questions juives ; progressivement expulsés de leurs demeures, les 90 000 Juifs de Slovaquie furent concentrés dans des camps et des ghettos. En février 1942, le gouvernement allemand demanda, par les voies diplomatiques, l'envoi de 20 000 travailleurs juifs, « jeunes et forts » ; le gouvernement slovaque s'empara de cette suggestion avec « ardeur »[227]. Deux mois plus tard suivit l'offre « de déporter également le reste des Juifs slovaques et de débarrasser ainsi la Slovaquie de ses Juifs », offre à laquelle les autorités de Bratislava, « sans aucune pression allemande », donnèrent également leur accord. C'est ainsi que furent déportés, en deux tranches successives, en mars-avril et en mai-juin 1942, 52 000 Juifs ; les arrestations et les organisations des convois étaient effectuées par les soins des autorités slovaques. Après les déportations d'Allemagne et de Pologne, les déportations de Slovaquie furent, en Europe, les premières en date.

En été 1942, ces déportations s'arrêtèrent brusquement. C'est que des informations commençaient à filtrer sur le sort dévolu aux déportés : l'épiscopat slovaque d'abord, le Vatican ensuite, faisaient des représentations énergiques auprès des gouvernements de ce pays d'obédience sévèrement catholique. Alarmés, les gouvernants slovaques demandèrent à Wisliceny l'autorisation de faire inspecter par une mission gouvernementale les camps des déportés. Eichmann ne put évidemment s'y prêter... mais les Allemands n'insistèrent pas pour que les déportations soient reprises : « ... Les instructions (du secrétaire d'État von Weizsäcker) ont expressément souligné qu'en aucun cas des complications politiques intérieures ne devaient surgir à cause de l'évacuation des Juifs de Slovaquie[228]. » Le reste des Juifs slovaques vécut donc dans une sécurité relative pendant plus de deux ans. Au début de septembre 1944 l'insurrection populaire slovaque, étouffée dans l'œuf par les Allemands, fournit à Eichmann le prétexte pour déléguer le redoutable Brünner à Bratislava. Aguerris par l'expérience, la plupart des Juifs purent échapper à ce spécialiste de la chasse à l'homme ; seuls quelques milliers furent pris et déportés[229].

La Slovaquie occupe sur la carte du génocide une place spéciale. C'est le premier pays satellite, aussi asservi qu'il fût, où les Allemands se heurtèrent à une résistance suffisamment forte pour devoir interrompre le programme de « solution finale ». Limitrophe de la Pologne, elle fut également la voie de passage par laquelle quelques rares rescapés des camps de la mort purent s'acheminer vers la Hongrie et par laquelle le monde extérieur put ainsi être renseigné sur la marche des exterminations. C'est en Slovaquie enfin que prit corps le fantastique projet d'un rançonnement général des survivants juifs d'Europe, projet qui malgré son échec presque total eut, on le verra, une certaine influence sur leur sort.

Au sud de la Slovaquie, c'est au printemps 1944 qu'éclata avec une intensité singulière le drame du judaïsme hongrois. La Hongrie, on l'a vu, était un pays de refuge dont plus de 800 000 Juifs, humiliés et pressurés, étaient toutefois soustraits à l'emprise allemande. Certains territoires annexés mis à part (17 000 Juifs de Russie subcarpathique furent déportés en Pologne en août 1941, 1 500 Juifs du Banat yougoslave furent massacrés en janvier 1942), ils bénéficiaient d'une sécurité provisoire. Les sondages et pressions allemands restaient sans effets, l'attitude de ce vassal étant suffisamment indépendante pour qu'il se refusât à faire contrôler par un expert allemand ses propres mesures anti-juives[230]. Et tout au long du déroulement de la guerre, l'attitude hongroise se raidissait sur tous les plans.

Au début de mars 1944, le Régent Horthy manifesta l'intention de retirer les troupes hongroises du front russe. Aussitôt les Allemands occupaient militairement le pays, un gouvernement choisi par Berlin fut imposé au vieux régent. Eichmann pouvait prendre sa revanche longuement attendue.

Lui qui ne se déplaçait presque jamais, il arrivait à Budapest le 21 mars avec son équipe au grand complet, et prenait personnellement la direction des opérations. Le drame se déroula à une cadence vertigineuse. Les nouveaux ministres exécutaient ponctuellement les instructions d'Eichmann. Aux dires de Wisliceny, « le seul but du nouveau ministère était de résoudre la question juive[231] ». Un effort extraordinaire fut demandé au ministère des Transports, qui garantit à Eichmann quatre convois par jour. Le pays fut divisé en cinq zones. Nord, Est, Sud, Ouest et Budapest. Les Juifs des quatre premières zones, au nombre de 450 000, furent internés au courant d'avril et déportés en l'espace de six semaines, du 15 mai au 30 juin. Le début de l'action contre les Juifs de Budapest était prévu pour le 30 juin[232].

Toutefois, la gendarmerie de la capitale étant entièrement dévouée à Horthy, le régent intervint pour empêcher la déportation de ces derniers et réussit même à faire rebrousser chemin à un premier convoi déjà en cours de route. Sur un fond d'intrigues et de révolutions de palais, une lutte confuse commençait autour des vies des Juifs de Budapest. Eichmann s'acharnait de toutes ses forces, mais il n'était que mollement soutenu par Himmler, que les pourparlers de rançonnement, qui avaient repris avec une vigueur nouvelle, maintenaient dans une certaine indécision. Les pays neutres, les Églises, les grandes organisations internationales pressaient le régent de tenir bon, et celui-ci jetait dans la balance les dernières bribes de son pouvoir. La Croix-Rouge, les légations étrangères déployaient une activité fiévreuse afin de soustraire sur place les Juifs aux arrestations et à l'internement. Des visas plus ou moins réguliers, des « papiers de protection » étaient délivrés par milliers, des pâtés de maisons marqués de l'emblème de la Croix-Rouge furent placés sous sa protection directe. Les noms de Raoul Wallenberg[1], envoyé spécial du roi de Suède, du consul

---

1. Lors de l'entrée des troupes russes à Budapest, Raoul Wallenberg fut arrêté par la police militaire soviétique. Pendant plus de dix ans, on ignora tout de son sort. En 1957, le gouvernement de l'U.R.S.S. fit savoir au gouvernement suédois qu'il était mort en 1947 d'une crise cardiaque dans une prison de Moscou.

suisse Victor Lutz, resteront gravés dans les Livres d'Or du peuple d'Israël persécuté. On aurait dit que la conscience mondiale, si longtemps apathique, s'efforçait, dans un soubresaut attardé, à venir en aide aux Juifs de Budapest. La situation resta indécise jusqu'au 15 octobre, date à laquelle, à la suite d'une tentative avortée de paix séparée, le régime de Horthy fut définitivement balayé par les Nazis. Les « Croix Fléchées » de Szalassy, qui prirent sa succession, organisèrent des massacres sanglants, faisant plusieurs milliers de victimes. Mais, déjà, Himmler avait donné l'ordre d'arrêter les exterminations et de démanteler les fours d'Auschwitz. Les déportations étaient devenues impossibles. La dernière revanche d'Eichmann consista à évacuer à pied, de Budapest à Vienne, en marches forcées, 30 000 Juifs, embrigadés en « Compagnies de travailleurs » ; un grand nombre succombèrent en cours de route. Miraculeusement épargnés, plus de 100 000 Juifs de Budapest furent délivrés en janvier 1945 par les troupes russes.

Deuxième objectif de choix de l'Europe du Sud-Est, les 700 000 Juifs de Roumanie préoccupaient tout le long de la guerre les services compétents de Berlin. Au tout dernier moment, lorsque, après la défection roumaine d'août 1944, le haut commandement allemand projetait d'occuper la Roumanie, Eichmann s'apprêta encore à suivre les troupes allemandes dans leur mouvement, et rejoignit dans la Hongrie méridionale le point de concentration de la Wehrmacht[233]. On sait que cette invasion n'eut pas lieu, l'ère des agressions-éclairs étant désormais révolue : la proie si proche échappait définitivement aux stratèges de la solution finale. Il est vrai que, de leur propre chef, le « Conducator » Antonescu et les hommes de la Garde de Fer effectuèrent dans leur pays suffisamment de ravages.

C'est par dizaines de milliers que les Juifs roumains furent massacrés lors des pogromes de Budapest, de Jassy, de Constanza, de Ploesti, au début de 1941. Ceux des « régions annexées » de Bessarabie et de Bucovine furent globalement déportés à la fin de 1941 en « Transnistrie », c'est-à-dire dans la partie de l'U.R.S.S. comprise entre le Dniestr et le Bug qui était occupée par l'armée roumaine. Ce n'est pas sur les instigations de Berlin que ces déportations furent décidées : au contraire, elles soulevaient un tollé général auprès des administrations allemandes intéressées et au IV B 4 en premier lieu. Elles en venaient troubler les plans d'ensemble, et d'une manière générale, leur exécution désordonnée choquait l'esprit méthodique des Allemands. Dès le début de la campagne de Russie, des informations alarmantes parvenaient à Berlin : « Les Roumains agissent contre les Juifs sans aucun plan d'ensemble. Il n'y aurait rien à objecter aux nombreuses exécutions de Juifs, si la préparation et l'exécution technique n'avaient pas été aussi fâcheuses. Généralement, les Roumains laissent les fusillés sur place, sans les enterrer... » C'est en ces termes, par exemple, que protestait le chef du « groupe d'action » D[234]. Eichmann chercha à prendre l'affaire en main, se réservant de décider sur place « des mesures de sécurité ». Sur ses instances, l'ambassadeur allemand von Killinger fut chargé d'intervenir auprès du gouvernement roumain. Il fut convenu qu'aucune déportation n'aurait dorénavant lieu, « à moins qu'elle n'ait été convenue d'avance avec l'Allemagne, par les voies régulières et l'intermédiaire du ministre des Affaires étrangères[235] ».

Sur les quelque 300 000 Juifs déportés, seuls 55 000 étaient encore en vie deux ans plus tard, sans qu'une campagne d'extermination systématique du style nazi ait été mise en œuvre par les autorités roumaines[236]. Faim, froid, épidémies : il y eut, est-on tenté de dire, une « manière roumaine », comme il y eut une « manière allemande ». Les incursions des « groupes d'action » allemands parachevaient l'œuvre exterminatrice.

Dans le « vieux royaume » (Moldavie et Valachie), la « manière roumaine » présentait au moins cet avantage que l'administration roumaine, du bas en haut de l'échelle, était puissamment accessible à la corruption. À la fin de 1942, Antonescu avait conçu, semble-t-il, son propre plan de rançonnement, projetant de laisser partir en Palestine, moyennant paiements substantiels, les Juifs en son pouvoir. « À mon avis, le maréchal Antonescu veut faire d'une pierre deux coups ; d'une part il veut encaisser seize milliards de lei, qui lui seraient bien utiles, et de l'autre il veut se débarrasser d'une manière confortable d'une grande quantité de Juifs… », écrivait von Killinger en décembre 1942 à son gouvernement[237]. À ce projet, les Allemands opposèrent un veto catégorique. Antonescu, de son côté, esquivant les engagements antérieurement pris, refusa de laisser déporter en Pologne les Juifs du « vieux royaume ». Ainsi, le Reich et son satellite se paralysaient réciproquement le maquignonnage n'avançant ni dans un sens ni dans l'autre, aucune déportation n'eut lieu jusqu'à la fin. Il s'en est fallu de bien peu. Depuis novembre 1941, un expert du IV B 4, le capitaine Richter, était installé à Bucarest ; et en août 1942, nous l'avons vu, Rintelen annonçait que les déportations allaient commencer à brève échéance[1]. Nous ne connaissons pas, du reste, toutes les influences qui ont pu s'exercer sur Antonescu. D'autres calculs ont pu jouer pour lui : de toute façon, la « manière roumaine », par une dérobade du dernier moment, assurait la survie des 250 000 Juifs roumains.

En Bulgarie, la situation se développa au début d'une manière assez ressemblante. Dès l'été 1942, le gouvernement du roi Boris donnait son acquiescement de principe à la déportation des Juifs bulgares et acceptait l'installation d'un expert allemand : c'est Théo Dannecker, rappelé de Paris à cette occasion, qu'Eichmann désigna à cet effet. Par un véritable contrat en bonne et due forme, signé le 23 février 1942 par Dannecker et le commissaire aux questions juives Belev, le gouvernement bulgare s'obligeait à faire déporter une première tranche de 20 000 Juifs et s'engageait « à ne réclamer leur retour en aucun cas[238] ».

De même qu'ailleurs, les opérations commencèrent par les 13 000 Juifs des régions annexées, Thrace et Macédoine, déportés fin mars 1943 (à la même époque que les Juifs grecs de Salonique). Prélude à la déportation des 50 000 Juifs de Bulgarie proprement dite, ceux de Sofia, au nombre de 25 000, furent expulsés en province au mois de mai. Mais les choses n'allèrent pas plus

1. Cf. p. 200.

loin, sous la pression directe de l'opinion publique bulgare, qui se manifestait sous les formes les plus diverses : interpellations à la Chambre, interventions du clergé, protestations des corporations et unions professionnelles, manifestations populaires, enfin, qui, se déroulant à Sofia aux cris de « Nous voulons que les Juifs restent ! », tournaient à l'émeute. Le gouvernement bulgare crut habile de céder. Certes, les Bulgares, qui aux dires de l'ambassadeur allemand à Sofia, Beckerle, « ne distinguent pas chez les Juifs des défauts susceptibles de justifier des mesures particulières à leur égard », étaient — pour conclure sur une formule de ce même diplomate — « tout particulièrement dépourvus de la compréhension idéologique allemande[239] ».

L'Italie et la zone d'influence italienne les zones de refuge

Si en règle générale les gouvernements pro-fascistes de l'Europe asservie ne s'opposaient que mollement à l'emprise du réseau déportationnaire, il appartient au berceau même du fascisme d'adopter en la matière une attitude toute différente. Partout où prenaient pied les troupes italiennes, un écran protecteur se dressait devant les Juifs, les préservant aussi bien des filets du IV B 4 que des massacres et des persécutions des Quislings locaux. Un conflit ouvert finit par éclater entre Rome et Berlin à propos de la question juive. Cette politique n'était d'ailleurs nullement le fait de Mussolini ; n'y acquiesçant qu'à son corps défendant, le Duce était obligé d'en prendre son parti. Telle est la profonde logique d'une règle qui veut qu'en dernière analyse une question aussi aiguë ne peut nulle part être tranchée d'un trait de plume, mais doit être plébiscitée par la collectivité nationale, suivant sa sagesse et sa civilisation.

Le paradoxe du régime fasciste s'érigeant en protecteur des Juifs est encore accru si l'on se souvient que, depuis 1938, l'Italie s'était empressée de coordonner sa législation en la matière, que ses mesures anti-juives étaient calquées sur celles de l'Allemagne, et que maintes manifestations, maints excès verbaux de Rome ne le cédaient pas de beaucoup à ceux de Berlin. Mesures profanes ou mesures sacrales peuvent être le fait du prince dans un pays dictatorial : le génocide, remuant les couches les plus profondes de l'âme nationale, ne peut s'exercer sans une véritable adhésion collective.

Il est significatif que la question des Juifs de l'Italie proprement dite ne fut jamais soulevée par les Allemands. Sans doute craignaient-ils de heurter de front les susceptibilités italiennes, et se promettaient-ils de revenir à la question après la guerre. C'est à propos de la Croatie et de la France que se déclencha le conflit (rappelons que depuis novembre 1942 l'armée italienne occupait en France la région de Nice et des Alpes) ; dans ces régions, la souveraineté théorique des gouvernements satellites de Pavelitch et de Pétain fournissait à l'Allemagne un moyen d'action commode. Dans les deux cas, le déroulement des événements fut sensiblement le même. Dès leur arrivée sur place, les autorités militaires italiennes annulaient dans leur zone les mesures décrétées à Zagreb ou à Vichy. Rapidement, les Juifs des autres régions du pays affluaient par milliers pour se mettre sous la protection italienne. Ainsi, la solution finale se trouvait compromise dans le pays entier. Les Allemands réagissaient en entreprenant une pression combinée, menée avec beaucoup d'énergie et de ténacité. Déclenchée sur les instances d'Eichmann[240], l'action allemande nous fournit un exemple de l'étonnante influence dont jouissait ce simple commandant SS. Tandis que Ribbentrop et ses ambassadeurs intervenaient par les voies diplomatiques, les organes du gouvernement de Vichy et les ministres de Pavelitch, excipant de la souveraineté nationale, protestaient auprès du commandant militaire italien ; Himmler, de son côté, dépêchait ses émissaires à Rome, afin d'intervenir directement auprès de l'administration et de la police italiennes. Tous ces efforts restèrent sans résultat. Bien qu'à deux reprises au moins Mussolini eût promis aux négociateurs allemands de mettre à la raison « les stupides conceptions sentimentales » de ses généraux[1], cet état de choses dura jusqu'à la fin, c'est-à-dire jusqu'à la débâcle italienne. Ainsi, en pleine tourmente européenne, se maintenaient ces deux zones de refuge, dans lesquelles les Juifs étaient soustraits non seulement à l'emprise allemande, mais aussi — malgré les protestations de Pavelitch et les efforts déployés, pour sa honte ineffaçable, par le gouvernement de Vichy — à une partie des mesures discriminatoires d'ordre interne[2]. Curieuse situation, où il suffisait à un Juif, sans avoir à franchir de frontière ou de ligne de démarcation, de faire un voyage d'une heure, de se rendre de Lyon à Grenoble, ou de Marseille à Nice, pour pouvoir respirer librement. Nous ne disposons pas de chiffres précis sur le nombre de Juifs réfugiés dans la zone italienne de Croatie ; en France, il finit par atteindre 30 000 au moins. L'existence de ces zones, par ailleurs, encourageait dans le pays tout entier les résistances à l'action allemande : « ... Le gouvernement français, qui ne s'occupe qu'avec répugnance de la solution de la question juive, devient plus ferme dans son opposition du fait des mesures italiennes... », signalait Knochen, le chef du SD en France[(241)]. Pour reprendre les termes d'un diplomate italien, « les événements créèrent une situation paradoxale, où le ministère des Affaires étrangères italien fut obligé de lutter contre le gouvernement collaborateur de Laval, pour défendre — dans le territoire même de la France — la vie et les biens des citoyens français[(242)] ».

---

1. Cette expression fut employée par Mussolini au cours de son entretien avec l'ambassadeur allemand von Mackensen, le 18 mars 1943. (Rapport de von Mackensen à son gouvernement, Rome, le 18 mars 1943) : « Le Duce s'est décidé pour une solution conforme à notre proposition n° 1... », concluait von Mackensen. Antérieurement, au cours d'une visite de von Ribbentrop, la question avait déjà été discutée : « Le Duce... convient que les militaires n'avaient pas une conception correcte de la question juive. Il attribue ce fait surtout à leur formation intellectuelle différente... » (Compte rendu de l'entretien entre von Ribbentrop et Mussolini, le 25 février 1943.)

2. En France, les autorités italiennes s'opposèrent à l'envoi des Juifs en « résidence forcée », à la constitution des unités de travailleurs et à l'estampillage des papiers d'identité. (Rapport du préfet des Alpes-Maritimes au chef du gouvernement, Nice, le 14 janvier 1943.) En Croatie, aux dires de l'ambassadeur allemand Kasche, « ... les Italiens s'opposent à toute immixtion des Croates, et même à leur participation aux mesures envisagées, ainsi qu'aux opérations de recensement des biens juifs ». (Rapport de Kasche à son gouvernement, Zagreb, le 20 novembre 1942).

Comment un tel état de choses a-t-il pu s'instituer ? L'initiative en émanait des bureaux du ministère des Affaires étrangères d'Italie[243]. Encouragée, suivant certains renseignements, par le comte Ciano[244], elle bénéficiait du concours total du commandement militaire italien. Contre cette unanimité, les efforts d'un Duce, lui-même, semble-t-il, assez peu convaincu, ne purent s'imposer[1]. Diplomates et généraux coordonnaient habilement leurs mesures, évitant de heurter de front les exigences allemandes. En Croatie, ils excipèrent de la nécessité d'une enquête générale sur la situation préalablement à toute autre mesure. Cette enquête, « par sa nature même et par les conséquences qu'elle pouvait entraîner, très complexe et très laborieuse[245] », ne fut en fait jamais terminée. En France, le prétexte choisi fut celui de la sécurité du territoire : « Pour les exigences de sûreté militaire, les autorités d'occupation doivent se réserver entièrement les mesures relatives aux Juifs, sans distinction de nationalité », notifiait le commandement militaire au gouvernement de Vichy[246]. Nous ne pouvons, sans dépasser le cadre de cet ouvrage, exposer en détail les nombreuses subtilités et roueries grâce auxquelles, pendant de longs mois, put se poursuivre l'activité italienne[2]. L'appel aux « exigences élémentaires du prestige italien », auquel les oreilles de Mussolini ne pouvaient évidemment rester insensibles, fournissait en cas de besoin l'argument suprême[247]. Incidemment, cette question nous apprend à quel point on était peu dupe, dans les chancelleries et les états-majors des alliés de l'Allemagne, de la véritable signification de la « solution finale ». « Il faut éviter que l'armée italienne ne se salisse les mains dans cette affaire… », écrivait un membre de l'état-major italien en Croatie. « Si les Croates veulent

---

1. Dans son rapport précité du 18 mars, von Mackensen mandait avec satisfaction que le Duce s'était décidé pour « la solution n° 1 », c'est-à-dire la remise des Juifs à la police française. Quelques jours plus tard, le sous-secrétaire d'État Bastianini informait von Mackensen que « la solution n° 2 », réservant la question à la compétence des organes italiens, avait finalement été retenue. (Rapport von Mackensen du 22 mars 1943.)

2. Nous renvoyons le lecteur à notre travail : *La Conditions des Juifs en France sous l'occupation italienne*. Editions du Centre, Paris, 1946.

réellement livrer les Juifs, qu'ils le fassent, mais qu'ils aillent les livrer eux-mêmes, et qu'ils les livrent directement aux Allemands, sans que nous jouions le rôle d'entremetteurs ou pire. Il est déjà assez pénible, pour l'armée d'un grand pays, de permettre des crimes de ce genre ou d'y assister[248]. » Et un dossier détaillé sur les procédés allemands en Pologne, soumis par le sous-secrétaire d'État Bastianini au Duce à un moment opportun, entre deux visites de l'ambassadeur von Mackensen, permit de tempérer utilement son zèle pro-allemand dans la question[249].

Après la chute de Mussolini, l'éphémère gouvernement de Badoglio s'efforça de continuer et d'élargir la politique de protection italienne. Mais la débâcle consécutive à l'armistice italien de septembre 1943 rendit illusoires ces efforts. L'occupation italienne fit place aux troupes de la Wehrmacht, et l'Italie elle-même fut envahie. Dans le terrain de chasse qui s'ouvrait à lui, Eichmann dépêcha ses meilleurs lieutenants. Abromeit retourna en Croatie, Dannecker, de Sofia, fut transféré à Rome, tandis que Alois Brünner venait s'installer à Nice. Mais la solidarité des populations et leur résistance accrue, l'aguerrissement des Juifs eux-mêmes, conscients enfin du sort qui les attendait, empêchèrent les hommes du IV B 4 de rattraper le temps perdu. Sur les 45 000 Juifs italiens, 10 000 environ furent arrêtés et déportés par les soins de Dannecker[250] ; Brünner, malgré des mesures d'une férocité inégalée en Europe occidentale, s'apparentant par leur sauvagerie aux « actions » de Pologne, ne put mettre la main que sur une fraction des Juifs de l'ancienne zone italienne en France. Encore moindres furent les résultats atteints en Croatie. Ainsi, malgré son échec final, l'action de protection entreprise par l'Italie, faisant gagner de précieux mois, apportait des résultats positifs et concrets.

LES DÉPORTATIONS DE L'OUEST

Le 22 juin 1942, Eichmann avise le ministère des Affaires étrangères qu'une déportation massive des Juifs des territoires occupés à l'Ouest est envisagée par le RSHA : il est question, pour commencer, de déporter en juillet et août « 40 000 Juifs des territoires français occupés, 40 000 Juifs des Pays-Bas et 10 000 Juifs de Belgique, afin de les affecter au travail dans le camp d'Auschwitz ». Pour commencer toujours, « il n'est question, pour l'instant, que de Juifs aptes au travail[251] ». Ainsi, la « solution finale » se trouvait étendue aux pays de l'Ouest, où quelques déportations sporadiques ont déjà eu lieu dès mars 1941[1].

Aussitôt, l'appareil déportationnaire se mettait en branle, avec des modalités variables suivant les pays. Aux Pays-Bas, seuls d'abord les hommes de seize à quarante ans sont invités à se présenter individuellement, afin de « participer à la reconstruction de l'Est dévasté » : quelques milliers donnent dans ce piège grossier[252]. En France et en Belgique, dès le début, d'immenses rafles sont organisées, dirigées contre les hommes et les femmes de nationalité étrangère, les Juifs français n'étant déportés au commencement qu'à titre individuel[2]. Les limites d'âge, fixées au début en France à seize et soixante ans, s'élargissent dans la deuxième moitié d'août à deux et soixante-dix ans et finissent par être entièrement supprimées[253]. Ainsi, dès le début, des flottements se manifestent ; ils sont la conséquence des conditions particulières auxquelles la « solution finale » se heurtait à l'Ouest.

Nous avons déjà exposé pourquoi, dans les territoires de l'Ouest tenus par l'armée allemande, les mesures anti-juives progressaient

---

1. Déportation de 400 Juifs d'Amsterdam au camp de Mauthausen en mars 1941 ; déportation de 550 Juifs français, internés au camp de Compiègne, à Auschwitz, en mars 1942. Ces déportations, faites sous prétexte de représailles, ne portaient que sur des hommes valides.

2. La majorité des Juifs français déportés au cours de l'été 1942 avaient été arrêtés en décembre 1941, au cours de la rafle de 1 000 Juifs « notables » de Paris, internés d'abord au camp de Compiègne.

à une cadence ralentie. Des conditions de politique générale déconseillaient d'alimenter, par un trop éclatant étalage de brutalité, les tendances anti-allemandes et la propagande de la résistance. Les autorités d'occupation civiles ou militaires avaient de solides raisons pour donner de temps en temps un coup de frein. Lors de la « solution finale », qui débute nécessairement par une rafle de grande envergure, un facteur technique renforçait ces ménagements : nulle part, les Allemands ne disposaient par eux-mêmes d'effectifs policiers suffisants, et force leur était d'avoir recours à la police locale (ce qui d'autre part permettait à leurs propagandistes d'affirmer que les pays en question se débarrassaient de leurs Juifs de leurs propres mains[1]). Il fallait donc tenir compte dans une certaine mesure de l'état d'esprit administratif. En France notamment, le concours de la police de Vichy était indispensable. Enfin, dernier point particulier aux pays de l'Ouest, il avait été prévu, sur la suggestion des diplomates de la Wilhelmstrasse, « de s'abstenir provisoirement de la déportation d'environ 30 000 Juifs hollandais, belges, français, norvégiens... afin de tenir à la disposition ces personnes pour un échange éventuel ; ... entrent en ligne de compte les Juifs ayant des liens de famille ou des relations économiques, politiques ou amicales avec des personnalités ennemies[(254)] »...

Pour toutes ces raisons, de nombreuses exceptions à la « solution finale » furent introduites dans les pays de l'Ouest. Mais c'est surtout une ambiance toute différente, les concours et appuis sans nombre dont les Juifs purent bénéficier auprès de leurs concitoyens qui

---

1. Parmi les divers commentaires que la presse allemande ou pro-allemande apportait aux déportations de Juifs, l'article suivant du *Hamburger Fremdenblatt*, publié le 24 juillet 1942, mérite d'être relevé :

« On communique d'Amsterdam que les citoyens néerlandais manifestent une vive animosité à l'égard des Juifs. Les Juifs se sont adressés à la Wehrmacht allemande avec la prière de les protéger.

« Malgré leur inimitié éternelle, la Wehrmacht a pris sous sa protection les Juifs et, sur leur propre demande, les a transférés en Allemagne, où ils seront employés suivant leurs capacités. Afin de manifester leur reconnaissance envers cette générosité, les Juifs ont mis leurs mobiliers et appartements à la disposition des sinistrés allemands victimes des bombardements anglais. »

enlèvent à l'action anti-juive à l'Ouest ce caractère de cataclysme, de tragédie irrémissible, qui la marquait à l'Est. On n'y trouve rien de pareil aux « actions » de Pologne ou à la déportation-éclair des Juifs hongrois. Des natures suffisamment entreprenantes et actives ont de solides chances de s'y soustraire. Par contre, les nombreuses exceptions, entraînant mille procédés de sélection les uns plus étonnants que les autres, contribuent par une véritable leçon de choses à mieux illustrer les aspects grotesques de la règle. Les limites de l'absurde sont reculées, et les imaginations prophétiques d'un Jarry ou d'un Kafka dépassées par la réalité. Amère consolation : nous rappelons que les choses dont il sera question plus loin se passaient dans l'Europe occidentale, dans la cinquième décade du xxe siècle.

Le programme initial du IV B 4 ne fut exécuté qu'en partie. Aux Pays-Bas, où les Juifs (pour reprendre les termes de Bene, l'observateur désigné par les Affaires étrangères), « comprirent rapidement ce qui était mis en jeu lors des déportations vers l'Est[255]... », ils cessèrent de donner suite aux convocations : le nombre des déportés était de 12 000 au 31 août[256]. En France, la colossale rafle parisienne des 16-17 juillet, prévue pour 25 000 personnes, ne fournit que la moitié de ce contingent, « à la suite des nombreuses indiscrétions de l'administration et de la police[257] » : aussi bien le nombre des déportés, suivant une statistique allemande établie le 3 septembre, était de 18 069, auquel venait s'ajouter un contingent de 9 000 Juifs de « zone non occupée » (dont les Juifs allemands survivants de « l'action Bürckel » d'octobre 1940) livrés par Vichy[258]. Il fut, à la même date, de 2 630 en Belgique[259]. Partout, les délégués du IV B 4 sont soucieux de savoir comment ils rempliront les trains obtenus à grand-peine. « On a eu des difficultés pour remplir les deux derniers trains, et comment on les remplira à l'avenir, on l'ignore encore... », mande Bene des Pays-Bas[260], et lorsque en France un convoi est décommandé au dernier moment, car on n'a arrêté que 150 Juifs à Bordeaux, Eichmann s'emporte et menace même Paris « de laisser tomber la France en tant que « pays à déportation »

(Abschubland)[261]. Au cours des mois suivants, de nombreuses rafles partielles, l'élargissement des limites d'âge, le ratissage des asiles, des hôpitaux, des prisons et des maisons d'enfants permirent d'élever lentement les chiffres. Partout, des dénonciateurs, alléchés par des primes et payés à la tête (de 5 à 75 florins aux Pays-Bas, de 100 à 500 francs et davantage en France)[262] sont attelés à la tâche. Suivant la méthode adoptée dès le début, les Juifs arrêtés sont conduits dans des « camps de rassemblement » (Auffangslager), dont les plus importants sont ceux de Drancy en France, de Westerbork aux Pays-Bas, de Malines en Belgique, où une sélection est effectuée, afin d'exclure les nombreuses catégories des « non-déportables », dont certains sont libérés, et d'autres maintenus au camp : « ... Un convoi par semaine pourra quitter chaque camp : on s'est arrêté à cette solution, vu que chaque convoi demande une préparation sérieuse... », prévoit Dannecker, à la veille de la grande rafle de juillet[263].

Ces catégories ne sont pas absolument les mêmes dans les différents pays. En Belgique et en France la catégorie essentielle des privilégiés est constituée par les Juifs autochtones, ceux-ci exemptés à la suite d'un marchandage de Laval auquel nous reviendrons encore, ceux-là protégés par le Militärbefehlshaber von Falkenhausen, auprès duquel s'étaient entremis la reine Elisabeth et le cardinal van Roey[264] ; dérogations très imparfaitement observées dans les deux cas, et dont les Allemands cessèrent pratiquement de tenir compte au cours des derniers mois de l'occupation. Aux Pays-Bas il n'existait pas de catégorie générale de ce genre : les Juifs privilégiés étaient inscrits sur des listes spéciales, dites « listes bloquées » (Sperrlisten), les unes durables, les autres éphémères, « crevant » les unes après les autres : liste des « prominents », liste des grands industriels hollandais, liste des Juifs convertis, liste des Juifs de rite portugais, liste des échanges avec la Palestine, liste du camp Barnevelde, listes Callmeyer, Puttkammer, Weinreb[265]... D'autre part étaient partout exemptés de la déportation : les demi-juifs, les « conjoints d'Aryens » (subdivisés eux-mêmes aux Pays-bas, pays où des mesures sacrales sont en vigueur, en deux catégories et quatre sous-catégories[1]), les Juifs des pays neutres et de certains pays satellites ; les « cas litigieux » en instance d'examen (c'est-à-dire les internés qui contestent leur qualité de Juifs) ; les « économiquement utiles », tels que les ouvriers fourreurs à Paris ou les ouvriers diamantaires à Amsterdam, les membres et fonctionnaires des « Conseils juifs », ainsi que leurs familles (« Joodsche Rad » aux Pays-Bas, « Association des Juifs de Belgique » (AIB) en Belgique et « Union générale des Israélites de France » (UGIF)). Viennent s'y ajouter telles autres catégories dont la définition devait occasionner maints soucis aux experts de Berlin : les Juifs géorgiens ainsi que les « Djougoutes[2] », parce que de race non juive ; les Caraïmes, secte juive dont le fondateur Ananias était entré en conflit vers 800 A. D. à Babylone avec les docteurs du Talmud... (par contre, les Juifs sepharades, après mûre réflexion, furent maintenus dans leur qualité de Juifs[266]. Les sepharades des Pays-Bas, couchés sur la liste des « Portugais », bénéficiaient de certaines faveurs supplémentaires. Ainsi ils pouvaient monter dans les tramways sans autorisation spéciale. Ces faveurs étaient étendues à certaines autres catégories ; ainsi, à celle des « conjoints d'Aryens », lesquels, s'ils s'étaient fait stériliser volontairement, étaient de plus dispensés du port de l'étoile jaune)[267]. Et ainsi de suite. Mais comment donc dépister un Juif, dans nos cités modernes, s'il ne s'est pas « déclaré », et refuse de se reconnaître comme tel ? La circoncision elle-même n'offrait plus de critère valable, puisque c'est de race et non de

---

1. Première catégorie : *a)* mariages entre Juifs et Aryens ou 1/4 Juifs ; *b)* mariages entre demi-Juifs et Aryens ou 1/4 Juifs ; *c)* mariages des demi-Juifs entre eux ; *d)* mariages des 1/4 Juifs entre eux. Deuxième catégorie : mariages entre Juifs et demi-Juifs. « Les demi-Juifs de la deuxième catégorie étaient considérés comme Juifs. Les nouveaux mariages entre Aryens et 1/4 Juifs étaient autorisés. Ceux entre 1/4 Juifs et 1/2 Juifs avaient besoin d'une autorisation spéciale : par la suite, celle-ci fut régulièrement refusée. Les nouveaux mariages entre Aryens et demi-Juifs étaient interdits, de même, les mariages des 1/4 Juifs entre eux. Tels étaient les problèmes de l'an de grâce 1943 dans la Hollande d'Erasme et de Spinoza... » (H. Wielek, *De Oorlog die Hitler won*, p. 299-300.)

2. Secte judaïsante de l'Asie Centrale (Afghanistan, Turkestan russe, etc), apparentée, semble-t-il, au groupe ethnique des Tadjiks.

religion qu'il s'agissait. Ici encore, appel fut fait aux experts, et on a vu à Paris un anthropologue, le professeur Montandon, établir gravement des expertises du modèle suivant : « ... Sang AB. Pieds faiblement cambrés. Cloison nasale un peu abaissée vers l'extrémité. Fortes lèvres proéminentes. Facies a quelque chose de judaïque dans l'ensemble. Mimique pas judaïque. Circoncision : fourreau muqueux très court, mais frein intact. Présente donc plutôt le caractère de l'opération musulmane que de l'opération rituelle juive...[268] ». (Il en résultait cependant dans ce cas particulier que l'intéressé était « Juif à plus de 80 p. 100 ».) Ces expertises étant établies moyennant honoraires, inutile d'ajouter que la cambrure des pieds ou la proéminence des lèvres pouvaient varier suivant l'entregent ou les moyens de fortune du candidat à « l'aryanité. » D'une manière générale on devine quels étonnants trafics pouvaient se donner cours lors de la mise au point des expertises, des listes ou des catégories. Aux Pays-Bas, du reste, par une décision de Himmler lui-même, les opérations les plus importantes de ce genre furent rendues officielles. Moyennant versements substantiels en devises étrangères, de l'ordre de cinquante mille francs suisses par personne, plusieurs dizaines de Juifs hollandais purent en pleine guerre quitter les Pays-Bas au cours de l'année 1942[269]. Ajoutons pour conclure que l'inextricable classification était constamment modifiée et remaniée, le plus souvent, mais pas toujours, dans un sens défavorable.

Ainsi que nous l'avons dit, les derniers tris avaient lieu dans les camps, à Drancy ou à Westerbock, divisant les internés en catégories de « permanents » et catégories de « transitaires », catégories du reste à contours mal délimités : à la veille des départs des convois, des emprunts fréquents étaient faits à la catégorie des permanents, suivant l'état des effectifs et la fantaisie des chefs des camps. Les « permanents » n'étaient donc jamais certains de leur sort. La cohabitation de toutes ces catégories, choquant le sentiment d'égalité devant le malheur, maintenait dans les camps, sur un fond de détresse générale, des troubles et des tensions perpétuels, offrant à la débrouillardise et au manque de scrupules une prime supplémentaire. Comme ailleurs, les Allemands avaient intérêt à maintenir cette situation, qui facilitait le recrutement des « collaborateurs ». Brünner, lors de son arrivée en France en juillet 1943, tenta même d'instituer à Drancy une équipe spéciale d'agents juifs, chargés des arrestations à domicile, sans grand succès d'ailleurs[270].

*

Les mailles de l'appareil déportationnaire à l'Ouest, imparfaitement serrées, laissaient la possibilité de maintes tentatives de salut. L'alternative consistait dans le choix d'une existence clandestine, d'une « aryanisation » préventive à l'aide de faux papiers, d'une fuite vers la « zone libre » de France, et plus loin si possible. Les « camouflés » en France, les « onderduikers » aux Pays-Bas, se comptèrent par dizaines de milliers. Peu à peu, de nombreuses organisations clandestines surgissaient dans tous les pays, assistant et finançant les Juifs camouflés. Des Juifs et des non-Juifs y coopéraient fraternellement. De véritables usines à faux papiers fonctionnèrent dans les grandes villes. L'aide aux Juifs devenait une activité subsidiaire de nombreux mouvements de résistance. À travers les Alpes et les Pyrénées, par des filières aventureuses, Juifs hollandais, belges et français étaient convoyés par milliers en Suisse ou en Espagne.

Inévitablement la question surgit : pourquoi les Juifs se sont-ils laissé prendre en si grand nombre, dès les premiers coups de filet ?

Les voies de salut exigeaient un certain temps pour être mises au point. Or, l'action allemande s'efforçait d'être inattendue et secrète. Les Juifs arrêtés en premier lieu, les Juifs étrangers, ne disposaient pas des contacts et complicités nécessaires ; leur accent, risquant de les trahir, constituait un danger supplémentaire. De plus, pour une nature moyenne, le recours aux faux papiers, en plus des risques inévitables (la proportion des « onderduikers » de Hollande dénoncés ou dépistés fut de 50 p. 100), exige la rupture d'un tabou de l'illégalité assez profondément enraciné. Enfin, la signification véritable des déportations resta le plus souvent ignorée jusqu'à la fin. On peut se dire que les Juifs sous-estimaient la démence allemande ; on peut se dire aussi que, prise en elle-même, l'existence d'une industrie de la mort devait paraître difficilement croyable. L'esprit humain est ainsi fait qu'il n'ajoute pas volontiers foi à ce qui confond son expérience : les chambres à gaz, certes, en dépassaient l'entendement. C'est pourquoi l'immense majorité se montrait réfractaire aux avertissements. Dures et cruelles, les épreuves à supporter paraissaient surmontables aux déportés. Pitchipoi : tel était le nom sous lequel on désignait à Drancy le pays mystérieux vers lequel partaient les convois[271]... Ainsi que le dit l'historiographe de ce camp, M. Georges Wellers, « jusqu'au bout on ignora au camp à peu près tout du sort des déportés. On savait que la radio de Londres racontait les horreurs de chambres à gaz et d'autres moyens d'extermination des Juifs, mais on ne pouvait y croire. On prenait ces choses pour des exagérations de la propagande anglaise et on n'y prêtait pas grande attention[272] ». Elles étaient rares, les natures de Cassandre ; il fallait une singulière force d'intuition pour percevoir, à travers les enseignements reçus et les catégories connues, l'avenir réservé aux déportés. À la vérité, ceux-là pouvaient reprendre à leur compte le *credo quia absurdum* de Tertullien. Pour la majorité, la révélation dernière ne s'est faite que dans les chambres à gaz... Inutile de dire que les Allemands entretenaient par tous les moyens cet état d'esprit à l'aide de leurs procédés classiques : fausses nouvelles et articles de propagande[1], envoi de cartes signées de quelques déportés, échange (à Drancy) de francs contre récépissés en zlotys, et ainsi de suite. Et c'est pourquoi on a pu voir, lors des flottements du début à Drancy, des mères emmener leurs enfants, qu'elles avaient cependant la possibilité de laisser en France[273].

---

1. Des articles parus à Paris, en juillet 1942, en particulier dans le *Pariser Zeitung* allemand, dépeignaient sous les couleurs les plus roses la vie dans les « réserves juives » de l'Est.

La cadence à laquelle se succédaient les convois variait suivant les époques. Il semble qu'en l'espèce le matériel roulant était plus facilement disponible en été[1]. Presque totalement interrompues au cours de l'hiver 1942-1943, les déportations reprirent au printemps. Le début de l'été 1943 fut marqué par une activité intense. Aux grandes rafles qui eurent lieu aux Pays-Bas en juin, une contrepartie était projetée en France : cependant, l'opération gigantesque prévue à Paris n'eut pas lieu, à la suite de la mauvaise volonté de Vichy. Eichmann envoya Brünner à Paris afin d'activer la cadence. Avec son arrivée prend pratiquement fin en France toute discrimination entre Juifs français et Juifs étrangers ; les Allemands étendent leurs opérations à la « zone non occupée » de Vichy (tenue par l'armée allemande depuis le débarquement allié en Afrique du Nord) et à partir de septembre 1943, à l'ancienne « zone italienne ». Mais l'obstruction de Vichy se précise de plus en plus ; réduits à leurs propres effectifs de police, les Nazis ne disposent pas en France d'effectifs suffisants. Aux Pays-Bas par contre, où les « listes bloquées » sont annulées l'une après l'autre, la « solution finale » se poursuit avec une efficacité considérable.

Le bilan définitif se présente de la manière suivante : 90 000 Juifs déportés de France, 25 000 de Belgique et 110 000 des Pays-Bas[2], ce qui par rapport au nombre des Juifs se trouvant dans ces pays au moment de l'invasion (qu'on peut évaluer respectivement à 300 000, 45 000 et 140 000) correspond à des pourcentages approximatifs de 30 p. 100, 55 p. 100 et 79 p. 100[3].

---

1. Cf. plus haut pp. 197-198.
2. Dont 4 000 à Theresienstadt et 4 500 à Bergen-Belsen (Wielek, *op. cit.*, p. 335-336.)
3. H. Wielek, *op. cit. La Persécution antisémite en Belgique, op. cit.* Roger Berg, *La Persécution raciale en France*, O. F. E., Paris, 1947. Jacob Lestschinsky, *Crisis, Catastrophe and Survival*, New York, 1948. Tous ces chiffres ne peuvent être que des approximations. Si les statistiques allemandes nous donnent un minimum précis en ce qui concerne le nombre des déportés, le nombre des Juifs de chaque pays ne peut être évalué que très approximativement, étant donnés les vastes mouvements de population de mai 1940. Ainsi, on estime que sur 90 000 Juifs belges, près de la moitié avait quitté le pays à cette époque, venant en partie grossir le nombre des Juifs en France.

L'écart entre le premier et le dernier chiffre est certes frappant. Si on cherche à en saisir la raison, différents facteurs apparaissent, dont le premier saute aux yeux lorsqu'on regarde une carte géographique : superficie seize fois plus grande, grands massifs montagneux, d'où, en France, plus grandes facilités de refuge ; solidement tenue, la petite Hollande a été soumise pendant cinq années à un ratissage policier particulièrement intensif. De plus une ligne de démarcation, aisément franchissable, partageait la France en deux parties, et le régime du maréchal Pétain était installé à Vichy. Et cela nous ramène au rôle joué par Vichy dans la question juive et particulièrement dans celle des déportations.

LE CAS PARTICULIER DE LA FRANCE DE VICHY

Du sort relativement plus clément des Juifs de France, Vichy fut en fait le facteur prépondérant. Par l'existence même, tout d'abord, de la « zone libre », dans laquelle, dès l'invasion de 1940, Juifs français, hollandais ou belges s'étaient réfugiés par milliers. Par la suite, les mêmes « droits de souveraineté », dont les hauts fonctionnaires de Vichy excipaient à l'égard des Italiens d'une manière aussi détestable, jouèrent parfois vis-à-vis des Allemands un rôle bienfaisant. En ce qui concerne la « solution finale », la position de Vichy était essentiellement déterminée par les vues de Pierre Laval, dont la politique paraît avoir été guidée par le schéma suivant : se débarrasser des Juifs étrangers, mais protéger, autant que possible, les Juifs français des deux zones. L'attitude de Pétain semble avoir été plus rigide. Telle était du moins l'opinion de Dannecker et de ses successeurs. Ainsi, en établissant son plan de campagne pour l'été 1943, Röthke, le nouveau chef de IV B 4 en France, écrivait : « Il faudra, pour exécuter le programme ci-dessus, que le gouvernement français soit contraint de mettre à notre disposition ses forces de police ; vu l'attitude du maréchal et de certains membres de son cabinet, seule la contrainte peut être envisagée[274]... » C'est avec empressement que Laval accéda à la demande allemande de livrer des Juifs étrangers de zone libre : non seulement 9 000 Juifs furent dirigés sur Drancy dès août 1942, mais c'est sur son initiative qu'en vue d'un « regroupement familial » les enfants au-dessous de 16 ans furent inclus dans les convois[1]. En ce qui concerne les Juifs de nationalité française, à la suite d'un marchandage caractéristique, le moyen terme suivant fut envisagé entre Röthke et Laval : seraient abandonnés aux Allemands tous les Juifs naturalisés après une certaine date (1932 était proposé par Vichy, 1927 était exigé par le IV B 4). Déchus de leur nationalité par une loi d'ensemble, les Juifs seraient le jour même, au nombre de plusieurs dizaines de milliers (50 000 d'après l'estimation de Röthke)[275], arrêtés comme apatrides par les soins de la police française : ainsi, la France n'aurait pas livré de Juifs français…

Mais ce plan qui fut l'objet de longues discussions, et dont la préparation fut poussée fort loin, ne fut jamais réalisé. À mesure que les procédés allemands en Pologne, soulevant un frisson d'horreur, devenaient mieux connus, à mesure aussi sans doute que la fortune des armes changeait de camp, l'attitude de Vichy se raidissait. Au dernier moment, se retranchant tantôt derrière Pétain, tantôt derrière les Italiens, Laval refusa de publier le texte de la loi élaborée au commissariat des Questions juives[2]. C'est pourquoi n'eut pas lieu

1. Rapport de Dannecker au IV B 4 à Berlin. Paris, le 6 juillet 1942. « Le président Laval a proposé (hat vorgeschlagen), lors de la déportation des familles juives de la zone non occupée, d'y comprendre également les enfants âgés de moins de seize ans. La question des enfants juifs restant en zone occupée ne l'intéresse pas. » Voir également l'étude de M. Georges Wellers « Les Rafles des 16 et 17 juillet 1942 dans la région parisienne », *Le Monde juif*, n° 21 de juillet 1949.

2. Une dernière tentative de faire publier par Laval la loi prévue fut faite en août 1943. Nous reproduisons ci-dessous le compte rendu de Röthke sur son entretien avec Laval. Il est infiniment caractéristique. Les annotations en marge sont de la main de Knochen (désigné dans le document sous le terme de BdS = Befehlshaber der Sicherheitspolizei).

(En ce qui concerne les autres noms figurant dans le document rappelons que Bousquet était le sous-secrétaire d'État à la police de Vichy ; Guérard, le chef de cabinet de Laval ; Gabolde, le garde des sceaux ; Darquier de Pellepoix, le commissaire aux Questions juives.)

la rafle gigantesque prévue pour juin-juillet 1943, et c'est dans ces conditions que les Allemands en furent réduits à opérer essentiellement par leurs propres moyens, aidés d'indicateurs, de dénonciateurs, de la « police antijuive » du commissariat et de la milice de Joseph Darnand. Les grands projets de Röthke et de Brünner, soigneusement calculés et minutés plusieurs mois à l'avance, s'effondraient les uns après les autres. L'administration française et la police régulière, suivant l'exemple venant d'en haut, collaboraient de moins en moins. « Il ne reste plus que la solution suivante », mandait Röthke

IV B BdS SA 225 a
Rö / Ne

Paris, le 15 août 1943.

Concerne : loi sur le retrait de la nationalité des Juifs naturalisés après 1927.
Entretiens avec Laval et Bousquet à Vichy, le 14 août 1943.

1. *Note.* – Hauptsturmführer Geissler ainsi que le soussigné se sont rendus dans la matinée du 14 août 1943, auprès de Bousquet et, ensuite, auprès de Laval, pour conférer avec tous les deux sur les détails de la publication de la loi projetée.

1° *Entretien avec Bousquet.* – Bousquet, qui devait quitter Vichy le jour même, et qui se rendra à Paris le 16 août, a déclaré que Laval lui avait fait récemment de violents reproches, parce qu'il lui avait fait signer un second projet de loi (le projet Darquier). Bousquet aurait alors rétorqué au président qu'il ignorait tout d'un second projet. Il connaît, il est vrai, le premier projet, signé par Laval et Gabolde, qui est en sa possession. Au sujet de la publication, il ne pouvait rien dire, cette question étant de la compétence de Laval. (Bousquet a également fait observer qu'on avait insisté auprès de lui pour qu'il fasse reprendre leurs armes aux gardes champêtres et gardes-moissons. Une proposition aurait été faite dans ce sens par le général von Neubronn (?). Lui, Bousquet, considérait que cette mesure était très dangereuse, étant donné que, dernièrement, il y avait eu de nombreux cas de sabotage aux machines-moissonneuses et des incendies de silos.)

2° *Entretien avec Laval.* – Le Hauptsturmführer Geissler et le soussigné ont conféré de 12 h 30 à 13 h 30 avec Laval. En outre, Guérard et le chef de cabinet de Bousquet assistaient à cette conférence. Laval, questionné au sujet de la situation, a déclaré ce qui suit :

Pétain avait pris connaissance des projets de loi. Il avait été très irrité d'apprendre que, conformément à l'un des projets, les femmes et les enfants seraient dénaturalisés, eux aussi. Maintenant, Pétain voulait voir les originaux des deux projets. (Le projet Bousquet avait été apporté par son chef de cabinet. Le projet Darquier, que Laval prétend avoir fait chercher pendant trois jours à Paris et à Vichy, a été enfin « retrouvé » par un secrétaire de Laval, pendant notre conférence, lorsque Laval lui eut demandé, à trois reprises, de chercher sérieusement.)

Nous avons dit à Laval que nous désirions que le projet Bousquet soit publié d'urgence, et que je devais faire un rapport au BdS qui m'avait envoyé à Vichy à ce sujet.

en juillet 1943 : « Arrestation en bloc de tous les Juifs qu'on pourra trouver, par une opération massive de la police de Sûreté (kommandos et kommandos spéciaux) avec l'aide des troupes allemandes[276]... » Mais pour des raisons que nous ignorons, le concours de la Wehrmacht sous cette forme fut refusé au IV B 4. Par contre, au cours des nombreux assassinats et massacres qui marquèrent surtout la dernière période de l'occupation, les Juifs constituaient évidemment les premières victimes désignées : le nombre de ceux qui périrent de cette façon en France est estimé à plusieurs milliers.

Laval a déclaré alors ce qui suit :

a) Il n'avait pas songé, en signant le projet, que nous arrêterions en masse les Juifs touchés par la loi. Or, récemment le BdS le lui avait déclaré expressément. [*(Note manuscrite) : C'est typique. C'est le but de la loi, le renard le sait depuis longtemps.*]

J'ai répondu à Laval que les ordres du Führer concernant la solution définitive de la question juive en Europe étaient sans équivoque. À ma connaissance, il avait été convenu, il y a un an, que la solution de la question juive en France aurait lieu par étapes. Voici une année, il avait également été question de la dénaturalisation des Juifs naturalisés en dernier lieu, aux fins de leur arrestation et de leur déportation.

b) Laval a prétendu que le projet devait encore être discuté devant le conseil des ministres qui aurait lieu le 17 août 1943. Plusieurs ministres le questionneraient certainement, afin de savoir dans quel but une telle loi allait être publiée. Il lui faudrait alors répondre que les Juifs touchés allaient être internés et déportés.

c) Enfin, la loi était d'une telle portée, étant donné son contenu, qu'il fallait qu'elle fût signée par le maréchal qui, en sa qualité de chef de l'État, avait seul le droit d'ordonner les naturalisations et les dénaturalisations. En outre, le maréchal s'intéressait déjà à ces lois, il fallait donc qu'il en confère d'urgence avec le maréchal.

Hauptsturmführer Geissler a répliqué à Laval que celui-ci avait signé lui-même les deux projets et qu'il avait déjà fait transmettre officiellement le projet Bousquet.

A ceci, Laval a remarqué qu'il avait des tas de dossiers à signer chaque jour ; en particulier, en signant le projet Darquier, il n'avait pensé à rien, croyant que tout était en ordre.

d) Pour Laval, l'obstacle principal contre toute action à l'encontre des Juifs est l'attitude des Italiens. Il avait toujours pensé que nous pourrions déterminer les Italiens à changer d'attitude dans la question juive. Jusqu'à ce jour, rien n'avait été fait. Il fallait comprendre qu'en tant que chef du gouvernement, sa situation était délicate en ce qui concerne les mesures contre les Juifs. En France, il y a quatre réglementations différentes en vigueur contre les Juifs. L'ancienne zone d'occupation avec les lois allemandes et françaises ; la zone Sud occupée par les Allemands, avec réglementation exclusivement française, la zone d'influence italienne avec réglementation française, et ordonnances spéciales italiennes, et les départements du Nord, relevant du secteur du Militärbefehlshaber de Belgique et du Nord de la France.

LES PAYS SCANDINAVES

Les petites communautés des pays scandinaves purent espérer pendant quelque temps pouvoir échapper, en raison de leur peu d'importance, à l'emprise allemande.

Parmi les pays occupés de l'Europe, le Danemark bénéficiait d'une situation particulière et quasi privilégiée. Pendant longtemps, les Allemands hésitèrent en effet à étendre les déportations de Juifs à ce pacifique petit pays, estimant, non sans raison, que celles-ci entraîneraient des vives réactions et des difficultés considérables. Un état d'exception proclamé au Danemark en septembre 1943, à la suite de troubles intérieurs, leur fournit enfin l'occasion nécessaire. Sous le couvert de l'état de siège, de grandes rafles furent organisées à travers tout le pays. En l'espèce, cependant, la « solution finale » fut presque entièrement

Il a été répondu à Laval que le règlement de la question juive ne concernait pas seulement la France. Quant à l'attitude des Italiens, il pouvait compter avec certitude qu'un changement interviendrait, mais que, toutefois, ce n'était pas une raison pour arrêter complètement la solution de la question juive en France.

e) Laval a ensuite déclaré que la loi ne devrait être appliquée que de façon à laisser aux Juifs en question un délai de trois mois (voir article 3) pour leur permettre de faire les demandes de dérogations, prévues dans le texte [*insolence devient une méthode !*]. En conséquence, les mesures de police contre les Juifs touchés par la loi devaient n'être prises que trois mois après la date de sa publication. En zone Sud, il ne pouvait autoriser la police française à appliquer une autre procédure.

Si, en zone ancienne d'occupation, nous agissions différemment, il serait obligé, en tant que chef du gouvernement, d'élever une protestation. Il savait, sans aucun doute, ce que nous faisions de ses interventions... (Laval pensait évidemment, et avec raison, à la corbeille à papier.) C'est pour cette raison qu'en zone ancienne d'occupation, il ne pouvait non plus mettre la police française à notre disposition ; si nous voulions opérer avec nos propres effectifs, il ne pouvait pas s'y opposer.

J'ai répondu à Laval que nous ne pouvions pas attendre un délai de trois mois. Du reste, suivant mon expérience, tous les Juifs touchés par la loi feraient, pendant ce délai, des demandes de dérogations dont l'examen exigerait un nouveau délai. D'ailleurs il devait être facile, pour l'administration française, d'établir quels étaient les Juifs qui avaient droit à une dérogation dans le cadre du statut du 2 juin 1941.

Laval est d'avis qu'il ne pouvait s'agir que d'une trentaine de Juifs tout au plus. En tant que chef du gouvernement, il sera obligé de s'en tenir à l'application exacte de la loi.

En conclusion, il faut constater que le gouvernement français ne veut plus marcher avec nous en ce qui concerne la question juive.

déjouée. Prévenus à temps, les 7 500 Juifs danois se cachèrent et se dispersèrent ; leur grande majorité put passer clandestinement en Suède. Seuls, 500 Juifs environ furent pris et déportés à Theresienstadt.

Ainsi, l'effort de solidarité danois fut particulièrement efficace. Jamais l'étoile jaune ne fut introduite dans ce pays, le roi Christian ayant menacé les Allemands d'être le premier citoyen du pays à l'arborer...

Conquise de vive force et administrée par le Gauleiter Terboven, la Norvège enregistre des pertes proportionnellement plus élevées. Sur ses 2 000 Juifs, 750 environ furent arrêtés et déportés ; le reste

On peut même supposer que, lors du prochain conseil des ministres, il y aura une telle opposition contre le projet Bousquet qu'il sera repoussé.

De plus, on gagne l'impression que Pétain veut empêcher l'adoption de cette loi, étant donné qu'un grand nombre de Juifs ont mené une attaque en force contre ce projet.

(Quelques minutes avant notre réception par Laval, celui-ci avait reçu le Juif Lambert, Président de l'UGIF en zone Sud. Le Juif Lambert a déclaré au représentant de Darquier que Laval l'avait également reçu quelques instants auparavant, et « qu'il avait porté plainte » auprès du président au sujet d'arrestations de Juifs en zone Sud par des détachements de la Sicherheitspolizei (SD). Là-dessus l'ordre d'arrestation contre Lambert a été lancé par télégramme.)

De plus, on a l'impression en l'espèce que Laval ne considère pas comme indésirable une intervention de Pétain. Il lui est très commode de se, retrancher derrière Pétain, bien qu'il ait déclaré, lors de cette conversation, que tout en n'étant pas antisémite, il n'était pas non plus philosémite.

Il en est de même pour la prétendue nécessité de soumettre au préalable le projet de loi au conseil des ministres. [*Le vieux parlementaire !*] Il n'en a jamais été question auparavant. On a l'impression que Laval cherche par tous les moyens à empêcher la publication de la loi, et de toute manière, à la retarder.

Laval fera savoir par l'ambassadeur de Brinon, mardi ou mercredi au plus tard, le résultat du conseil des ministres.

Il est proposé de réclamer *immédiatement* une compagnie de Schutzpolizei, étant donné qu'avec ou sans publication de loi sur le retrait de la nationalité française, il n'est plus possible de compter sur l'assistance à grande échelle de la police française pour les arrestations de Juifs, à moins que d'ici quelques jours ou quelques semaines, la situation militaire de l'Allemagne ne change radicalement en notre faveur.

2. À soumettre au docteur Knochen, SS-Standartenführer, avec prière d'en prendre connaissance, et pour décision ultérieure.

3. Retourner au IV B BdS.

par ordre
Röthke
SS-Oberstumführer.

put se terrer ou se réfugier en Suède. Signalons enfin que la lointaine Finlande, alliée à l'Allemagne et solidaire, semble-t-il, de son destin, se refusa à faire déporter ses citoyens, malgré les efforts déployés par Himmler, au cours de sa visite de juillet 1942 en particulier.

Les exterminations méthodiques

Le génie technique des Allemands leur permit de mettre sur pied, en l'espace de quelques mois, une industrie de la mort rationnelle et efficace. Comme toute industrie, elle comportait des services de recherches et d'améliorations, ainsi que des services administratifs, une comptabilité et des archives. Maints aspects de ces activités nous demeurent inconnus, et restent recouverts d'un secret incomparablement plus opaque que celui des autres industries de guerre allemandes. Les techniciens des fusées et des torpilles allemandes, les planificateurs de l'économie du Reich, ont survécu, et ont livré aux vainqueurs leurs plans et leurs procédés ; les techniciens de la mort ont disparu presque tous, après avoir détruit leurs archives.

Des camps d'extermination avaient surgi, avec des installations rudimentaires d'abord, qui ont été perfectionnées par la suite : qui les a mis au point ? Une véritable maîtrise de la psychologie des foules y a été manifestée, afin de s'assurer de la docilité parfaite des hommes promis à la mort : quels en ont été les promoteurs ? Autant de questions auxquelles nous ne pouvons donner que des réponses fragmentaires et parfois hypothétiques. Instruits peut-être par les déconvenues subies en Russie, les techniciens du génocide mirent tout en œuvre pour qu'il en fût ainsi. Une seule et unique fois, Himmler, cet orateur d'ordinaire si prolixe, descella ses lèvres pour parler de la « solution finale » : « Nous avons écrit une page de gloire de notre histoire…, ainsi s'exprima-t-il en octobre 1943 devant un petit groupe de fidèles, mais elle ne sera jamais couchée sur papier… »

Dans ce qui suit, il sera uniquement question des principaux établissements où l'extermination se poursuivait de manière systématique ; nous ne nous étendrons pas sur les autres procédés de mise à mort appliqués, ainsi que nous l'avons vu, un peu partout, et parmi lesquels les fusillades ont toujours joué un rôle primordial. Ce n'est pas que la morbide ingéniosité des Nazis n'ait fait appel à des dizaines d'autres techniques individuelles ou collectives, telles que la méthode de la chaux vive, utilisée en Pologne en particulier[277], ou celle des injections de phénol au cœur, appliquée dans la majorité des camps de concentration, ou encore celle par laquelle le camp de Mauthausen s'est rendu célèbre, consistant à précipiter les victimes du haut d'une carrière... Mais ce n'étaient que des initiatives locales, des raffinements de sadisme individuel ou concentrationnaire : ce qui nous intéresse ici, c'est le procédé ordonné et dirigé de Berlin par les fonctionnaires chargés de la tâche, officiel en quelque sorte, et à l'aide duquel, dans des lieux spécialement aménagés, a été immolée l'écrasante majorité des victimes : les chiffres précis ne pourront jamais du reste être établis avec une exactitude entière. Le procédé ainsi choisi fut celui de l'asphyxie : asphyxie à l'oxyde de carbone dans quatre grands camps de Pologne (Chelmno, Belzec, Sobibor, Treblinka), asphyxie à l'acide prussique dans les géantes installations d'Auschwitz en Haute-Silésie, ainsi qu'à Maïdanek. Nous allons les passer successivement en revue, en étudiant avec plus de détails le camp d'Auschwitz sur lequel on possède davantage de renseignements. Mais nous allons évoquer auparavant une autre campagne de mort en série, déclenchée en Allemagne même dès la fin de 1939, et appliquée à certaines catégories d'Allemands déclarés « bouches inutiles » : « l'euthanasie » des faibles d'esprit et des malades mentaux.

L'EUTHANASIE

La technique d'une extermination efficace et discrète, conforme à ce que les Nazis qualifiaient de « manière allemande », a été mise au point, au stade du laboratoire, par des médecins et des savants allemands, avant d'être appliquée en grand et au stade industriel par la SS de Himmler. Et les malades mentaux d'Allemagne ont fait office de banc d'essai pour les Juifs d'Europe. Ce n'est pas que l'extermination de ceux-ci ait été expressément entreprise dans ce but ; il s'agit de questions apparemment indépendantes, et d'un enchaînement qui semble fortuit. Mais elles se trouvent reliées par une profonde logique interne.

On sait ce qu'est l'euthanasie, mort miséricordieuse infligée aux malades inguérissables. Argument de maints procès dramatiques, elle a été le sujet de discussions passionnées dans bien des pays. Nulle part, cependant, elle n'a acquis officiellement droit de cité. C'est que, dans le monde contemporain, elle se heurte comme à un refus d'acceptation, qui trouve son expression précise dans la position de principe des Églises ; c'est qu'aussi, à côté des considérations « humanitaires » en faveur d'une mort miséricordieuse, maints autres mobiles peuvent s'agiter confusément dont il est difficile de faire la part. S'agit-il de pitié pure, ou de considérations tout autres, à l'égard d'un malade dont l'existence improductive ne constitue qu'un poids pour la famille ou la société ?

Avec son aspect d'efficacité planificatrice, derrière lequel se dessinent maints arrière-plans morbides, l'euthanasie avait sans nul doute de quoi séduire les esprits nazis. La formule « suppression des vies indignes d'être vécues » était large, et permettait des extrapolations. Mais Hitler hésita longuement avant de l'introduire dans la pratique. Il est caractéristique que le décret qui l'institue date du 1er septembre 1939, c'est-à-dire du jour de déclaration de la guerre[278]. Certes, en temps de guerre, l'opposition à l'euthanasie promettait d'être moins vigoureuse ; en temps de guerre, d'autre part, il importait de rendre disponibles le plus possible d'hôpitaux, de médecins, de personnel et d'éliminer les bouches inutiles. Et c'est pourquoi, dès le début, la mesure visait moins les malades à l'article de la mort, que les faibles d'esprit et les aliénés sans espoir de guérison.

Hitler prit la précaution de maintenir l'euthanasie strictement secrète, et elle ne fut jamais promulguée officiellement. C'est Philippe Bouhler, chef de la chancellerie personnelle du Führer, assisté de Kurt Brandt, le médecin particulier de celui-ci, qui fut chargé d'en assurer l'application, avec le concours des services du ministère de l'Intérieur. L'organisation créée à cet effet, installée 4, Tiergartenstrasse, à Berlin, était désignée sous le mot code de « T-4 », et son chef, Victor Brack, l'assistant de Bouhler, choisit le pseudonyme de « Jennerwein[279]. » D'autres termes inoffensifs, d'une consonance anodine, furent forgés afin de camoufler les établissements d'euthanasie et les services qui en dépendaient[1]. Plusieurs psychiatres allemands de renom, tels que les professeurs Heyde, Nietzsche, Pfannmüller, apportèrent au T-4 un concours actif et enthousiaste. Une autre autorité scientifique, le professeur Kranz, évaluait à un million le nombre d'Allemands dont « l'extirpation » lui paraissait souhaitable[280].

Les bureaux du T-4 mirent au point un questionnaire qui fut envoyé à tous les asiles d'aliénés ou cliniques psychiatriques d'Allemagne. Sur la base des questionnaires remplis, ne comprenant en général que l'état civil du malade et le nom de la maladie, une commission de trois experts, choisis parmi les médecins attachés au T-4, devait rendre son verdict : lorsque le diagnostic, ainsi établi à distance, était défavorable au malade, celui-ci était dirigé vers une « station d'observation ». Il y restait quelques semaines, après quoi, sauf avis contraire du directeur de la « station d'observation »

---

1. L'association des médecins chargés d'administrer l'euthanasie portait le nom de « Reichsarbeitsgemeinschaft Heil-und Pflegeanstalten (Association du Reich, établissements thérapeuthiques et hospitaliers). Le financement de l'euthanasie était assuré par la « Gemeinnützige Stiftung für Anstaltspflege » (Fondation d'utilité publique pour soins hospitaliers). L'association « Allgemeine Kranken-Transport-Gesellschaft » (Société générale du transport des malades) était, ainsi que son nom l'indique, chargée du transport des victimes (déposition écrite de Victor Brack, Nuremberg, 14 octobre 1946).

(ce qui n'avait lieu que dans 4 p. 100 à 6 p. 100 des cas, suivant le témoignage de Brandt lui-même)[281], il était transporté à l'institut d'euthanasie proprement dit. L'euthanasie étant considérée affaire d'État, les décisions étaient prises à l'insu des victimes ainsi que de leurs familles. Les déplacements successifs faisaient perdre la trace des malades et en facilitaient la disparition silencieuse.

La première station d'euthanasie fut créée fin 1939 à Brandenbourg, dans la Prusse, dans une prison désaffectée ; son administration fut confiée au commissaire de police Christian Wirth. Cinq autres stations furent inaugurées au cours de 1940 dans diverses régions d'Allemagne[1]. Elles furent installées dans des propriétés abandonnées, ou dans des asiles dont les occupants furent transférés ailleurs. Au début, Wirth se contentait de tuer les malades à coups de revolver dans la nuque[282] ; des médecins étant placés à la tête de ces établissements, des méthodes plus perfectionnées furent ensuite introduites par les experts du T-4, auxquels un chimiste, le docteur Kallmeyer, fut adjoint par Jennerwein-Brack. Le procédé auquel ils s'arrêtèrent fut l'asphyxie par l'oxyde de carbone. L'installation en était simple et facilitée par le « débit » relativement peu important des stations d'euthanasie. Dans chaque établissement, une pièce, camouflée en salle de douches, fut hermétiquement isolée. Une tuyauterie y pénétrait, à laquelle s'adaptaient les cylindres contenant de l'oxyde de carbone. Avant d'être conduits par groupes de dix ou de quinze dans cette chambre à gaz, les malades étaient généralement rendus somnolents à l'aide de piqûres de morphine ou de scopolamine, ou drogués avec des tablettes somnifères[283]. Les stations d'euthanasie comportaient également un petit crématoire où étaient incinérés les cadavres. Les familles étaient mises au courant par des lettres stéréotypées, les avisant du décès du malade pour cause de « faiblesse cardiaque » ou de « pneumonie ».

1. Dans l'ordre successif de leur installation : Grafeneck, dans le Wurtemberg ; Sonnenstein, en Saxe ; Hartheim, en Autriche ; Bernburg, en Thuringe, et Hadamar, en Hesse (déposition de Victor Brack devant le tribunal de Nuremberg, audience du 15 mai 1947).

De janvier 1940 à août 1941, date à laquelle le programme d'euthanasie fut interrompu, 70 273 malades mentaux y furent soumis[1].

Une section du T-4, dénommée « Comité du Reich pour la recherche des maladies héréditaires », était chargée de l'euthanasie des enfants atteints de maladies héréditaires graves ou faibles d'esprit. Cette activité avait débuté à la même époque et s'exerçait de la même façon.

De quelle manière un médecin de l'Allemagne nationale-socialiste pouvait esquiver la participation aux activités enthanasiennes, ressort de la lettre caractéristique qui suit, adressée par le docteur Hölzel, directeur d'un asile d'enfants déficients, au professeur Pfannmüller :

20 août 1940.

Mon cher directeur

« ... *Je vous suis très reconnaissant pour l'amabilité que vous avez eue de me donner le temps de réfléchir. Les nouvelles mesures sont si convaincantes, que je pensais pouvoir jeter par-dessus bord toutes considérations personnelles. Mais une chose est d'approuver avec conviction les mesures de l'État, et une autre chose de les appliquer soi-même jusqu'aux dernières conséquences. Je pense à la différence entre le juge et l'exécuteur. C'est pourquoi, malgré toute la compréhension intellectuelle et bonne volonté de ma part, je ne puis éviter la constatation que ma nature personnelle ne*

---

1. 35 224 en 1940 et 35 049 en 1941. Ces chiffres ressortent d'un document allemand qui a été publié par la Commission des crimes de guerre de Pologne (*German Crimes in Poland*, vol. 9, p. 152-153).

Ce document, inconnu de l'accusation, n'a pas été présenté lors des débats relatifs à l'euthanasie devant le tribunal de Nuremberg. Au cours du procès, Victor Brack indiqua un chiffre du même ordre de grandeur (50 000 à 60 000) (audience du 15 mai 1947). Le document en question nous apprend par ailleurs que le « T-4 » estimait très exactement à 885 439 800 marks l'économie ainsi réalisée par le Reich du fait de la suppression des « bouches inutiles ».

Le chiffre de 275 000 victimes, retenu par le tribunal international de Nuremberg, nous semble en l'espèce exagéré.

convient pas à ce travail. Aussi vif que soit souvent mon désir de porter remède au cours naturel des événements, aussi répugnant est-il pour moi de le faire systématiquement, après délibération de sang-froid et conformément aux principes objectifs de la science, sans être animé de sentiments médicaux envers le patient. Ce qui m'a rendu cher le travail dans la maison d'enfants n'était pas l'intérêt scientifique, mais le désir du médecin d'aider et d'apporter quelque amélioration... Je me sens émotivement lié aux enfants, en qualité de leur gardien médical, et je pense que ce contact affectif n'est pas nécessairement une faiblesse du point de vue d'un médecin national-socialiste. Il m'empêche, cependant, d'adjoindre cette nouvelle tâche à celle que j'ai accomplie à ce jour !

Si ceci vous conduisait à placer la maison d'enfants entre d'autres mains, cela serait certainement une perte pénible pour moi. Cependant, il est préférable que je voie clair et reconnaisse que je suis trop doux pour ce travail, plutôt que de vous décevoir par la suite. Je sais que votre offre est un signe de confiance spéciale, et ne puis mieux honorer celle-ci que par une honnêteté et une franchise absolues.

Heil Hitler ! Votre dévoué,

« F. HÖLZEL[(284)]. »

L'action 14 f. 13.

Tel qu'il fonctionnait, le programme d'euthanasie était directement subordonné à la chancellerie personnelle du Führer, et il n'avait rien de commun avec la RSHA de Himmler et Heydrich. Etait-ce un effet du hasard que la plupart des stations d'euthanasie se trouvaient placées à proximité de grands camps de concentration[1] ? Toujours est-il que, dès l'été 1940, l'inspection des camps de concentration se mit en rapport avec le T-4, et que des

---

1. Brandeburg se trouvait non loin du camp d'Oranienburg, Bernburg était à proximité de Buchenwald, Hartheim dans le voisinage immédiat de Mauthausen, etc.

« commissions d'experts » commencèrent à effectuer des sélections périodiques parmi les détenus des camps.

La formule-code « 14 f. 13 », qui figure sur les dossiers relatifs à ces opérations, reste attachée à cette expression du « programme d'euthanasie[285] ». Conformément à un accord intervenu entre Himmler et Jennerwein-Brack, les commissions d'experts du T-4 visitaient les camps de concentration, choisissant, avec le concours du médecin du camp, les hommes qui leur paraissaient mentalement ou physiquement déficients. En réalité, les raisons d'arrestation du détenu constituaient un élément décisif du choix ; tout particulièrement en ce qui concernait les Juifs, qui, aux dires de « l'expert » Mennecke, « étaient sélectionnés non pas du point de vue de leur santé mais conformément aux raisons de leur arrestation[286] ». Dans une lettre qu'il adressait de Buchenwald à sa femme, Mennecke décrivait comme suit le travail de la commission :

« ... *Nous poursuivîmes nos examens jusqu'à seize heures ; j'examinai 105 patients, Müller en examina 78, en sorte que 183 questionnaires furent ainsi remplis. À titre de deuxième tranche suivirent 1 200 Juifs qui n'ont pas à être « examinés », mais pour lesquels il suffit d'extraire des dossiers (très volumineux !) les raisons d'arrestation, et les porter sur les questionnaires. C'est donc un travail purement théorique qui nous occupera jusqu'à lundi. De cette deuxième tranche j'ai transcrit 17 cas et Müller 15, après quoi « nous jetâmes pics et pioches » et allâmes dîner...*

« *Nous continuerons donc avec le même programme et le même travail. Après les Juifs suivra une troisième tranche de 300 Aryens qui, eux, doivent être « examinés ». Nous serons donc occupés jusqu'à la fin de la semaine prochaine. Ensuite nous rentrerons à la maison[287]... »*

Dans le camp de Dachau, l'action 14 f. 13 fut déclenchée en automne 1941 par le professeur Heyde en personne. D'après le récit du médecin du camp, « la commission, composée de quatre membres, était dirigée par le professeur Heyde, les quatre médecins étaient assis à quatre tables placées entre deux baraques, et plusieurs centaines de détenus devaient défiler devant eux. Les prisonniers étaient triés suivant leur aptitude au travail et leurs dossiers politiques et sélectionnés en conséquence. Cette commission n'étant restée à Dachau que quelques jours, il lui était impossible de faire passer un examen médical à un si grand nombre de prisonniers en si peu de temps. L'examen consistait uniquement dans l'étude rapide des documents en présence des prisonniers[288] ».

Telle semble avoir été la manière dont fut mise au point, avec le concours des médecins et professeurs allemands, la technique des futures « sélections » d'Auschwitz et d'ailleurs…

Arrêt de l'euthanasie.

Aussi soigneusement secret qu'il fût tenu, le programme d'euthanasie, rapidement, s'ébruitait. Les familles touchées par les avis de décès, agitées de soupçons, les communiquaient à leur entourage. Les transports collectifs de malades, d'asile à station d'observation, et de là aux établissements d'euthanasie, ne pouvaient rester inaperçus, et soulevaient l'émotion populaire. Différents rapports rendent compte du malaise qui se percevait jusque dans les rangs du parti. Ainsi, le délégué du parti pour la ville d'Ansbach signalait que « le transfert d'une partie des pensionnaires de l'asile de Bruckberg a suscité une grande inquiétude parmi la population de Bruckberg, d'autant plus qu'une partie des pensionnaires transférés — il s'agit de ceux qui d'après l'avis populaire « ont encore gardé leur raison » — ont tenu à prendre personnellement congé de la population du village… L'inquiétude se maintiendra — ainsi concluait le fonctionnaire — car elle est entretenue par les Églises. Une accalmie se manifestera plus rapidement si le parti se tient sur la réserve vis-à-vis de ces attaques[289]. » De Lauf, en Franconie, le « Kreisleiter » nazi signalait le cas d'un jeune paysan épileptique qui avait été dirigé sur un asile pour y être stérilisé : quelques jours plus tard, une urne contenant ses cendres fut adressée à sa mère. « Le jeune Koch étant bien connu dans son village par son ardeur au travail, ce cas de « décès violent » a suscité naturellement une grande indignation... Le médecin local m'a dit que les familles refusent d'envoyer leurs malades dans les asiles, ne sachant pas s'ils les reverront vivants... Deux plaintes pour assassinat auraient été portées à Nuremberg par les parents des malades[290]... » L'« Ortsgruppenleiter » Langhof adressait de Langlau le rapport suivant :

« *Vendredi dernier, le 21 février 1941, 57 pensionnaires de l'asile d'Alsberg furent transférés en deux voyages à Erlangen, aux fins d'un soi-disant examen dans la clinique. Lors de la montée en autocar, des spectateurs s'amassèrent en grand nombre, le chargement s'étant effectué dans la rue et non pas dans la cour de l'asile. Des scènes sauvages se seraient produites, car une partie des pensionnaires n'est pas montée volontairement, et les infirmiers ont dû faire usage de force.*

« *Ainsi que je l'ai appris, des gens se sont laissé entraîner à des critiques de l'État national-socialiste. Je n'ai malheureusement pas pu identifier ces spectateurs, car lors de mon enquête tous les participants ont fait preuve d'une grande réserve. Ces incidents doivent être considérés comme d'autant plus graves, que même des membres du parti se sont laissés aller jusqu'à pleurer avec les autres assistants et à se lamenter. Une partie des spectateurs auraient même affirmé ce qui suit : « Notre État doit être bien mal en point, pour qu'il soit possible qu'on envoie ces pauvres gens à la mort, afin d'employer pour faire la guerre les sommes ainsi économisées. »*

« *Il paraît même qu'on aurait conduit ces pauvres victimes — c'est du moins ainsi que les désignent L'Église et la population d'Alsberg — à l'église catholique, pour la confession et la communion. Il semble vraiment ridicule que l'on cherche à absoudre de leurs péchés éventuels des gens dont une partie est complètement privée de raison[291]... »*

L'émotion soulevée par l'euthanasie se répercutait de proche en proche en Allemagne. L'agitation populaire facilitait la prise de position intraitable adoptée par les Églises catholique et protestante. Des prélats protestants et catholiques tels que l'évêque Wurm ou l'évêque Gaalen élevèrent des protestations de plus en plus ouvertes dans leurs lettres pastorales. Un des chefs de l'Église confessionnelle, le pasteur Braune, entreprit d'alerter ministres et hauts fonctionnaires, et adressa à la chancellerie du Reich un mémorandum où il résumait ses arguments.

« Jusqu'où ira-t-on dans la destruction des vies indignes ? s'exclamait-il. Les actions massives en cours ont montré que bien des gens à l'intellect clair et conscient y ont été compris… Vise-t-on uniquement les cas entièrement désespérés, tels que les idiots et les imbéciles ? Le questionnaire indique la sénilité parmi ses rubriques. De même en ce qui concerne les enfants déficients. Quelles graves appréhensions ne manquent pas de surgir ! … S'arrêtera-t-on devant les tuberculeux ? Le programme d'euthanasie est déjà appliqué aux détenus. S'attaquera-t-on aux autres anormaux et asociaux ? Où se trouve la limite ? Qui est anormal, asocial, quels sont les cas désespérés ? Quel sera le sort des soldats, qui en luttant pour leur patrie, risquent d'encourir des maux inguérissables ? Certains d'entre eux se posent déjà de pareilles questions[(292)]*… »*

Quelques jours après avoir déposé son mémorandum, le pasteur Braune fut arrêté par la Gestapo pour « sabotage irresponsable des mesures d'État ». Après trois mois de détention, il fut libéré. Des pourparlers directs tentés par Brandt et Bouhler afin de faire revenir les Églises sur leur attitude restèrent sans résultat. Et l'opposition populaire allait en croissant. En été 1941, l'évêque de Limbourg avertissait le ministère de la Justice, que « les enfants, quand ils se disputent, se disent : « Tu es fou, on t'enverra « aux fours de Hadamar ! » Les jeunes gens qui ne veulent pas se marier disent : « Me marier ? Jamais ! « Mettre des enfants au monde pour qu'ils passent « à travers la machine ? » Les vieillards supplient de ne pas les envoyer à l'asile, car ils croient que ce sera bientôt leur tour[(293)] »…

C'est dans ces conditions que Hitler donna, en août 1941, l'ordre d'arrêter les mesures d'euthanasie. Bouhler et Brandt reçurent de lui l'assurance qu'il ne s'agissait que d'une suspension et que le programme reprendrait dès la fin de la guerre[294]. Aussi bien la machinerie du T-4 fut-elle maintenue. L'envoi de questionnaires fut poursuivi. Ce n'est qu'au cours de l'hiver 1944-1945 que Brack envoya des ordres afin que les installations des stations d'euthanasie fussent détruites. Quant au personnel du T-4, il fut utilisé à des missions sanitaires sur le front russe au cours de l'hiver 1941-1942, avant que son savoir-faire et sa spécialisation technique fussent employés à d'autres tâches : l'extermination totale, méthodique et secrète, « à la manière allemande », des Juifs de Pologne.

Telle fut l'histoire du programme d'euthanasie, qui, certes, correspondait parfaitement bien aux vues les plus intimes du maître du IIIe Reich. Son déroulement est très symptomatique. Il nous montre les limites du pouvoir du chef de l'Allemagne. Galvanisant les masses populaires, il put les lancer sur des voies nouvelles et déconcertantes ; mais dans ce cas particulier, ayant présumé de ses possibilités, s'étant heurté à une opposition spontanée et à des résistances délibérées, il se sentit contraint à faire machine arrière. Encore fallait-il qu'un refus unanime, par un véritable réflexe d'horreur, secouât le corps de son peuple.

LES CAMPS D'EXTERMINATION POLONAIS

Des renseignements fragmentaires nous permettent d'entrevoir le rôle joué par les techniciens de l'euthanasie dans l'extermination des Juifs de Pologne. Mais bien des points restent encore dans l'ombre : d'une manière générale, l'histoire des camps polonais est très imparfaitement connue. Il semble établi que suivant le plan primitif, envisagé au RSHA, l'extermination des Juifs euro-péens devait s'effectuer, en partie du moins, dans les territoires envahis de l'URSS, dans ce « Reichskommissariat Ostland » vers lequel, nous l'avons vu, avaient été dirigés à la fin de 1941 les premiers convois de Juifs allemands. Quelques lettres échangées entre l'administration du « Reichskommissariat » à Riga et le « ministère des Régions occupées de l'Est » à Berlin nous apportent certaines précisions à ce propos : nous apprenons ainsi qu'à la suite de contacts préalables pris entre Eichmann et les hauts fonctionnaires de ce ministère, un appel fut adressé aux grands maîtres de l'euthanasie, leur demandant leur concours afin de réaliser sur place les installations nécessaires. Un rapport du docteur Wetzel (le spécialiste des questions de « planification démographique à l'Est »), daté du 25 octobre 1941, signale que « l'Oberdienstleiter Brack, de la chancellerie du Führer, est d'accord pour nous aider à construire les locaux nécessaires, ainsi que les appareils de gazage ».

« *À l'heure actuelle, ceux-ci ne sont pas disponibles en quantité suffisante dans le Reich, et doivent être spécialement construits. De l'avis de Brack, leur fabrication dans le Reich même occasionnera plus de difficultés qu'une production sur place. C'est pourquoi il préfère envoyer directement ses gens à Riga, et en particulier y envoyer son chimiste, le docteur Kallmeyer, lequel s'occupera du nécessaire. J'attire l'attention sur le fait que le major SS Eichmann, le spécialiste des questions juives au RSHA, est d'accord avec cette solution*[295]… »

Pour des raisons que nous ignorons, très vraisemblablement à la suite des difficultés posées par le problème du matériel roulant, ce projet ne fut pas réalisé en URSS mais en Pologne, pour une partie dans les territoires annexés au Reich, pour l'autre dans le gouvernement général, toujours avec le concours compétent des « gens » du docteur Victor Brack.

Le premier en date, le camp de Chelmno, près de Lodz, commence à fonctionner en territoire annexé en décembre 1941, avec un débit maximum de mille exécutions par jour. Chelmno ne comporte pas encore de chambres à gaz fixes ; ce n'est qu'un vaste garage installé dans une propriété isolée, abritant plusieurs

« camions à gaz », identiques à ceux qui circulaient sur les routes de la Russie envahie. En mars 1942, l'érection du camp de Belzec, d'un débit quotidien de plusieurs milliers de victimes, rend possible le véritable déclenchement de la « solution finale ». Sobibor et Treblinka, respectivement terminés en mai et juillet 1942, permettent d'en accélérer la cadence. Placés sous l'autorité suprême d'Odilo Globocnick, tous ces camps fonctionnent avec le concours d'une équipe de techniciens de l'euthanasie, dirigée par Christian Wirth[296]. Ils ont été « prêtés » à Globocnick par Bouhler et Brack sous la condition expresse que, dès que la campagne d'euthanasie démarrera à nouveau dans le Reich, ces spécialistes indispensables leur seront restitués[297]… Signalons enfin le camp de Maïdanek, près de Lublin. Maïdanek n'était pas un camp d'extermination immédiate ; c'était un camp de travail, c'est-à-dire un camp d'extermination différée, dans lequel, conformément aux conclusions de la Commission d'enquête du gouvernement polonais, plus de 200 000 Juifs — ainsi que non-Juifs — ont trouvé la mort en 1943 et 1944[298]. (Le célèbre camp d'Auschwitz fut, on le verra plus loin, une combinaison des deux méthodes.)

Les victimes ne sont plus là pour témoigner devant le monde ; les bourreaux eux aussi ont disparu, ou se sont terrés. Parmi les très rares témoignages qui nous sont parvenus sur le fonctionnement de ces camps, en voici un, qui émane d'un tragique héros de la résistance allemande, l'ingénieur chimiste Kurt Gerstein[1].

---

1. Militant de « l'Église confessionnelle » antinazie, Gerstein eut maille à partir avec la Gestapo dès 1935, pour propagande antihitlérienne. En 1938, il fut interné quelque temps au camp de concentration de Welzheim. En 1941, après avoir appris qu'une de ses parentes avait été mise à mort, en tant que malade incurable, à Hadamar, il prit la téméraire décision d'entrer dans la SS afin de tenter de saboter de l'intérieur l'œuvre de l'extermination. Ses connaissances techniques lui permirent de se faire affecter à la « section hygiène » du service sanitaire des Waffen-SS, c'est-à-dire à la section qui, sous couleur de désinfection, avait à mettre au point des gaz toxiques. En qualité d'expert, il eut à visiter en été 1942 le camp de Belzec, que décrit le récit ci-dessus. Il tenta ensuite d'alerter le monde, et réussit effectivement à contacter un diplomate suédois, le baron von Otter ; il croyait (aux dires de von Otter) « qu'aussitôt que les larges masses de la population allemande apprendraient le fait de cette extermination, qu'il leur serait confirmé par des étrangers non prévenus, le peuple allemand ne tolérerait plus un seul

Son récit a été rédigé directement en un français hésitant ; nous en avons dans l'essentiel respecté le style.

… En janvier 1942, je fus nommé chef des services techniques de désinfection de la Waffen-SS, comprenant aussi une section de gaz sévèrement toxiques.

En cette qualité, je reçus, le 8 juin 1942, la visite du SS-Sturmführer Günther du RSHA, habillé en civil. Il m'était inconnu. Il me donna d'ordre de lui procurer immédiatement, pour une mission ultra-secrète, 100 kilos d'acide prussique et de les amener en un lieu qui n'était connu que du chauffeur du camion.

Quelques semaines plus tard, nous partîmes pour Prague. Je pouvais m'imaginer à peu près à quoi l'acide prussique devait servir, et de quel genre était cet ordre, mais j'acceptai, car le hasard me donnait l'occasion, attendue depuis longtemps, de pénétrer au fond de toutes ces choses. Je possédais d'ailleurs, en tant qu'expert pour l'acide prussique, une telle autorité et compétence qu'il m'était facile de déclarer, sous un prétexte quelconque, que l'acide prussique était inutilisable : décomposé, ou quelque chose de ce genre, et d'empêcher son utilisation pour l'extermination. Nous prîmes avec nous, plutôt par hasard, le professeur dr. méd. Pfannenstiel, SS-Obersturmbannführer, titulaire de la chaire d'hygiène à l'université de Marburg-sur-la-Lahn.

Nous partîmes ensuite avec le camion à Lublin (Pologne). Le SS-Gruppenführer Globocnick nous y attendait. À l'usine de Collin, j'ai laissé entendre exprès que l'acide était destiné à tuer

jour les Nazis ». Il tenta aussi de se faire recevoir par le nonce du pape à Berlin, mais il fut éconduit. Le gouvernement suédois semble avoir fait preuve de la même prudence, puisqu'une note sur cette affaire ne fut communiquée au gouvernement britannique qu'après la fin des hostilités. Quant à Gerstein, il fut fait prisonnier en mai 1945 par les troupes françaises, et incarcéré à la prison du Cherche-Midi, où ce lutteur solitaire et désespéré se suicida en juillet de la même année. (Cf. l'étude de M. H. Krausnick, *Dokumentation zur Massenvergasung*, Bonn, 1956.)

En 1962 la mémoire de Gerstein était tirée de l'oubli par la fameuse pièce de Rolf Hochhuth *Le Vicaire* (dirigée contre le pape Pie XII), dont il était l'un des principaux personnages. Voir sur lui Saul Friedländer, *Kurt Gerstein ou l'ambiguïté du bien*, Paris 1967.

des êtres humains. L'après-midi, un homme montra beaucoup d'intérêt pour notre camion. Il se sauva à toute vitesse lorsqu'il se sentit observé. Globocnick nous dit : « C'est une des affaires les plus secrètes qui soient et c'est même la plus secrète. Celui qui en parlera sera fusillé aussitôt. Hier encore, deux bavards furent fusillés. »

Il nous expliqua alors :

« Actuellement — c'était le 17 août 1942 — il existe trois installations :

1° Belzec, sur la route Lublin-Lvov. Maximum par jour 15 000 personnes.

2° Sobibor (je ne sais exactement où) 20 000 personnes par jour.

3° Treblinka, à 120 kilomètres NNE de Varsovie.

4° Maïdanek, près de Lublin (en préparation). Globocnick dit : « Il vous faudra faire la désinfection de très grandes quantités de vêtements provenant de Juifs, Polonais, Tchèques, etc. Votre autre devoir sera d'améliorer le service de nos chambres à gaz, fonctionnant par échappement d'un moteur diesel. Il faut un gaz plus toxique et fonctionnant plus vite, tel que l'acide prussique. Le Führer et Himmler — ils étaient ici avant-hier, le 15 août — m'ont prescrit d'accompagner moi-même tous ceux qui doivent voir l'installation. » Le professeur Pfannenstiel lui demanda : « Mais que dit le Führer ? » Globocnick répondit : « Le Führer ordonne d'accélérer toute l'action. » Le docteur Herbert Lindner, qui était avec nous hier, m'a demandé : « Mais ne serait-il pas plus prudent de brûler les corps au lieu de les enterrer ? Une autre génération jugerait peut-être ces choses d'une autre manière. » Je répliquai : « Messieurs, si jamais, après nous, il y avait une génération si lâche, si molle qu'elle ne comprendrait pas notre œuvre si bonne et si nécessaire, alors, messieurs, tout le national-socialisme aura été pour rien. Au contraire, il faudrait enterrer des tables de bronze, mentionnant que ce fut nous, nous qui eûmes le courage de réaliser cette œuvre gigantesque ! » Le Führer dit alors : « Oui, mon brave Globocnick, vous avez raison. »

« *Le lendemain, nous partions pour Belzec. Globocnick me présenta à SS*[1]... *qui me fit voir les installations. Ce jour on ne vit pas de morts, mais une odeur pestilentielle recouvrait toute la région. À côté de la gare, il y avait une grande baraque* « *vestiaire* », *avec un guichet* « *valeurs* ». *Plus loin, une salle avec une centaine de chaises,* « *coiffeur* ». *Ensuite, un couloir de 150 mètres en plein vent, barbelés de deux côtés, et affiches :* « *Aux bains et aux inhalations.* » *Devant nous, une maison genre établissement de bains ; à droite et à gauche, grands pots de béton avec des géraniums ou d'autres fleurs. Au toit, l'étoile de David. Sur le bâtiment, l'inscription :* « *Fondation Heckenholt.* »

« *Le lendemain matin, peu avant sept heures, on m'annonce :* « *Dans dix minutes, le premier train arrivera !* » *En effet, quelques minutes plus tard, un train arrivait de Lemberg : 45 wagons, contenant plus de 6 000 personnes. 200 Ukrainiens affectés à ce service arrachèrent les portières et, avec des cravaches de cuir, ils chassèrent les Juifs de l'intérieur des voitures. Un haut-parleur donna les instructions : enlever tous les vêtements, même les prothèses et les lunettes. Remettre toutes valeurs et tout argent au guichet* « *valeurs* ». *Les femmes et les jeunes filles, se faire couper les cheveux dans la baraque du* « *coiffeur* » *(un Unterführer-SS de service me dit :* « *C'est pour faire quelque chose de spécial pour les équipages de sous-marins* »).

« *Ensuite, la marche commença. À droite et à gauche les barbelés, derrière, deux douzaines d'Ukrainiens, le fusil à la main. Ils s'approchent. Moi-même et Wirth, nous nous trouvons devant les chambres de la mort. Totalement nus, les hommes, les femmes, les bébés, les mutilés, ils passent. Au coin, un grand SS, à haute voix pastorale, dit aux malheureux :* « *Il ne vous arrivera rien de pénible ! Il faut seulement respirer très fort, cela fortifie les poumons, c'est un moyen de prévenir les maladies contagieuses, c'est une bonne désinfection !* » *Ils lui demandaient quel allait être leur sort. Il leur dit :* « *Les hommes devront travailler, construire*

1. Ce nom est mal lisible. Wirth ?

des maisons et des rues. Les femmes n'y seront pas contraintes ; elles s'occuperont du ménage et de la cuisine. »

« *C'était, pour certains de ces pauvres gens, un dernier petit espoir, assez pour les faire marcher sans résistance vers les chambres de la mort. La majorité sait tout, l'odeur l'indique ! Ils montent un petit escalier en bois et entrent dans les chambres de la mort, la plupart sans mot dire, poussés par les autres qui sont derrière eux. Une Juive de quarante ans environ, les yeux comme des flambeaux, maudit les meurtriers ; recevant quelques coups de cravache de la part du capitaine Wirth lui-même, elle disparaît dans la chambre à gaz. Beaucoup font leur prière, d'autres demandent : « Qui est-ce qui nous donnera de l'eau pour la mort ? » (Rite israélite.) Dans les chambres, des SS pressent les hommes : « Bien remplir », a ordonné Wirth, 700-800 sur 93 m² ! Les portes se ferment. À ce moment, je comprends la raison de l'inscription « Heckenholt ». Heckenholt, c'est le chauffeur de la diesel, dont les gaz d'échappement sont destinés à tuer les malheureux. SS-Unterscharführer Heckenholt s'efforce de mettre en marche le moteur. Mais il ne marche pas ! Le capitaine Wirth arrive. On le voit, il a peur, car j'assiste au désastre. Oui, je vois tout et j'attends. Mon chronomètre « stop » a fixé le tout, 50 minutes, 70 minutes, le diesel ne marche pas ! Les hommes attendent dans les chambres à gaz. En vain. On les entend pleurer « comme à la synagogue », dit le professeur Pfannenstiel, l'œil fixé à une fenêtre agencée dans la porte de bois. Le capitaine Wirth, furieux, envoie quelques coups de cravache à l'Ukrainien qui est l'aide de Heckenholt. Après 2 heures 49 minutes — la montre a tout enregistré — le diesel se met en marche. 25 minutes passent. Beaucoup sont déjà morts, c'est ce qu'on voit par la petite fenêtre, car une lampe électrique éclaire par moments l'intérieur de la chambre. Après 32 minutes enfin, tous sont morts ! De l'autre côté, des travailleurs juifs ouvrent les portes en bois. On leur a promis — pour leur service terrible — la vie sauve, ainsi qu'un petit pourcentage des valeurs et de l'argent trouvés. Comme des colonnes de basalte, les hommes sont encore debout, n'ayant pas la moindre place pour tomber ou pour s'incliner. Même dans la mort, on reconnaît encore les familles, se serrant les mains. On a peine à les séparer, en vidant les chambres pour le prochain chargement. On jette les corps, bleus, humides de sueur et d'urine, les jambes pleines de crotte et de sang périodique. Deux douzaines de travailleurs s'occupent de contrôler les bouches, qu'ils ouvrent au moyen de crochets de fer. « Or à gauche, pas d'or à droite ! » D'autres contrôlent anus et organes génitaux en cherchant monnaie, diamants, or, etc. Des dentistes arrachent au moyen de martels les dents d'or, ponts, couronnes. Au milieu d'eux le capitaine Wirth. Il est dans son élément, et me montrant une grande boîte de conserves, remplie de dents, il me dit : « Voyez vous-même le poids de l'or ! C'est seulement d'hier et d'avant-hier ! Vous ne vous imaginez pas ce que nous trouvons chaque jour, des dollars, des diamants, de l'or ! Vous verrez vous-même ! » Il me guida chez un bijoutier qui avait la responsabilité de toutes ces valeurs. On me fit voir encore un des chefs du grand magasin berlinois « Kaufhaus des Westens » et un petit homme auquel on faisait jouer du violon, les chefs des commandos de travailleurs juifs. « C'est un capitaine de l'armée impériale autrichienne, chevalier de la Croix de fer allemande ! » me dit Wirth.*

« Ensuite les corps furent jetés dans de grands fossés de 100 × 20 × 12 mètres environ, situés auprès des chambres à gaz. Après quelques jours, les corps se gonflaient et le tout s'élevait de 2 à 3 mètres, à cause des gaz qui se formaient dans les cadavres. Après quelques jours, le gonflement fini, les corps se tassaient. Par la suite, m'a-t-on dit, sur des rails de chemin de fer, on a brûlé les cadavres à l'aide d'huile diesel, afin de les faire disparaître[(299)]*… »*

Il ne nous reste pas grand-chose à ajouter à cette description, valable pour Treblinka ou Sobibor aussi bien que pour le camp de Belzec. Les installations y étaient conçues sensiblement de la même manière, et l'oxyde de carbone, produit par un moteur diesel, était la méthode adoptée pour administrer la mort. À Maïdanek, qui fut créé plus tard et qui subsista jusqu'aux derniers jours de l'occupation allemande, le procédé d'asphyxie au moyen de l'acide prussique (Cyclone B) fut introduit à l'instar d'Auschwitz ; nous avons déjà signalé, d'autre part, que Maïdanek n'était pas un camp d'extermination immédiate.

Les travaux de la Commission des crimes de guerre polonaise ont établi que le nombre total de victimes fut de près de 600 000 à Belzec, de 250 000 à Sobibor, de plus de 700 000 à Treblinka et de 300 000 à Chelmno[300]. Ce furent des Juifs polonais pour plus de 90 p.100 ; il n'y eut pas de nationalité européenne, cependant, qui ne fût pas représentée dans les 8 à 10 p.100 restants. En particulier, sur les 110 000 Juifs déportés des Pays-Bas, au moins 34 000 furent exterminés à Sobibor[301].

Après neuf mois d'activité intense, le camp de Belzec cessa de fonctionner en décembre 1942. En automne 1943, une fois la « solution finale » pratiquement parachevée en Pologne, Sobibor et Treblinka furent également supprimés, et leurs traces effacées dans la mesure du possible, les bâtiments démontés ou détruits, et le terrain soigneusement reboisé. Seul, le camp de Chelmno, le premier en place, fonctionna sans interruption jusqu'au mois d'octobre 1944, et ne fut définitivement liquidé qu'en janvier 1945.

Tout Juif dirigé sur l'un de ces quatre camps était voué à l'extermination immédiate. Il n'y eut que très peu d'exceptions à cette règle. On connaît cependant un petit nombre de cas de « sélections » rapides, effectuées lors de l'arrivée des convois. Ainsi, en 1943 après la révolte du ghetto de Varsovie, lors de l'arrivée des derniers convois à Treblinka, les Allemands en retirèrent les hommes qui leur paraissaient valides, afin de les envoyer au camp de Maïdanek[302]. Sur le nombre, quelques hommes ont pu survivre. À Sobibor, également, nous raconte un survivant, des appels étaient lancés lors de l'arrivée de certains convois, aux « volontaires pour les durs travaux[303] ». Le nombre de tels survivants, toutefois, ne dépasse actuellement guère plusieurs dizaines. En particulier, sur les 34 313 Juifs hollandais déportés à Sobibor de mars à juillet 1943, 19 survivants (16 femmes et 3 hommes), appartenant à des convois qui firent l'objet de telles sélections rapides, sont rentrés aux Pays-Bas. Conformément à leurs témoignages, ces sélections ne portaient que sur 35 ou 40 personnes par convoi[304]. D'autre part, en ce qui concerne le camp de Belzec, il n'en reste qu'un seul survivant connu[305].

Il existait néanmoins, à l'intérieur même des camps d'extermination, une catégorie de Juifs qui n'étaient pas voués à la mort immédiate. C'étaient les membres des commandos chargés de desservir les installations : de retirer les cadavres des chambres à gaz, de les fouiller, de les enterrer ou les brûler… L'imagination humaine a certes peine à concevoir un thème où horreur physique et horreur morale se trouvent si intimement mêlées ; nous aurons encore à revenir à ces terribles sujets. Signalons que les membres de ces « Sonderkommandos » ou commandos spéciaux, exterminés à intervalles réguliers eux aussi, et remplacés au fur et à mesure par de nouvelles équipes, se sont rebellés à diverses reprises. Ainsi, le 2 août 1943, une révolte à main armée éclatait à Treblinka. Une partie des installations fut incendiée, treize membres du Sonderkommando réussissaient à s'échapper. En octobre 1943, une autre révolte éclatait à Sobibor, au cours de laquelle plus de dix SS et gardes ukrainiens furent tués ; c'est à la suite de cette révolte, semble-t-il, que le camp fut liquidé quelques semaines plus tard. Les derniers membres survivants du Sonderkommando juif de Chelmno, au nombre de 47, se rebellèrent eux aussi à la veille de leur exécution, le 18 janvier 1944 ; deux d'entre eux, Srebrnik et Surawski, réussissaient à s'échapper et sont à l'heure actuelle les deux seuls survivants de ce dernier camp[306].

Historique du camp d'Auschwitz

Rudolf-Franz-Ferdinand Hœss, fils du commerçant Franz-Xavier Hœss, de Baden-Baden, membre du parti depuis 1922, était, depuis 1934, membre de la formation SS « Tête de Mort », et fit en cette qualité une rapide carrière dans l'administration des camps de concentration. Il bénéficiait, au sein de la SS, de l'estime générale : n'avait-il pas été, en 1923, l'un des exécuteurs de Walter Kalow, l'instituteur qui avait dénoncé Leo Schlageter, ce héros national nazi ? Depuis le 1er mai 1940, il dirigeait le camp nouvellement créé à quatre kilomètres de la petite ville d'Auschwitz (en polonais : Oswieczim), dans cette Haute-Silésie si âprement disputée de tout temps entre la Pologne et l'Allemagne, et qui venait d'être incorporée au IIIe Reich. Ainsi que la plupart des sites choisis pour l'installation des camps de concentration, la région, peu habitée, était insalubre et marécageuse. Quelques baraquements subsistant d'une ancienne caserne d'artillerie polonaise servirent à héberger les premiers détenus : quelques dizaines de criminels de droit commun allemands, auxquels à partir de juin 1940 vinrent s'ajouter des convois de Polonais de plus en plus nombreux. Conformément aux lois régissant le monde concentrationnaire cette abondance de main-d'œuvre attira les industries : la I. G. Farben, les Hermann-Gœring Werke commencèrent dès le printemps 1941 à construire des usines à proximité du camp[307].

Parmi les acteurs de premier plan de l'œuvre exterminatrice, Rudolf Hœss est le seul à avoir été capturé au lendemain de la guerre et jugé par la justice alliée. À cette occasion, il a fait des dépositions étendues, dont l'essentiel se réduit à ceci : Himmler le convoqua à Berlin en juin 1941, et lui révéla que le Führer avait donné l'ordre de procéder à la « solution de la question juive en Europe ». Auschwitz étant situé dans une région peu peuplée, près de l'embranchement de quatre lignes ferroviaires, était un camp se prêtant bien à l'extermination massive ; c'est donc à Auschwitz qu'il avait été décidé d'organiser celle-ci. Himmler lui donna par conséquent l'ordre de commencer immédiatement les préparatifs[308].

Ces indications de Hœss, ainsi que la suite de ses dépositions, ont été parfaitement corroborées par les constatations de la commission d'enquête instituée après la guerre par le gouvernement polonais. Hœss ajoute d'autre part que Himmler lui précisa qu'il serait le seul à diriger cette entreprise : « Il jugeait inopportun que deux officiers dirigent en même temps ce travail[309]. » Nous avons vu qu'à côté du circuit Hœss, qui était le circuit SS proprement dit, il existait le circuit des camps polonais, animé par les spécialistes de la chancellerie du Führer : il était bien dans la manière de Himmler de stimuler le zèle de ses sous-ordres, en suscitant parmi eux d'utiles rivalités. Une émulation professionnelle se développa en effet au sein de la corporation, Wirth traitant Hœss de son « élève malhabile[310] », tandis que Hœss considérait de son côté qu'il avait dépassé son maître : lors de sa déposition devant le Tribunal de Nuremberg, il énumérait encore complaisamment les améliorations importantes introduites à Auschwitz dont il se considérait l'auteur[311]. Certains autres chefs SS étaient également chargés à cette époque de mettre au point des procédés de mort collective : Ziereis, le commandant du camp de Mauthausen, nous a laissé la description d'une séance de démonstration destinée aux commandants des camps de concentration qui eut lieu au camp de Sachsenhausen en 1941, et au cours de laquelle une machine inédite de fusillade automatique inventée par un certain Oberführer SS Loritz fut présentée à l'assistance[312]. Il échut à Hœss de trouver le procédé le plus perfectionné et le plus efficace. L'idée, à vrai dire, fut simple. De nombreux parasites, punaises, etc., infestaient les anciennes casernes d'Auschwitz et, pour les combattre, des procédés de désinfection classiques y étaient appliqués. Un fournisseur de la Wehrmacht, la maison « Testa », livrait un gaz à base d'acide prussique, patenté sous le nom de « Zyclon B » ; un stock s'en trouvait sur place. Dans les circonstances données, l'idée d'appliquer ce gaz aux humains à annihiler n'exigeait probablement pas de grand effort intellectuel. Elle s'imposait d'elle-même en quelque sorte, si on la rapproche de certaines formules et imprécations qui, de *Mein Kampf* et en passant par les menaces proférées par Gœbbels, souhaitaient aux Juifs précisément cette mort-là, et pas une autre[1]...

---

1. Hitler dans *Mein Kampf* : « ... Si au début de la guerre ou au cours de celle-ci 12 000 ou 15 000 de ces corrupteurs hébraïques du peuple avaient été plongés dans un gaz asphyxiant... le sacrifice de millions de soldats n'aurait pas été inutile... » (462e édition de 1939, p. 772).

Si l'idée était facile à venir, la réalisation fut plus compliquée. Nous sommes encore assez mal renseignés sur les premières expériences dont Auschwitz fut le théâtre, et qui furent entreprises dès l'automne 1941. Kurt Gerstein, ce tragique « expert », y joue par la suite un rôle, ainsi que nous le verrons plus loin. Il semble que des prisonniers de guerre russes furent utilisés en qualité de premiers cobayes. D'après les constatations de la Commission polonaise des crimes de guerre, « la tuerie en masse fut expérimentée dans les abris souterrains du bloc n° 11 sur 250 malades de l'hôpital et 600 prisonniers de guerre environ. Les fenêtres des abris furent recouvertes de terre. Un membre des SS, muni d'un masque à gaz, lança à l'intérieur, par la porte ouverte, le contenu des boîtes de Zyclon B, puis la porte fut fermée. Le lendemain après-midi, le SS Palitsch, portant toujours son masque, ouvrit la porte et constata que plusieurs prisonniers étaient encore vivants. On ajouta donc du Zyclon, la porte fut refermée jusqu'au lendemain soir. Cette fois, tous les prisonniers furent trouvés asphyxiés[313] ». D'après l'historien F. Friedmann, cette première expérience d'envergure a été faite le 15 septembre 1941[314]. Elle fut effectuée près du hameau de Birkenau (Brzezinski en polonais) qui sera dorénavant le lieu précis des exterminations. Plus tard dans l'année, aux dires de Hœss lui-même, « les deux bâtiments de ferme situés à l'écart de la route, près de Birkenau, furent rendus étanches et pourvus de solides portes en bois[315] ». Ce furent les premières installations permanentes. De petite capacité, elles ne comportaient pas de crématoire : les corps des victimes étaient brûlés à l'air libre. Elles serviront cependant jusqu'à la fin, et, contrairement aux installations perfectionnées construites plus tard, ne seront pas détruites en octobre 1944. Il est impossible d'indiquer même approximativement le nombre de victimes qui furent exterminées à Auschwitz au cours de cette première période : il semble qu'il

---

Gœbbels : « ... Il est vrai que le Juif est un être humain, mais la puce est également un être vivant, point trop agréable... Notre devoir envers nous-mêmes et envers notre conscience consiste à le rendre inoffensif. Il en est de même avec les Juifs... » (Gœbbels, *Questions et réponses pour le National-Socialiste*, 1932, p. 12.)

s'agissait surtout de prisonniers de guerre russes, dont Hœss évalue le chiffre total à 70 000[316]. (Par la suite, les prisonniers « aryens » n'étaient assassinés qu'à titre individuel, généralement par ordres venus de Berlin, et n'étaient qu'exceptionnellement envoyés à la chambre à gaz : en ce qui les concernait, le procédé généralement appliqué était une injection de cyanure de potassium dans la région du cœur.)

Ce n'est qu'au début de l'été 1942, que commence à proprement parler l'extermination massive des Juifs. Entre-temps, Auschwitz avait subi des transformations profondes. C'était maintenant une cité concentrationnaire d'une population de 150 000 habitants au moins, gardés par plus de 3 000 SS[317], une des agglomérations les plus importantes de cet univers clos d'esclaves déportés qui connut dans les dernières années de l'Allemagne nazie, un développement si prodigieux. Divisée en trois grands camps (Auschwitz I, Auschwitz II-Birkenau et Auschwitz III-Monowitz) et plusieurs dizaines de sous-camps ou « commandos extérieurs », la cité d'Auschwitz vivait d'une vie intense et diversifiée, sur le fond de laquelle les exterminations, cependant toujours présentes et perceptibles par les lueurs rouges des crématoires et l'odeur pestilentielle des cadavres incinérés, ne jouaient qu'un rôle relativement secondaire. Les sélections périodiques et multiformes étaient le principal lien rattachant l'Auschwitz des crématoires, l'Auschwitz proprement dit des Juifs, à l'Auschwitz des forçats, l'Auschwitz international, où par dizaines de milliers les détenus, Juifs ou non-Juifs, travaillaient aux usines de caoutchouc artificiel et d'essence synthétique de la I. G. Farben, à l'usine d'armement de Krupp, aux mines de charbon du bassin haut-silésien, aux diverses usines secondaires ou aux nombreuses exploitations agricoles et stations expérimentales de la SS, se hissant même parfois, dans l'administration du camp ou dans les « Canadas », immenses entrepôts où étaient accumulés les bagages et effets personnels des victimes, à des positions enviées et prospères... De ces sélections, la première et la plus importante avait lieu lors de l'arrivée même du convoi, dont la majeure partie disparaissait dans une mort atroce et anonyme, tandis que les survivants, munis d'un état civil et tatoués d'un numéro d'ordre, rejoignaient les rangs des esclaves, sans que ce que les statisticiens dénomment la « chance de vie moyenne » dépassât pour eux trois mois. (Néanmoins, à partir de ce moment, le détenu devenait une personne juridique dûment consignée sur les grands livres du camp, et son décès rapide et pratiquement inévitable était transcrit sur les registres des bureaux de l'état civil, sous une mention d'ailleurs fantaisiste : « crise cardiaque », « pneumonie », etc.)[318].

Ainsi donc, à partir de l'été 1942, un afflux incessant de convois, à raison parfois de quatre trains par jour, amenait à Auschwitz les victimes ramassées par le IV B 4 aux quatre points de l'horizon européen, les bureaux d'Eichmann avisant Hœss, au fur et à mesure, du départ des transports[319]. Les deux premières chambres à gaz s'avérant insuffisantes, de nouvelles installations, au nombre total de quatre, furent progressivement mises en construction. L'entreprise adjudicatrice, la maison Topf et fils d'Erfurt, eut à cœur de grouper sous le même toit les locaux où s'effectuaient les deux phases essentielles de l'opération, c'est-à-dire l'asphyxie des victimes et l'incinération de leurs corps[320]. Au début de 1943, les deux premiers crématoires, dits « crématoires II et III », véritables chefs-d'œuvre de technique absolument nouvelle, étaient solennellement inaugurés en présence de hauts visiteurs venus de Berlin. D'après certains témoignages, 8 000 Juifs de Cracovie, capitale du gouvernement général et résidence de Hans Frank, en furent les premières et symboliques victimes[321]. Deux autres crématoires furent terminés six mois plus tard. Un tronçon du chemin de fer fut prolongé d'un kilomètre, en sorte que les convois débarquaient à proximité immédiate des crématoires[322]. Au total, les quatre crématoires comportaient 46 fours, avec une capacité globale de près de 12 000 cadavres par vingt-quatre heures[323]. D'une manière générale, la cadence de l'arrivée des convois n'était guère stable, variant suivant le rendement de l'appareil déportationnaire. En certaines périodes, l'afflux était tel que, faute de place dans les camps, des convois entiers furent gazés sans sélection préalable[324].

Les pointes extrêmes de l'ordre de 12 000 et 15 000 par jour, furent atteintes en mai-juin 1944, lors de la déportation des Juifs hongrois. « En juin 1944, on arriva au chiffre record de 22 000 incinérations en vingt-quatre heures », écrit un témoin[325]. Tout comme dans la pratique courante des criminels, ce n'est pas tellement l'assassinat proprement dit que la suppression des corps qui créait des soucis continuels à Hœss et à ses adjoints : les quatre crématoires ne suffisaient plus, les fours se détérioraient d'ailleurs de plus en plus souvent : d'immenses bûchers en plein air y suppléaient... C'est dans cette dernière période que furent « gazés », au cours d'une nuit d'août 1944, 4 000 Tziganes, derniers survivants de la population tzigane d'Auschwitz : c'est le seul exemple d'une extermination massive et intégrale de non-Juifs[326].

L'histoire, cependant, suivait son cours. À la suite de facteurs multiples et que nous examinerons en détail dans un des chapitres suivants, Himmler donnait en octobre 1944 l'ordre d'arrêter les exterminations. Une des dernières sélections, la plus vaste et la plus cruelle aux dires des survivants, eut lieu le 1er octobre 1944[327]. À partir de novembre, il n'y eut ni arrivée de convois nouveaux ni sélections.

Après une trentaine de mois d'activité intense, le bilan d'Auschwitz s'établissait comme suit : près de 2 millions (ce chiffre ne pourra jamais être établi avec précision[1]) d'exterminations immédiates, auxquelles venaient s'ajouter environ 300 000 décès de détenus immatriculés — Juifs pour la majeure partie, mais non pour la totalité — et pour lesquels l'envoi à la chambre à gaz n'a

1. Dans ses dépositions, Hœss parle de 2 millions 1/2, « chiffre officiellement indiqué, écrit-il sous la signature du lieutenant colonel Eichmann, dans un rapport à Himmler »... Ce chiffre a été adopté par divers auteurs, et figure dans les attendus du verdict du procès des grands criminels de guerre. Nous n'avons pas de raisons, cependant d'accepter sans critiques cette statistique attribuée à Eichmann, et qui pouvait pécher par défaut ainsi que par excès. Le calcul du nombre des victimes par addition des déportations provenant des différents pays laisse conclure à un chiffre inférieur, bien que nous n'ayons que fort peu de données, par exemple sur le chiffre des Juifs polonais envoyés à Auschwitz.

D'une manière très approximative, un chiffre voisin de 2 millions nous paraît approcher de plus près la vérité.

été qu'une variante parmi mille autres procédés d'assassinat. Les crématoires furent démantelés au début de novembre 1944[328] ; le camp se maintint sans grands changements pendant plus de deux mois encore. Dès la fin de l'année, cependant, il fut procédé à l'évacuation de ses principales industries. L'offensive d'hiver russe de janvier 1945 précipita l'évacuation. Près de 5 000 malades, considérés comme intransportables, furent libérés, le 27 janvier par l'Armée Rouge ; près de 60 000 détenus considérés comme valides, Juifs pour la majeure partie, furent évacués à l'intérieur du pays, et en particulier sur le camp de Buchenwald dans l'Allemagne centrale[329]. Les conditions de cette évacuation et celles de la vie dans le « petit camp » de Buchenwald furent telles que sur ce nombre quelques milliers seulement purent se maintenir en vie jusqu'à l'arrivée des Américains, trois mois plus tard, sans qu'aucun procédé d'extermination systématique ait été appliqué à ce groupe.

À l'heure actuelle seul le « crématoire n° 1 », ainsi que quelques baraques et halls d'usines démantelées, subsistent à Auschwitz-Birkenau, transformé en musée par le gouvernement polonais. Pendant de longs mois après la libération de la région, les paysans polonais venaient faire des fouilles aux alentours, recherchant, parmi les monceaux de cendres, ou à l'emplacement des latrines, quelque débris d'or ou autre vestige de valeur subsistant après l'incinération des milliers de cadavres[330]...

LES SÉLECTIONS. LE « CYCLONE B »

Un ordre secret de Himmler, daté d'avril 1942, dont le texte n'a pas été retrouvé, mais qui a été évoqué devant le Tribunal de Nuremberg, prescrivait expressément — au moment même du déclenchement des exterminations massives — de veiller à ce que les Juifs capables de fournir un travail ne soient pas exterminés immédiatement, mais qu'ils soient au préalable utilisés en tant que main-d'œuvre[331]. C'est ainsi que se trouvait posé le principe des sélections, qui, à Auschwitz, s'effectuaient sur les quais mêmes, lors de l'entrée du train en gare. Dès l'arrivée du convoi, les wagons étaient déplombés ; à grands renforts de coups et de menaces, les déportés étaient précipités sur les quais, dépouillés de leurs bagages, et soumis à un tri rapide. Mais laissons la parole à un témoin, le professeur Robert Waitz :

« *Peu à peu, les déportés avancent vers l'extrémité du quai. Deux SS sont au milieu de celui-ci ; l'un est officier médecin. Les déportés défilent devant lui. Avec le pouce ou avec une badine, l'officier dirige les détenus, soit à droite, soit à gauche. Ainsi se constituent deux files qui vont s'amasser aux deux extrémités du quai. La file de gauche comporte des hommes de 20 à 45 ans, dont l'aspect extérieur est relativement robuste. Ces limites d'âge sont élastiques, parfois elles s'étendent de 16 ou 18 ans à 50 ans. L'aspect et l'allure du détenu, le fait qu'il soit plus ou moins bien rasé, interviennent dans ces choix. Dans cette file sont envoyées également quelques jeunes femmes.*

« *La file de droite comporte les hommes plus âgés, les vieillards, la plupart des femmes, les enfants et les malades. Les familles essaient de se regrouper. Parfois l'officier SS sort alors du groupe familial les éléments valides jeunes ; plus rarement ceux-ci sont laissés avec leur famille dans la colonne de droite.*

« *Dans la file de gauche, les femmes sont dirigées à pied vers le camp voisin, les hommes partent dans des camions et des remorques, entassés les uns sur les autres.*

« *Les détenus de la file de droite sont chargés sur des camions.*

« *Dans mon convoi, sur 1 200 déportés, une proportion très grande d'hommes est retenue (environ 330), ainsi que quelques femmes. Ce chiffre est exceptionnel. Il est rare que plus de 150 à 200 hommes soient retenus par convoi*[332]. »

Une analyse statistique remarquable, effectuée par les soins de la Croix-Rouge néerlandaise[333], confirme l'exactitude de cette description, en ce qui concerne les catégories d'âge et de sexe « sélectionnées ». Elles variaient du reste dans une certaine mesure, suivant les époques : en moyenne, la proportion des déportés provisoirement épargnés semble avoir été légèrement plus élevée que celle indiquée par le professeur Waitz. Dans ses dépositions, Hœss parlait de 25 p.100, et ce pourcentage se trouve corroboré par certains documents où le RSHA établissait ses prévisions de main-d'œuvre disponible, qu'il évaluait, par exemple à 10 000-15 000 sur un total de 45 000 déportés[1]. Détails de peu d'importance, certes, si on se rappelle que la « durée moyenne » de vie à Auschwitz était de trois mois, et qu'une survie de six mois était déjà considérée comme exceptionnelle. Ajoutons que la sélection se faisait d'une manière suffisamment superficielle pour que — à n'en donner qu'un seul exemple, cité par Hœss — des femmes placées dans la « file de gauche » aient pu à de multiples reprises dissimuler leurs enfants dans leurs vêtements ou leurs balluchons. Mais revenons à ceux que notre témoin appelle « la file de droite ». Les hommes et femmes valides à pied, les vieillards et les malades en camion, ils étaient conduits vers les crématoires, où, soit aussitôt, soit après une attente de quelques heures, ils étaient informés par un interprète ou par le SS de service qu'ils allaient passer à la douche et à la désinfection. Ils étaient ensuite conduits aux vestiaires. Des portemanteaux numérotés garnissaient les murs de ceux-ci, et leur cicerone leur conseillait de bien retenir les numéros : des morceaux de savon en pierre de sable leur étaient distribués, afin

---

1. Il s'agit d'un télégramme adressé par le RSHA à Himmler sous la signature du général SS Müller, et dont voici le texte : « Berlin, le 16 décembre 1942. En vue de l'envoi accru de main-d'œuvre dans les camps de concentration ordonné pour le 30 janvier 1943, les précisions suivantes peuvent être données en ce qui concerne le secteur juif :

« 1° Nombre total : 45 000 Juifs.

« 2° Début des transports : 11 janvier 1943.

« 3° Fin des transports : 31 janvier 1943.

« Ces 45 000 Juifs comprennent 30 000 Juifs de la région de Bialostok et 10 000 Juifs du ghetto de Theresienstadt... Comme auparavant, seuls les Juifs qui n'ont pas de relations particulières, qui ne sont pas porteurs de décorations spéciales, ont été désignés pour la déportation. Enfin, 3 000 Juifs de Hollande, 2 000 Juifs de Berlin, ce qui fait 45 000. Dans ce nombre de 45 000 sont compris les infirmes, les vieillards et les enfants. Une fois que le tri aura été fait, au moins 10 000 à 15 000 travailleurs seront disponibles après affectation de Juifs arrivés à Auschwitz. »

de parfaire l'illusion. Le stratagème réussissait dans la grande majorité des cas : la chambre de gazage proprement dite, où ils étaient introduits une fois déshabillés, comportait du reste des imitations de pommeaux de douches encastrées dans le plafond. Par le toit, dans lequel plusieurs lucarnes avaient été disposées à cet effet, un SS protégé par un masque à gaz introduisait la quantité nécessaire de Cyclone B (de 5 à 7 kilos par 1 500 personnes) ; c'est, croyons-nous, le seul exemple où les masques à gaz aient connu, au cours de la dernière guerre, un emploi effectif. Conformément aux instructions de service de la Wehrmacht au sujet de l'emploi des gaz asphyxiants, la présence de l'un des médecins du camp était de rigueur lors de chaque extermination[334]. L'asphyxie des victimes durait de trois à dix minutes, suivant leur résistance, et aussi suivant « les conditions atmosphériques » (Hœss), c'est-à-dire que le gaz agissait plus rapidement lorsque le temps était chaud et sec. Peut-être avons-nous déjà mis suffisamment de documents d'horreur sous les yeux du lecteur pour ne pas avoir à en donner une de ces descriptions détaillées qui en ont été faites maintes fois. Une demi-heure plus tard, les membres d'un commando spécial de détenus (« Sonderkommando ») ouvraient les portes, et après avoir coupé les cheveux des femmes et prélevé sur les cadavres les dents en or, les bagues et les boucles d'oreilles, les transportaient dans les fours d'incinération ; ceux des crématoires II et III étaient desservis par des monte-charge électriques. L'incinération, elle, durait une demi-heure, à raison de quatre ou cinq cadavres à la fois par four. Les cendres, d'abord jetées dans des fosses, furent ensuite chargées sur un camion et déversées dans la Vistule, qui coule à proximité[335].

La primitive mise en scène : douches factices et pains de savon, atteignant le plus souvent son but, les victimes restaient jusqu'au dernier moment dans l'ignorance du sort qui les attendait. Hœss, qui au cours de ses dépositions s'est étendu non sans complaisance sur ces choses, insiste sur « ce progrès, en comparaison avec Treblinka. C'est que les victimes, à Treblinka, savaient presque toujours qu'elles allaient être exterminées, tandis qu'à Auschwitz, nous plaisantions avec elles, en leur faisant croire qu'elles allaient subir un traitement dont le but était de les épouiller[336] ». « Naturellement, elles découvraient parfois nos intentions véritables, ajoutait-il…, en particulier en ce qui concerne les transports originaires de l'Est. Nous renforcions alors les mesures de sécurité ; le convoi était tronçonné en petits groupes, et ces groupes étaient séparément affectés aux différents crématoires, afin d'éviter le tumulte *(sic !)*. Les SS formaient une chaîne et traînaient de force les récalcitrants. Mais ceci n'arrivait que rarement[337]… »

Le « Sonderkommando » du crématoire était soumis à un isolement sévère. Ses membres étaient choisis par les SS au gré des besoins, parmi les détenus. « … Il était complètement isolé du reste du camp ; il vivait entièrement dans les bâtiments du crématoire même, ne pouvait pas quitter l'emplacement entouré par une double rangée de fils de fer barbelés, était approvisionné d'une façon spéciale, avait ses propres médecins qui officiaient sur place et dépendaient directement de la « Politische Abteilung », c'est-à-dire de la Gestapo du camp[338]. » Il finit par comporter près de 900 membres, divisés en trois équipes travaillant huit heures chacune. Ce qu'était ce travail, le lecteur le sait déjà : ajoutons que le « Sonderkommando » était exterminé et renouvelé tous les trois mois environ[1]. Il importe de constater que, bénéficiant d'une alimentation meilleure, ces hommes n'étaient point amoindris physiquement, et c'est en leur sein que fut préparée, en août 1944, la seule rébellion concertée que consigne l'histoire d'Auschwitz. Une dénonciation de la dernière heure compromit un plan soigneusement élaboré, tendant à faire sauter les crématoires : un mois plus tard, au début d'octobre 1944, une autre tentative de soulèvement eut lieu, au cours de laquelle le crématoire n° 3 fut incendié, et deux kapos allemands tués sur place. Inutile d'ajouter que tous les rebelles furent fusillés[339].

---

1. D'après la déposition de Ziereis, commandant du camp de Mauthausen, des instructions secrètes prévoyaient l'extermination des « Sonderkommandos » toutes les trois semaines.

Parallèlement à la sélection de base décrite plus haut, « sélection de l'arrivée », des sélections partielles avaient constamment lieu à Auschwitz parmi les détenus auxquels leur âge et leur état physique avaient valu d'être épargnés lors du premier tri, afin d'éliminer ceux d'entre eux dont le rendement était devenu insuffisant. Ces sélections partielles, toujours inattendues, avaient lieu soit à l'infirmerie du camp, une ou deux fois par mois, soit dans les blocs ou baraques d'habitation tous les trois ou quatre mois[340]. De même que la sélection de base, elles étaient faites par un médecin SS du camp. Elles étaient une des principales caractéristiques distinguant à Auschwitz la destinée des détenus juifs de celle des détenus « aryens ». « Les rares « Aryens » pouvaient mourir de leur mort naturelle », écrit M. Georges Wellers, et il ajoute cette brève description d'une « sélection partielle » : « Bloc par bloc, les Allemands faisaient défiler devant eux les gens complètement nus, et un coup d'œil sur les fesses décidait du sort de chacun, car aucune autre partie du corps humain ne traduit aussi fidèlement l'état d'amaigrissement du sujet… Les squelettes et les demi-squelettes faisaient des efforts héroïques d'une minute pour paraître devant l'Allemand bravement, gaiement, la cage thoracique sans chair gonflée, le pas trébuchant, mais décidé. Mais les impitoyables fesses n'admettent aucun trucage[341] ! … » D'autres témoins signalent que certains médecins sélectionneurs s'attachaient à tel autre critère particulier : jambes enflées, boutons sur la figure[342]… Les condamnés étaient groupés et enfermés dans une baraque à part où ils devaient attendre leur heure pendant un laps de temps qui pouvait durer jusqu'à trois jours[343]. Il semble que ces sélections partielles avaient lieu sur ordres venant de Berlin. Elles servaient, pour l'administration du camp, de volant régulateur pour l'effectif des détenus : les besoins du moment en main-d'œuvre, ainsi que la cadence d'arrivée des nouveaux convois, constituaient, en ce qui concerne leur fréquence, ainsi que la sévérité de la sélection, des éléments déterminants.

*

Il nous reste maintenant à dire quelques mots sur la plus remarquable innovation introduite à Auschwitz : le Cyclone B. Nous ouvrirons ainsi une de ces perspectives troublantes qui font entrer dans le tableau du génocide, à côté des professionnels hitlériens de la mort, d'entreprenants hommes d'affaires et de laborieux techniciens allemands. Sur le fond de ce tableau, cependant, se profile l'ombre sinistre de la I. G. Farben, ce trust gigantesque qui symbolisait la puissance industrielle allemande, et dont le nom restera à tout jamais attaché aux usines Buna d'Auschwitz III-Monowitz...

Ainsi que l'a précisé devant la justice alliée son directeur de fabrication, le docteur Gerhard Peters[344], le Cyclone B « est une invention du docteur Heerdt ; c'est de l'acide prussique liquide à haute concentration, absorbé par des supports poreux de nature diverse, en combinaison avec une substance irritante qui fait office d'avertisseur ». Le Cyclone B avait été mis au point vers 1924 par la société Degesch, de Francfort-sur-Main ; en 1941, Peters devint un des directeurs de cette société. À cette époque, la Degesch venait d'être absorbée par la I. G. Farben, dont elle était devenue une filiale. Une troisième société surgit en qualité de distributeur : à l'est de l'Elbe, la Degesch avait cédé la représentation exclusive de ses produits à la société Testa (Tesch et Stabenow) de Hambourg, laquelle fournissait la Wehrmacht en produits désinfectants et insecticides, se chargeant, ainsi qu'il est d'usage en pareils cas, de donner les instructions et d'effectuer es démonstrations nécessaires. Suivant le récit qu'en a fait E. Sehm, le comptable de la Testa, Bruno Tesch, le directeur de la société, fut consulté au début de 1942 par l'administration SS au sujet de l'utilisation de l'acide prussique appliqué aux « existences inutiles », et aurait suggéré le Cyclone B[345]. Au cours de son procès, Tesch, qui a été condamné à mort par la justice britannique, a nié ce point ; quoi qu'il en soit, les livres de la Testa font apparaître, au cours des années 1942 et 1943, la livraison de plus de 27 000 kilos de Cyclone B à l'administration des camps SS, dont plus de 20 tonnes pour le seul camp d'Auschwitz, et un gain brut

— pour la vente de cet unique article — de 32 000 Reichsmarks en 1942 et de 128 000 Reichsmarks en 1943[346]. L'administration SS, d'autre part, avait tendance à évincer du circuit cet intermédiaire qu'elle jugeait sans doute inutile : sur l'ordre du professeur Mrugowski, « hygiéniste suprême » et médecin des SS, Peters dut au début de 1944 aller à Berlin et entrer en relations directes avec le docteur Kurt Gerstein, que nous retrouvons ainsi à nouveau. Au cours de cette dernière année, la plus grande partie des livraisons pour Auschwitz fut effectuée directement par la Degesch, sans passer par la Testa. Les livraisons étaient faites par chemin de fer ou enlevées par une camionnette du camp. Signalons encore que, suivant le docteur Peters, Gerstein lui aurait demandé d'« humaniser » l'application du Cyclone B, en s'abstenant à l'avenir d'y adjoindre cet « irritant » incorporé à titre d'« avertisseur », qui, paraît-il, augmentait singulièrement les souffrances de l'agonie. Peters assure qu'il eut beaucoup de peine à donner suite à la demande de Gerstein, ne pouvant, dit-il, motiver convenablement à ses collaborateurs cette modification de fabrication. Ceci bien qu'il considérât comme « légales » les commandes de Gerstein, « ainsi que bien d'autres choses encore, ce qui s'explique par la déformation de tous les concepts moraux de cette époque[347] ». En ce qui concerne Peters, un tribunal allemand l'a condamné au printemps 1949 à cinq années de prison.

LES BOURREAUX : MÉTHODES ET PSYCHOLOGIE

Dans le dossier administratif de Rudolf Hœss, la rubrique : arme, qui portait primitivement la mention : cavalerie, est surchargée et indique en surimpression : camps de concentration. Les unités chargées de la surveillance des camps de concentration constituaient en effet au sein de la SS une véritable arme à part, les formations « Tête de Mort[1] », entraînées depuis 1933 à garder,

---

1. « SS-Totenkopf. »

à abaisser et à torturer les « sous-hommes » et les adversaires du régime. Briser chez les détenus toute velléité de résistance ; entourer leur expiation sanglante d'horreur et de mystère, de « nuit et brouillard », telle était la destination essentielle de ces troupes spécialisées ; une intention de « rééducation » et d'amendement, limitée aux détenus allemands, venait s'y ajouter à l'origine. Pour ces buts, un seul moyen : infliger des souffrances variées, cruelles et savantes. Les Têtes de Mort bénéficiaient donc d'une tradition d'assez longue date. À l'attitude d'insensibilité professionnelle à laquelle les avait rompus une longue pratique, venaient s'ajouter chez la plupart de ces hommes les troubles plaisirs qu'ils s'étaient accoutumés à retirer de souffrances infligées sur ordre, et, qui plus est, dans un but supérieur et idéologiquement consacré…

Remarquons toutefois que grâce aux méthodes adoptées à Auschwitz (ainsi que dans les autres camps d'extermination) quelques dizaines de fonctionnaires à peine prêtaient la main et assistaient personnellement au processus exterminatoire proprement dit. Les Sonderkommandos, formés de détenus, desservaient les crématoires ; une poignée de SS, quelques médecins en constituaient tout le personnel allemand. Il s'agissait bien d'une usine travaillant à la chaîne, à rendement économique : « Personnellement, je n'ai jamais tué, ni battu personne », pouvait affirmer Hœss.

Peut-être le lecteur trouvera-t-il tout de même quelque intérêt à jeter un regard dans la conscience de ces techniciens ? Voici un extrait du journal intime de l'un d'eux, un intellectuel celui-là, le médecin docteur Kremer :

« 1.IX.1942. J'ai écrit à Berlin pour commander une ceinture en cuir et des bretelles. J'ai assisté l'après-midi à la désinfection d'un bloc avec du Cyclone B, afin de détruire les poux.

« 2.IX.1942. Ce matin à trois heures, j'ai assisté pour la première fois à une action spéciale. En comparaison, l'enfer de Dante me paraît une comédie. Ce n'est pas pour rien qu'Auschwitz est appelé un camp d'extermination.

« 5.IX.1942. J'ai assisté cet après-midi à une action spéciale appliquée à des détenues de camp féminin (Musulmanes[1]), les pires que j'ai jamais vues. Le docteur Thilo avait raison ce matin en me disant que nous nous trouvons dans l'anus du monde[2]. Ce soir vers huit heures j'ai assisté à une action spéciale de Hollandais. Tous les hommes tiennent à prendre part à ces actions, à cause des rations spéciales qu'ils touchent à cette occasion, consistant en 1/5 de litre de schnaps, 5 cigarettes, 100 grammes de saucisson et pain.

« 6-7.IX.1942. Aujourd'hui, mardi, déjeuner excellent : soupe de tomates, un demi-poulet avec des pommes et du chou rouge, petits fours, une merveilleuse glace à la vanille. J'ai été présenté après déjeuner à[3]... Parti à huit heures du soir pour une action spéciale, pour la quatrième fois...

« 23.IX.1942. Assisté la nuit dernière aux sixième et septième actions spéciales. Le matin, l'Obergruppenführer Pohl est arrivé avec son état-major à la maison des Waffen-SS. La sentinelle près de la porte a été la première à me saluer. Le soir, à vingt heures, dîner dans la maison des chefs avec le général Pohl, un véritable banquet. Nous eûmes de la tarte aux pommes, servie à volonté, du bon café, une excellente bière et des gâteaux.

« 7.X.1942. Assisté à la neuvième action spéciale. Etrangers et femmes.

« 11.X.1942. Aujourd'hui dimanche, lièvre, une belle cuisse, pour déjeuner, avec du chou rouge et du pudding, le tout pour 1.25 RM.

« 12.X.1942. Inoculation contre le typhus. À la suite de quoi, état fébrile dans la soirée ; ai assisté néanmoins à une action spéciale dans la nuit (1 600 personnes de Hollande). Scènes terribles près du dernier bunker. C'était la dixième action spéciale[(348)]. »

---

1. Ainsi qu'on le verra plus loin, on désignait à Auschwitz sous le terme de « Musulmans » les détenus arrivés au degré limite d'usure physique.
2. À cet endroit, le texte porte en latin : *anus mundi*.
3. Mot illisible.

Le journal intime du docteur Kremer continue ainsi jusqu'à la fin de l'année, alternant les menus des repas qu'il a particulièrement appréciés avec les mentions des actions spéciales soigneusement numérotées, qu'il commente avec une indifférence grandissante. Accoutumance professionnelle ? Pour qu'elle puisse jouer, il fallait bien sans doute une mentalité particulière. Un exemple typique nous est fourni par Rudolf Hœss, « sujet intellectuellement normal, mais présentant l'apathie schizoïde et l'insensibilité caractéristiques d'une franche psychose », suivant le diagnostic du docteur Gilbert, le psychiatre de la prison de Nuremberg. Le docteur Gilbert, qui, à l'affût d'une réaction affective quelconque, interrogea à de multiples reprises Hœss dans sa cellule, ne put tirer de lui que ceci : « Il est certain que ce n'était pas un plaisir de voir ces amoncellements de cadavres et de sentir l'odeur des fours... Mais Himmler l'avait ordonné et je n'avais pas à me demander si c'était juste ou non[349]... » Tranquille et apathique, Hœss ne laisse même pas percevoir la moindre trace d'un remords : « Même la perspective d'être pendu ne paraît pas l'incommoder outre mesure. » Pressé de questions, Hœss s'efforçait d'expliquer : « La pensée de désobéir à un ordre ne pouvait même pas venir à l'esprit, quel qu'ait été cet ordre... Vous ne pouvez pas comprendre notre monde à nous... Je devais obéir et j'en dois subir les conséquences[350]. » Citons encore, pour illustrer d'un exemple différent l'attitude professionnelle des grands bourreaux, ce document relatif à Eichmann, le grand pourvoyeur d'Auschwitz. Il s'agit d'un rapport de Röthke, son délégué à Paris, qui rend compte d'une explication téléphonique qu'il venait d'avoir avec Eichmann au sujet d'un convoi qui devait partir de Bordeaux en juillet 1942, et qui avait été annulé au dernier moment. Röthke s'efforce d'en donner les raisons techniques, mais Eichmann s'emporte : « Le major Eichmann m'a rappelé qu'il s'agissait d'une question de prestige. Des négociations laborieuses avaient été menées avec le ministère des Transports. Elles avaient été couronnées de succès, et voici que de Paris nous annulons un train. C'est la première fois qu'une chose pareille lui arrivait. C'était une honte ! Il ne voulait pas en faire part au général SS Müller, afin de ne pas se compromettre lui-même. » Et quelle conclusion en tire le grand organisateur des déportations des Juifs d'Europe ? La menace de la sanction que voici : « Il a dit qu'il était obligé de considérer s'il n'y avait pas lieu de laisser tomber la France en tant que pays d'évacuations[351]... »

Si quelques dizaines d'Allemands, quelques centaines au plus, étaient témoins de la dernière agonie des Juifs dans les chambres à gaz, ils étaient des centaines de milliers, ceux qui assistaient à leur long calvaire. Les formations SS stationnées dans les camps ; les ouvriers allemands, les cadres, les dirigeants des nombreux chantiers et usines où étaient utilisés les esclaves juifs qu'ils côtoyaient quotidiennement ; les cheminots, qui à travers l'Allemagne entière acheminaient les innombrables transports de déportés qu'ils voyaient revenir à vide, si ce n'est chargés de linge et vêtements usagés distribués aux besogneux par tous les bureaux de bienfaisance du pays — voilà une énumération bien incomplète des témoins qu'à la vérité on peut désigner comme témoins oculaires. Quant aux autres Allemands, la presse et la radio du Reich se chargeaient de les renseigner de plus en plus ouvertement. Le temps des imprécations de Hitler, conçues en termes prophétiques et vagues, est passé. Les termes se précisent davantage, et sont utilisés au mode du passé : « La population juive de Pologne a été neutralisée et il en est de même en ce moment en Hongrie. Par cette action cinq millions de Juifs ont été éliminés dans ces deux pays seulement[352] », écrit un journal de Dantzig en mai 1944, et le lendemain, l'*Angriff* de Gœbbels s'exclame sous la plume du docteur Ley : « Juda est forcé de périr pour sauver l'humanité[353]. » Le sort des Juifs servait d'exemple, et de repoussoir : « Celui qui imite le Juif mérite la même fin : l'extermination, la mort », menaçait le *Stürmer*. La politique d'extermination devenant ainsi universellement connue, assez d'informations filtraient par mille chenaux, pour que son lieu et son mode d'exécution devinssent eux aussi de notoriété publique. Un témoin nous assure que dans les trains passant à proximité d'Auschwitz (où se croisaient, nous le rappelons, quatre lignes de chemin de fer) « les voyageurs se levaient et se penchaient par la portière pour pouvoir apercevoir le plus de choses possible[354] ». Les crématoires, curiosité touristique ? Un autre témoin qui n'est nul autre que Rudolf Diels, le premier directeur de la Gestapo prussienne en 1933-1934, devenu plus tard préfet de police de Cologne et, pendant la guerre, administrateur des industries « Hermann Gœring Werke », nous fait savoir que l'expression « tu passeras par la cheminée » était à sa connaissance devenue proverbiale en Allemagne vers la fin de la guerre[355]. Seuls, ceux qui ne voulaient pas savoir pouvaient continuer à feindre l'ignorance. Au cours d'une séance dramatique de l'un des procès de Nuremberg, un témoin très qualifié — il s'agissait du général SS Bach-Zelewsky, qui fut au cours de la guerre « chef de la lutte antipartisane » des armées du Reich — eut à cœur de mettre les choses au point. « C'est pour moi une question de principe. Emprisonné depuis des années, je constate que l'on demande encore : Qui le savait ? Personne ne veut rien avoir su. Je tiens — sans tenir compte si c'est nuisible ou utile pour moi — à établir la vérité... Je suis peut-être le général allemand qui pendant la guerre a le plus voyagé en Europe, étant donnée ma tâche, la lutte totale contre les partisans. J'ai parlé avec des centaines de généraux et des milliers d'officiers de toutes les catégories, et c'est un fait que les exterminations commencèrent dès le premier jour de la guerre. C'est la vérité et toute autre thèse n'est qu'une altération de la vérité et un euphémisme... et celui qui voyageait savait dès le premier jour que les Juifs étaient exterminés, d'une manière qui au début n'était pas systématique ; plus tard, lorsque débuta la campagne de Russie, cela fut explicitement prescrit dans le but d'exterminer le judaïsme...[356] »

Le voile d'un secret absolu planait toutefois sur l'œuvre exterminatrice, dont les participants devaient s'obliger au silence sous peine de mort. Par ailleurs, une autre propagande, soucieuse des réactions des pays neutres et même des pays associés, et surtout destinée à la presse étrangère, s'efforçait de dépeindre sous les couleurs les plus roses le sort des « travailleurs juifs ». « Les Juifs inaptes au travail sont transférés dans des ghettos familiaux, tous les autres sont utilisés suivant leur formation professionnelle, le principe étant que les couples demeurent ensemble. L'hébergement et la nourriture sont les mêmes que ceux des autres travailleurs... », etc. (Conférence de presse du « chef de presse adjoint du Reich », Sündermann, le 19 avril 1944.) Reproduites par quelques journaux roumains ou hongrois, ces sornettes n'étaient guère diffusées en Allemagne même. Et le sort des Juifs, toutes les opérations de police et démarches administratives s'y rattachant, qualifiées de « Geheime Reichssache », appartenaient au domaine redoutable des secrets d'État, dont il était préférable de ne point se mêler. Ils peuvent être comptés sur les doigts de la main, les Allemands intrépides qui osèrent traiter cette question en public, ou même, tel l'évêque protestant Wurm, protester par écrit auprès du Führer. (« Je dois déclarer... qu'en tant que chrétiens, nous ressentons la politique d'extermination des Juifs comme une iniquité grave, fatale pour le peuple allemand » ; ces lignes courageuses étaient datées du 18 décembre 1943[1].) Dans le souci continuel d'entretenir le secret, il y a lieu de voir autre chose que le désir de ne pas ébruiter un état de choses que par ailleurs les Nazis laissaient transpercer. Il y a la volonté d'entourer l'holocauste d'une horreur sacrée, de le transformer en un mystère sanctificateur et purificateur. À ce propos, nous avons déjà évoqué quelques tours de force de la terminologie nazie. Nous ne saurions assez insister sur la signification de la déformation des concepts usuels à laquelle les SS se livraient à tout propos. Ainsi, dans son dossier administratif, l'activité de Hœss est commentée dans les termes suivants : « ... H. n'est pas seulement un bon commandant de camp,

---

1. Lettre de l'évêque Wurm au chef de la chancellerie du Reich. Par une lettre précédente datée du 16 juillet 1943 et adressée directement au Führer, l'évêque élevait des protestations formulées d'une manière à peu près analogue.
    Il est intéressant de constater que, lors des polémiques qui ont accompagné ou suivi dans les colonnes de la presse allemande post-hitlérienne les procès de Nuremberg, l'évêque Wurm manifestait sa désapprobation pour la justice alliée en des termes d'une véhémence à peine moindre.

il a été dans ce domaine un véritable pionnier (« bahnbrechend gewirkt ») grâce à de nouvelles idées et de nouvelles méthodes d'éducation[357]... » Ici, il ne s'agit pas de propagande, mais de confidentielles notes de service. Toute question de secret mise à part, à quoi bon s'appesantir sur les qualités d'« éducateur » de Hœss, et quel est le vrai sens de ce dévergondage verbal ? On est tenté d'y voir une véritable opération magique, une tentative d'influer sur les choses (de les aseptiser, en quelque sorte) en agissant sur les mots. C'est que même pour les chiens déchaînés de Himmler, l'affaire était de taille, et son contenu terriblement explosif. Malgré toute l'accoutumance professionnelle, les bourreaux, grands ou petits, étaient travaillés par un sourd malaise, et la crainte du châtiment, qui se concrétisait à mesure qu'évoluait la guerre, faisait écho chez eux à un trouble plus profond, tant il est peut-être vrai que, lors des pires déchaînements de ces natures carnassières, certaines barrières mentales subsistaient encore. (Que l'on ne se méprenne pas sur le sens de notre pensée. Nous ne voulons pas dire que les SS étaient travaillés par des remords conscients. Tous, cependant, ne parvenaient pas à cette attitude de souveraine indifférence qui se dressait devant eux comme l'idéal à atteindre.) Himmler, cet orateur prolixe, n'a jamais fait mention de l'œuvre exterminatrice au cours de ses nombreux discours : une seule fois exceptée, en s'adressant à un petit groupe de chefs fidèles, et voici en quels termes caractéristiques :

« ... Je voudrais aussi vous parler très franchement d'un sujet très important. Entre nous, nous allons l'aborder franchement, et cependant, en public, nous ne devrons jamais en parler, pas plus que du 30 juin 1934... C'était pour nous une question de tact de n'en pas avoir discuté, de n'en pas avoir parlé. Chacun en a été effrayé, et pourtant, chacun sait qu'il le fera à la prochaine occasion, si on lui en donne l'ordre et si cela est nécessaire.

« Je voudrais vous parler de l'évacuation des Juifs, de l'extermination du peuple juif. Voilà une chose dont il est facile de parler. « Le peuple juif sera « exterminé, dit chaque membre du parti, c'est clair, « c'est dans notre programme : élimination des

Juifs, « extermination : nous ferons cela » et puis ils viennent, 80 millions de braves Allemands, et chacun a son « bon » Juif. Évidemment, les autres, ce sont des cochons, mais celui-là, c'est un Juif de première qualité. Pas un de ceux qui discourent ainsi n'a vu les cadavres, pas un n'était sur place. La plupart d'entre vous savent ce que c'est que de voir un monceau de 100 cadavres, ou de 500, ou de 1 000. Avoir passé par là, et quand même, sous réserve des exceptions dues à la nature humaine, être resté un honnête homme, voilà ce qui vous a endurcis.

« C'est une page glorieuse de notre histoire, qui n'a jamais été écrite et ne le sera jamais[358]… »

Revenons maintenant aux SS Tête de Mort, ceux qui gardaient les camps d'Auschwitz avec leurs effectifs toujours renouvelés de plus de 100 000 esclaves. Leur cruauté extrême, leurs plaisanteries sadiques, leur ingéniosité dans le mal ont été décrites à de multiples reprises, et ne sont que la conséquence inéluctable de facteurs que nous avons déjà examinés. Remarquons qu'en vertu de l'un des traits du système qui s'introduit progressivement à Auschwitz aussi bien que dans tous les autres camps, les SS prenaient de moins en moins part à sa vie interne, s'en remettant de plus en plus à cet effet à cette complexe hiérarchie des détenus dont il sera question au chapitre suivant. Dans cette hiérarchie, les Juifs, eux aussi, pouvaient prétendre à certains postes ; le fait, s'il était exceptionnel, était néanmoins patent. Ainsi, la rigide et sacrale discrimination antijuive s'atténuait, une fois franchies les portes du camp…

Si d'autre part le seul fait d'être en vie constituait pour un Juif une manière de défi, d'où les innombrables locutions SS telles que : « D'ici, on ne sort que par la cheminée », « Un détenu honnête meurt avant trois mois » et ainsi de suite, un Juif ayant survécu à deux ou trois années de camp se trouvait revêtu, aux yeux des SS, d'une véritable auréole. Il bénéficiait de leur respect, jouissait de prérogatives tacites mais nombreuses, et ne courait pratiquement pas le risque d'être sélectionné. Il est vrai qu'ainsi qu'on le verra, une vie concentrationnaire aussi prolongée entraînait chez le détenu lui-même, de toute nécessité, des transformations très profondes.

Un autre trait du système concentrationnaire, plus stupéfiant même peut-être que le sadisme généralisé, est l'aspect didactique et moralisateur dont il était imprégné tout entier. « Le travail, c'est la liberté » (Arbeit macht frei), telles étaient les paroles inscrites sur les cartouches surmontant les entrées des camps. « La route vers la liberté comporte quatre bornes : labeur, équité, discipline et patriotisme », telle était une autre maxime que l'on retrouvait partout gravée sur une plaque en pierre. Vêtus de loques, c'est au pas de parade et l'air martial que les esclaves devaient défiler en se rendant à leur travail, aux sons, on ne le sait que trop, de marches militaires exécutées par d'autres esclaves... Perclus de maladies, les pieds suppurants, les détenus étaient forcés de faire leurs lits au cordeau avec une méticulosité géométrique. Certains nouveaux blocs, ainsi ceux d'Auschwitz I, étaient, au point de vue architectural, des casernes modèles. Le souci d'enjolivement était poussé jusqu'aux crématoires : « Conformément à une ordonnance du lieutenant-colonel Hœss, commandant du camp, les fours crématoires I et II seront pourvus d'une bande verte en arbustes de revêtement, afin de servir au camp de limite naturelle[359]... »

Sadiques et cruelles, les punitions, les bastonnades, les exécutions avaient lieu en grande pompe, en présence de milliers de détenus spécialement rassemblés, conformément à un cérémonial soigneusement élaboré. Tandis que les détenus étaient assassinés par milliers, quelques assassinats d'autres détenus, parce que « commis sans ordre », ou bien le cas particulier des « mauvais traitements infligés à la détenue Eleonore Hodys[360] » soulevaient l'émoi de la juridiction spéciale SS, qui dépêchait ses enquêteurs à Auschwitz, à Buchenwald, à Dachau... Certes, l'ensemble de ces procédés, ce dressage, ces pédanteries bureaucratiques, ces pitreries sanglantes, étaient de nature à renforcer l'obéissance aveugle et mécanisée dans la hiérarchie SS et dans la hiérarchie des détenus qui était la base, les fondements mêmes du système. À bien y réfléchir, n'est-ce pas en même temps un autre aspect de cette vaste opération magique dont nous avions parlé, une tentative délibérée d'appeler noir ce qui est blanc et blanc ce qui est noir, bref le rituel méticuleux de la cérémonie démoniaque ? « Ils appellent le mal bien, et le bien mal. Et ils veulent changer les ténèbres en lumière, et la lumière en ténèbres. »

Concluons ces quelques aperçus fragmentaires en signalant que, même dans le monde concentrationnaire, la diversité humaine reprenait parfois ses droits, et qu'il s'est trouvé, même au sein de la SS, quelques gardiens moins féroces, quelques médecins accessibles à la pitié, tel ce docteur Munch, à Auschwitz I, dont parle le professeur Marc Klein, « exemple rarissime, mais non unique, d'un médecin SS qui sous son uniforme était resté un homme »[361], ou ce lieutenant SS Schöttel, adjoint au commandant d'Auschwitz III, qui affectait à l'égard de « ses détenus » des manières quasi bienveillantes... De tels exemples sont toutefois plus caractéristiques pour les dernières années de guerre, lorsque, la SS recrutant à tout vent, la dure sélection Tête de Mort des premières années commençait à se noyer dans la masse. Il y eut même — à cinq cents kilomètres d'Auschwitz, il est vrai — le cas singulier d'une poignée de détenus juifs oubliés dans le petit camp d'Osterode, en Basse-Saxe, où les détenus juifs, en cas de décès, étaient inhumés au cimetière israélite de la ville, tandis que le médecin du camp était chargé d'accompagner le service funèbre...[362]

L'AGONIE DES ESCLAVES

Il existe à travers l'Europe une catégorie d'hommes et de femmes qui ne sont plus que quelques dizaines de milliers, et qu'une étroite fraternité unit entre eux. Ce sont les peu nombreux rescapés des camps de concentration allemands : appartenant à toutes les nationalités et à tous les milieux ou classes sociales, les uns « déportés politiques » de tous pays, les autres, Juifs « déportés raciaux », ils se sentent reliés et marqués par le souvenir d'étonnantes épreuves à milles autres pareilles, et qui les singularisent par rapport aux autres mortels. Difficilement communicable, dirait-on, à ceux auxquels elle a été épargnée, l'expérience concentrationnaire est cependant d'une importance capitale. Elle projette sur certaines évolutions et possibilités humaines une nouvelle et trouble lumière. Or, il y avait dans l'univers concentrationnaire trois catégories de camps, de degré I, II et III et de dureté en principe croissante ; il y eut aussi des phases différentes dans son développement, celles du début et de la fin étant les plus terribles. Il y avait en somme, dans cet enfer, des cercles successifs, les derniers étant réservés aux Juifs, et dont Auschwitz et ses crématoires constituaient en fait le cercle suprême.

Que l'on se souvienne que, dans la majorité des cas, les déportés arrivant à Auschwitz se trouvaient dans l'ignorance complète de leur avenir immédiat, qu'ils se représentaient peut-être vaguement sous couleur d'une « réserve », d'une colonie juive établie au fin fond de la Pologne. Le barrage de la sélection à l'arrivée une fois franchi, les détenus provisoirement admis à vivre étaient initiés à leur condition nouvelle à travers une série d'épreuves qui aussitôt entamaient leur faculté de résistance physique et morale. Dépouillés de leurs bagages, démunis du moindre objet ou souvenir personnels, ils étaient minutieusement fouillés, et déshabillés ensuite à l'air libre quels que soient le temps et la saison, perdant ainsi tout vestige de leur vie antérieure ; passés à la douche ensuite, parfois après une longue attente sous la pluie ou la neige, vêtus enfin des défroques de bagnard, pyjamas aux raies bleues et blanches qu'on leur jetait au hasard. L'inscription sur les registres du camp, le tatouage sur l'avant-bras d'un numéro d'ordre, constituaient les étapes suivantes, tout comme les précédentes accompagnées d'une grêle d'injures et de coups, après quoi les déportés étaient conduits à leurs baraques ou leurs tentes, faisant avec la vie concentrationnaire une connaissance plus accomplie. Quelque ancien détenu leur apprenait alors l'existence et la signification des crématoires, dont, le soir, la lueur embrasait le ciel : le sort de leurs femmes ou de leurs enfants se précisait à eux, en même temps que leur propre condition. Deux ou trois jours plus tard, ils étaient affectés à un commando de travailleurs, et se trouvaient ainsi définitivement projetés dans le bagne de leur nouvelle existence.

Ils pouvaient, en des cas très rares, trouver une occupation plus facile, quelquefois même dans leur ancien métier : tel fut le cas, par exemple, de quelques médecins, dessinateurs ou musiciens. Leurs chances de survie, en ce cas, étaient plus fortes. Mais l'immense majorité, travaillant dans les mines, dans les fabriques ou dans les chantiers à ciel ouvert, en proie à toutes les privations et à toutes les détresses, s'engageaient presque inévitablement sur la route de cette déchéance, de cette agonie physique et morale, qui s'amorçait dès le premier et terrible choc de la « réception ». Rappelons ici que le sort des Juifs n'était pas seulement aggravé par l'effet d'une ambiance générale ; sur trois points précis, ils étaient défavorisés par rapport à leurs codétenus « aryens » : ils ne pouvaient recevoir de colis, ils avaient bien moins de possibilités de parvenir aux positions privilégiées, et ils étaient soumis à des sélections périodiques. Ainsi que nous l'avons dit, ces sélections aidant, c'est à trois mois en moyenne que l'on peut évaluer approximativement le temps qui leur restait à vivre ; durée, du reste, variable selon les époques (c'est au début des exterminations massives, en 1942, qu'elle a été la plus courte ; ainsi elle ne fut que de six semaines pour les premiers convois de Hollandais)[363]. À ce propos, il était de tradition de considérer, au camp d'Auschwitz, que les Juifs de certaines nationalités étaient plus résistants que ceux d'autres ; les Juifs polonais, slovaques, allemands, étaient considérés comme mieux accrochés à la vie, suivis par les hongrois et les français ; les hollandais, les grecs, les italiens, venaient en tout dernier rang[364]. Remarquons toutefois qu'en ce qui concerne les allemands et les polonais, par exemple, ils bénéficiaient en général d'un certain entraînement « concentrationnaire » ; d'autres facteurs, tels que l'époque d'arrivée ou la question de langue, venaient également jouer un rôle. Faut-il à ces observations (ou à d'autres, relatives à la classe sociale)[365] accorder quelque importance ? Le rôle déterminant, c'est à un facteur purement individuel qu'il appartenait, à la résistance physique et surtout à la résistance morale, à la vitalité et à la volonté de vivre, à l'adaptabilité de chaque individu en particulier.

Sur près de 115 000 déportés politiques français, près de 40 000 sont rentrés des différents camps d'Allemagne ; sur les 90 000 Juifs déportés de France à Auschwitz, à peine 2 800 ont survécu. La simple confrontation de ces deux chiffres montre à quel point, dans le monde concentrationnaire, le sort des Juifs était plus précaire et qu'en vérité leur survie était un phénomène exceptionnel. Elle n'a été généralement possible que lorsqu'elle fut favorisée par des circonstances spéciales. Dans cet ordre d'idées, nous ne mentionnerons qu'en passant l'une des situations facilitant la survie, et consistant dans une ascension au sein de la hiérarchie interne du camp, l'accession à un de ces postes de chef de bloc, de « Kapo » ou chef de commando, de « Stubendienst » ou gardien de baraque, où, pour se maintenir, une brutalité et un manque de scrupules considérables étaient nécessaires.

Le détenu devenait ainsi, à un degré plus ou moins grand, un rouage du système SS, en acquérant même, ainsi que nous le verrons plus loin, certaines caractéristiques mentales. Toute autre considération mise à part, le triangle jaune dont étaient marqués les pyjamas rayés des Juifs constituait à cet égard un empêchement de taille, mais point toujours infranchissable ; en tout cas, seuls les postes inférieurs ou moyens de la hiérarchie leur étaient pratiquement ouverts. Les privilèges luxueux dont bénéficiaient une mince couche de détenus appartenant à « l'aristocratie » du camp, les distractions et les matches sportifs, la maison close, leur restaient interdits.

Une autre voie permettant la survie d'un Juif, ouverte surtout aux spécialistes de certaines professions, consistait à trouver à s'employer suivant celle-ci dans l'un des nombreux instituts ou laboratoires SS, dans des bureaux d'études des usines, à l'hôpital du camp ou même à son orchestre. Une telle situation ne contraignait point son titulaire à des compromissions morales, et ces hommes, les médecins surtout, pouvaient, grâce à leur position privilégiée, rendre à leurs camarades moins fortunés un nombre incalculable de services. C'est à de telles occupations privilégiées que la majeure partie des survivants juifs d'Auschwitz sont redevables de leur existence. Pour y parvenir, une certaine bonne chance était nécessaire, la rencontre d'un ami déjà « placé », ou la vacance d'un poste, la défection d'un prédécesseur… Mais quelle que soit la catégorie, pour rester en vie, une forte volonté de vivre, et même une grande faculté d'insensibilisation étaient nécessaires dans tous les cas. Et la vie concentrationnaire entraînait dans les corps et dans les âmes d'étranges transformations.

L'insensibilisation physique d'abord : faculté d'endurer les appels interminables, les hommes sous-alimentés, à peine vêtus, stationnant parfois huit ou douze heures, exposés aux rigueurs de l'hiver polonais ; plus tard les marches d'évacuation, le terrible voyage d'Auschwitz à Buchenwald en janvier 1944, soixante-dix kilomètres à pied en une nuit, ensuite trois jours et trois nuits en wagons découverts par 20° de froid. En même temps, insensibilité morale : indifférence aux disparitions quotidiennes d'amis et de parents. Obsédant était le reflet des crématoires et cependant, « c'est avec le calme du citoyen qui lit son journal » que les déportés se communiquaient le matin les nouvelles du jour, le nombre de convois, le nombre de gazages. Ainsi, par un douloureux et fatal apprentissage, les prisonniers s'imprégnaient des qualités de dureté et d'inhumanité, fondements mêmes du système tout entier, qui étaient si soigneusement cultivées chez leurs gardiens.

Il serait malaisé et même présomptueux de tenter de décrire toutes les évolutions et modifications causées par l'ambiance d'Auschwitz, étant donnée de plus l'inévitable diversité des réactions individuelles. Le martyrologe juif des camps, l'épreuve la plus cruelle à laquelle une collectivité humaine fut jamais soumise, donnait à certaines natures d'élite l'occasion d'élever jusqu'au sublime leurs qualités morales, préservant en soi l'être humain malgré et contre tout. Telles étaient les conditions, cependant, que leur héroïsme ne pouvait s'exprimer le plus souvent que par l'acceptation stoïque et résignée d'un sort pire que la mort (et la précédant de peu). Cette valeur de l'exemple, cette vertu cristallisatrice qu'il possède dans les collectivités humaines, se trouvaient dans les camps réduites à néant. Un Gandhi y serait devenu l'objet de la risée générale[1]. Aussi bien, si l'on cherche à dégager les réactions dominantes, c'est la passivité généralisée des détenus qui frappe surtout. Sa conséquence fatale, semble-t-il, quelle qu'ait été la catégorie à laquelle appartenaient les prisonniers, consistait en une obéissance absolue, une docilité parfaite aux ordres des SS ou de leurs séides, chefs de blocs ou kapos. Cette obéissance atteignait une véritable automatisation. Même si l'ordre donné comportait pour le prisonnier des conséquences graves, parfois immédiatement fatales, il n'en était pas moins exécuté. Ce comportement de la plupart des prisonniers sera mieux éclairé à l'aide de quelques exemples. Le « coup du calot », amusement SS en vogue à certaines époques, consistait à décoiffer un détenu et à projeter son calot au-delà de la chaîne des sentinelles, dans la zone de tir à vue, après quoi il était ordonné au prisonnier d'aller le chercher ; régulièrement, la victime s'exécutait, et c'est ainsi qu'étaient mis en scène nombre de « décès lors d'une tentative d'évasion ». Fatigue de l'existence ? Il y eut aussi ces kapos assassins en série, qui parfois remettaient au détenu une corde, lui donnant l'ordre de se pendre. Il était normal à Auschwitz qu'un tel ordre soit suivi d'effet... Le mémorialiste M. Rusinek dans son livre *Listy spod Morwy,* relate un cas de ce genre, où le chef du bloc ordonne un soir à un malheureux « de se pendre à minuit ». Dans la nuit, la victime, qui couchait à côté de son tyran, se leva et doucement, sur la pointe des pieds, afin de ne pas réveiller son persécuteur, alla se pendre. Des cas pareils ou d'autres du même genre sont attestés par des récits nombreux et indiscutables.

---

1. L'historien juif Wulff, lui-même un survivant d'Auschwitz, nous raconte qu'au cours d'une discussion qu'il eut dans le camp avec son codétenu B. Kautsky, la question vint sur le tapis : que serait devenu Gandhi dans le camp ? Les interlocuteurs furent d'accord pour constater qu'après avoir été l'objet de quelques-unes de ces plaisanteries et farces grossières dont SS et kapos se partageaient le secret, il aurait passé, en quelques jours, dans la catégorie des « Musulmans », et aurait succombé lors de la première sélection...

Ainsi, un acte de désobéissance était impossible, non par l'effet d'une saine et précautionneuse raison ou par le jeu d'un réflexe instinctif, mais en rupture flagrante aux commandements vitaux. De l'impératif de l'auto-défense et de celui de l'obéissance, ce dernier s'avérait être le plus fort. On aurait dit que sous l'effet de la terrible pression, et par une véritable osmose psychique, le « Drill », le dressage conscient et enthousiaste de la SS, finissait par se communiquer à sa victime.

Une telle robotisation peut paraître incroyable. Peut-être cependant, en examinant d'autres bagnes et d'autres lieux de souffrance, y trouverait-on des cas, des indices annonçant une évolution semblable, et à laquelle la cruauté extrême du système nazi, ainsi que l'envergure de l'expérience, ont donné un tour plus accentué et des formes plus achevées. Peut-on tenter d'en donner une explication psychologique ? Une tentative a été faite par le professeur Bettelheim, un psychiatre viennois, qui avant la guerre fut détenu pendant une année dans les camps de Dachau et de Buchenwald. Valable surtout pour les prisonniers des camps allemands de 1938-1939, son interprétation, de caractère psycho-analytique, nous fournit peut-être, pour les comportements d'Auschwitz, un commencement d'explication. Les chocs auxquels étaient soumises les âmes des détenus, dit-il en substance, étaient si étranges et si terribles que les mécanismes psychiques normaux ne pouvaient plus y faire face, et que leur existence même paraissait aux prisonniers comme teintée d'irréel. De nouveaux mécanismes psychiques étaient nécessaires afin de s'adapter à la réalité du camp, leur développement préludant par un retour, par un refuge à des réactions purement infantiles. (Peut-être touchons-nous là du doigt les modalités de cette « rééducation », si chère aux cœurs des SS.) Cette évolution quasi inévitable tôt ou tard, selon l'auteur, se trouvait facilitée par l'ambiance collective dans laquelle était plongée la victime. Le système des punitions collectives, où la moindre faute individuelle était durement expiée par le bloc, sinon par le camp tout entier, poussait es détenus à se surveiller, à s'espionner les uns les autres, épousant ainsi en fait les intérêts de la SS. « Tous les changements produits par la vie au camp semblaient faire régresser le prisonnier vers des attitudes et des conduites infantiles, en faisant les outils plus ou moins conscients de la Gestapo[366]. » Et le seul processus possible, pour l'adaptation finale à l'existence dans ce monde infernal, consistait dans la lente acceptation, insensible mais progressive, de l'univers SS et de son échelle de valeurs ; et l'auteur d'en citer maints exemples, l'imitation portant non seulement sur la brutalité des réactions et la cruauté des mœurs, mais sur des détails tels que le vocabulaire, l'allure générale et la mise, le choix des distractions et insensiblement jusqu'au monde des idées et des sentiments qui régnaient dans ces âmes effroyablement mutilées... Une à cinq années ; telles sont les limites du délai nécessaire, suivant l'auteur, afin que la transformation se parachève.

Quoi qu'il faille retenir de ces considérations, les survivants d'Auschwitz, qui y ont connu la mince couche de vieux détenus allemands, confirment les constatations du professeur Bettelheim, et c'est une telle évolution qui expliquerait maintes choses du genre de celles que nous avons relatées plus haut. Pour les rares détenus juifs qui parvenaient à durer, ces transformations ne pouvaient que s'amorcer ; l'immense majorité, ainsi que nous l'avons dit, parcourait une rapide route descendante, s'achevant par l'étape inévitable qui était connue au camp sous le qualificatif de « musulmanisation ». Tel était le terme appliqué au stade de déchéance totale qui précédait de peu la mort. Le détenu parvenait le plus souvent à cette étape, caractérisée par un incroyable amaigrissement et une véritable hébétude mentale, après deux mois de séjour au camp : « Quand ils marchaient encore, ils le faisaient comme des automates ; une fois arrêtés ils n'étaient plus capables d'aucun autre mouvement. Ils tombaient par terre, exténués ; tout leur était égal. Leurs corps bouchaient le passage, on pouvait marcher sur eux, ils ne retiraient pas d'un centimètre leurs bras ou leurs jambes ; aucune protestation, aucun cri de douleur ne sortaient de leurs bouches entrouvertes. Et pourtant, ils étaient encore vivants. Les kapos, les SS même pouvaient les battre, les pousser, ils ne bougeaient pas, ils étaient devenus insensibles à tout. C'étaient des êtres sans pensée, sans réaction, on aurait dit sans âme. Quelquefois, sous les coups, ils se mettaient brusquement en mouvement, comme un troupeau de bétail, en se bousculant eux-mêmes. Impossible de sortir de leur bouche leur nom, encore moins leur date de naissance. La douceur même n'était pas assez puissante pour les faire parler. Ils vous regardaient seulement d'un long regard sans expression. Et quand ils essayaient de répondre, leur langue n'atteignait pas leur palais desséché pour former des sons. Vous ne sentiez qu'une haleine empoisonnée, comme si elle sortait d'entrailles déjà en décomposition[367]. » Telle est la description que donne des détenus « musulmanisés » transférés d'Auschwitz à Buchenwald un ancien détenu de ce dernier camp.

Sur la totalité des déportés juifs, dont 25 p. 100 environ, nous l'avons dit, étaient en moyenne laissés en vie après la première sélection, 2 ou 3 p. 100 à peine sont rentrés dans leur pays, en général ceux qui comptaient moins de douze mois ou de dix-huit mois de vie concentrationnaire : 2 800 sur 110 000 déportés de France, 600 sur 90 000 déportés des Pays-Bas ; 1 800 sur 60 000 déportés de Grèce, et ainsi de suite… Et parmi les divers procédés d'extermination mis au point par les techniciens nazis de la mort collective, celui de l'extermination immédiate au moyen des chambres à gaz n'était certes pas le plus cruel.

Chapitre VI

La résistance juive

Les pages précédentes ont peut-être fait comprendre au lecteur comment, en face d'une pression impitoyable et telle que, seuls, les moyens de la technique moderne ont pu la rendre possible, la société des esclaves concentrationnaires prise en bloc acceptait passivement son sort, chacun de ses membres assumant les rôles et s'acquittant des tâches précises nécessaires au bon fonctionnement de l'ensemble. Auschwitz ou Treblinka, cependant, n'étaient que les étapes finales d'un engrenage méthodique. Avant d'y aboutir, les Juifs de l'Europe occupée ont connu, partout où prenaient pied les légions hitlériennes, une période préalable d'oppression et d'abaissement progressifs. Ils ont alors, dans tous les pays et sous des formes diverses, cherché à se défendre : malgré la disproportion invraisemblable des forces, ils ont, à maintes reprises, répondu par la violence à la violence, et sont morts, en défiant leurs bourreaux. Nous allons maintenant évoquer quelques-uns des aspects que revêtait cette lutte glorieuse et désespérée. Mais il nous paraît nécessaire, au préalable, de répondre à une question qui peut surgir à première vue : comment se fait-il que les épisodes de la Résistance juive, nombreux certes, et brillant d'un éclat incomparable, n'offrent que l'aspect d'exceptions qui confirment une règle ; comment se fait-il qu'une collectivité de plusieurs millions d'hommes se soit laissé mener à l'abattoir sans s'unir pour une défense acharnée, sans choisir, son sort étant scellé, « perdu pour perdu », de mourir en combattant ?

Question irritante, certes, pour la sensibilité juive, prompte soit à surestimer et à généraliser des faits d'armes légendaires mais isolés, soit à constater avec résignation l'impuissance de fait de la population désarmée des ghettos. Les guerres d'Israël, cependant, ont révélé au monde la valeur militaire, le potentiel de combativité qui sommeillaient à l'état latent chez le peuple de la dispersion, s'épanouissant de la manière que l'on sait, dès qu'une propre existence nationale fut accordée aux éternels errants. Peut-être voudra-t-on convenir que le fait que les vertus militaires, la capacité de résister par la force à la force n'aient pu se développer librement au sein du judaïsme traditionnel, du judaïsme des ghettos, et qu'il n'ait occupé sur son échelle de valeurs qu'une place fort secondaire, que ce fait, amer pour d'aucuns, glorieux pour certains autres, n'est qu'une donnée sociologique inévitable.

Si l'on considère l'histoire juive du dernier millénaire, avec son cortège d'humiliations et d'expulsions, de bûchers et de pogromes, on pourrait en tirer une lointaine analogie avec le monde concentrationnaire, où sous l'effet d'une savante oppression une collectivité martyrisée, rendue incapable de résister et définitive-ment matée, n'a que la ressource de se plier et de s'adapter. Telle n'était pas, toutefois, la pression du monde médiéval et tel n'était peut-être pas le matériau dont était bâti le peuple juif pour qu'il n'eût pu, en se repliant sur lui-même derrière l'enceinte du ghetto, forger ses propres valeurs et sublimer ses passions refrénées. S'il s'abstenait de répondre coup pour coup, s'il s'est trouvé démuni de toute tradition militaire, il sut, par sa fidélité à sa Loi, par son refus d'accepter des conversions imposées par le sang et par le feu, atteindre les sommets peut-être les plus sublimes de l'héroïsme humain. Il est telles pages de l'histoire juive ignorée des Chrétiens, méconnue des Juifs, dont la valeur édificatrice est à nulle autre pareille : incendies volontaires des ghettos rhénans, assaillis par des bandes de Croisés et dont les habitants préférèrent la mort au parjure ; plus tard, sous l'Inquisition, obstination sublime des Juifs espagnols, à laquelle fait ensuite écho, deux siècles plus tard, sous Bogdan Chmielnicki, le martyrologe des Juifs de Pologne... Que ce martyrologe acquît la valeur d'un acte éthique, justement grâce à la présence d'une alternative toujours ouverte : le baptême, lui accordait sa valeur d'exemple et son sens historique, cimentant et consolidant la foi et la fidélité du peuple déraciné et dispersé.

Les exterminateurs biologiques du xxe siècle ne laissaient aux Juifs aucune alternative : ils ont sévi, du reste, à une époque transitoire de l'histoire juive, où les liens de l'antique foi étaient fort relâchés déjà, où s'effritaient les murs du ghetto ; une époque où, depuis des décades, l'assimilation à la société ambiante séduisait des masses de plus en plus larges, avec comme corollaire et comme réaction ce mouvement sioniste dans lequel le génie national du « peuple éternel » trouvait sa nouvelle expression. Mais si les idéologies ancestrales perdaient de plus en plus du terrain, les caractères traditionnels demeuraient encore, et parmi ceux-ci, celui qui n'est guère l'apanage particulier des Juifs, mais apparaît chez toutes les minorités opprimées et persécutées : recours au compromis, à l'attente patiente, à la diplomatie et à la ruse, plutôt qu'à une résistance ouverte et armée... Le souvenir héroïque des Macchabées, solennellement célébré chaque année, avait beau enflammer le cœur des adolescents juifs : la vie réelle, avec son cortège de brimades et d'humiliations, ne tardait pas à leur apprendre que la franche bagarre n'était guère de leur domaine. C'est ainsi que la vague de pogromes qui, au début de ce siècle, ensanglanta la Russie des tsars, ne suscita que rarement une défense organisée : et c'est avec un véritable déchirement que Bialik, le poète national juif, apostrophait les fils de son peuple humilié :

Ne les plains pas ! la cravache les a brûlés
Mais ils sont habitués à la douleur et familiers de la honte.
Trop malheureux pour qu'on leur adresse un blâme,
Tombés trop bas pour qu'on les plaigne encore[1].

1. *L'Affaire de Nemirov* (1905).

Même chez les Juifs des pays occidentaux, Juifs « assimilés », qui se fondaient progressivement, semblait-il, dans la collectivité environnante, certains résidus du passé pouvaient persister encore à leur façon. Quant aux Juifs des ghettos, aux Juifs de l'Est, ils ne possédaient de la lutte armée ni les traditions, ni les réflexes ; encore moins, par conséquent, ces techniques, ces cadres, ces quelques armes enfin, ces mitraillettes et ces revolvers enfouis, qui ailleurs ont armé les bras des partisans des forêts et des combattants des maquis. Maints documents allemands reflètent cette impuissance des Juifs, qui aux Nazis paraissait totale. « J'avais bien prévenu mes hommes d'armer leurs fusils, car ce n'est pas à des Juifs que nous avions affaire », c'est ainsi que s'explique un lieutenant SS, tenu responsable de la rébellion d'un groupe de prisonniers russes qui, à l'instant même de leur exécution, risquant le tout pour le tout, arrachaient leurs armes à leurs bourreaux et s'enfuyaient dans la campagne[368]. Le contrat de louage conclu entre le général Globocnick et l'entrepreneur Toebbens, et dont les esclaves juifs du ghetto de Varsovie, ainsi qu'un certain nombre de détenus polonais, faisaient l'objet, stipulait dans son § 9 : « ... Les Polonais, cantonnés à part, devront être soumis par les SS à une garde bien plus sévère...[369] »

C'est certes une notion bien complexe que celle du courage physique. Il y eut un champ d'activité, au cours de ces années, où la solidarité juive pouvait s'exercer sur un plan social et humanitaire sans en venir à la résistance ouverte, mais allant au-devant d'exactement les mêmes risques. C'est ce qu'il est convenu d'appeler la « résistance passive » : faux papiers, hébergements clandestins, sauvetage des enfants, filières d'évasion et ainsi de suite. Combien de Juifs, qui déployaient des prodiges d'héroïsme en ce domaine, reculaient plus ou moins consciemment devant le dernier pas, celui de la franche révolte, terrorisés parfois par la crainte, qui s'est avérée si pernicieuse, des responsabilités collectives...

S'il fallait chercher une explication supplémentaire à la passivité juive, les méthodes nazies fournissent une deuxième réponse. Non seulement la disproportion des forces était la plus extrême qui puisse être, mais, ainsi que nous l'avons dit, ce qui était véritablement en jeu, c'est-à-dire l'irrémissible « solution finale », demeurait le plus souvent ignoré des Juifs. Cela est si vrai que ce n'est que dans les cas où elle n'était plus ignorée, et seulement à partir du moment où elle ne l'était plus, qu'une résistance digne de ce nom finit par se constituer et par trouver l'adhésion des masses juives. (C'est ainsi qu'une telle résistance exista en Pologne — mais non en Hongrie, dont les Juifs ignoraient tout du sort qui les attendait à Auschwitz.) Aussi bien fut-elle le plus souvent le fait d'une minorité de survivants, éclairés par la tragique fin de la majorité. Nous avons vu comment, et jusqu'à l'heure suprême de l'agonie dans les chambres à gaz, les Allemands s'ingéniaient à mystifier leurs victimes. L'alternative, dans l'esprit de celles-ci, n'était donc pas de succomber passivement ou de mourir dans un dernier sursaut de résistance : elle leur paraissait bien de mourir — ou de vivre en s'adaptant. Et ceci, ainsi que nous l'avons vu, correspondait bien à une tradition millénaire : quels que soient les sentiments qui nous animent à l'évocation d'un passé encore tout chaud, à qui appartient-il, à ce sujet, de choisir dans la hiérarchie des valeurs humaines, et d'oser formuler des jugements ? Rappelons, pour finir, les terribles difficultés pratiques d'une résistance organisée au sein des masses amorphes du ghetto, dont l'invraisemblable encombrement était déjà un obstacle permanent à toute action conspiratrice, la faim et l'usure physique, l'hostilité généralisée, enfin, des populations locales, polonaises en particulier...

Dès lors, ce sera à l'éternelle gloire du judaïsme européen d'avoir fait surgir en son sein, à l'heure de son agonie, des hommes, des groupes, qui surent combattre et mourir les armes à la main.

Il est significatif que ce furent le plus souvent les milieux sionistes qui servirent de pépinières aux divers mouvements de résistance juive ébauchés un peu partout à travers l'Europe. Les Allemands ne s'y méprenaient pas : le général Stroop, qui commandait les troupes allemandes lors de la bataille du ghetto de Varsovie, mentionne constamment dans ses rapports « le mouvement haloutzique[370] » et Eichmann lui-même, lors des déportations de Hongrie, s'acharnait particulièrement contre les sionistes, « matériel humain de grande valeur biologique[371] ». Non pas que les sionistes aient agi en vertu d'instructions d'ensemble émanant d'un centre quelconque : il s'est toujours agi d'initiatives éparses, spontanées et locales. C'est à peine si leurs chefs parvenaient à maintenir de rares contacts, via Stamboul ou via Genève, avec les autorités juives de Palestine. Tout au plus peut-on dire que les formes de vie choisies par ces Juifs bien avant la guerre, leurs cellules et collectivités fermées, les centres d'apprentissage, les « kibboutzim », les rendaient plus aptes à une action conspirative et concertée. Mais surtout, au-delà des préoccupations personnelles ou familiales ou même humanitaires, l'idéal national concret et défini qui leur servait de guide coupait court à toute hésitation. Cet idéal orientait et animait leur action à laquelle il apportait son sens profond. Et l'expérience de la dernière guerre n'a-t-elle pas montré une fois de plus que, quels que soient les mots d'ordre, les politiques et les idéologies, les peuples ne résistent véritablement, ne se battent et ne meurent qu'au nom d'un idéal national ?

*

L'étude des mouvements de Résistance européens posera maints problèmes difficiles aux historiens de l'avenir. Le secret d'une part, la dispersion, l'émiettement de l'autre, étaient pour les organisations clandestines et les maquis une condition essentielle de succès : la trame de l'ensemble est constituée de mille fils divers, qu'il faudra reconstituer et suivre un à un, à l'aide principalement de mémoires et de récits rédigés plusieurs années plus tard. Les mêmes difficultés, mais à un degré combien plus grand, se dressent devant le chroniqueur de la Résistance juive, si diversifiée suivant les pays et les régions, et dont il ne reste le plus souvent que peu de survivants, ou aucun. Nous ne pourrons faire mieux, au cours des pages qui suivent, qu'en évoquer quelques épisodes, choisis parmi les plus saillants, ou parmi ceux qui se prêtent le mieux à une reconstitution exacte.

LA BATAILLE DU GHETTO DE VARSOVIE

Depuis la première guerre mondiale, la Pologne constituait la principale pépinière de jeunes pionniers, des « haloutzim », qui, asséchant les marais, défrichant les déserts, ont créé la Palestine juive. Mais si les appelés étaient nombreux, les élus étaient plus rares : et en attendant leur tour de pouvoir franchir les portes de la Terre Promise, des dizaines de milliers de jeunes gens et de jeunes filles s'astreignaient à des travaux préparatoires dans leur pays d'origine même, vivant en collectivités agricoles ou artisanales. Lors de la concentration des Juifs dans les ghettos, leurs « kibboutzim » s'efforçaient de ne pas se laisser disperser, et du reste, en des cas particuliers, en raison de leur travail productif, les autorités allemandes autorisèrent le maintien sur place de certaines collectivités. Ils se maintinrent donc dans les ghettos, vivant en communautés fermées de travail et d'étude, suivant leurs modes particuliers. Entre autres questions, l'idée d'une résistance armée était parfois discutée entre ces jeunes gens ardents : mais avant que se déclenche la solution finale, l'opinion régnante était que c'est pour la réalisation de l'idéal sioniste qu'il fallait réserver l'essentiel des forces et du sang juifs.

Ce fut de ces cellules qu'allait jaillir plus tard le plus clair d'une résistance juive organisée. Il importe de noter qu'elles ne furent pas les seules, et dans le ghetto de Varsovie, dont il sera question dans les lignes qui suivent, d'autres mouvements ou partis continuaient à mener une existence clandestine : le « Bund[1] » par exemple, ou le parti communiste, qui publiaient des journaux clandestins, et esquissaient des projets de résistance armée. D'anciennes rivalités politiques continuaient à les opposer les uns aux autres : d'armes, aucun de ces groupes n'en disposait. Et lorsque, après le déclenchement des déportations, en juin 1942, les chefs des haloutzim de Varsovie proposèrent aux autres groupements politiques du ghetto

1. Parti socialiste juif de l'Europe orientale, dont le rôle fut important surtout au début de ce siècle. Le programme du « Bund » était opposé au sionisme.

de s'unir en vue d'une résistance suprême, la majorité fut d'avis que l'heure n'en était pas venue encore, et qu'il fallait attendre « l'évolution des événements ». Les haloutzim s'efforcèrent alors de jeter les bases de leur propre organisation de combat, dont l'armement, lors de sa création, s'élevait à un seul et unique revolver... Quelques semaines plus tard, les autres mouvements clandestins s'associaient à l'initiative sioniste. Un Comité de coordination fut créé, comprenant des représentants de tous les partis politiques, et disposant de quelques relations avec la Résistance polonaise — condition essentielle pour l'obtention d'armes et de munitions. Le jeune sioniste Mordechaï Anielewicz, âgé de vingt-quatre ans, fut placé à la tête de l'organisation juive de combat, enfin unifiée de cette manière. À cette époque, la population du ghetto, diminuée des 9/10, ne se montait plus qu'à 50 000 hommes environ. Mais elle comptait une forte proportion d'ouvriers jeunes et valides. Les cadres des haloutzim, solidement organisés, munis de faux papiers et d'argent, avaient été relativement épargnés.

C'était l'automne de l'année 1942 — cet automne où les « actions » allemandes ravageaient, l'un après l'autre, les derniers ghettos de Pologne. Au ghetto de Varsovie se poursuivait une activité fiévreuse et secrète. L'administration allemande ayant ordonné d'aménager dans la ville des abris antiaériens, la population du ghetto en tira profit afin de creuser, profondément sous terre, un réseau très complet de cachettes camouflées, à entrées truquées, et dont certaines étaient installées de façon très perfectionnée, avec des possibilités de logement pour des familles entières, avec lavabos, bains, toilettes, dépôts de munitions et stocks de vivres, de manière à pouvoir supporter un siège de longue durée. Ce réseau souterrain servira plus tard de principale base d'action à l'organisation juive de combat. Pour l'instant sa tâche principale consistait à se procurer des armes, et celles-ci ne pouvaient venir que du côté « aryen » de Varsovie. Si, dès août 1942, elle avait pu obtenir du parti communiste polonais quelques revolvers et quelques grenades, la principale organisation de résistance polonaise, la « Armia Krajowa », se montrait réticente sinon hostile, et c'est à prix d'or que furent obtenus auprès des trafiquants, auprès de déserteurs allemands ou italiens, d'autres revolvers, quelques fusils, quelques kilos de dynamite. Qu'on se dise bien que chaque arme devait être introduite au ghetto, sévèrement gardé et fourmillant de délateurs, au prix d'innombrables difficultés. Quelques jeunes filles, sélectionnées à cause de leur type « aryen » — puisque cheveux blonds et yeux bleus constituaient lors des expéditions au-dehors du ghetto le gage principal de sécurité — étaient en général chargées de la tâche. Les futurs combattants, au nombre de quelques centaines, s'entraînaient secrètement dans les abris. Quelques exécutions de délateurs servirent à modérer le zèle des agents des Allemands. Dès le 22 août 1942 Joseph Szerynski, un Juif converti qui commandait la police juive du ghetto, avait été mortellement blessé par le jeune activiste Israël Kanal. En fait, malgré la minceur de ses effectifs et de son armement, l'organisation juive de combat devint rapidement au ghetto un pouvoir secret et redoutable. Les Juifs riches — il en restait encore — ne refusaient plus les fonds nécessaires pour les armes et le ravitaillement. « Je n'ai plus d'autorité au ghetto : l'organisation juive de combat règne ici », avouait aux Nazis Mark Lichtenbaum, le successeur de Tcherniakov à la tête du Conseil juif. Nous avons cité (p. 146) l'étonnant appel de Tœbbens aux travailleurs du ghetto, polémiquant avec la Résistance juive et s'efforçant de la noircir aux yeux des ouvriers. Vichy, en parlant de la France Libre, n'employait pas un autre langage... Ainsi, les Allemands n'ignoraient guère les préparatifs poursuivis du côté juif.

Si Tœbbens, de même que les autres entrepreneurs allemands, n'avait que des intérêts économiques en vue, pour les SS, la question essentielle était en l'espèce une question de sécurité : Varsovie était une ville d'étape de première importance pour le front oriental, et des troubles sérieux au ghetto, surtout s'ils se communiquaient aux autres quartiers de la ville, auraient pu compromettre dangereusement le ravitaillement de la Wehrmacht[372]. Nous avons vu (p. 208) en quels termes Himmler parlait de la « pacification » de Varsovie. Cependant, et au début surtout, les SS ne croyaient guère à une défense sérieuse de la part des Juifs. Et c'est au moyen d'une simple opération de police, du style des « actions » habituelles, qu'ils tentèrent d'évacuer le ghetto en janvier 1943.

Ils se heurtèrent à une résistance suffisamment forte pour être contraints d'interrompre l'opération. Pour la première fois, des détachements allemands pénétrant dans le ghetto se voyaient accueillis par des salves de coups de feu. Une phrase laconique de Stroop, le général SS qui, trois mois plus tard, mena l'action à bonne fin, et qui en a laissé un rapport circonstancié, fait entendre que d'obscures pressions furent également entreprises par les entrepreneurs allemands du ghetto : « L'exécution de l'ordre s'avéra difficile (écrit Stroop), car aussi bien les chefs d'entreprise que les Juifs s'opposèrent par tous les moyens à l'évacuation[373]. » Certes, ces négriers devaient être épouvantés par le désastre qui menaçait leurs industries. L'opération fut remise à plus tard. Seuls 6 500 Juifs, bernés par les promesses d'usage, s'étaient laissés évacuer volontairement.

De peu d'importance à la vérité, ce premier choc eut un effet moral considérable. Il décupla l'ardeur des combattants juifs, il incita aussi la « *Armia Krajova* » à apporter au ghetto un concours moins dérisoire. 50 revolvers, 50 grenades, 5 kilos d'explosifs furent reçus de la « A. K. » le 2 février 1943. « WRN », une organisation clandestine socialiste, facilita de son côté l'achat de 2 000 litres d'essence, d'un stock de chlorure de potassium et d'autres produits nécessaires pour la fabrication d'explosifs primitifs. Le chimiste Klepfisz, un « bundiste », après un stage d'instruction effectué dans les rangs du « WRN », enseignait aux défenseurs la fabrication de grenades rudimentaires.

Ainsi, le dernier délai acquis par le ghetto permit à ses défenseurs d'améliorer leurs ultimes préparatifs. Les combattants furent disposés en vingt-deux groupes de combat, d'une trentaine d'hommes chacun. Chaque groupe était affecté à un secteur ou un bloc de maisons déterminé[1]. Mais étant donné le manque d'armes, le nombre des hommes armés resta limité à plusieurs centaines.

Certes, leurs chefs ne se faisaient pas d'illusion sur l'issue de la lutte. Aucun de ces espoirs qui chez d'autres combattants fortifient les cœurs ne leur était permis : ni la perspective d'une victoire, ni enfin l'espoir d'une vie sauve. Seule les animait la volonté lucide de conserver leur dignité humaine, de tomber en combattants, de sauver l'honneur juif. Ces quelques lignes de l'un d'eux, Mordechaï Tenenbaum, extraites de la lettre d'adieu qu'il a pu faire parvenir à sa sœur en Palestine, témoignent de leur admirable lucidité amère :

« ... le 19 janvier commença la seconde « action »... Le bloc de notre kibboutz dans la rue Zamenhof se défendit deux jours. Il a été détruit par une explosion. Toutes les lettres, tous les télégrammes adressés aux amis de Wanda[2] restèrent sans réponse. Un silence absolu. Cela voulait dire qu'elle n'était plus.

« Dans quelques jours (ou semaines) je serai avec elle. Sa mort était celle de nous tous. Est-ce que quelqu'un connaîtra un jour l'histoire de notre lutte héroïque ? Saura-t-on comment nous avons vécu sous l'oppression hitlérienne ?

« ... Nous disparaîtrons tous sans laisser de traces. Itzhak n'est plus. Zywia et Franka de même. Ainsi qu'aucun des Schomers[3]. (Je crois que ton « Rosch Hagdud[4] » s'appelait Schmuel — nous avions incendié ensemble la maison dans la rue Leszno — il a été fusillé un mois plus tard. Oui. Le dernier.

« ... Nos hommes me regardent avec un peu de supplication et de honte : « Pas encore — la prochaine fois, peut-être... » Comme les hommes veulent vivre !)

1. Sur les vingt-deux groupes, quatorze étaient constitués par des membres de divers mouvements sionistes et haloutziques ; quatre groupes appartenaient au « Bund », quatre au P. P. R. (communistes).
2. Une autre sœur de Tenenbaum, membre de l'organisation de résistance.
3. Jeunes gardes haloutzim.
4. Chef de troupe de haloutzim.

« *C'est tout.*

« *Une conversation agréable, n'est-ce pas ? Je te quitte donc, tiens-toi bien. Chacun de vous doit actuellement remplacer une centaine d'autres. Le diable seul peut savoir ce qui arrivera. Mais ce n'est plus notre affaire.*

« *Attends, attends, ce n'est pas tout. Encore un est parti. S'il était resté, lui au moins, Itzhak Katzenelson*[1]. *Tu en as certainement entendu parler. Son activité d'avant-guerre n'a pas d'importance. Il ne m'intéressait pas à l'époque. Mais le Katzenelson du ghetto de Varsovie, celui qui travaillait et créait avec nous, celui qui maudissait et appelait à la vengeance, est devenu notre frère... Tout ce que nous pensions, sentions, imaginions, il l'écrivait. Il maudissait, prévoyait, haïssait mieux que Bialik. Nous lui fournissions les débris de nos misères, et il les éternisait, les chantait, c'était notre bien commun. Il n'est plus. J'ai caché ses vers à Varsovie, Dieu sait si tu les liras un jour.*

« *Maintenant c'est vraiment tout. Demain la déportation doit commencer*[2]. *Si j'en voyais vraiment la nécessité, nous pourrions — au prix de ma dignité — nous revoir encore. Mais je ne veux pas. Il ne faut pas.*

« *Advienne que pourra !*

« *Et toi, tu ne pleureras pas, n'est-ce pas ? Cela n'aide en rien. J'en ai la pratique.*

« MORDECHAÏ. »

Le 19 avril 1943, le général Jurgen Stroop déclenchait contre le ghetto l'opération finale. Cette fois, les Allemands étaient en force : Stroop avait sous ses ordres plus de deux mille hommes de troupes d'élite, un détachement du génie, des chars d'assaut,

---

1. L'un des meilleurs poètes de langue yiddish, disparu à Treblinka.
2. Cette lettre fut écrite de Bialystok, où Tenenbaum avait été envoyé par son organisation pour instruire le groupe de résistance qui s'y était formé.
   Ainsi qu'on le verra plus loin, c'est à Bialystock qu'en août 1943 Tenenbaum a trouvé la mort.

une batterie d'artillerie légère. En face de lui, quelques centaines d'hommes armés de revolvers et de grenades ; aussi bien, ainsi que nous l'apprend son rapport, comptait-il terminer l'action en trois jours au maximum.

Mais qu'on s'imagine l'étrangeté de l'engagement. Derrière l'enceinte du ghetto, les défenseurs sont hermétiquement isolés du monde extérieur. Aucun parachutage ne leur fournira des armes : aucune armée n'avance, qui puisse venir les dégager. Les lignes russes (nous sommes au lendemain de Stalingrad) sont à plus de mille kilomètres encore. Aucun « arrière-pays », aucune campagne, aucune forêt sur laquelle ils puissent se replier. Des populations indifférentes, ou hostiles, les entourent : dehors, endimanchées, les foules polonaises fêtent Pâques 1943… Les caves, les abris, les égouts, serviront d'unique retranchement.

Au petit jour, les détachements de Stroop pénètrent dans le ghetto[1]. Une fusillade nourrie les accueille. Des Allemands tombent, deux chars d'assaut sont incendiés. Les SS s'efforcent de réduire, un à un, les points d'appui juifs. Quelques blocs de maisons sont pris d'assaut : par les toits, ou par les caves, les défenseurs s'échappent et vont rejoindre d'autres points d'appui. En de multiples endroits, les Allemands sont forcés de battre en retraite. Dès le premier jour, ils ont dû mettre artillerie et lance-flammes en action.

Cette première journée n'apporta guère de résultats aux Allemands ; ni celle qui suivit. Le soir du deuxième jour, Anielewicz adressait ce bref billet à son adjoint : « Ce que nous avons vécu après deux jours de défense ne peut être décrit en paroles. La réalité a dépassé nos rêves les plus audacieux. Les Allemands ont fui deux fois. Un de nos secteurs a tenu quarante minutes ; un autre, six heures… J'ai le sentiment que de grandes choses s'accomplissent et que ce que nous avons tenté était d'une grande importance[374]. »

---

1. Les précisions qui suivent reposent essentiellement sur les télé-messages quotidiens que Stroop envoyait à son supérieur le général Katzmann, et dont les copies ont été annexées par lui à son rapport : « Le ghetto de Varsovie n'existe plus ! »

Le surlendemain seulement, après avoir réussi à nettoyer complètement un quartier, Stroop put faire « évacuer » 5 000 habitants désarmés. Constatant qu'aucun résultat notable n'avait pu être atteint dans les délais prévus, vertement semoncé par Himmler, Stroop donna deux jours plus tard l'ordre « d'entreprendre la destruction totale par le feu des blocs d'habitations juifs, y compris les blocs de maisons rattachées aux usines d'armement[1] ». Autrement dit, toutes les usines et les maisons du ghetto furent systématiquement incendiées, sans tenir compte des lamentations des marchands d'esclaves, qui voyaient disparaître définitivement les sources de leurs extraordinaires profits. « Nous avons, à nouveau, pu constater que bien que le feu représentât un plus grand danger, les Juifs préféraient y retourner plutôt que de tomber entre nos mains[375] », observe Stroop le lendemain. A un autre endroit, il note ceci : « Au cours de la lutte, les femmes faisant partie des groupes de combat étaient armées de la même manière que les hommes et appartenaient en partie au mouvement haloutzique. Il n'était pas rare de voir ces femmes tirer des coups de revolver des deux mains à la fois. Il leur arrivait souvent de cacher jusqu'au dernier moment dans leurs slips des revolvers et des grenades pour les utiliser ensuite contre les hommes de la Waffen-SS ou de la Wehrmacht[376]. » La nouvelle tactique facilite cependant l'évacuation des ouvriers désarmés. Deux jours plus tard, plus de 20 000 ouvriers furent évacués à Trawniki, où ils seront exterminés en novembre de la même année.

Le combat changeait d'aspect, et devenait entièrement souterrain. Retranchés dans leurs abris, pêle-mêle avec les enfants et les femmes, harassés, asphyxiés, les défenseurs continuaient, dans une atmosphère dantesque, à opposer une résistance acharnée. Du côté allemand, perceuses mécaniques, dynamite et fusées asphyxiantes remplaçaient l'artillerie et les chars. Les égouts furent inondés. Des chiens policiers furent mis en action ; des tortures savantes

---

1. Cette citation, ainsi que celles qui suivent, sont extraites du rapport : « Le ghetto de Varsovie n'existe plus ! »

étaient appliquées aux prisonniers afin de leur faire révéler les emplacements des principaux abris. Ceux-ci étaient démolis un à un en des conditions dont la plume de Stroop laisse transpercer l'horreur : « On ne pouvait vraiment pas s'attendre à découvrir ici des êtres vivants. Malgré cela, nous avons découverts ici une série de casemates dans lesquelles règne une chaleur de brasier » (6 mai). « L'unique et le meilleur système pour anéantir les Juifs reste le feu », note-t-il le jour suivant, et il ajoute ceci : « Ces créatures se rendent très bien compte qu'il ne leur reste que deux solutions : soit rester cachés aussi longtemps qu'ils peuvent le supporter, soit remonter à la surface, en essayant de blesser ou de tuer le plus grand nombre possible de Waffen-SS et de soldats. » Ce jour fut pris d'assaut l'abri de l'organisation juive de combat ; la plupart de ses défenseurs, y compris Anielewicz, succombèrent sur place.

Ainsi s'éteignait peu à peu la résistance organisée juive, improvisée en des conditions défiant toute description et dont l'Histoire, certes, n'offre pas d'autre exemple. Le 16 mai, Stroop déclarait terminées les grandes opérations, et après avoir fait sauter la grande synagogue — l'un des derniers immeubles qui subsistaient encore — retirait ses troupes de ce qui avait été le ghetto. La lutte avait duré quatre semaines, pendant lesquelles plus de deux mille hommes d'élite avaient été immobilisés ; l'industrie de guerre allemande perdait, dans l'Est, un de ses importants centres de fournitures. Les chiffres des pertes allemandes en hommes ne sont pas exactement connus[1]. Du souci qu'avait pu causer la révolte du

---

1. Dans son rapport, Stroop indique les chiffres suivants : 14 officiers et soldats SS tués, 67 blessés ; 2 hommes de la police auxiliaire polonaise tués, 15 blessés. De source clandestine juive, des chiffres considérablement plus élevés, allant jusqu'à des centaines d'Allemands tués, étaient communiqués à l'époque. Stroop a-t-il minimisé les chiffres de ses pertes ? Il est possible de l'admettre. Interrogé après sa capture, il a répondu à ce sujet : « Je ne me souviens plus du chiffre des pertes allemandes... les chiffres des pertes dans la police polonaise étaient plus élevées que celles indiquées officiellement... » (*Bleter far Geszichte*, nᵒˢ 3-4 d'août-décembre 1948, p. 183.)

Cependant, les raisonnements auxquels se sont livrés certains historiens juifs, afin de démontrer que les pertes allemandes étaient infiniment plus élevées que ne l'indiquent les chiffres de Stroop (cf. en particulier M. Borwicz, dans le fascicule *A l'échelle inhumaine*, Paris, 1950), nous paraissent également insuffisamment concluants.

ghetto jusque dans les sphères nazies les plus élevées, on trouve un écho dans le journal intime tenu par Gœbbels, notant à la date du 1er mai 1943 : « ... Il faut signaler les combats extrêmement durs qui se déroulent à Varsovie entre nos forces de police, et même la Wehrmacht, et les Juifs révoltés. Les Juifs ont réussi à faire du ghetto une sorte de position fortifiée. De durs combats sont en cours, et le haut commandement Juif va jusqu'à publier des communiqués quotidiens. Cette plaisanterie ne va pas durer longtemps. Mais on voit de quoi les Juifs sont capables lorsqu'ils sont armés[377]... » (Le journal revient à cette question à plusieurs reprises : ce n'est que le 22 mai que Gœbbels note : « La bataille continue dans le ghetto de Varsovie ; les Juifs se battent encore. Mais on peut dire que dans l'ensemble cette résistance n'est plus dangereuse et qu'elle est virtuellement brisée... »)

La grande majorité des défenseurs du ghetto périt au cours de la lutte. Quelques dizaines au plus réussirent à s'échapper par les égouts et à rejoindre des groupes de partisans. Quelques autres groupes continuèrent à mener, pendant des semaines et des mois, une vie fantomatique dans les décombres du ghetto, traqués par les patrouilles allemandes, changeant continuellement d'abri, se ravitaillant à quelques cachettes restées intactes malgré la dynamite et le feu. Quelques-uns de ces hommes purent tenir, semble-t-il, jusqu'à l'automne 1943 ; quelques isolés, servis par une chance miraculeuse, purent, après d'infinies vicissitudes, se réfugier en fin de compte du côté « aryen » et survivre jusqu'à la fin de la guerre. Quant aux ruines de ce qui avait été le ghetto, elles furent méticuleusement rasées — à ras de terre — par des équipes de détenus juifs que la SS fit spécialement venir d'Auschwitz à cet effet.

Au fond, et quelle que soit la passion compréhensible qu'apportent à cette question des chroniqueurs dont certains ont été des témoins directs, la question est d'importance secondaire. Ce n'est pas par le chiffre des pertes allemandes que vivra dans la mémoire des hommes, l'épopée du ghetto de Varsovie.

LA RÉSISTANCE DANS LES AUTRES GHETTOS DE POLOGNE.
LES PARTISANS JUIFS

L'épopée du ghetto de Varsovie, les grandes lignes suivant lesquelles elle s'est déroulée, tracent le cadre dans lequel s'est développée la résistance juive des autres ghettos. Partout, l'idée d'une résistance active s'esquisse, et fermente dans quelques esprits, dès la création des ghettos : partout, devant la passivité ambiante et l'opposition des « Conseils juifs », étant donné le manque d'armes et de moyens d'action, elle reste lettre morte au début et ne prend corps qu'en 1942, lorsque commence l'extermination totale. Des « organisations de combat » se constituent alors, dont d'anciens chefs politiques sionistes, communistes ou « bundistes » dirigent et coordonnent l'action ; le pouvoir des Conseils est balayé et, à travers mille difficultés, des stocks d'armes sont constitués ; dans la mesure du possible, des contacts sont maintenus de ghetto à ghetto. Mais l'excès même de la cruauté allemande continue souvent à freiner ou même à paralyser le déclenchement de la révolte : des situations se créent, où, cette fois, les plus élevés des scrupules arrêtent les combattants les plus décidés. Un exemple d'une telle situation nous est fourni par le ghetto de Vilna, où une organisation unifiée de résistance juive existait depuis le début de 1942 : sous la direction d'un chef énergique, Itzik Vitenberg, quelques centaines de jeunes Juifs armés s'apprêtaient à livrer un combat désespéré, lorsque viendrait l'heure des déportations. Au cours de l'été 1942, les Allemands apprirent, grâce à une dénonciation, l'existence de l'organisation et le nom de son chef. Ils exigèrent que celui-ci vînt se constituer prisonnier, à défaut de quoi, ils menaçaient de faire bombarder le ghetto par une escadrille d'avions. Sous l'effet de la panique et du désespoir que suscita cette menace, certains même des membres de l'organisation de combat furent d'avis que Vitenberg devait se rendre, afin de prévenir le désastre. Déchiré de scrupules et bien qu'il fût persuadé, semble-t-il, de l'inutilité de son geste, Vitenberg se rangea à leur avis, se constitua prisonnier, et fut exécuté le lendemain. L'organisation était décapitée : au lieu de livrer un ultime combat dans le ghetto même, conformément au plan de Vitenberg, ses membres, par petits groupes, s'échappèrent du ghetto, et sous la direction d'un nouveau chef, le poète Abba Kovner, formèrent une bande de partisans[378].

Devant les difficultés sans nombre d'une révolte au ghetto même, les résistants juifs de certains autres ghettos s'efforçaient dès le début de transporter la lutte en dehors de celui-ci. Ce fut le cas d'un groupe qui se constitua à Cracovie, siège du gouvernement général, et qui, à la fin de 1942, organisa une série d'attentats contre les troupes allemandes stationnées dans la ville. Ici encore, il s'agissait d'un groupe de jeunes sionistes, dirigés par un couple admirable, Szymszon et Justyna Draenger ; ils appartenaient au mouvement « Akiba ». Pendant quelques semaines, les attentats à la bombe et les agressions individuelles montées par le groupement semèrent une véritable panique parmi les Allemands de Cracovie. En février 1943, la Gestapo ayant réussi à introduire ses agents au sein de l'organisation, les membres de celle-ci furent presque tous capturés : Szymszon et Justyna, qui avaient réussi une première fois à s'échapper de prison, furent repris en novembre 1943[379].

Bialystok nous offre un autre exemple d'une tentative de résistance concertée dans le ghetto même. Cette grande ville industrielle de la Pologne orientale devint un centre important de fournitures pour la Wehrmacht, lorsque la ville tomba entre es mains des Allemands, en juillet 1941. Aussi bien, tandis que les Juifs de la région étaient exterminés dès la fin de l'année, le ghetto, fort de près de 40 000 habitants, subsista près de deux ans encore. Au sein de la population ouvrière juive, un « Comité antifasciste » naquit dès février 1942, et donna naissance à une organisation de combat : l'armement que celle-ci réussit à accumuler, bien rudimentaire évidemment, était, semble-t-il, relativement plus important qu'ailleurs. En décembre 1942 le Comité de coordination de Varsovie envoya à Bialystok Mordechaï Tenenbaum, l'ancien adjoint d'Anielewicz, afin de prendre la tête de la résistance.

En février 1943, une « action » importante, visant les enfants, les malades et les vieillards, fut entreprise par les Allemands à Bialystok. L'organisation de combat ne réussit pas à déclencher un soulèvement général au ghetto : seules, quelques escarmouches se produisirent. Le procès-verbal d'une réunion, qui eut lieu entre les haloutzim du ghetto quelques jours plus tard, a été conservé : nous allons en citer quelques extraits, évoquant le dilemme tragique devant lequel étaient placés ces jeunes Juifs :

« MORDECHAÏ :

« ... *Notre réunion d'aujourd'hui ne sera pas gaie. Nous qui sommes assemblés ici, sommes les derniers haloutzim de Pologne, et nous sommes entourés de cadavres. Connaissez-vous le destin de Varsovie ? Personne n'y est resté en vie. De même à Bendzin, à Czentochowa, et probablement partout ailleurs. Nous sommes les derniers. Ce n'est pas un sentiment bien agréable. Cela nous impose une responsabilité spéciale. Nous devons décider aujourd'hui ce que nous allons faire. Rester sur nos regrets ne sert à rien. Attendre la mort sans résister n'a aucun sens non plus. Qu'allons-nous donc faire ?*

« *Il y a deux possibilités. Nous pouvons décider que l'attaque contre le premier Juif de Bialystok sera l'étincelle de la contre-action, que, à partir de demain, personne n'ira plus travailler aux ateliers. Tous seront mobilisés. Nous pouvons faire en sorte qu'aucun Allemand ne quitte vivant le ghetto, qu'aucune usine ne reste debout. Il n'est pas entièrement improbable qu'après la bataille, quelques-uns d'entre nous ne puissent s'en tirer vivants. Quelle que soit l'issue, nous pouvons nous battre jusqu'au bout.*

« *D'autre part, nous pouvons fuir dans la forêt. Examinons toutes les possibilités avec réalisme. Deux de nos hommes sont allés aujourd'hui pour examiner le terrain. Mais quelle que soit la décision que nous prendrons, une discipline militaire sera intro-duite... Chacun pourra décider de son propre destin, mais notre cause est la cause commune. Nous devons agir collectivement. Je ne veux influencer personne pour qu'il accepte mon point de vue. C'est pourquoi je m'abstiens pour l'instant de prendre position.* »

HERSZEL :

« *Il n'y a qu'une solution, c'est d'organiser une résistance collective dans le ghetto. L'histoire de l'extermination des Juifs en Pologne ne sera pas seulement le chapitre le plus tragique de notre histoire, mais aussi un témoignage de notre entière impuissance. Notre mouvement n'a pas été à la hauteur de la situation. Au lieu d'opposer une résistance désespérée, nous avons hésité, nous avons été indécis. Les choses se seraient passées autrement, à Varsovie, si la révolte avait commencé au début et non pas à la fin de la liquidation du ghetto. C'est à nous, à Bialystok, de vivre le dernier acte de la sanglante tragédie. Nous devons nous efforcer de transformer le ghetto en un fort Masada, et clore dignement l'histoire des Juifs de Bialystok. Nous devons contre-attaquer… »*

HENOCH :

« *N'ayons pas d'illusions. La liquidation totale nous attend. Nous n'avons que le choix entre deux genres de mort, car ni la résistance dans le ghetto, ni la résistance dans la forêt ne sauveront nos vies. Tout ce qui nous reste est de mourir avec dignité. Il est certain qu'il y a dans la forêt de meilleures possibilités de vengeance.* »

YOCHEVED :

« *Pourquoi autant parler de la mort ? Un soldat au front, un partisan dans la forêt, pense à vivre et non à mourir. Il faut rejoindre les combattants dans la forêt.* »

DORKA :

« *La forêt offre de meilleures chances de vengeance, mais nous voulons mourir avec dignité. Nous ne devons pas nous disperser dans la forêt, comme des vagabonds, mais y lutter en partisans actifs.* »

ETEL :

« *S'il y a, ces jours-ci, une nouvelle « action » allemande, il n'y a qu'une solution : la contre-action. Si d'autre part nous avons davantage de temps à notre disposition, alors nous devons nous préparer à aller dans la forêt.* »

MORDECHAI :

« Tous les camarades paraissent être d'accord. Nous ferons tout ce que nous pouvons pour qu'autant de camarades que possible puissent rejoindre les partisans. Tous ceux d'entre nous qui restent dans le ghetto devront réagir dès la première attaque contre un Juif. Nous ne cherchons pas à marchander nos vies, mais il est nécessaire de faire face aux conditions objectives. La chose la plus importante est de sauvegarder jusqu'au bout la dignité des membres de notre mouvement[380]*… »*

Dans les forêts, les « conditions objectives » dont parlait Tenen-baum ne se révélèrent pas favorables, et la plupart des combattants restèrent dans le ghetto. L'« action » finale fut entreprise par les Allemands six mois plus tard, le 17 août 1943. Déclenchée à l'improviste dans la nuit, elle réussit à surprendre les Juifs, et malgré toute l'ardeur des défenseurs, la majorité des habitants, ici encore, se laissa entraîner par les cravaches des SS. Concentrée en quelques « points stratégiques » l'organisation de combat livra pour son compte un ultime combat qui dura plusieurs heures, et entreprit ensuite une tentative de sortie, qui échoua devant le feu des mitrailleuses. Les défenseurs se retirèrent alors dans leurs abris souterrains, où ils purent se maintenir quelques jours : comme à Varsovie, quelques isolés réussirent finalement à s'échapper vers les forêts environnantes.

La constitution de groupes de partisans en dehors des ghettos était, elle aussi, liée pour les Juifs à des difficultés sans nombre. Imbues d'un antisémitisme indéracinable, les bandes de partisans polonais n'acceptaient pas dans leurs rangs les Juifs : pour la même raison, la formation de groupes autonomes, sans ces attaches locales qui, partout ailleurs, facilitaient la création des maquis, s'avérait être pour ces citadins une entreprise presque toujours désespérée. Il s'agissait, pour eux, de dissimuler non seulement leurs acti-vités, mais leur essence même : le pays fourmillait de délateurs ; la chasse aux Juifs était pour de larges couches de la population, alléchées par les primes offertes par les Allemands, une source de revenus lucratifs. Des préparatifs minutieux et pénibles échouaient au dernier moment. Un rapport allemand évoque l'une de ces tentatives, qui eut lieu dans la région de Lvov : une vingtaine de Juifs s'apprêtaient à s'évader du ghetto de Lvov, et à rejoindre un groupe de partisans ; ils étaient munis de faux papiers et disposaient de huit pistolets et d'un fusil mitrailleur ; la dénonciation du chauffeur du camion qui devait les transporter, un Italien, les livra aux SS. « L'interrogatoire serré des Juifs arrêtés établit qu'un certain Juif, du nom de Horowitz, se cachant dans les forêts aux environs de Brody, avec un groupe plus important de Juifs, était l'organisateur de ces transports. À la suite de cet interrogatoire, nous avons pu repérer l'endroit, et le même jour la gendarmerie, la police ukrainienne et deux compagnies de la Wehrmacht furent envoyées pour cerner et nettoyer la région. » Au prix de pertes minimes, assure le rapport — un garde-chasse polonais tué, un SS blessé — l'opération fut rapidement menée à bien[381].

Il y eut cependant des groupes qui parvinrent à se constituer et à agir efficacement, tels les « Vengeurs de Vilna », les survivants de l'organisation de Vitenberg, qui, forts de quatre cents hommes et femmes environ, tinrent le maquis jusqu'à l'arrivée des Russes, dynamitant les trains, assaillant les patrouilles isolées, ou telle la « division » de Tobias Belski, qui opérait plus au sud dans la région de Lida : forte de six hommes armés à la fin de 1941 et de plus de cent au printemps suivant, elle finit par compter plus de mille Juifs, dont six cents combattants. Dans les forêts de la Russie Blanche, une véritable ville libre juive finit par se constituer ainsi, refuge des Juifs évadés, que les paysans des environs avaient baptisée « Jérusalem »... Ceux-là aussi purent tenir jusqu'à l'arrivée de l'Armée Rouge : c'est ainsi que nous a pu parvenir le récit de leurs exploits. Combien d'autres épopées collectives ou individuelles, ébauchées ou interrompues, sont restées inconnues ? Un témoignage nous rapporte que le jour de « l'action » fatale, les Juifs de la ville de Tulczin incendièrent leur ghetto, et périrent dans les flammes, évoquant les exemples moyenâgeux des ghettos rhénans de l'époque des Croisades... Il en fut de même, semble-t-il, à Dvinsk en Lettonie, où, nous apprend un rapport allemand, « ... les Juifs allumèrent de tels incendies qu'une grande partie de la ville a été anéantie[382] ». Quant aux entreprises isolées, on trouve d'étonnants récits, ou de sourdes allusions à des Juifs « camouflés », se glissant dans les administrations allemandes, ou même dans l'armée qu'ils sabotaient et espionnaient, jusqu'au jour d'une dénonciation généralement inévitable tôt ou tard : c'est peut-être en de telles équipées, frisant le double jeu, que les résistants juifs de Pologne pouvaient agir avec le plus d'efficacité... Parfois, les rapports allemands évoquent ces obscures figures : « ... L'enquête au sujet de l'incendie qui avait éclaté dans la fabrique de fourrures du Reich à Kovno a établi que des sabotages et des vols y étaient commis à la chaîne... Il a été établi de plus que le directeur de la fabrique, qui se prétendait Allemand, était un Juif pur sang[383]. » D'autres épisodes nous sont relatés par des survivants juifs — ainsi l'odyssée du jeune Szmuel Rufhajzen, engagé comme interprète à la kommandantur de la ville polonaise de Mir, ensuite promu gendarme, et qui non seulement avertissait ses frères du ghetto des « actions » imminentes, mais les fournissait même en armes — jusqu'au jour où il fut découvert[384].

Belski, de même que les « Vengeurs de Vilna », opéraient dans les régions orientales de l'ancienne Pologne (c'est-à-dire dans la partie qui avait été annexée par l'URSS lors du partage de 1939), et cela est caractéristique : en dehors des régions proprement polonaises, l'action des partisans juifs rencontrait moins d'obstacles. Plus loin à l'est encore, dans l'URSS proprement dite, là où vingt-cinq années de régime soviétique avaient en partie nivelé les différences et les haines traditionnelles, où l'assimilation avait largement progressé, les Juifs jouèrent dans la lutte partisane un rôle de premier plan. Les documents et rapports allemands le soulignent avec une sadique allégresse, et une constance que les justifications et les visées de propagande ne suffisent pas à expliquer. « Les sabotages et les incendies qui débutèrent peu après l'entrée des troupes allemandes en Lettonie étaient en majeure partie provoqués ou exécutés par les Juifs[385]... » « Deux heures après que les Juifs d'Ushomir eurent été fusillés, quatre Juifs pénétrèrent dans la ville et incendièrent quarante-huit maisons. À Shitomir, la milice ukrainienne a essuyé le feu des partisans juifs[386]... » « À Nikolaïew aussi, les Juifs furent les acteurs principaux de la résistance après l'entrée des troupes allemandes[387]. » Et Gœbbels, parlant de la situation en Russie dans son journal, s'exclame : « Partout les Juifs attisent le feu et sèment la révolte[388]. » Mais nous manquons d'éléments pour parler dans le détail de ces maquis juifs : du reste, l'historiographie soviétique tend en l'espèce à faire le moins possible état de « l'appartenance ethnique » de ses héroïques francs-tireurs et partisans.

LA RÉSISTANCE JUIVE EN EUROPE OCCIDENTALE

Un rapport du procureur du Reich auprès du « Tribunal populaire » nous apprend que « le 18 mai 1942, des malfaiteurs juifs ont placé une bombe incendiaire dans l'exposition « Le Paradis soviétique » à Berlin ».

« Les Juifs qui participaient à cet attentat ont été jugés et condamnés à mort. L'enquête de la Gestapo a établi que les malfaiteurs condamnés à la suite de l'attentat appartenaient à deux groupes juifs organisés, qui au cours de 1941 et 1942 encaissaient des cotisations, diffusaient un enseignement communiste, distribuaient et échangeaient des tracts et s'apprêtaient à en fabriquer d'autres. De plus ces groupes se procuraient des « Ausweise » de travailleurs français, afin de faciliter à leurs membres le séjour clandestin à Berlin.

« Treize Juifs âgés de dix-neuf à vingt-trois ans se trouvent encore en détention préventive. Sept accusés sont en fuite. Les membres du second groupe seront prochainement jugés[389]. »

Ce rapport constitue l'unique renseignement dont nous disposions sur cette affaire. Comment luttaient-ils, et en quoi espéraient-ils, ces combattants anonymes, opérant dans les profondeurs mêmes de la nuit hitlérienne ? Y eut-il d'autres organisations de la même espèce ? Nous en ignorons tout, et probablement l'ignorerons-nous toujours. C'est un fait que parmi les Juifs éparpillés à travers l'Europe centrale, seules de petites organisations clandestines pouvaient surgir, avec des possibilités d'action très limitées, et dont il ne reste généralement aucune trace.

Dans les pays occupés de l'Ouest, les conditions pour l'essor d'une résistance étaient certes plus favorables pour les Juifs. Mais, avant tout, la situation n'y était pas de nature à imposer une résistance spécifiquement juive : aux garçons qui avaient le cœur bien accroché, mille possibilités s'offraient pour combattre l'envahisseur de la même manière que leurs camarades « aryens », et à leurs côtés. Ils ne s'en faisaient pas faute : et si, en l'espèce, des statistiques précises sont impossibles, une énumération comme celle à laquelle s'est livré M. David Knout dans son ouvrage *La Résistance juive* nous montre qu'en France, par exemple, à tous les échelons des organisations de résistance, la proportion des Juifs variait entre 15 p.100 et 30 p.100[1]. On trouve parmi eux maintes figures de premier plan, déjà entrées dans l'Histoire, tel José Aboulker, jeune Juif algérien, étudiant en médecine, qui, à vingt-deux ans, montait à Alger l'organisation de résistance qui rendait possible le débarquement américain, ou André Manuel, l'un des chefs du B. C. R. A. à Londres, bras droit du célèbre colonel de Wavrin-Passy. D'autres, moins connues, méritent tout autant de l'être, ainsi le Juif russe Albert Kohan, co-fondateur du mouvement « Libération », qui, à soixante-quatre ans, passait son brevet de parachutiste, et succombait peu après dans un stupide accident d'aviation, ou le Juif français Jacques Bingen, délégué du général de Gaulle pour la zone occupée, capturé en mai 1944, et qui, afin de ne pas trahir ses camarades, choisissait le suicide… Mais, pour tout citer, c'est l'histoire de la Résistance française qui serait à faire.

---

1. David Knout, *Contribution à l'histoire de la résistance juive en France*, Editions du C. D. J. C., Paris, 1947.

Passons donc à un autre aspect de la résistance des Juifs en France, celui où, parce qu'il s'agissait d'immigrés de fraîche date, et mal assimilés encore, ce sont des organisations plus spécifiquement juives qu'ils constituèrent. C'est l'un de ces Juifs, du reste, qui a été la première victime des tribunaux allemands en France ; le 27 août 1940, Israël Leizer Karp était fusillé à Bordeaux. Il s'agissait en l'espèce d'un isolé, auteur d'un acte d'apparence absurde et cependant combien symbolique, se précipitant armé d'un gourdin sur un détachement de soldats allemands qui défilaient au pas de parade[390]... Quelques mois plus tard, des mouvements parfaitement organisés surgissent, en zone occupée comme en zone libre. À Paris, des francs-tireurs et partisans juifs montent plusieurs attentats, dont certains appartiennent aux actes les plus retentissants de la Résistance, en particulier, l'exécution, en septembre 1943, du docteur Ritter, le délégué en France du Gauleiter Sauckel ; cet acte fut l'œuvre d'un jeune partisan de dix-neuf ans, Marcel Rayman. En zone Sud, c'est l'Union juive pour la Résistance et l'Entr'aide qui étend un réseau allant de Lyon à Toulouse et de Limoges à Nice, avec des sections de sabotage, de propagande, de faux papiers et ainsi de suite. Des « maquis juifs » se constituent, dont celui des Eclaireurs israélites, d'inspiration sioniste, restera le plus connu. Toutes ces organisations s'occupent en même temps de ces filières d'évasion, de ces entreprises de « planquage » et de faux papiers, de cette résistance passive en un mot, dont nous avons déjà parlé précédemment.

De même qu'en France, et partout ailleurs où les circonstances le rendaient possible, en Hollande, en Belgique, en Italie, les Juifs ont pris aux mouvements de résistance une part essentielle et parfois prépondérante. Et, cependant, peut-on parler en l'espèce d'une résistance proprement juive ? Si, du fait même des persécutions hitlériennes, les Juifs, mis hors la loi et traqués, avaient des raisons singulièrement valables pour rejoindre les rangs des résistants, c'est à égalité parfaite avec leurs frères d'armes qu'ils luttaient pour la cause commune. Et lorsqu'on cherche en fin de compte à évoquer des exemples d'une résistance nationale intégralement juive, c'est vers la Palestine juive que nous devons porter le regard. En ce sens, aucun fait d'armes peut-être n'arrive à égaler l'extraordinaire équipée d'une poignée de jeunes garçons et filles se faisant parachuter en 1944 en Hongrie et en Roumanie, afin de maintenir le contact avec le judaïsme européen agonisant et porter des paroles de consolation et d'espoir. Entreprise sans grande portée pratique, mais d'une haute valeur de symbole ; plusieurs d'entre eux — dont la jeune poétesse Hanna Senesch et le héros national Enzo Sereni — furent capturés par les Allemands et exécutés[391].

Chapitre VII

Tentatives d'une exploitation plus rationnelle des juifs

LES GRANDES IDÉES DE HEINRICH HIMMLER

Avec une minutie qui aura pu paraître fastidieuse à maint lecteur, nous avons cherché à reconstituer la naissance et l'évolution de l'idée d'un génocide systématique et intégral. Si bien des aspects en sont encore insuffisamment éclaircis, il est certain que le plan initial a été conçu et décidé par un tout petit groupe d'hommes, ceux-là justement d'entre les chefs nazis qui étaient le mieux aptes à saisir le sens profond du cataclysme infernal qu'ils avaient déchaîné. Hitler, Gœbbels, Heydrich, et sans doute Bormann : nous en avons déjà parlé précédemment. Ils trouvèrent, à tous les échelons, d'Eichmann au dernier des SS, des exécutants appliqués, ardents, voire enthousiastes.

D'autres chefs nazis, non moins ardents, facilement tout aussi féroces et sadiques, avaient tendance à envisager l'opération d'un point de vue qu'ils estimaient plus rationnel ; sans doute en méconnaissaient-ils ainsi la vraie signification, l'appel à la destruction et à la mort, le crépuscule tragique de nuit wagnérienne. Supprimons le Juif, tuons-le, soit : mais là où le Juif peut nous être d'une utilité quelconque, cherchons donc le profit allemand plutôt que la mort du Juif. Ce Juif, ne peut-on le faire travailler, tout en provoquant, grâce aux techniques modernes, l'extinction assurée de la race ?

Ne peut-on aussi le vendre, moyennant espèces sonnantes ? Cette attitude, elle aussi, imprègne toutes les phases de la tragédie. Nous avons vu (et c'est peut-être par là qu'on perçoit le mieux le sens profond de l'hitlérisme) que de par la volonté du Maître et de par la logique de son système, cette tendance fut impuissante à s'imposer. Pas toujours, cependant ; et les luttes qui s'engagèrent alors autour des vies des Juifs d'Europe, les contrecoups qu'elles connurent jusque dans les chancelleries des gouvernements alliés, comportent maints côtés révélateurs, constituant en même temps l'un des aspects les moins connus de l'histoire de la deuxième guerre mondiale.

Prisonniers de l'enfer hitlérien, maints Juifs cherchaient à en échapper, à quitter l'Europe, en soudoyant quelques membres de l'armée de leurs geôliers. Ceux-ci n'étaient guère incorruptibles : mais les sanctions étaient sévères, et l'on relève bien des cas d'exécution de SS ou d'hommes de la Wehrmacht pour des délits de ce genre. D'autres rançonnements individuels réussissaient : de ceux-là, l'on ne trouve évidemment guère de traces dans les archives allemandes. Il y eut aussi quelques exemples, surtout lors de la phase initiale, en 1939 ou 1940, d'interventions politiques, tel le cas du célèbre rabbin de Lubawicz, qui en 1940 put se rendre de Pologne occupée aux États-Unis, via Berlin, grâce à des interventions diplomatiques et au concours de l'Abwehr[392]. Dans certains de ces cas, il devient difficile de dire si l'exemption accordée appartient à la catégorie de la corruption individuelle ou relève de l'exemption pour motifs politiques, étant donnée la confusion des pouvoirs qui régnait dans le IIIᵉ Reich, gouverné par un véritable système de satrapies individuelles. Parmi celles-ci, l'ordre de la SS, État dans l'État, était la plus achevée et la plus puissante, et le Reichsführer SS Heinrich Himmler, son grand maître, s'efforça de bonne heure de tourner à son profit exclusif le bénéfice des opérations de cette espèce. Ici, il convient de s'arrêter un peu plus longuement sur la figure de l'homme qui, chargé par le Führer de l'œuvre exterminatrice, était en même temps le partisan le plus marquant d'un génocide plus « rationnel ».

HEINRICH HIMMLER, L'INQUISITEUR MODÈLE

Maints instincts de haine et de violence sommeillent dans les cœurs humains, que les enseignements reçus, les préceptes de la morale, tiennent difficilement en échec. De quels ravages ces forces élémentaires ne sont-elles point capables, à partir du moment où — au lieu de s'opposer à leur essor — la justification morale, la consécration idéologique viennent leur prêter main-forte, et les stimulent plutôt que de les freiner ? Aussi bien, par des renversements déconcertants, les hommes ont-ils de tout temps su faire tourner au profit de telles passions leurs évangiles les plus élevés ; l'histoire de toute société, de toute civilisation nous en fournit maint exemple. Le national-socialisme allemand, lui, était admirablement adapté à cette fin destructrice qui en était comme l'essence profonde : à la vérité, il était taillé sur mesure. Et la mystique de chef, le rejet sur celui-ci de toute responsabilité, constituait un instrument admirable afin de faire taire dans les cœurs le moindre doute : les derniers scrupules étaient balayés à partir du moment où « le Führer l'avait ordonné ». Pourquoi l'âme collective allemande s'est laissé engrener par ce mécanisme avec autant de souplesse, et à quel point il lui est spécifique, est une troublante question, que nous n'allons pas examiner ici ; quoi qu'il en soit, un lien indissoluble de complicité était forgé de cette manière : et c'est là sans doute une des raisons les plus profondes de la fidélité incontestable des paladins, liant à Hitler les hommes les plus divers, des intellectuels subtils comme Gœbbels, des brutes primaires comme Sauckel, des chevaliers de fortune comme Gœring ou des techniciens de génie comme Speer, dans une dévotion personnelle allant jusqu'à la mort — et, parfois, jusqu'au-delà du tombeau. Tel fut le fondement même du système SS, et tout aussi absolu était l'attachement que Himmler portait à son Führer, mais ce qui frappe le plus chez le maître-bourreau du IIIᵉ Reich, surtout lorsqu'on le compare aux autres acteurs de tout premier plan, c'est la disproportion singulière entre a tracée démoniaque qu'il a laissée dans l'Histoire, et sa totale insignifiance humaine.

Car absolument rien ne paraissait désigner Heinrich Himmler pour son ascension vertigineuse : ni dynamisme exceptionnel, ni prestance avantageuse, ni don de la parole ou de la plume, ni quelque autre qualité le distinguant du commun des mortels. L'homme était terne, effacé, souvent hésitant et irrésolu, d'une médiocrité intellectuelle confinant à la bêtise : joues flasques, cheveux en brosse, pince-nez au vent, il personnifiait si bien le type du petit maître d'école pédant, que cette profession est restée accolée à son nom, bien qu'en fait il ne l'ait jamais exercée[1]. Il faut admettre sans doute que c'est cet effacement même, joint à son sérieux, qui le singularisait et l'avantageait au sein des instables et des agités qui peuplaient les rangs des compagnons de la première heure. À côté de sa conviction totale, et d'un certain flair des réalités, qui lui servira plus tard pour manier non sans habileté ses subordonnés, il disposait comme atout principal d'une capacité considérable de travail et de méthode. Ajoutons que l'application qu'il apportait à l'exécution de ses tâches, ainsi que la simplicité de sa vie et la frugalité de ses mœurs, l'absence de toute ostentation, la correction et même la sollicitude qu'il manifestait à l'égard des plus infimes subordonnés, ont valu au « Reichsheini » (car tel était son sobriquet affectueux) une popularité sincère parmi les SS, et même des affections et des dévouements sans nombre que mille témoignages sont là pour attester. Peut-être ne réalisait-il que plus parfaitement de cette manière le rôle précis de son emploi.

C'est en effet une constante de l'Histoire, qu'à travers les siècles et les régimes, les grands inquisiteurs aient été les détenteurs incontestables de douces vertus bucoliques ou familiales, souvent poussées à leur suprême degré. De Thomas Torquemada ou Robert Bellarmin à leurs émules modernes et totalitaires, et en passant par les incorruptibles justiciers jacobins de la Révolution, une ligne directe se dessine, profondément logique dans sa contradiction apparente. C'est justement l'excès de fureur que l'aménité vient

---

1. Il avait terminé une école d'agriculture, et avait été aviculteur. Par contre, son père avait été le précepteur du prince Rupert de Bavière (cf. comte Bernadotte, *La Fin*).

contrebalancer : la pureté des mœurs, servant d'auto-justification
supplémentaire, cuirasse ces âmes contre le moindre mouvement
venu du cœur, et si telle impulsion menaçait de faire fléchir leur
bras inflexible, c'est vers des enfants innocents, ou vers des puces
comme Bellarmin le bienheureux, qu'ils vont déverser une affection
dont on aurait grandement tort de suspecter la sincérité. Cette règle
n'est pas démentie dans le cas de Himmler, bon père de famille,
grand ami des enfants allemands et des animaux quelle qu'en soit
la provenance. Un conflit d'ordre intime surgi sur le tard (marié, il
s'était lié vers 1940 avec l'une de ses secrétaires, et deux enfants
naquirent de cette liaison pendant la guerre) le troublait à tel point
et lui causait de tels scrupules qu'à certains moments il semble
avoir sérieusement envisagé de se suicider[393] : quant aux fleuves
de sang innocent qui, au cours des mêmes années, giclaient sous
les roues de Jaggernauth de la SS, il les contemplait avec une
équanimité placide et ingénue qu'aucun autre grand dignitaire
du régime ne paraît avoir réussi à égaler. À ce dernier égard, et
sur le fond des dernières réticences verbales si caractéristiques
de la manière nazie, son discours de Posnanie, auquel nous nous
sommes référés déjà, contient ses confessions les plus franches[1].

D'étranges manies s'associent facilement à de telles caractéristiques. Même sur le fond des superstitions et aberrations florissant
chez les détraqués du nazisme, certaines fantaisies de Himmler,
frisant la faiblesse d'esprit, stupéfient et laissent rêveur. Le culte
du passé germanique était l'un de ses objets de préoccupation les
plus graves : en pleine guerre, les services de renseignements du

---

1. En voici un passage caractéristique : « ... Le sort d'un Russe ou d'un Tchèque ne
m'intéresse absolument pas... Il m'est totalement indifférent de savoir que ces nations
vivent prospères, ou crèvent de faim. Cela ne m'intéresse que dans la mesure où ces
nations nous sont nécessaires comme esclaves de notre culture. Que 10 000 femmes
russes tombent d'épuisement en creusant un fossé antichars, cela m'est totalement
indifférent, pourvu que le fossé soit creusé. Evidemment, il ne s'agit pas d'être dur et
impitoyable. Nous autres Allemands, qui sommes les seuls à traiter correctement les
animaux, nous traiterons correctement les animaux humains. Mais ce serait un crime
contre notre propre sang que de nous soucier d'eux et de leur attribuer un idéal... »
(4 octobre 1943).

RSHA se voyaient confier l'étude de problèmes aussi graves que la confrérie de la Rose-Croix, le symbolisme de la suppression de la harpe dans l'Ulster et la signification occulte des tourelles gothiques et chapeaux hauts de forme d'Eton[394]. Le lendemain même de la défaite de Stalingrad, il chargeait son collaborateur Sievers de retrouver dans le Jutland une vieille Danoise, seule au monde, lui avait-on assuré, à connaître encore les méthodes de tricot en usage chez les anciens Vikings[395]. En de pareilles questions, il ne lésinait ni avec le temps ni avec l'argent : dans tous les recoins de l'Europe occupée, dans la Russie à feu et à sang, et jusque dans le lointain Tibet, de coûteuses expéditions avaient mission de retrouver les traces des passages des tribus germaniques[396]. Parmi d'autres indices, la couleur des cheveux et des yeux lui paraissait particulièrement convaincante dans cet ordre d'idées : et un récit nous montre Himmler, complimentant le Grand Mufti de Jérusalem pour ses yeux bleus, cette preuve formelle d'une ascendance nordique. (C'était leur première rencontre : au cours du thé qu'il offrit à quelques chefs SS à cette occasion, les convives furent unanimes à déplorer que l'aveugle Histoire, en permettant au XVIIe siècle au Saint-Empire de triompher sur les Turcs, retarda d'autant l'écrasement définitif du christianisme enjuivé[397].)

À mesure que ses pouvoirs s'accroissaient (qu'on se souvienne qu'il devint ministre de l'Intérieur en août 1943, et, sur la fin, commandant en chef du front de l'Est) et que de nouvelles compétences passaient sous sa haute main, ses lubies trouvaient de nouveaux domaines pour s'exercer. C'est ainsi qu'en mars 1944 il communiquait aux services de météorologie du IIIe Reich cette information capitale : « ... Les racines ou oignons de la veilleuse des prairies s'enfoncent dans la terre à des profondeurs variables suivant les années. Plus elles s'enfoncent profondément, plus l'hiver sera rigoureux. Plus elles sont à la surface, plus l'hiver sera clément » ; et afin que nul doute ne puisse surgir dans l'esprit prosaïque des techniciens auxquels il s'adressait, il s'empressait de préciser : « Cette observation m'a été communiquée par le Führer[398]... »

Tout compte fait, il y a lieu de croire que c'est la médiocrité intellectuelle de Heinrich Himmler qui, lui déniant tout entendement pour la signification profonde de l'œuvre de destruction à laquelle son nom restera accouplé, constitue le facteur déterminant du flottement dont il fit preuve dans une question essentielle. En ce qui concerne la « solution finale », ce fidèle entre les fidèles fut en effet amené à ébaucher sa politique personnelle, diamétralement opposée à celle du Führer. Sans doute aussi, son réalisme terre à terre s'insurgeait-il contre les fonds et les énergies investis dans une industrie de la mort pure, sans aucune contrepartie économique... De naïfs calculs de sécurité personnelle sont-ils venus s'y mêler sur la fin ? Escomptait-il la grâce des vainqueurs, un adoucissement de son sort, croyait-il même pour l'avenir à un rôle à jouer ? Cet inquisiteur modèle a-t-il vraiment été tenté de trahir la foi jurée ? Certains de ses biographes l'ont pensé, et ainsi qu'on le verra, certaines de ses initiatives peuvent le faire supposer. Son activité des derniers mois était déroutante. Son entourage complotait ouvertement contre Hitler, son bras droit Walter Schellenberg le pressait de prendre le pouvoir : tiraillé de toutes parts, il laissait faire, prit même des contacts avec le comte Bernadotte — mais fut incapable de prendre une décision. Quelles étaient les pensées qui s'agitaient alors dans son âme ? Il est vrai que la complexité humaine peut aller de pair avec la bêtise — et, tout comme elle, être insondable.

RAYONS X ET CALADIUM SENGUINUM

Une « exploitation plus rationnelle » pouvait être envisagée de diverses manières. Faire travailler les Juifs jusqu'à l'épuisement, jusqu'à ce que la mort s'ensuive, c'est-à-dire les exterminer par le travail, en était, somme toute, une première forme, officielle celle-là, puisque approuvée par le Führer. en personne : et nous savons que Heydrich — le destructeur peut-être le plus conscient, parmi les hommes de premier plan — la préconisait de son côté.

Mais ce fut bien une idée himmlérienne que d'accorder à certains Juifs, étant données leurs capacités particulières, un traitement privilégié, en retardant ainsi l'immolation. Ainsi surgit un camp de concentration pour mathématiciens juifs, autrement dit, pour nous en tenir à la terminologie même du Reichsführer, « un centre d'études scientifiques, où les connaissances spécialisées de ces gens seront utilisées pour des opérations de calcul qui prennent du temps et exigent des cerveaux »[399]. Et dans le camp de Sachsenhausen quelques dizaines de Juifs mathématiciens, en pyjamas rayés comme cela se devait, mais abondamment pourvus d'abaques et de tables de logarithmes, se livraient à des calculs de trajectoires balistiques ou de prévision météorologique à longue échéance... Des Juifs dessinateurs, eux, étaient utilisés dans les camps d'Oranienburg et de Schlier en Autriche, en même temps que des graveurs et des lithographes, à la fabrication de fausses bank-notes anglaises et américaines et de faux documents et passeports ; l'entreprise était montée à grande échelle, plus de mille détenus y étaient occupés, et d'après un témoignage, rien qu'en monnaie britannique près de sept cent cinquante millions de fausses livres sterling y furent imprimées[400]. Mais de toute évidence le nombre de Juifs provisoirement épargnés de cette manière était très limité.

Par contre, ce fut un projet d'envergure que d'en arriver à une « solution finale » d'ensemble non pas au moyen d'une suppression physique sanglante et immédiate, mais par la voie de stérilisations ou de castrations massives, qui entraîneraient une extinction opératoire du peuple juif quelque peu différée, mais non moins certaine. L'admirable idée ! La castration, l'injure la pire qu'un homme est capable d'infliger à un autre, était bien de nature à éveiller des résonances profondes dans mainte âme hitlérienne, et à faire écho aux plus secrets refoulements ; le procédé même, avec son aspect d'intervention chirurgicale, permettrait de pallier les reproches de « manière non conforme à nos conceptions allemandes », élevés, nous l'avons vu, par maint témoin des massacres ; enfin, les Juifs châtrés fourniraient une armée de quelques millions de travailleurs définitivement inoffensifs et morts en puissance. Rien d'étonnant à ce que ce projet se soit frayé un chemin dans les cervelles les plus diverses, chez des médecins et chez des fonctionnaires, chez les hommes qui prenaient part à l'action d'extermination et chez d'autres qui n'avaient rien à voir avec elle.

Chez Himmler tout le premier, et avant même le déclenchement de la « solution finale » proprement dite. Dès janvier 1941, il songea à en faire étudier la réalisation pratique[(401)]. À cet effet, il ne s'adressa à nul autre que Victor Brack, ce haut fonctionnaire de la Chancellerie du Führer qui s'était acquitté si brillamment des problèmes posés par le « programme d'euthanasie ». Une amitié de vieille date liait d'ailleurs les deux hommes : le père de Brack avait été le médecin de la famille Himmler, et le jeune Brack, lors de son entrée dans les SS en 1931, lui avait servi de chauffeur particulier. Et deux mois plus tard, Brack était en mesure de lui soumettre son rapport :

AFFAIRE SECRÈTE

« *Aux personnes qui devront être définitivement stérilisées, il faudra appliquer un traitement aux rayons X, en sorte que la castration soit obtenue avec toutes ses conséquences... Le dosage peut être atteint de diverses manières, et le traitement peut s'effectuer sans que le sujet s'en aperçoive. Pour les hommes, le foyer d'irradiation doit posséder une puissance de 500 à 600 r, pour les femmes une puissance de 300 à 350 r. Dans la pratique, un moyen se présente : ce serait, par exemple, de convoquer les personnes à traiter devant un guichet et de leur y faire remplir un formulaire ou de leur poser des questions, pour les retenir ainsi pendant deux ou trois minutes. Le fonctionnaire assis derrière le guichet pourra régler l'appareil, et ceci de telle sorte qu'il tourne un robinet faisant fonctionner les deux tubes en même temps (l'irradiation devant être bilatérale). C'est ainsi qu'un dispositif comportant deux tubes parviendrait à stériliser 150 à 200 personnes par jour, et avec une vingtaine de ces dispositifs,*

3 000 à 4 000 personnes par jour. Les frais d'un tel dispositif s'élèveraient approximativement entre 20 000 et 30 000 marks par système de deux tubes. Il convient cependant d'y ajouter les frais de transformation d'un immeuble, étant donné qu'il faudrait prévoir des installations de sécurité assez importantes pour les fonctionnaires du service.

« En résumé, je puis dire que grâce à ce procédé, la technique et l'étude des rayons X permettent à l'heure actuelle d'entreprendre sans hésiter une stérilisation en masse. Il semble cependant impossible de soumettre les intéressés à ce traitement, sans que tôt ou tard ils puissent constater avec certitude qu'ils ont été stérilisés ou castrés au moyen de rayons X.

« Signé : BRACK. *»*[402]

Ce document était communément désigné, au cours des procès de Nuremberg, sous le titre de « document du guichet ». Qu'on ne croie surtout pas que l'auteur de ce Grand-Guignol administratif admettait qu'on le considérât comme un antisémite. Lors de son procès, Victor Brack affirma en effet qu'il était un homme modéré et sentimental, prompt à se pencher sur la souffrance de son prochain (d'où son engouement pour l'euthanasie) et que le document en question ne faisait que réfléter cette tendance ; que lui-même était, somme toute, un ami du genre humain en général et des Juifs en particulier. Ses avocats ainsi qu'un grand nombre de témoins — dont un ancien prix Nobel, le professeur Warburg — le confirmaient à qui mieux mieux. N'était-il pas question, « non pas d'exterminer les Juifs, mais, au contraire, de les protéger et de les sauver d'un destin terrible[403] » ? Victor Brack n'avait-il pas agi « comme un commandant en chef qui sacrifie quelques milliers de soldats afin d'en sauver des centaines de milliers » ? Et l'auteur du document du guichet de protester : « Toute ma vie je n'ai jamais fait qu'aider les Juifs : je ne les ai jamais haïs. » Si nous nous sommes étendus quelque peu sur le cas de Brack, c'est qu'il est instructif, après avoir parcouru l'interminable galerie des exterminations, de voir de quelle manière était fait un Nazi important réputé pour être un champion des Juifs…

Dès lors, les expériences de castration aux rayons X ne discontinuèrent plus dans les camps de concentration. Quelques mois plus tard, un petit médecin militaire, sans doute ambitieux de faire carrière, le docteur Pokorny, soumit au Reichsführer, « porté par la pensée que l'ennemi ne doit pas seulement être vaincu, mais également détruit », une autre suggestion : celle de faire appel aux propriétés singulières d'une plante du Brésil, le *Caladium senguinum*, dont le suc aurait le pouvoir de stériliser les organes reproducteurs de l'homme[404]. Cette suggestion fut également accueillie avec faveur, et à partir du début de 1942, en même temps que se déclenchait l'œuvre exterminatrice, les expériences se poursuivaient sur une échelle de plus en plus large. À Auschwitz et à Ravensbrück, le professeur Glauberg se livre à l'étude expérimentale de la stérilisation des femmes. Le procédé de Brack, celui du « guichet », est mis à l'épreuve à Auschwitz, tandis que les serres chaudes des horticultures SS sont mises à profit pour la culture intensive du *Caladium senguinum*. De Vienne, par l'intermédiaire du Gauleiter local, un groupe de médecins signale de son côté les propriétés admirables du *Caladium*, ainsi que « les perspectives ouvertes par la possibilité de la stérilisation d'un nombre illimité d'hommes en un laps de temps infime et par une voie aussi simple que possible[405] ». Himmler ordonne aux médecins viennois de se mettre en relations avec les expérimentateurs SS d'Auschwitz, et de travailler de concert avec eux. L'intérêt qu'il porte aux divers objets est inlassable, et il se hasarde même à faire des suggestions techniques. Ainsi, il fait écrire au professeur Glauberg : « Des expériences approfondies devraient être faites pour nous assurer de l'efficacité de la stérilisation, éventuellement par radiographie, en cherchant à établir, après un délai déterminé, quelles modifications sont survenues entretemps. De temps en temps, il faudrait aussi se livrer à une expérience pratique, en enfermant une Juive avec un Juif pour un laps de temps donné, et en voyant quels sont les résultats qui s'ensuivent[406]… » Signalons du reste que tous ces ambitieux projets ne visent pas les Juifs seuls, et envisagent d'emblée la castration de toutes les races dites inférieures. Ainsi, le docteur Pokorny suggère d'administrer le *Caladium* à trois millions de prisonniers de guerre, tandis que le groupe de Vienne rappelle que « l'arrêt de la prolifération des races inférieures fait partie des tâches les plus urgentes de la politique raciale allemande ». Mélanger quelques onces de drogue à la nourriture des populations subjuguées ne constituait évidemment pas une tâche impossible : encore fallait-il que celle-ci fût agissante. Heureusement peut-être pour maints peuples européens, les trois années dont les pionniers de la science SS bénéficièrent pour leurs manipulations ne leur suffirent pas pour obtenir des résultats probants. Le « système du guichet », si séduisant sur papier, se révéla inopérant à l'usage : « ... La preuve est faite qu'une castration de l'homme par cette voie est à peu près exclue, ou exige des frais et des efforts qui n'en valent pas la peine[407]... » écrivait en avril 1944 à Himmler l'un des assistants de Brack. En ce qui concerne le *Caladium senguinum* — à en croire un savant expert — si le principe en était infaillible, ce furent les horticulteurs SS qui faillirent à la tâche, en échouant à reconstituer dans leurs serres les conditions exigées pour le parfait épanouissement de ce redoutable arbuste tropical[408]. Et la « solution finale » acheva de se dérouler conformément à l'idée première, avant que puisse être découvert un procédé de castration massive, simple, efficace et bon marché. Seuls quelques cobayes humains, épaves tragiques dont certaines, sous le couvert de l'anonymat, ont fait devant les tribunaux de crimes de guerre des dépositions déchirantes, conservent dans leur chair les traces de l'une des grandes idées du Reichsführer Heinrich Himmler.

L'EUROPA-PLAN

Un rançonnement gigantesque et global de tous les Juifs encore en vie : tel fut un autre projet de leur exploitation plus rationnelle qui préoccupait nombre de SS haut placés, et séduisait fort le Reichsführer en personne. Ce projet, à l'inverse du précédent, connut un commencement d'exécution.

Ainsi que nous l'avons dit, c'est de bonne heure que Himmler permit à certains bureaux de la SS de conclure des arrangements individuels, autorisant en pleine guerre l'émigration des Juifs très riches moyennant des versements en devises fortes, dollars ou francs suisses, destinés en principe à l'équipement de la Waffen-SS. Le procédé était surtout appliqué aux Pays-Bas : la rançon était d'importance, de 5 000 à 10 000 dollars par personne ; aussi bien, seuls, une cinquantaine de Juifs hollandais purent en profiter[409]. À la fin de 1942, l'état-major de Himmler songea à étendre ces opérations à d'autres pays, et en particulier à la Slovaquie, d'où les déportations venaient d'être suspendues[410]. Ainsi se ménageait progressivement le terrain pour une transaction plus générale.

Il s'est trouvé que le délégué permanent du IV B 4 en Slovaquie, Dieter Wisliceny, bien qu'un des plus anciens compagnons d'Adolf Eichmann, s'écartait quelque peu du type classique du tortionnaire nazi. Cet ancien journaliste ne manquait pas d'une certaine culture, ni même d'un certain raffinement. Il avait tendance à exercer ses fonctions en dilettante, témoignait envers ses victimes d'une correction voulue, s'attachant du reste à la poursuite de ses intérêts et avantages personnels plutôt qu'à l'exécution scrupuleuse de sa mission, pour laquelle, tout compte fait, il semble n'avoir ressenti qu'un enthousiasme limité. Un personnage pareil était l'intermédiaire rêvé pour l'extension du procédé à l'ensemble de la collectivité juive. Mais l'idée première en revient à une Juive de Bratislava, Gisi Fleischmann, une femme au grand cœur et à l'énergie dévorante.

Puisque, moyennant rançon, les Juifs pouvaient échapper à leur destin en des cas isolés, pourquoi ne pas tenter de soustraire, par une seule et unique opération, portant s'il le fallait sur des sommes se chiffrant par millions, la totalité des Juifs à leur destin ? Gisi Fleischmann fit prendre des contacts avec Wisliceny, alertant en même temps, grâce à un système de courriers, l'American Jewish Joint, la puissante œuvre philanthropique juive. Recueillie sur place, une première somme de vingt-cinq mille dollars fut remise à Wisliceny : celui-ci se fit fort d'obtenir l'accord du Reichsführer pour ce que les négociateurs désignaient sous le mot-code de « Europa-Plan ». Inutile d'ajouter que les conversations et les sondages se poursuivaient dans le secret le plus absolu, la moindre indiscrétion étant grosse de conséquences. Il n'en est resté nulle trace parmi les archives de la SS. Par contre, les appels enflammés que Gisi Fleischmann adressait à l'étranger ont été conservés : en voici quelques extraits, qui nous permettent d'évoquer les espoirs qui animaient les cœurs, au sein de son petit groupe : « (24 mars 1943)... nos possibilités sont malheureusement limitées. Mais notre volonté tenace et inflexible d'arriver à nos fins nous donne la force et le courage de continuer dans cette voie. Nous devons nous efforcer avec nos forces conjointes d'atteindre notre but sacré » ; « (18 juin 1943)... je conclus ce rapport à un instant peut-être historique, car votre acceptation du projet ouvre des possibilités pour arrêter la terrible œuvre d'extermination. Si cette grande œuvre d'amour humain réussit, nous pourrons dire que nous n'aurons pas vécu en vain[411]... »

Il est caractéristique que Himmler hésita longuement avant de donner à Wisliceny des instructions précises. Sa première réaction paraît avoir été favorable : il semble bien qu'une émigration massive d'enfants figurait parmi les premières mesures envisagées. Mais Eichmann, solidement installé dans sa position-clef, s'efforçait de son mieux à torpiller un accord de cette nature ; il trouva un allié inattendu et influent en la personne du Grand Mufti de Jérusalem (réfugié en Allemagne depuis l'été 1941), qui veillait jalousement à ce qu'aucun Juif ne pût quitter vivant le continent européen[412]. D'autres SS importants, en premier lieu Walter Schellenberg, le chef du service de renseignements de la SS, s'efforçaient d'influencer Himmler en sens contraire : pendant de longs mois, sa réponse définitive se fit attendre.

Pendant ce temps, les déportations se poursuivaient, et les chambres à gaz continuaient leur œuvre. Sous cette première forme, le plan de Bratislava n'aboutit pas, et en 1944, Eichmann prit sa revanche, machinant la déportation et l'exécution de Gisi Fleischmann. Le projet fut repris à Budapest, lorsqu'en mars 1944 l'équipe du IV B 4 au grand complet y fit irruption dans l'arrière train des armées allemandes. Devant la catastrophe imminente, le journaliste Rudolf Kästner, qui avait été tenu au courant des pourparlers de Slovaquie, fit une tentative pour les renouveler : la présence de Wisliceny au sein de l'équipe qu'Eichmann avait emmenée à Budapest facilitait les choses.

La fortune des armes s'était entre-temps suffisamment inversée pour que Himmler manifestât cette fois-ci un intérêt résolu à l'égard de ces ouvertures. Il désigna un mandataire spécial pour poursuivre les entreprises : Kurt Becher, un officier d'intendance de la Waffen SS, s'était déjà signalé à son attention en négociant, moyennant de substantiels avantages économiques, la libération des propriétaires juifs du trust industriel hongrois Manfred Weiss. Ainsi, au cours de ce printemps 1944, des pourparlers en bonne et due forme s'engageaient enfin. Ayant réussi à son tour à se mettre en rapport avec les organisations juives d'outremer, Rudolf Kästner s'efforçait par tous les moyens de mettre l'émissaire de Himmler en relations directes avec leurs représentants. Une entrevue à Lisbonne fut envisagée, les contre-propositions de la SS étant : camions et médicaments à échanger contre les vies juives. L'affaire devait être traitée sur des bases strictement économiques, à l'exclusion de toute considération d'ordre humanitaire, celle-ci ne risquant que de faire avorter l'entreprise. Aventureuse partie : mais Kästner et ses amis se révélèrent bon psychologues, et les arguments qu'ils mettaient en avant étaient admirablement conçus pour faire impression sur des cervelles nazies. Les voici, du reste, tels qu'ils étaient résumés en une note soumise à Himmler en juillet 1944 :

« ... *Nous estimons qu'une prémisse indispensable pour les pourparlers de Lisbonne est constituée par l'arrêt des déportations de Hongrie, qui seraient remplacées, une fois l'accord intervenu, par une émigration ordonnée des derniers restes juifs de Hongrie.*

« *Nous insistons à nouveau de la manière la plus pressante pour que les Juifs déjà déportés de Hongrie soient préservés de la destruction totale ou partielle de leur substance, puisque les personnes aptes au travail représentent de ce fait une valeur réelle pour l'économie allemande, tandis que les personnes inaptes, qui doivent être échangées en premier lieu, représentent une valeur latente et rapidement réalisable.*

« *À ce propos, nous rappelons que lors de nos derniers pourparlers, il a été établi que la signification de nos accords n'est pas seulement d'ordre financier. La contre-valeur à verser par nous, et notamment les camions, signifie en effet une économie de sang allemand. De cette manière, en contrepartie aux vies juives, vous réalisez indirectement une économie de vies allemandes. Une détérioration de la substance juive qui se trouve entre vos mains serait dans ces conditions, nous semble-t-il, une fausse manœuvre et une atteinte à votre propre substance nationale*[(413)]... »

Il est certain qu'en ce qui le concernait, Himmler était désormais entièrement acquis à « l'Europa-Plan ». Mais il se garda bien d'en rendre compte au Führer, et manœuvrait avec une prudence extrême. Un adjoint de Kästner, Joël Brandt, reçut la possibilité de se rendre à Stamboul et, de là, au Caire, afin d'activer les pourparlers : la déportation de Juifs de Budapest fut retardée, et n'eut finalement jamais lieu : de petits groupes de Juifs hongrois, 3000 en novembre 1944, 1200 en février 1945, furent convoyés jusqu'à la frontière suisse et libérés, ce geste signifiant un « témoignage de bonne volonté ». C'est en réalité du côté des Alliés que surgirent les obstacles. Joël Brandt fut interné par les autorités britanniques, sans avoir eu la possibilité d'accomplir sa mission ; et le State Department interdit au docteur Schwartz, le directeur de l'American Joint, de traiter avec des sujets ennemis. Ce n'est qu'à grand-peine, grâce à l'intervention de différents négociateurs et intermédiaires suisses ou suédois, que ces pourparlers excessivement compliqués connurent un semblant de continuation ; condition suffisante, toutefois, pour que, sur le fond de la rapide évolution de la situation militaire, ils incitassent le Reichsführer SS à des concessions toujours nouvelles. C'est que le succès du débarquement allié paraît avoir déclenché chez lui un véritable revirement. Dès lors, non content d'agir à l'insu du Führer, il en arrive à ne plus tenir compte de sa volonté expresse. En octobre 1944, toujours à l'insu de Hitler, il ordonne l'arrêt des exterminations systématiques, et à la fin de l'année, il consent à poursuivre les pourparlers sur une base non plus économique, mais « humanitaire ». Et le Himmler transfiguré de 1945, ce parfait inconscient qui, s'apprêtant à faire sa reddition, s'interrogeait s'il devait ou non serrer la main du général Eisenhower[414], invite en mars un représentant du Congrès juif mondial à le rencontrer, évoquant à ce propos son « activité bienfaisante » d'avant-guerre en faveur de l'émigration des Juifs, activité à laquelle « la guerre et la déraison des hommes » auraient seules mis un terme »[415]… Quelques jours auparavant, il avait ordonné au général Pohl, le chef suprême de tous les camps de concentration, de se rendre, toutes affaires cessantes, dans les principaux camps, afin de faire accorder aux Juifs encore en vie un traitement préférentiel[416]. Le 5 avril, il nomme Kurt Becher commissaire spécial du Reich pour les camps de concentration, et l'autorise à faire interrompre l'évacuation des camps, ainsi qu'à les faire remettre, le cas échéant, entre les mains des autorités alliées[417]. Ces missions de Pohl et de Becher, bien que handicapées par l'anarchie qui convulsait déjà le IIIᵉ Reich, permirent d'éviter maints massacres de dernière heure, et même l'inlassable docteur Kästner, endossant un uniforme SS, put, au cours d'une folle randonnée à travers le chaos de la fin, sauver plusieurs centaines de survivants.

Se conjuguant avec les conceptions particulières de Heinrich Himmler, tels furent les résultats des efforts désespérés entrepris par une poignée de Juifs et de missionnaires neutres, afin de freiner le déroulement de l'œuvre exterminatrice. Il importe d'indiquer que, dans les lignes qui précèdent, nous nous en sommes tenus à la trame centrale de « l'Europa-Plan », négociation excessivement complexe, traversée par mille intrigues, et dans laquelle bien d'autres acteurs, pour ne citer que le comte Bernadotte, ou Cari Burckhardt, président de la Croix-Rouge internationale, jouèrent un rôle de premier plan. Mais un fil direct relie l'initiative prise en 1943 par Gisi Fleischmann aux événements d'avril-mai 1945 ; en fin de compte, la « grande œuvre d'amour humain », amorcée par la Juive inconnue de Bratislava, a protégé les vies de milliers de déportés de toute catégorie et de toute nationalité, et a permis d'éviter le pire, lors de la liquidation de l'univers concentrationnaire allemand.

*

Tout comme on ne pourra jamais connaître avec précision le nombre exact des victimes du génocide, il sera impossible d'évaluer le nombre de vies humaines sauvées grâce à « l'Europa-Plan ». Quelques milliers de Juifs autorisés à se rendre en Suisse ou au Portugal : quelques dizaines de milliers d'autres auxquels, à Budapest, la déportation fut épargnée : les survivants, enfin, des camps de concentration, Juifs et Aryens, préservés de l'extermination à l'époque où les derniers tableaux de la « Götterdämmerung » hitlérienne se jouaient à Berlin, tel en est le bilan approximatif. Dans ces conditions le problème se pose de savoir dans quelle mesure les réticences des chancelleries et du haut commandement allié ne supportent pas leur part de responsabilité dans l'échec partiel de « l'Europa-Plan ». Cette question, elle aussi, mérite un examen rapide.

Il est certain qu'à première vue les raisons des autorités alliées paraissent parfaitement valables et logiques. C'est un principe absolu en temps de guerre, que rien ne doit être entrepris qui puisse favoriser le potentiel de guerre ennemi. Livraisons de camions ou de médicaments à l'ennemi, déblocage de fonds en territoire contrôlé par lui, l'avantageaient indubitablement ; le simple fait d'entrer en négociations avec les Nazis, même indirectement ou par personnes interposées, aurait constitué une transgression des principes hautement proclamés à Casablanca et à Téhéran. Et l'une des conditions suggérées par les négociateurs SS : « que ces camions ne seraient pas utilisés sur le front de l'Ouest », n'avait-elle pas de toute évidence le but de semer la discorde entre les Alliés ? On peut dire aussi que la dépravation totale du système nazi et de ses hommes, qui se manifestait justement avec le plus de netteté lors du déferlement du génocide, les disqualifiait en tant que partenaires d'une négociation même partielle, puisque les mettant au ban de l'humanité.

D'autres négociations de cette espèce eurent lieu cependant, et furent menées à bien. Ainsi, celles relatives aux grands blessés de guerre, qui au cours des hostilités furent échangés à plusieurs reprises entre la Grande-Bretagne et le IIIᵉ Reich. Il en fut de même en ce qui concernait les internés civils. C'est que, et quelle qu'ait été la sauvagerie du conflit, certains grands accords internationaux, tels que la Convention de Genève sur les prisonniers de guerre, restèrent en vigueur tout au long des hostilités, sans jamais être dénoncés. Les Juifs des pays conquis n'étaient pas protégés par ces textes : ainsi que nous l'avons déjà noté, seuls ceux qui appartenaient à une nation belligérante ou neutre échappaient au sort commun. De cette manière, et « fondés en droit », les Allemands avaient beau jeu de refuser aux délégués de la Croix-Rouge internationale ou aux missions neutres l'accès des camps de concentration. Signalons à ce propos que lorsqu'en 1939, dès la déclaration de la guerre, le Comité de la Croix-Rouge proposa aux belligérants d'étendre aux populations civiles, « sans distinction de race, de confession ou d'opinions politiques », le bénéfice de la Convention de Genève, ce fut — par une très cruelle ironie — la Grande-Bretagne qui manifesta le plus de réticence à l'égard d'un projet que le IIIᵉ Reich, à l'époque, « se déclarait prêt à discuter[1] » (Certes, eût-il même

1. Par sa lettre circulaire du 4 septembre 1939, le Comité international de la Croix-Rouge proposait aux belligérants, entre autres, « … l'adoption anticipée et au moins provisoire, pour le seul conflit actuel et pour sa seule durée, des dispositions du projet de Convention sus-mentionné… » (Il s'agissait du projet dit « de Tokio » étendant aux civils les bénéfices de la Convention de Genève.)

Par lettre du 30 novembre 1939, le ministère des Affaires étrangères du Reich confirmait que, « du côté allemand, on estimait que le « projet de Tokio » pourrait servir de base à la conclusion d'un accord international sur le traitement et la protection des civils se trouvant en territoire ennemi ou occupé »…

Le 23 novembre 1939, le gouvernement de la IIIᵉ République écrivait : « Le gouvernement français reconnaît pleinement l'intérêt… du projet dit de Tokio.

été accepté, un pareil texte n'aurait pas empêché les Nazis d'y passer outre : mais la question se serait trouvée placée sur un nouveau terrain, mettant à la disposition de la Croix-Rouge, des neutres et des Alliés de meilleurs moyens d'action. Le privilège dont bénéficièrent jusqu'à la fin les prisonniers de guerre juifs est à cet égard bien significatif.) Dès lors n'eût-il pas fallu, dans le camp allié, faire un puissant effort d'imagination, afin de tenter de mettre un terme à l'agonie des premières victimes désignées de l'ennemi ? Rien de pareil ne fut fait, ou trop peu et trop tard : un organisme spécialement créé dans ce but par le président Roosevelt, le « War Refugees Board », ne surgit qu'en 1944, et son activité fut ligotée jusqu'à la fin par de mesquines entraves administratives. Le gouvernement britannique poursuivait sa politique palestinienne (celle du « Livre Blanc » de 1939) avec une obstination implacable, et rejetait systématiquement dans la mer les quelques rares bateaux transportant des réfugiés échappés à l'enfer hitlérien. Des accusations sévères, venant parfois de bouches très autorisées, furent élevées à ce propos contre les chancelleries alliées, et un témoin tel que M. Morgenthau, secrétaire au Trésor du cabinet américain, a pu parler de « combinaison satanique d'ambiguïté et de glaciale froideur britanniques, équivalant à une sentence de mort[418] ». Le même Morgenthau accusait, dans un document officiel, les hauts fonctionnaires du State Department :

« 1° D'avoir entièrement échoué à empêcher l'extermination des Juifs dans l'Europe contrôlée par les Allemands.

Il estime, cependant, que le texte dont il s'agit nécessiterait encore une étude attentive... qui risquerait de demander un assez long délai et de retarder d'autant la solution des problèmes... »

Quant au gouvernement britannique, ce n'est que le 30 avril 1940 qu'il donnait une réponse à la lettre-circulaire, indiquant qu'il préférait avoir recours à un accord bilatéral avec le gouvernement du IIIe Reich. (Cf. Comité international de la Croix-Rouge ; documents sur l'activité du Comité en faveur des civils détenus dans les camps de concentration d'Allemagne, Genève, 1946.)

« 2° *D'avoir camouflé leur mauvaise volonté par la constitution d'organisations factices, telles que les organisations intergouvernementales pour contrôler le problème des réfugiés.*

« 3° *D'avoir supprimé pendant deux mois les rapports adressés au State Department sur les atrocités allemandes, après que la publication de rapports analogues eut intensifié la pression de l'opinion publique*[419]. »

Quant à des moyens d'action plus puissants, telles de vastes mesures de représailles, que la suprématie aérienne des Alliés rendait possibles, ils ne furent jamais envisagés. Et le bombardement des usines de la mort — opération militairement facile, qui aurait déréglé le processus exterminatoire et qui aurait été grosse d'effets psychologiques — bien que maintes fois réclamé par les organisations juives, leur fut toujours refusé.

Divers auteurs, des historiens juifs en particulier, en commentant la somme de toutes ces carences, ont ouvertement parlé d'antisémitisme systématique : une phrase terrible a été citée, venant de la bouche d'un homme d'État allié à l'époque où, au printemps 1944, des diplomates allemands avaient lancé le bruit d'un prochain refoulement massif des Juifs sur un territoire allié ou neutre[1] :

1. Il semble qu'il s'est agi d'une idée de Ribbentrop, née dans son esprit à l'époque où, à la veille du débarquement allié en Normandie, la propagande allemande se livrait à diverses manœuvres psychologiques.
Cf. le rapport de Veesenmayer, ambassadeur allemand à Budapest, à son gouvernement, en date du 3 avril 1944 : « La réaction de la population de Budapest aux deux attaques aériennes amenait dans de nombreux milieux une recrudescence de l'antisémitisme. Hier, des tracts furent distribués, qui réclamaient la vie de cent Juifs pour chaque Hongrois tué… Je n'aurais aucun scrupule à faire fusiller dix Juifs judicieusement choisis pour chaque Hongrois tué… J'avais du reste l'impression que le gouvernement (hongrois) serait prêt à mettre à exécution pareille mesure, et de son propre chef. D'autre part, une telle action, si elle est engagée, doit être exécutée sans faiblesse. Pour tenir compte des propositions faites au Führer par M. le ministre des Affaires étrangères, concernant la possibilité d'offrir tous les Juifs en cadeau à Churchill et à Roosevelt, je vous prie de bien vouloir me faire savoir si cette idée est toujours retenue, ou si je puis commencer avec lesdites représailles après la prochaine attaque. »

« Mais où allons-nous les mettre[1] ? » Sans doute un tel facteur peut-il expliquer maintes réticences ; mais peut-être n'est-il pas nécessaire de chercher dans une hostilité consciente la raison essentielle de l'inactivité presque totale du monde en face du martyrologe juif. Plutôt s'agissait-il d'un état de choses établi ; et l'absence de textes ou de conventions protégeant les Juifs ne faisait que consacrer leur faiblesse séculaire. Si leurs souffrances ne trouvaient pas d'écho, c'est que le monde prenait facilement son parti de leurs plaintes. Et ils n'avaient rien d'autre à jeter dans la balance. La situation d'un peuple sans patrie, dont l'impuissance même, à travers les âges, a toujours été comme une provocation au massacre, fut à la vérité la raison majeure d'une impunité de fait dont les Nazis se sentaient bien le bénéfice assuré. Dans un rapport allemand sur les races dites « inférieures », dont il sera question au chapitre suivant, son auteur, le docteur Wetzel, parlant de l'avenir de la Pologne, laisse tomber les mots suivants, lourds de sens : « Il est évident que la question polonaise ne saurait être résolue par simple liquidation des Polonais, comme c'est le cas pour les Juifs. Une telle solution de la question polonaise pèserait lourdement sur la renommée du peuple allemand bien loin dans l'avenir, annihilerait toutes les sympathies à son égard et induirait les autres peuples à se demander si, en temps voulu, ils n'auraient pas à subir un traitement analogue[(420)]... » Et, à l'époque où l'extermination battait son plein, c'est à bon droit que Gœbbels pouvait accompagner l'agonie des Juifs de ses sarcasmes :

« Quelle sera la solution de la question juive, créera-t-on un jour un État juif dans un territoire quelconque ? On le saura plus tard. Mais il est curieux de constater que les pays dont l'opinion publique s'élève en faveur des Juifs refusent toujours de les accueillir. Ils disent que ce sont les pionniers de la civilisation, des génies de

---

1. L'authenticité de cette phrase, dont les termes nous ont été confirmés par une source très autorisée, ne laisse la place au moindre doute. Son auteur était un homme d'État britannique universellement connu.

la philosophie et de la création artistique, mais lorsqu'on veut leur faire accepter ces génies, ils ferment leurs frontières : « Non, non ! Nous n'en voulons pas ! » C'est, il me semble, un exemple unique dans l'histoire mondiale, qu'on se refuse à accueillir des génies » (mars 1943)[421].

Chapitre VIII

Les grands desseins Nazis

Nous allons sortir maintenant de l'atmosphère de haine pure, de la destruction comme fin en soi, et, quittant la démente ambiance des industries de la mort, entrer dans un domaine où les intentions et les actes des dirigeants nazis, aussi implacables, aussi féroces qu'ils aient été, revêtent à première vue un aspect moins déconcertant. Ils ne sont plus sans précédent : ils paraissent faire écho aux entreprises des grands conquérants à travers les âges, poussées en l'espèce, il est vrai, à leurs conséquences les plus extrêmes. Il s'agit du sort réservé par le IIIᵉ Reich aux peuples asservis, aux races dites « inférieures » : projets qui, bien qu'ils ne dussent connaître leur plein accomplissement qu'après la victoire, étaient déjà mis à exécution avec une hâte fébrile, à mesure que l'emprise allemande s'étendait sur l'Europe.

Si, dans l'eschatologie nazie, le Juif occupait la place de Satan, le non-germain en général, le « sous-homme », démuni de tout attribut sacré, était délibérément rangé parmi les catégories du monde animal, et considéré tout au mieux (suivant une définition courante) comme « une forme de transition entre l'animal et l'homme nordique ». À l'égard du Pololonais, du Tchèque ou du Français, le souffle de haine paraît donc absent, qui aurait poussé à décréter l'extermination de cette bête de somme par ailleurs si utile, appelée à jouer son rôle dans l'édification du IIIᵉ Reich millénaire. Les mesures de persécution, en ce qui le concerne, sont motivées tout autrement. Il s'agit dans ce cas de considérations économiques et démographiques qui, s'insérant dans le cadre d'un plan impérialiste, visent à assurer la primauté permanente et certaine de la race germanique ; il est question de courbes de natalité et d'indices de reproduction, de la prolifération menaçante des Slaves, de la saignée occasionnée par la guerre parmi les Allemands... Et cependant, partant d'un point de vue apparemment plus rationnel, et faisant appel à des techniques plus subtiles, les Nazis tendaient, ainsi qu'on le verra, au même but, celui de la suppression physique des autres peuples : le même terme de génocide s'y applique, même s'il s'est parfois agi en l'espèce d'un génocide « à retardement », plus insidieux et plus lent. Derrière les nuances de terminologie et de méthodes, on retrouve en fin de compte l'identité des faits ; derrière les superstructures et les rationalisations, on retrouve le même déferlement homicide, et les mêmes fleuves de sang. Du coup, en embrassant l'ensemble, on aperçoit mieux la vraie signification de l'extermination totale des Juifs, signe avant-coureur d'holocaustes plus vastes et plus généralisés. En fait, une fois déclenchée la « solution finale », les barrières mentales sont rompues, et le précédent psychologique créé : éprouvés aussi de leur côté, les procédés techniques. Aussi bien, on aurait pu conclure, par un simple raisonnement inductif, qu'une entreprise aussi démente ne pouvait s'arrêter à mi-chemin, et que, si seulement la fortune des armes en eût laissé le temps aux Nazis, elle aurait, par la seule force de sa logique interne, happé d'autres peuples et d'autres races dans son engrenage implacable. Car « le racisme est comme la maladie de la rage : nul ne peut savoir d'avance sur qui l'adorateur de son propre sang déchargera la fureur qui le tourmente[1] ».

Rien n'est aussi oiseux que la tentative de préfigurer des événements qui n'eurent jamais lieu, et l'hégémonie allemande sur l'Europe fut de trop courte durée pour que ces destins menaçants aient eu le temps de s'accomplir. Mais en cinq années de guerre,

1. J. Billig, *L'Allemagne et le génocide*, Éditions du Centre, Paris, 1949.

la courbe d'un génocide plus généralisé se dessinait avec assez de netteté déjà pour qu'on puisse, sans quitter le terrain de l'Histoire pure, évoquer également le sort des sous-hommes qui n'étaient pas nés Juifs. À leur égard, deux procédés sont appliqués simultanément, avec une ampleur variant suivant les régions géographiques : une extermination directe partielle, caractéristique surtout pour l'URSS, et un ensemble de mesures plus circonspectes, plus cauteleuses, en vue d'une extinction.

L'EXTERMINATION DIRECTE

Les Tziganes.

L'obsession raciste fit prononcer aux dirigeants hitlériens la deuxième condamnation collective d'un peuple en son entier, avant même d'en avoir terminé avec leur première victime désignée. Il est vrai qu'il s'agissait d'un peuple lui aussi dispersé et errant, peu nombreux, ne comptant que quelques centaines de milliers d'âmes : les Tziganes.

Dès avant la guerre, le gauleiter de la province de Styrie, en Autriche, réclamait « une solution national-socialiste de la question tzigane », et la justifiait comme suit : « Pour des raisons de santé publique et, en particulier, parce que les Tziganes ont une hérédité notoirement chargée, que ce sont des criminels invétérés qui constituent des parasites au sein de notre peuple et qu'ils ne sauraient qu'y produire des dommages immenses, mettant en grand péril la pureté du sang de la paysannerie et son genre de vie, il convient en premier lieu de veiller à les empêcher de se reproduire et de les contraindre au travail forcé dans des camps de travail, sans les empêcher cependant de choisir l'émigration volontaire vers l'étranger[422]... »

On voit que certains des arguments mis en avant, ainsi que les solutions proposées, ne diffèrent pas sensiblement de ceux utilisés pour les Juifs. Toutefois, l'essence tzigane ne pouvant être élevée à la hauteur d'un mythe, c'est l'épithète de « peuple asocial » qui motiva en définitive leur arrêt de mort.

Rares sont les documents qui permettraient de reconstituer le déroulement d'ensemble de l'extermination des Tziganes. Un texte du 10 mars 1944 nous apprend que tous les Tziganes du Reich (de même que les Juifs) avaient déjà été évacués à cette date : il s'agit d'une circulaire de Himmler, ordonnant la suppression de tous les avertissements et les interdictions placardés à leur intention, désormais devenus sans objet[423]... D'autre part, les statistiques manquent, pour pouvoir chiffrer même approximativement le nombre des Tziganes qui, à la veille de la guerre, parcouraient les campagnes de l'Europe (aux environs de 1900, on les évaluait à 1 million)[424]. C'est en Hongrie, dans les Balkans, ainsi qu'en URSS, qu'ils étaient particulièrement nombreux. Ainsi donc, on ignore le chiffre total des victimes, ainsi que la proportion des survivants. Les Tziganes de l'Allemagne proprement dite, au nombre de 30 000 environs, furent en majeure partie déportés à Auschwitz, où ils furent exterminés dans le courant de l'année 1944, ainsi que nous l'avons indiqué plus haut[1]. Dans l'URSS envahie, les « groupes d'action » furent chargés de la tâche, l'extermination se poursuivant aux mêmes époques et de la même manière qu'en ce qui concerne les Juifs. Ainsi, en Crimée, dans la seule région de Simferopol, plus de 800 Tziganes furent tués dans la banlieue de la ville, le 24 décembre 1941, le soir de la Nativité[425]. En Croatie, les Oustachis de Pavelitch furent les principaux auteurs des massacres des Tziganes, et la Commission d'enquête du gouvernement yougoslave évalua à 28 000 le nombre des victimes[426].

Au total, probablement furent-ils 200 000 au moins à succomber aux massacres nazis. Le Tribunal de Nuremberg, jugeant les hommes des « groupes d'action », a inclus dans son jugement quelques phrases empreintes d'une sagesse mélancolique, qu'il dédia au petit peuple errant, inspirateur de tant de poètes et de musiciens :

1. Cf. p. 271.

« Les « groupes d'action » reçurent, en outre, l'instruction de fusiller les Tziganes. Aucune explication ne fut donnée quant à la raison pour laquelle ce peuple inoffensif, qui au cours des siècles, a donné au monde sa part de richesse en musique et en chansons, devait être chassé comme un gibier sauvage. Pittoresques de vêtements et de mœurs, ils ont amusé et diverti la société, et l'ont parfois ennuyée par leur indolence. Mais personne ne les a condamnés comme une menace mortelle envers la société organisée, c'est-à-dire personne excepté le national-socialisme qui, par la voix de Hitler, Himmler et Heydrich, ordonna leur liquidation ! »

Les Russes.

Nous allons aborder maintenant un domaine plus complexe, où les réalisations ne font que s'amorcer, où les projets même n'ont pas encore pris définitivement corps. Ceux-ci étaient élaborés par des experts, de graves professeurs d'université, dont les avis d'ailleurs se heurtaient parfois. Ainsi le professeur Abel (un ancien assistant de l'anthropologue Eugen Fischer), l'expert désigné par la Wehrmacht pour étudier la composition raciale du peuple russe, préconisait l'extermination totale des Russes ; le docteur Wetzel, l'expert attaché au ministère des Territoires occupés de l'Est, trouvait cette solution peu pratique et objectait, dans un mémorandum dont nous aurons l'occasion de citer d'autres extraits :

« La proposition d'Abel, visant à la liquidation complète des Russes, ne peut être retenue pour des raisons politiques et économiques, sans parler de l'impossibilité de sa réalisation pratique. Une annihilation biologique complète de la substance russe ne peut être dans notre intérêt, tant que nous ne serons pas nous-mêmes en état de combler l'espace par nos hommes. Dans ces conditions, il faut emprunter d'autres voies, qui mènent à la solution du problème. Nous essaierons de les indiquer ici[427]... »

La solution provisoirement adoptée, purement empirique, fut celle définie par le Führer lui-même, lorsque, à propos de la guerre de partisans qui venait d'être déclenchée en URSS, il s'exclamait : « Cette guerre de partisans présente ses avantages, puisqu'elle nous donne la possibilité d'exterminer tous ceux qui s'opposent à nous !(428) » Et c'est sous le couvert de la lutte antipartisane que se perpétraient les innombrables massacres systématiques à l'arrière du front, à propos desquels on retrouve dans un rapport du Reichskommissar Lohse la réflexion suivante : « ... Brûler dans des granges hommes, femmes et enfants ne me semble pas une méthode adéquate de lutte contre les partisans, même si l'on désire exterminer la population. Cette méthode est indigne de la cause allemande et nuit considérablement à notre prestige(429). » (C'est ainsi que réapparaît un raisonnement caractéristique que nous avons déjà, à propos des Juifs, rencontré à maintes reprises.) Les ordres de Keitel relatifs à la lutte contre les partisans indiquaient que « dans cette lutte, les troupes ont le droit et le devoir de procéder par tous les moyens, même à l'encontre des femmes et des enfants... aucun Allemand participant aux opérations militaires ne doit être sujet à des poursuites disciplinaires ou judiciaires à cause de sa conduite pendant le combat(430) ». Ces dispositions s'appliquaient à la Wehrmacht tout entière, de même que cette admonestation adressée aux soldats : « Il faut avoir en vue que dans ce pays la vie humaine ne possède le plus souvent aucune valeur...(431) »

L'extermination systématique des prisonniers de guerre dans les camps concourait au même but. Dans une lettre personnelle adressée à Keitel, Alfred Rosenberg se plaignait de « l'incompréhension politique » témoignée par la Wehrmacht en ce domaine ; le document, empreint d'un humour macabre, nous donne quelques précisions sur la manière dont se poursuivaient les exécutions massives des prisonniers :

« ... Il convient enfin de mentionner les exécutions des prisonniers de guerre par fusillade ; celles-ci sont parfois pratiquées

selon des principes dépourvus de toute compréhension politique. Ainsi, par exemple, les Asiatiques ont été fusillés, dans un certain nombre de camps, bien que ce soient précisément les habitants de la Transcaucasie et du Turkestan, territoires asiatiques, qui comptent les populations de l'Union Soviétique les plus violemment hostiles à l'oppression russe et au bolchévisme. Le ministère pour les Territoires occupés de l'Est a attiré à maintes reprises l'attention sur cette situation déplorable. Néanmoins, en novembre dernier encore, un commando a fait son apparition dans un camp de prisonniers près de Nicolaïev, et a voulu liquider les Asiatiques. Le traitement des prisonniers de guerre semble reposer sur des conceptions totalement erronées au sujet des peuplades de l'Union Soviétique. La plus répandue de ces conceptions est que les peuples deviennent de moins en moins civilisés à mesure que l'on pousse vers l'Est. Si donc on soumet déjà les Polonais à un traitement sévère, on semble estimer que les Ukrainiens, les Blancs-Russiens, les Russes et enfin les Asiatiques devront être soumis à un traitement bien plus sévère encore[432]*... »*

Les hommes de la SS étaient les principaux auteurs de ces massacres : qu'il s'agissait de l'application d'un plan systématique et préconçu, visant à opérer des ponctions sanglantes au sein de la population, ressort entre autres d'un discours de Himmler, qui, à la veille de l'attaque déclenchée contre l'URSS, avait proclamé devant un groupe de généraux SS que l'un des buts de la campagne était de diminuer la population slave de 30 millions d'individus[433]. Dans un autre discours, prononcé en automne 1943, sa pensée, formulée d'une manière quelque peu différente, se précise : « De deux choses l'une : ou nous gagnons pour nous le sang précieux dont nous profitons et que nous nous intégrons, ou bien, messieurs — vous pouvez trouver cela cruel, mais la nature est cruelle — nous anéantissons ce sang. Nous ne pouvons répondre ni devant nos fils ni devant nos ancêtres de laisser ce sang de l'autre côté, donnant ainsi à l'adversaire des chefs et des dirigeants de talent[434]... » La théorie voulait, en effet, que, l'homme nordique étant le seul à posséder des capacités de chef, toutes les classes dirigeantes des pays européens devaient nécessairement comporter quelque ascendance germanique ; et au cours de ce même discours, Himmler s'évertuait à démontrer que parmi les généraux de l'armée polonaise de 1939, seuls ceux ayant quelque ancêtre allemand avaient su résister convenablement[1]...

Les Polonais et les Tchèques.

Ainsi, c'est aux élites que s'appliquait en premier lieu l'extermination directe des races inférieures. « Ou nous gagnons pour nous le sang précieux, ou nous anéantissons ce sang » ; seuls les Quislings étaient épargnés par le second terme de l'alternative de la proposition himmlérienne. C'est en Pologne que cette politique fut poursuivie de la manière la plus systématique. Dès le printemps de 1940, le gouverneur général Frank faisait part à ses collaborateurs des instructions qu'il avait reçues de Hitler : « Le Führer m'a dit : Ce que nous avons maintenant reconnu en Pologne comme élite doit être liquidé ; nous devons veiller sur les germes qui repoussent, pour les éliminer à nouveau en temps utile... » Et de continuer, dans le même style et avec le même cynisme, avec le même souci aussi du bien-être des bourreaux allemands, dont nous avons fourni déjà des échantillons innombrables :

Nous n'avons pas besoin pour commencer de traîner ces éléments dans les camps de concentration du Reich, car alors nous n'aurions que des tracas et une correspondance inutile avec les familles ; nous liquidons l'affaire dans le pays même. Et nous le faisons de la façon la plus simple. Messieurs, nous ne sommes pas des assassins. Pour un policier et un membre de la SS obligé par son service officiel de procéder aux exécutions, la tâche est

---

1. Himmler citait en particulier le général Rommel, l'un des défenseurs de Varsovie, ainsi que l'amiral Unruh, commandant de la base de Hela. Il y ajoutait le général Thomé (le défenseur de Modlin), « de souche huguenote ».

terrible. Nous pouvons facilement signer des centaines de condam-
nations à mort : mais en chargeant de leur exécution des hommes
allemands, de corrects soldats allemands, nos camarades, nous
leur imposons un fardeau terrible... Aussi bien, chaque policier,
chaque SS-Führer qui a l'obligation d'exécuter un jugement, doit
avoir la certitude à cent pour cent qu'il agit en accomplissant un
verdict de la nation allemande. C'est pourquoi doit avoir lieu une
forme sommaire de cour martiale[435]*... »*

C'est ainsi que se déclenchèrent les exécutions en masse des
intellectuels et des officiers polonais, désignées sous le mot-code
de « A-B Aktion » et dont, rien qu'en ce qui concerne les victimes
identifiées dans les fosses communes, il a été dénombré après
guerre plus de 35 000 cas[436]. Rappelons que le gouvernement
polonais estimait à près de 3 millions le nombre total de pertes
subies par la population non juive de 1939 à 1945.

On trouve dans un document datant d'octobre 1940 l'essentiel
des instructions données par le Führer en vue de « résoudre la
question tchèque ». Le programme tient en peu de mots :

« Germanisation de l'espace Bohême-Moravie par la germanisation des Tchèques, c'est-à-dire par leur assimilation. Cette
dernière serait possible pour la majeure partie du peuple tchèque.
Il faut excepter de l'assimilation les Tchèques contre lesquels il y
aurait des objections raciales ou qui auraient eu une attitude anti-
allemande. Cette catégorie doit être exterminée[437]. »

Nous voyons réapparaître ainsi la discrimination entre les
éléments « assimilables » ou « germanisables » d'un peuple et
ceux qui, ne l'étant point, étaient voués à l'extermination. C'est
à l'exemple des travailleurs étrangers importés en Allemagne par
millions, que l'on peut voir avec le plus de netteté comment cette
discrimination pouvait jouer en pratique.

Les « travailleurs de l'Est ».

La condition des plus de cinq millions de « travailleurs étrangers » concentrés dans le Reich variait singulièrement suivant leur pays d'origine. Ceux en provenance des régions à l'Est, les « Ostarbeiter » — les plus nombreux — étaient aussi les plus défavorisés. En ce qui concerne les Russes et les Polonais, ils étaient soumis à la seule autorité des SS, depuis que le ministère de la Justice du Reich s'était dessaisi de lui-même de toute compétence à leur égard. (Dans une lettre à Bormann, Thierack, ministre de la Justice, donnait les raisons de sa décision : « Je me fonde ce faisant sur la constatation que la justice ne peut contribuer que dans une faible mesure à l'extermination de ces peuples. Certes, la justice prononce des condamnations très sévères contre ces ressortissants, mais cela ne suffit pas[438]... »

Le moindre délit d'un travailleur de l'Est entraînait par conséquent son internement immédiat dans un camp de concentration. Or, il s'agissait d'hommes soumis à un régime de célibat forcé : rien d'étonnant qu'en l'espèce, le manquement à la loi le plus courant consistât dans les relations sexuelles avec une femme allemande, c'est-à-dire dans le crime de « souillure de race ». C'est alors qu'entraient en jeu une section du commissariat de Raffermissement du Germanisme (qui, ne l'oublions pas, était un organe SS) : « l'Office pour la Race et la Colonisation[1] » (en abrégé : RuSHA) et ses redoutables « contrôleurs raciaux ».

Parmi les bureaux et comités de tout ordre qui proliféraient dans l'État SS, le RuSHA, auquel entre d'autres tâches incombaient les expertises raciales, était certainement la création la plus délirante. À travers l'Europe soumise, de prétendus anthropologues examinaient l'angle et la forme du crâne, jaugeaient l'écartement des oreilles et scrutaient l'expression des yeux ; la teinte des cheveux était un indice de première importance et une existence humaine pouvait en dépendre. Si un travailleur de l'Est était surpris avec

---

1. « Rasse und Siedlungshauptamt. »

une Allemande, c'est par l'un de ces dangereux maniaques qu'il était examiné : l'homme paraissait-il suffisamment germanique d'aspect ? il était pardonné, naturalisé sur-le-champ, et éventuellement autorisé même à épouser sa partenaire ; sinon, c'était la pendaison haut et court, la souillure de race étant considérée comme le crime majeur par excellence. C'est ainsi qu'une mèche blonde ou un centimètre de taille de plus pouvaient décider de la vie d'un homme. Au lecteur qui pourrait éprouver quelques doutes à ce sujet, nous signalerons que le problème fut l'objet d'une réglementation touffue et minutieuse mise au point par le RuSHA, et comportant entre 1940 et 1945 une quinzaine d'ordonnances successives : parmi les travailleurs de l'Est, seuls, les Polonais, les Tchèques et les Lithuaniens bénéficiaient de la chance de vie sauve, avec germanisation et hyménée subséquents. Ainsi que nous l'apprend la circulaire 111/2 B du RuSHA, datée du 26 février 1942, les expertises devaient être établies « consciencieusement » et comporter, en plus de la rubrique proprement dite « appréciation raciale » (« taille, forme du crâne, des pommettes, ouverture des yeux, couleur et forme des cheveux, système pileux, coloration de l'épiderme »), une rubrique « impression générale », « telle que : *a)* donne une impression de caractère ouvert, franc, fait preuve de fermeté dans la prestance et le maintien, *b)* est renfermé, timide et de caractère indéchiffrable, ou bien *c)* donne l'impression d'être retors et perfide, etc.[439] ».

Au début de 1945, nous apprend une dernière circulaire du RuSHA[1], l'alternative de faveur pour Polonais ou Tchèques « germanisables » fut supprimée par ordre de Himmler. (Le motif de la décision n'est pas indiqué : sans doute était-elle liée à la débâcle générale du IIIe Reich.) Quant aux travailleurs de l'Est russes ou serbes, ils n'en bénéficièrent jamais et étaient, en cas de « souillure de race », soumis automatiquement et d'extrême urgence au « traitement spécial », dont les modalités étaient également soigneusement ordonnancées par diverses circulaires.

1. Circulaire 3/45 du 5 janvier 1945.

« Le traitement spécial s'effectue par pendaison. Il ne doit pas avoir lieu dans les abords immédiats du camp[440]. » « L'application du traitement spécial vise avant tout la terrorisation (Abschreckung) de la main-d'œuvre étrangère travaillant dans le Reich. Ceci ne peut être pleinement atteint que si le châtiment suit immédiatement le crime... Il peut s'exercer sur le lieu du crime, dans les cas où cela peut paraître nécessaire pour l'effet de terrorisation[441]... »

L'EXTERMINATION DIFFÉRÉE

Tandis que les praticiens du nazisme poursuivaient leurs massacres, ses doctrinaires remaniaient et complétaient les systèmes anthropologiques destinés à leur servir de lignes directrices : est-il nécessaire de les examiner dans le détail ? Il y en eut un grand nombre, parfois se combattant violemment : le plus en faveur, celui qui servit partiellement à la codification des lois de Nuremberg, rejetait la simple distinction entre « Aryens » et « non-Aryens », et distinguait entre les races « de sang allemand », de sang « apparenté[1] » (races nordique, falique, ostique, dinarique, balte et westique) et de sang « étranger[2] » (races orientalide, arménide et indide *(sic !)*. La SS ne s'embarrassait pas beaucoup de ces subtilités : pour un primaire comme Himmler, il n'y avait que les hommes germaniques et les sous-hommes (aussi bien, ainsi qu'on le verra, c'est justement à l'égard de certaines brebis galeuses du germanisme que sa sollicitude déçue se transformait aisément en haine implacable). Quant au Führer, il était moins que quiconque enclin à penser dans les termes d'une doctrine constituée : opportuniste et inflexible à la fois, il frayait sans désemparer les voies à ses visions de conquête et de domination. En résultat, et sans qu'il fût tenu grandement compte des innombrables élucubrations professorales, un réseau cohérent de mesures fonctionnait déjà

1. « Artverwandt. »
2. « Artfremd. »

pendant la guerre dans les pays envahis, afin d'asseoir pour les siècles à venir la prédominance biologique du peuple allemand. Tendant à un même but, elles faisaient appel à des techniques variées au possible.

Le génocide par les « entraves à la fécondité des peuples ».

Ce fut, après l'homicide pur et simple, le procédé le plus direct : au lieu de supprimer physiquement la génération présente, faire en sorte qu'il ne surgisse point de générations futures. Nous avons déjà parlé des plans de stérilisation massive : si ceux-ci demeurèrent à l'état de projet, d'autres mesures furent effectivement introduites à grande échelle. Le procès-verbal d'une réunion d'experts chargés de les élaborer nous en donne l'énumération :

« *a) Élévation de l'âge du mariage à vingt-cinq ans (après accomplissement d'un service de travail ou d'un service obligatoire analogue de trois ou quatre ans).*

« *b) Autorisation de mariage seulement en cas de situation économique assurée.*

« *c) Imposition de toute naissance illégitime à titre de dédommagement de l'assistance publique. Si la mère de l'enfant n'est pas solvable, elle devra en remplacement fournir du travail.*

« *d) Au cas où l'assistance publique a été chargée à plusieurs reprises d'enfants illégitimes de la même mère, la stérilisation de cette dernière pourra être ordonnée.*

« *e) Aggravation délibérée du standing de vie des familles nombreuses (pas d'allégement fiscal, pas d'allocation pour les enfants, pas de prime d'allaitement, etc.).*

« *f) Autorisation officielle des avortements à la demande de la mère (indiquée du point de vue social)*[(442)]. *»*

Ces mesures, élaborées par les experts du ministère de l'Intérieur du Reich, visaient en premier lieu la population polonaise.

Elles furent effectivement introduites dans le gouvernement général par un décret du 10 octobre 1941. Une année plus tard, le Führer prescrit de les étendre à toutes les populations se trouvant sous la coupe du « ministère des régions occupées à l'Est ». Et Bormann transmet ses instructions à Rosenberg :

Le 23 juillet 1942.

« *Très respecté camarade du Parti Rosenberg,*

« *Le Führer désire que vous veilliez à l'observation et à l'application des principes suivants dans les territoires occupés de l'Est, et je vous en confie le soin.*

« *1° Lorsque des jeunes filles et des femmes des territoires occupés de l'Est se font avorter, nous ne pouvons qu'y souscrire ; en aucun cas, les juristes allemands ne devront s'y opposer. Le Führer estime qu'on devrait autoriser le développement d'un commerce florissant des préventifs anticonceptionnels ; nous n'avons aucun intérêt à voir la population non allemande se multiplier.*

« *2° Le danger que la population non allemande dans les territoires de l'Est s'accroisse davantage qu'auparavant est fort grand : en effet, la vie de cette population est devenue bien meilleure et mieux assurée. C'est bien pourquoi nous devons prendre les mesures nécessaires contre un accroissement de la population non allemande.*

« *3° C'est aussi pour cette raison que l'assistance médicale allemande ne devra en aucune façon jouer en faveur de la population non allemande dans les territoires de l'Est. La vaccination, par exemple, et telles autres mesures sanitaires, sont hors de question.*

« *4° La population ne doit, en aucune façon, bénéficier d'une instruction supérieure. Si nous nous laissons entraîner à commettre cette faute, nous cultiverions nous-mêmes les éléments d'une future résistance contre nous. Il suffira donc, selon l'avis du Führer, que les populations non allemandes — et même les soi-disant Ukrainiens — apprennent à lire et à écrire.*

« *5° Nous ne devons cultiver chez la population aucune conscience de supériorité par quelque mesure que ce soit. Le contraire est indispensable*[443]. »

Pour la mise en pratique de ces mesures, le docteur Wetzel, dans son mémorandum, fait preuve d'un puissant débordement imaginatif : « Il faut par tous les moyens de la propagande, en particulier par la presse, la radio, le cinéma, ainsi qu'à l'aide de tracts, brochures et conférences, inculquer à la population russe l'idée qu'il est nuisible d'avoir plusieurs enfants. Il faut insister sur les frais que causent les enfants, sur les bonnes choses qu'on aurait pu se procurer avec l'argent que l'on dépense pour eux. On pourrait également faire allusion aux dangers que fait courir l'enfantement à la santé de la femme. Parallèlement à cette propagande, il faut déclencher une campagne de grande envergure en faveur des produits anticonceptionnels. Une industrie correspondante doit être créée à cet effet. Ni la diffusion et la vente des produits anticonceptionnels, ni les avortements, ne devront être poursuivis par la loi. Il faudra même pousser à l'ouverture d'institutions spéciales pour l'avortement, et former des accoucheuses et des infirmières à cet effet. La population aura d'autant plus volontiers recours aux avortements, que ces derniers seront opérés avec plus de compétence. Les médecins doivent pouvoir y prêter la main sans qu'il puisse être question d'une entorse à l'honneur professionnel. La stérilisation volontaire doit également être recommandée par la propagande. La mortalité infantile ne doit pas être combattue. Les mères doivent être laissées dans l'ignorance de la puériculture et de tout ce qui concerne les maladies infantiles. Il faut s'efforcer de réduire au possible la formation et les connaissances des médecins russes dans ce domaine. Des institutions telles que les pouponnières et les maisons d'enfants doivent être supprimées dans la mesure du possible[444]. »

Le génocide par rapt d'enfants.

Ce procédé s'appliquait généralement après intervention préalable d'un « contrôleur racial ». Ce sont les enfants des travailleurs étrangers qui en faisaient le plus massivement les frais. Futurs janissaires du IIIᵉ Reich, les enfants dont la lignée était reconnue comme nordique étaient placés dans des pouponnières d'enfants SS, tandis qu'un réseau de maisons d'enfants d'étrangers était prévu pour les bébés qui ne satisfaisaient pas à « l'examen racial ». Quelques établissements de ce genre fonctionnaient déjà en 1944. Un rapport d'inspection adressé à Himmler nous donne quelques précisions sur leur fonctionnement :

« Au cours de ma visite, j'ai remarqué que tous les bébés placés dans cette maison étaient sous-alimentés. Ainsi que me le confia le directeur de la maison, SS-Oberführer Langoth, la maison ne touche par jour et par bébé qu'un demi-litre de lait et un morceau et demi de sucre. Avec ces rations, les bébés sont destinés à périr de sous-alimentation en l'espace de quelques mois.

« J'ai demandé au SS-Oberführer Langoth d'informer le Gauleiter Eigruber de cet état de choses, et de demander à celui-ci d'assurer une alimentation suffisante à ces bébés, en attendant que vous ayez donné votre opinion à ce sujet. Je considère que la manière dont cette affaire est menée actuellement est impossible.

« Il n'y a que deux solutions. Ou bien on ne veut pas que ces enfants demeurent en vie, et alors on ne devrait pas les laisser lentement mourir de faim, tout en soustrayant une telle quantité de lait au Ravitaillement général ; il y a des méthodes pour arriver à ce but sans tortures, et sans douleur. Ou bien alors, on a l'intention d'élever ces enfants, afin de les utiliser plus tard pour le travail. Dans ce cas, ils doivent être nourris de manière qu'ils puissent être pleinement utilisables comme travailleurs⁽⁴⁴⁵⁾*... »*

Quant au rapt d'enfants des territoires occupés, c'est surtout lors de la retraite progressive à l'Est qu'il fut pratiqué. Les services de la Wehrmacht en furent les principaux auteurs : c'est ainsi qu'une note d'état-major, Direction politique, envisage, en juin 1944, sous le mot-code caractéristique d'« action Foin » (Heuaktion) la vaste opération suivante :

« *1° Le groupe d'armées du Centre a l'intention de rassembler et de transférer vers le Reich 40 000 à 50 000 enfants de dix à quatorze ans dans les territoires qu'il tient sous son contrôle. Cette mesure est prise sur la proposition de la 9ᵉ armée. Elle devra être appuyée d'une forte propagande et avoir pour mot d'ordre : mesure d'assistance du Reich aux enfants blancs-russiens, protection contre les bandes de partisans. Dans une zone de 5 kilomètres, cette action a déjà commencé.*

« *Cette action est destinée non seulement à freiner l'accroissement direct de la puissance de l'adversaire, mais à entamer aussi pour un avenir lointain sa puissance biologique. Ce point de vue est partagé aussi bien par le Reichsführer SS que par le Führer. Des ordres avaient été donnés en conséquence dans le Secteur Sud lors des mouvements de repli de l'année dernière.*

« *2° Une action analogue est actuellement entreprise dans la région contrôlée par le groupe d'armées Ukraine-Nord (General-Feldmarschall Model) ; dans le secteur de Galicie, particulièrement privilégié du point de vue politique, ont été prises des mesures ayant pour but de réunir 135 000 travailleurs dans des bataillons de travail, tandis que les jeunes de plus de dix-sept ans seront incorporés en divisions SS et que les jeunes d'au-dessous de dix-sept ans seront pris en charge par les assistantes SS. Cette action, qui est déjà commencée là-bas depuis quelques semaines, n'a donné lieu jusqu'ici à aucune espèce de trouble*[(446)]... »

La moindre indication nous manque sur le sort ultérieur de dizaines ou même de centaines de milliers d'enfants russes, ainsi enlevés à leurs familles et entraînés dans la retraite de plus, en plus chaotique des armées allemandes. Par contre, en ce qui concerne les enfants tchèques, dont les experts nazis, ainsi que nous l'avons vu, estimaient que la majeure partie était germanisable, ainsi qu'en ce qui concerne des milliers d'enfants polonais, une action d'envergure fut entreprise après la guerre, afin de les dépister et de les ramener dans leurs foyers. Un service de recherches organisé en 1946 par l'UNRRA put relever plus de 60 000 cas de rapts d'enfants : mais malgré des enquêtes inlassablement poursuivies, à peine 10 000 enfants, soit moins d'un sixième des cas connus, purent être dépistés[447].

Le génocide par dégradation mentale des peuples.

Nous avons déjà vu que, conformément à l'avis du Führer en personne, les populations non allemandes ne devaient bénéficier que d'un minimum d'instruction : « Il suffira que les populations non allemandes — et même les soi-disant Ukrainiens — apprennent à lire et à écrire. » Plus explicitement, le docteur Wetzel expose les buts à atteindre, et les procédés qui permettent d'y parvenir.

« Il est de première importance de ne garder dans l'espace russe qu'une population composée en majeure partie de la masse aux types europides primitifs. Elle n'opposera pas de résistance appréciable à la domination allemande. Cette masse obtuse et atone a besoin d'être commandée énergiquement, comme l'a bien prouvé l'histoire de ces régions depuis des siècles. Si les couches dirigeantes allemandes parviennent, dans l'avenir, à garder les distances nécessaires à l'égard de cette population, si par le canal des naissances illégitimes le sang allemand ne la pénètre pas, la domination allemande pourrait se maintenir pendant longtemps dans l'espace en question. À condition, bien entendu, d'endiguer les forces biologiques qui accroissent sans cesse la puissance numérique de cette masse primitive[448]... »

« Pour le traitement de la population — et notamment des Polonais — il faut toujours partir du principe que toutes les mesures d'administration et de législation n'ont pour but que de germaniser la population non allemande par tous les moyens et aussi rapidement que possible. C'est la raison pour laquelle

le maintien d'une vie culturelle populaire autonome en Pologne, par exemple, devra être absolument exclu… Les corporations, les associations et les clubs polonais cesseront d'exister ; de même, les organisations culturelles polonaises devront être dissoutes. Les restaurants et cafés polonais, centres de la vie nationale polonaise, devront être fermés. Les Polonais ne seront pas autorisés à fréquenter les théâtres, les music-halls, ni les cinémas allemands ; quant aux théâtres ou cinémas polonais, ils devront être fermés. Il n'y aura pas de journaux polonais, aucun livre polonais ne sera publié ni aucun magazine polonais. Pour la même raison, les Polonais n'ont le droit de posséder ni radio, ni phonographe[449]. »

Ainsi devait être atteint le résultat désiré — le resplendissement de la race germanique sur le fond obscur des peuplades dégénérées de corps et d'esprit, bétail de travailleurs de force sans visage et sans individualité, que les Maîtres laisseraient végéter dans la mesure de son utilité…

Malgré tout, il arrivait parfois à certains de ceux-ci d'émettre des opinions étrangement hérétiques, à propos de dogmes cependant essentiels de la doctrine raciale. Témoin une correspondance, d'allure semi-privée, que nous avons retrouvée dans les archives du ministère des Territoires occupés. Les correspondants, deux hauts fonctionnaires (Dargel, directeur général du Reichskommissariat pour l'Ukraine, et von Homeyer, l'un des adjoints du commissaire général pour la Crimée) sont tous deux d'accord quant à la nécessité, « afin de faciliter la victoire, de traiter les Slaves comme du bétail » ; néanmoins, von Homeyer se laisse glisser aux réflexions suivantes :

« Permettez-moi de revenir encore, mon cher camarade du Parti, à la question slave. La thèse que tous les Slaves nous sont inférieurs est discutable pour diverses raisons, sans parler du fait que cette formule trop générale devrait être évitée par égard pour certains de nos alliés. Je vous donne les raisons en question :

« 1° Les Prussiens, à notre point de vue les plus efficaces des Allemands, sont un produit de l'alliage sanguin germano-slave.

« 2° Le monde slave est tout aussi peu uniforme que le monde allemand. Nous n'admettons pas d'être mis à égalité avec les Suédois, par exemple ; de même, le Russe ne l'admet pas à l'égard du Polonais, le Polonais à l'égard de l'Ukrainien.

« 3° Dans certains domaines, le Slave nous est supérieur. Je vous rappelle la saine vertu des femmes de ce pays (l'URSS), après un quart de siècle de démoralisation bolcheviste, et je n'ose pas penser à ce qui se passerait chez nous après de pareils événements...

« Je suis convaincu que nos aspirations ne peuvent être réalisées que grâce à une supériorité morale, plutôt que par une domination basée sur la puissance matérielle... »

ajoutait pour conclure ce curieux Hamlet hitlérien[450].

Le génocide par la déportation.

Dans l'ensemble du système, la déportation massive des peuples constituait la pièce maîtresse : le bouleversement total de la carte ethnographique de l'Europe, dont rêvaient les Nazis, pouvait assurer à meilleur compte, avec moins d'effusion de sang, la suppression des entités ethniques ou nationales. Essaimées, dispersées en Sibérie, en Amérique du Sud ou en Afrique, elles auraient rapidement perdu, grâce à des répartitions et des dosages savants, tout sentiment de leur ancienne appartenance nationale. C'est ainsi au moins que raisonnaient les théoriciens nazis : à quel point de telles migrations forcées portant sur des dizaines sinon des centaines de millions d'hommes, auraient été réalisables, et quel en aurait été le déchet immédiat en vies humaines, est une question à laquelle le déroulement des événements a heureusement épargné la réponse. Car il est caractéristique qu'entreprises avec ardeur dès la conquête de la Pologne, et amorcées en Alsace dès l'armistice de 1940, ces déportations (à l'exception, évidemment, des convois de travailleurs étrangers, et des déportations de Juifs), s'immobilisèrent bientôt, devant les impératifs plus catégoriques posés par les opérations militaires.

L'organe d'exécution des déportations en masse était le commissariat au Raffermissement du Germanisme de Himmler. Dès l'automne 1939, près de 200 000 Polonais furent évacués des territoires annexés au Reich et déportés dans le gouvernement général, tandis qu'une quantité à peu près équivalente d'« Allemands ethniques » de la Volhynie et des pays baltes étaient installés à leur place dans leurs maisons et leurs fermes. Mais l'opération, qui dans son ensemble visait les six millions de Polonais habitant ce territoire, fut interrompue sur les instances de la Wehrmacht, après remise à Gœring d'un mémoire qui en mettait en relief les dangers :

« *Le transfert envisagé, et partiellement entrepris déjà, de 6,75 millions de Polonais et de Juifs menace d'autant plus de désorganiser et de paralyser la vie économique, qu'il se poursuit sans égard aux nécessités militaires, civiles et économiques. Voici les conséquences qui peuvent en découler.*

« Dans les régions annexées allemandes. — *Départ d'une main-d'œuvre irremplaçable dans l'agriculture, l'industrie et le commerce ; recul de la production, menaces pour le ravitaillement de la population civile, et désorganisation de la vie économique.*

« Dans le gouvernement général. — *Surpeuplement paralysant du territoire, dont la densité monterait de 98 habitants à 158 habitants au km² (Allemagne : 135 habitants au km²). La population ne disposera plus d'un ravitaillement suffisant dans ces régions agricoles surpeuplées, d'un rendement médiocre. De graves dangers politiques sont à craindre. La population affamée s'ouvrira à la propagande communiste de la Russie voisine. Des sabotages massifs sont à craindre...* »[451].

Dès lors, la réalisation du programme (sauf certaines déportations strictement localisées telles que l'expulsion de 140 000 Polonais de la région de Zamosz, débaptisée Himmlerstadt, en l'hiver 1942-1943)[452] fut renvoyée à l'après-guerre.

En Alsace-Lorraine, les dimensions réduites du terrain d'expérimentation permirent de pousser un peu plus avant l'entreprise. On sait que les Français installés dans le pays depuis 1918 en furent expulsés dès l'armistice de 1940 : par la suite, un rôle essentiel revient aux « contrôleurs raciaux » et il semble bien qu'en l'occurrence il était infiniment préférable pour les intéressés d'être reconnus « racialement inférieurs », que de devenir l'objet des sollicitudes germaniques. En effet, dans ce dernier cas, ils étaient destinés à la « colonisation à l'Est », ou même, s'ils refusaient la nationalité allemande, ou de quelque autre manière faisaient preuve de mauvais esprit, étaient internés dans un camp de concentration ; tandis que dans la première hypothèse ils étaient simplement refoulés vers la France[453]. Quant aux élites du pays, à ce que l'un des rapports nazis traitant cette question qualifiait de « couches intellectuelles », elles devaient, selon l'avis du Führer lui-même (et pour faire usage des termes propres dont il se servit à cette occasion), « être tout bonnement exterminées » (ruhig ausgemerzt) [454]. Les Alsaciens causèrent maintes déconvenues aux prophètes du germanisme : deux semaines après le débarquement allié en France, le général SS Berger, chef de l'état-major de Himmler, adressait à son chef ces lignes péremptoires :

« *Les Alsaciens sont — sauf votre respect — un peuple de cochons. Ils s'étaient déjà imaginés que les Français et les Anglais allaient revenir : c'est pourquoi ces jours-ci, lorsque les représailles ont commencé, ils étaient particulièrement hostiles et méchants. Mon Reichsführer, je crois que nous devrions en faire partir la moitié, n'importe où, Staline les accepterait certainement*[455]... »

Mais c'est aux Pays-Bas que les Nazis subirent leurs déceptions les plus fortes. Les opinions étaient unanimes à ce sujet ; mais si Gœring, après s'être exclamé : « Les Hollandais ne sont qu'un seul et unique peuple de traîtres à notre cause » ajoutait : « Je ne leur en veux pas ; je n'en aurais peut-être pas fait autrement moi-même[456]... », le Führer, dans une explosion de colère, donna en avril 1941 l'ordre de déporter globalement dans le gouvernement général tous les Hollandais, les collaborateurs du parti national-socialiste hollandais « N. S. B. » et leurs familles seuls exceptés. Ici encore, l'imminence de la campagne de Russie (ainsi que, semble-t-il, certaines hésitations de Himmler, qui avait été chargé d'organiser la déportation) épargnèrent de terribles épreuves à ceux qui furent sans doute le peuple le plus résistant de l'Europe[457].

Bien d'autres ordres, décisions et projets sommeillaient dans les dossiers nazis, prêts à être appliqués dans une situation donnée, mais la marche des événements n'a pas permis qu'ils soient mis à exécution. Les dispositions de la Wehrmacht ne prévoyaient-elles pas, pour le cas du débarquement des troupes allemandes en Grande-Bretagne, la déportation sur le continent de toute la population mâle de dix-sept à quarante-cinq ans[458] ? Sans doute y devait-elle occuper les régions de l'Est vidées de leurs habitants. En effet, conformément aux grandes lignes des projets élaborés dans les administrations de Himmler et de Rosenberg, les Russes, ainsi que les Tchèques non germanisables et une partie des Polonais, devaient être refoulés au-delà de l'Oural, tandis que le restant des Polonais allait être relégué dans les Guyanes ou au Brésil ; les Baltes, ainsi qu'une grande partie des Blancs-Russiens, allaient bénéficier du privilège d'être déportés, à titre de travailleurs agricoles dans le Reich même. Les espaces de Russie étaient destinés à être colonisés en partie par les Allemands, en partie par des « peuples apparentés » ; dans l'Europe de l'Ouest, où les mouvements de population devaient être moins gigantesques, les protectorats de Bourgogne et de Bretagne étaient prévus, à tailler sur le sol français, de façon à réduire la France proprement dite, rebaptisée « Gaule », à sa plus simple expression[1]... C'est qu'à aucun moment la haine de la France n'avait désarmé dans les cœurs nazis, même si, pour des considérations opportunistes, ou parce qu'ils étaient hypnotisés par le « potentiel biologique »

---

1. Le mémorandum du docteur Wetzel, que nous avons cité à plusieurs reprises, donne le détail de ces projets, corroborés par ailleurs par le livre de Kersten en particulier.

des peuples de l'Est, cette question n'était à leurs yeux que de deuxième urgence.

Projets impeccablement établis, truffés de statistiques, prévoyant les moindres détails ; à leur lecture, ce n'est même pas tant leur démesure qui frappe l'imagination, mais le souvenir que leurs auteurs — ils l'ont prouvé — étaient doués de la faculté de tenir leurs plus folles promesses, d'insuffler la vie à leurs rêves les plus délirants...

Chapitre IX

Conclusion

L'Allemagne : réactions individuelles et complicité collective.

« … Et Abraham dit… « Ne pardonneras-tu pas à la ville, à cause des cinquante justes qui sont au milieu d'elle ? » Les cinquante justes de Sodome et Gomorrhe, ils ont existé dans l'Allemagne de Hitler ; on pouvait les trouver, au sein de tous les milieux, dans toutes les classes de la société ; ne se contentant pas d'une désapprobation muette, ou d'un service fortuit clandestinement rendu à un Juif, mais engageant leur vie entière, dans un réflexe d'horreur et de révolte. Tel ce doyen de l'église de Sainte-Hedwige à Berlin, le chanoine Lichtenberg, qui, incarcéré en octobre 1941, à la suite de ses sermons pro-juifs et protestations publiques, demanda à la Gestapo d'être transféré au ghetto de Lodz, et mourut en 1943 au camp de Dachau[459] ou encore tel cet anonyme médecin allemand, qui suivit volontairement sa femme juive au ghetto de Varsovie, et fut tué au cours de l'insurrection d'avril 1943[460]. Des exemples de ce genre (et la majorité n'en sera jamais connue) doivent certainement se compter par centaines ; peut-être par milliers, si on réfléchit qu'ils furent également quelques milliers, les Juifs allemands qui purent vivre cachés, munis de faux papiers, dans l'Allemagne hitlérienne. Ces actes d'Allemands courageux trouvent ainsi leur place parmi les manifestations de résistance allemande contre Hitler, dont on sait qu'aussi sporadique et inefficace qu'elle ait été (et de plus inhibée à chaque pas par le dilemme trompeur d'une trahison contre la patrie en guerre) — elle n'en fut pas moins une réalité vivante. Et si enfin de l'acte héroïque et isolé on se tourne vers la désapprobation muette et craintive, on constate tout d'abord qu'en mars 1933 encore, lors des dernières élections au Reichstag, 55 p. 100 des Allemands votèrent contre Hitler[461]. C'est une première indication : encore faut-il garder en vue que l'antisémitisme ne se bornait pas nécessairement aux cadres de l'hitlérisme, et qu'il y eut nombre d'antisémites ailleurs qu'au parti nazi. Veut-on par conséquent des chiffres plus précis ? Analysant le comportement de ses compatriotes à l'égard des persécutions antijuives, un auteur allemand, démocrate de la vieille école, s'est livré à des observations clandestines dans l'Allemagne de 1942, à l'époque où la déportation des Juifs battait son plein[462]. Il est arrivé aux conclusions suivantes, en ce qui concerne la politique d'extermination : 5 p. 100 d'approbation enthousiaste, 69 p. 100 d'indifférence totale, 21 p. 100 de doutes et de désarroi ; 5 p. 100 de désapprobation catégorique. Nous pouvons accepter ces résultats : l'observateur, M. Müller-Claudius, joignait la bonne foi et l'objectivité à une parfaite prudence intellectuelle.

Qu'est-ce à dire ? 90 p. 100 d'indifférents (à des titres divers) ; il s'agit justement de ces majorités passives, prêtes à se tourner du côté d'où souffle le vent, telles qu'on les trouve dans toutes les collectivités, aussi enclines à succomber aux tentations qu'à se laisser mater par la terreur. Quant aux minorités agissantes (et en particulier en ce qui concerne la jeunesse fanatisée), on ne sait que trop ce que fut son choix. Même si, et jusqu'au sein du parti, nombreux furent les Allemands, qui, pris individuellement, n'approuvaient pas les massacres, toujours est-il qu'ils furent acceptés tacitement par ce que leurs gouvernants qualifiaient de « volonté populaire ». Ainsi que le constatait un autre auteur allemand, M. Enno Kind, « l'année 1941 fut marquée par les débuts de l'extermination des Juifs d'Allemagne ; tous les adversaires du régime, aussi bien que les neutres, étaient désormais acculés à faire preuve de leur courage personnel, en n'abandonnant pas leurs amis persécutés par Hitler. Et, il faut bien le dire, la majeure partie des éléments indifférents perdit, à cette occasion, les dernières velléités de résistance pour passer dans le camp des fascistes. Dorénavant, les sentiments humains ne trouvaient guère de place en Allemagne[463]... »

Encore faut-il s'entendre sur le sens de l'expression « sentiments humains ». Que la « volonté populaire », l'opinion publique allemande, pouvait être à d'autres occasions un facteur actif et agissant, l'exemple si instructif du « programme d'euthanasie » le montre à souhait. On a vu comment cette autre entreprise d'extermination, de bien moindre envergure, tout aussi tenue secrète, et plus facilement dissimulable, puisque s'appliquant à des victimes cloîtrées dans les asiles et déjà retranchées par conséquent de l'existence, dut en fait être interrompue en face du mécontentement de la population blessée dans ses « sentiments humains[1] ». Aussi bien, lors de l'extermination de ces vies dites inutiles, s'agissait-il pour les Allemands de leur propre chair, de vies allemandes. Malgré la volonté du Führer, elles furent préservées pour la majeure partie. Comment des vies qui, elles, étaient juives, pouvaient être préservées à l'encontre des désirs du dictateur, l'exemple éloquent de l'Italie fasciste nous l'a déjà révélé.

Nous revenons ainsi à des manières de penser et de vivre, à un ensemble de caractères spécifiques proprement allemands, ceux précisément qui, conditionnant le développement historique ou prenant leur appui sur lui, aménageant le terrain, ont rendu Hitler et le nazisme possibles. Bizarre mélange de rationalisme morbide et d'exaltation nationaliste : faut-il rappeler à ce propos que des questions telles que la récupération des dents en or sur les cadavres

---

1. En 1949, un tribunal allemand faisait une constatation analogue. Il s'agissait du procès de Veit Harlan, le metteur en scène du film nazi *le Juif Süss*. Après avoir fort judicieusement décrit l'effet inhibiteur de la propagande antisémite, mettant en sommeil les réactions de la conscience collective, le jugement fait cette observation : « Si de larges milieux s'étaient ouvertement ou secrètement opposés aux persécutions des Juifs, ainsi que ce fut le cas pour l'assassinat des malades mentaux, grâce surtout aux Églises des deux confessions chrétiennes, la progression de la terreur eût été à *la longue* impossible, ou tout au moins freinée et rendue très difficile. »

étaient déjà publiquement discutées dans les colonnes de la presse allemande en 1925, dans l'Allemagne de Weimar[(464)] ? Faut-il rappeler qu'à la même époque, l'euthanasie était déjà préconisée et ardemment défendue, à l'aide des mêmes arguments spécieux[1]? Et pour en revenir sur le terrain qui nous intéresse tout particulièrement, faut-il rappeler que « l'antisémitisme est venu d'outre-Rhin, de la vieille Allemagne toujours prompte aux querelles confessionnelles et toujours imbue de l'esprit de caste ; de la nouvelle Allemagne, toute gonflée de l'orgueil de race et dédaigneuse de ce qui n'est pas tudesque[(465)] » ? Ces lignes de l'historien français Leroy-Beaulieu, un conservateur de la vieille école, c'est en 1893 qu'elles furent écrites. À la même époque, le grand Mommsen, portant sur son pays un jugement lucide, notait dans son testament spirituel : « ... Avec la meilleure partie de moi-même, j'ai toujours désiré être un citoyen. Cela n'est pas possible dans notre nation, chez laquelle l'homme isolé, même le meilleur, ne peut quitter les rangs, ne peut dépasser le fétichisme politique. Ce profond désaccord avec le peuple auquel j'appartiens m'a décidé à ne paraître en public devant les Allemands, car je ne ressens pour eux le moindre respect[(466)]... » Choses bien connues que tout cela, et cependant facilement oubliées ! À l'époque où Mommsen écrivait ces lignes, l'excitation pangermaniste battait son plein parmi le public allemand. Depuis des décades, d'innombrables philosophes,

---

1. Aux innombrables partisans de l'euthanasie, le célèbre psychiatre allemand Oswald Bumke adressait en 1931 ces propos prophétiques :

« ... Pour l'amour de Dieu, excluez de ces questions les considérations financières. Il s'agit d'un problème qui concerne l'avenir de notre peuple en son entier, et, à la vérité, l'avenir de l'humanité... La conséquence logique de l'idée que pour des raisons économiques tous les êtres humains inutiles devraient être exterminés est une conclusion monstrueuse : il faut mettre à mort non seulement les malades mentaux et les aliénés, mais tous les mutilés, y inclus les vétérans de guerre, les vieilles filles sans travail, les rentiers et les retraités. Nous économiserons ainsi beaucoup d'argent : mais probablement n'irons-nous pas jusque-là. Aussi bien, y a-t-il lieu d'être très prudent, au moins tant que l'atmosphère politique du pays ne s'assainira pas. Car si nous continuons ces discussions, il ne sera bientôt plus question des malades mentaux, mais d'Aryens et de non-Aryens, de la race blonde germanique et des peuples inférieurs aux crânes ronds... » (Cité d'après le réquisitoire du général Telford Taylor, Tribunal de Nuremberg, audience du 9 décembre 1946.)

publicistes et éducateurs exaltaient l'idéal prussien, fait de dureté inflexible et d'obéissance aveugle — tandis que le grave Hegel lui-même défiait l'État ; depuis un siècle, les Jahn, les Arndt, les List, les Treitschke, les von Bernhardi proclamaient la supériorité de la race germanique, conviant l'Allemagne aux guerres fraîches et joyeuses. Et le message dangereusement subtil de Nietzsche transportait d'aise les foules allemandes, qui l'interprétaient et le déformaient à leur façon, n'en retenant que ce qui pouvait leur convenir — et tout d'abord la glorification de la « bête blonde ». C'est dire qu'il était aménagé de longue date, le terrain sur lequel la catastrophe hitlérienne a pu se produire ; et lorsque, avant de lancer les légions nazies à la conquête de l'univers, le Führer les faisait soumettre à un dressage savant, s'efforçant de rendre ses hommes durs, cruels et violents, d'extirper toute pitié de leur cœur, de faire taire leur conscience, cette « invention juive », il ne faisait que donner vie et contours à un rêve ancestral flottant et épars.

Il reste à savoir dans quelle mesure les consciences collectives — même aussi réceptives, aussi gravement prédisposées que c'est le cas pour l'âme allemande — peuvent être définitivement pliées aux mondes forgés pour elles par les conducteurs de foules totalitaires, à l'aide de tous les artifices des techniques modernes. Etait-il réalisable, le grand dessein de la SS : une société de « fauves violents, durs et cruels », telle que la rêvait Hitler, pouvait-elle être viable ?. Certains conditionnements, appliqués aux enfants pris au berceau, peuvent-ils déshumaniser en série l'être humain ?

Peut-être les multiples réactions des tueurs, telles que nous les avons examinées, nous font-elles entrevoir une réponse à cette question. Cet apitoiement des meurtriers sur eux-mêmes, ce malaise persistant, n'était-il pas l'indice d'une sourde protestation, de la révélation confuse qu'en portant la mort et la destruction, c'est un peu d'eux-mêmes qu'ils détruisaient[1] ? Nous en revenons

1. Nous en avons déjà donné (pp. 181-182) de très nombreux témoignages. En voici un de plus qui, justement parce qu'il n'émane pas d'un SS et revêt une allure anodine, nous paraît particulièrement significatif. Il est daté du 23 octobre 1941. L'auteur en est un officier de la Wehrmacht, rendant compte de ses observations après

ainsi à ce qui nous paraît être l'essence profonde de l'hitlérisme : explosion de haine et de fureur aveugles, qui, s'acharnant sur autrui, était tournée vers soi-même aussi, en fin de compte. De cette façon, on peut être amené à conclure que par-delà la révolte contre l'esprit et la morale judéo-chrétiens, c'est à une composante nécessaire et essentielle de toute société humaine que s'attaquait le Führer ; qu'il est inhérent à la nature de l'homme de se reconnaître dans autrui et de révérer en lui son propre reflet et sa propre essence (la double acception du mot « humanité », identique dans toutes les langues, n'aurait pas d'autre signification) ; et que les vastes tueries collectives, si elles peuvent se poursuivre à loisir au cours des batailles, perpétrées par des combattants soumis à un risque réciproque, selon les règles et le cérémonial de l'art de la guerre, ne peuvent être impunément le fait d'un seul camp, exterminant jusqu'au dernier ceux de l'autre camp, non plus comme des adversaires et des hommes, mais en tant qu'insectes nuisibles...

---

un voyage dans la « zone d'opérations de l'Est ». Qu'on fasse attention à la similitude de construction des deux paragraphes successifs que nous citons, s'achevant tous deux sur le même « mouvement de sollicitude ». Le premier paragraphe est consacré aux prisonniers de guerre russes : « Les colonnes de prisonniers de guerre qui cheminent sur les routes laissent une stupide impression de troupeaux de bêtes... À la suite des efforts physiques fournis au cours des marches, du ravitaillement médiocre et des mauvaises conditions régnant dans les camps, les prisonniers s'effondrent souvent et sont traînés par leurs camarades ou laissés sur place. La 6ᵉ armée a donné l'ordre de fusiller tous les traînards. On le fait sur la route, et même dans les localités, en sorte que malheureusement les employées allemandes qui le soir rentraient dans leurs appartements ont dû passer près des cadavres des prisonniers fusillés. » Le deuxième paragraphe du rapport traite des Juifs : « Suivant les ordres, donnés les Juifs sont « transférés ». Cela s'effectue de la manière suivante : ils reçoivent l'ordre de se présenter dans la nuit qui suit, avec leurs meilleurs vêtements et leurs bijoux ou parures, à un lieu de rassemblement désigné... Ils sont alors conduits dans un endroit se trouvant en dehors de la localité en question et préparé à l'avance. Sous le prétexte de certaines formalités à accomplir, ils y doivent déposer leurs vêtements, bijoux ou parures. Ils sont alors conduits à l'écart de la route et liquidés. Les situations qui en découlent sont si angoissantes qu'elles ne peuvent être décrites. Les conséquences pour les kommandos allemands sont inévitables. En général l'exécution ne peut être menée à bien qu'à l'aide de l'étourdissement par l'alcool. Suivant son récit, un officier du SD qui avait été désigné pour y assister a dû endurer (« durchstéhen ») dans la nuit suivante des cauchemars de la plus terrifiante espèce... » (NOKW 3147).

CARTE DES EXTERMINATIONS DES PAYS BALTES

Carte (ornée de cercueils) jointe au rapport d'ensemble du « groupe d'action A » pour l'année 1941 (cf. p. 180) (PS 2273).

(1) Exécutions de Juifs menées à bien par le groupe d'action A.

(2) Libre de Juifs.

(3) Le nombre de Juifs encore en vie est estimé à 128 000.

Ajoutons que l'histoire de la race humaine parle le même langage, de même que les investigations des anthropologues. C'est bien à tort que nous sommes portés à attribuer aux peuples sauvages ou demi-sauvages une cruauté sans bornes et sans scrupules à l'égard de leurs adversaires. Dans toutes les civilisations et chez toutes les races, et sans en excepter les peuplades les plus primitives, le meurtre d'un homme, l'assassinat d'un ennemi, a toujours représenté un acte grave, lourd de conséquences, soumis à des restrictions, cérémonies expiatoires et tabous sans nombre[467]. Quelles qu'en soient les complexes raisons psychiques, on retrouve ainsi l'absolue universalité de la règle.

Ainsi, on pourrait admettre qu'aussi étonnants que puissent être les pouvoirs des démiurges modernes, certaines limites resteront toujours posées à la perversion et à la robotisation des foules les plus dociles. Incapables de créer « un homme nouveau », ils disposent toutefois, pour la destruction pure, de possibilités presque illimitées. Ce n'est que dans une société d'hommes voués à la mort que de nouveaux comportements à l'état pur ont pu se développer ; par une ironie sordide, ce n'est que dans l'enfer concentrationnaire que cette ablation totale du sens moral à laquelle rêvait le Führer a pu s'accomplir à vaste échelle. Mais l'ombre des camps de concentration plane encore sur le monde ; et le dernier message d'Adolf Hitler semble retentir encore à travers un monde en désarroi, faisant écho aux grondements des haines dont les relents stagnent dans les esprits.

L'attitude populaire dans les pays occupés.

Si en Allemagne même un patriotisme élémentaire et mal compris accentuait davantage encore l'indifférence ou l'hostilité envers les Juifs, la question se posait à cet égard d'une manière diamétralement opposée dans les pays asservis par le IIIe Reich. C'est-à-dire que l'attachement à l'idée nationale n'y devait, semble-t-il, que stimuler au contraire tout acte, toute manifestation en leur faveur. Tout concours prêté aux Juifs était un défi à l'envahisseur : et ceux-ci ne pouvaient échapper à leur destin qu'à l'aide d'une série d'actes qui s'inséraient tout naturellement dans le cadre d'actes d'insoumission ou de rébellion ouverte.

Mais jusqu'aux organisations de résistance, ces conclusions furent loin d'être unanimement tirées dans les pays de l'Est. Nous avons déjà eu l'occasion de parler de l'attitude réticente des organisations clandestines polonaises à l'égard de ceux-là mêmes d'entre les Juifs qui s'efforçaient de combattre les armes à la main. Quant aux masses populaires (et contrairement aux prévisions exprimées en 1940 par le général Blaskowitz : « Très rapidement... les Polonais et les Juifs, appuyés par l'Église catholique, se coaliseront sur toute la ligne dans leur haine contre leurs bourreaux... » : cf. p. 70), leur attitude paraissait surtout faite d'indifférence — tandis que des minorités agissantes s'attachaient à recueillir les innombrables fruits que le pillage et les dénonciations pouvaient leur assurer. Il y eut certes aussi en sens contraire un certain nombre d'actes de dévouement et d'héroïsme individuels : mais la tendance dominante s'exprimait en complète apathie, résultante de réactions de peur et aussi de satisfaction inavouable. Cette apathie, qui ne faisait que répondre à l'antisémitisme traditionnel des Polonais, trouve son expression négative dans l'absence absolue de protestations ou manifestations collectives, telles que par exemple l'épiscopat de la très catholique Pologne les adressa à des reprises réitérées au gouverneur général Frank à d'autres sujets. (Lorsque, dans un de ces documents, son auteur mentionne le sort des Juifs, ce n'est que pour s'indigner de la dépravation morale suscitée chez *les exécutants des massacres* : « ... Je ne vais pas m'étendre longuement sur un fait aussi affreux que l'utilisation de la jeunesse alcoolisée du service du travail pour l'extermination des Juifs. » Cette phrase d'une ambiguïté terrible est extraite d'une protestation adressée à Frank par Adam Sapieha, prince archevêque de Cracovie)[468]. Quelles qu'en aient été les profondes raisons historiques, quels qu'aient été aussi le nombre et la qualité des exceptions individuelles, les innombrables témoignages sont tellement concordants[1], que l'amère constatation ne peut être évitée : l'attitude populaire polonaise, en face de l'agonie des Juifs, ne se distinguait guère de l'attitude allemande. Et plus loin à l'Est, en Ukraine en particulier, pour laquelle nous ne disposons guère de témoignages directs, les dispositions populaires semblent avoir été du même ordre, du moins si l'on en croit les avis placides ou les sarcasmes fielleux dont abondent les archives nazies : « La population indigène, qui n'ignore rien du processus de la liquidation, le considère avec calme, en partie avec satisfaction, et la milice ukrainienne y prend part[469]. » « La population de Crimée a une attitude antijuive, et dans des cas isolés remet elle-même des Juifs aux kommandos aux fins de liquidation. Les Starostas (maires) demandent à être autorisés à liquider eux-mêmes les Juifs[470]. »

Peut-être un jugement quelque peu plus nuancé pourrait-il être porté sur les autres pays de l'Est et du Sud-Est. Ce n'est pas que la population hongroise, par exemple, ait donné des preuves d'une vive émotion, lors de la déportation-éclair des Juifs de Hongrie[2],

---

1. Des dizaines d'ouvrages, des centaines de dépositions et récits de survivants, fournissaient un tableau d'une unanimité à peu près complète. Si nous n'apportons ni citations ni détails, c'est pour ne pas nous répéter, et aussi par manque de place.

2. On trouve dans un rapport soumis à Washington par l'« Office of Strategie Services », et daté du 19 octobre 1944, une intéressante analyse des réactions hongroises aux déportations de Juifs. « La réaction générale de la population hongroise aux mesures antisémites du gouvernement est difficile à caractériser. D'une part il y a des preuves que de larges couches de l'intelligentsia hongroise et de la classe moyenne inférieure en particulier ont adhéré à la propagande antijuive. De nombreuses informations parues dans la presse hongroise font état des poursuites dont firent l'objet de nombreux éléments de la population, qui cherchaient à s'enrichir en dépassant le gouvernement dans son zèle expropriateur à l'égard des Juifs. De même des rapports de source sûre signalent que la gendarmerie hongroise a tendance à maltraiter les Juifs d'une manière pire que la Gestapo.

« D'autre part, nombre de rapports parlent d'une assistance hongroise aux concitoyens juifs. Dans la seule ville de Nagyvarad, 2 004 chrétiens ont été poursuivis pour avoir eu en leur possession des biens qui leur avaient été confiés par les Juifs avant leur départ (il faut se souvenir, cependant, que ceci n'est pas toujours fait pour des motifs altruistes).

« On peut dire qu'il n'y a pas de résistance active aux mesures antisémites au gouvernement. Un certain degré de résistance passive ressort de cas d'arrestation pour avoir aidé les Juifs à se procurer de faux papiers ou certificats de baptême, dissimulé des biens juifs pour en éviter la confiscation, et d'autres stratagèmes analogues. »

et nous avons déjà parlé des pogromes monstrueux, se soldant par des dizaines de milliers de victimes, qui ont ensanglanté les villes de Roumanie au début de l'année 1941. Sans doute la densité de la population juive dans chaque pays pris isolément venait-elle jouer son rôle dans cette question : il y a des décades déjà, des socio-logues juifs ont été tentés d'établir un « coefficient de saturation », un pourcentage de Juifs au sein de la population environnante, au-dessus duquel un antisémitisme endémique et virulent devient inévitable. (Ainsi pourrait s'expliquer le fait que les Juifs trouvaient plus facilement des concours en Bulgarie ou en Yougoslavie, par exemple, qu'en Hongrie ou en Roumanie.) Venait s'y ajouter dans chaque pays le degré d'assimilation et d'intégration des masses juives (que pour une grande partie les Juifs formaient encore dans les pays de l'Est une classe à part ne peut guère être discuté), qui était à son tour essentiellement fonction du niveau général de la culture et du développement économique. Il y a lieu encore de tenir compte de la politique propre poursuivie par les gouvernements satellites, de l'action, très différente suivant les pays, exercée par le clergé… Infiniment variés, plongeant pour une part dans la nuit des temps, tous les facteurs sont malaisés à énumérer. Quels qu'ils aient été, dans leur importance respective, leur produit colorait d'une nuance tragique supplémentaire l'agonie des Juifs dans l'Est de l'Europe : l'indifférence des masses populaires, parfois mélangée d'une sourde satisfaction, lui servait de toile de fond.

*

Nous avons déjà dit que les réactions furent très différentes dans les pays de l'Occident. Dans ces pays de vieille civilisation européenne, la compassion était générale à leur égard, et le rejet de la bestiale variante hitlérienne de l'antisémitisme, quasi unanime. Une aide agissante était apportée aux Juifs de tous les côtés, aussi bien par de simples particuliers que par de nombreux fonctionnaires et d'encore plus nombreux ecclésiastiques ; de véritables réseaux de sauvetage furent progressivement constitués — en sorte qu'il n'en est guère, parmi les survivants, qui ne doivent à quelque moment liberté et vie au geste ou à l'acte accompli par un concitoyen non juif. C'est cette attitude, en fin de compte, qui constitue la raison essentielle d'une proportion de survivants bien plus considérable.

Et cependant, ces survivants sont sortis de l'épreuve avec des sentiments mélangés. Car le souvenir de la ségrégation artificielle demeure, renouant avec des errements que les Juifs voulaient croire éteints, aussi impossible à effacer dans les consciences que la vision des danses du scalp auxquelles se livraient les traîtres et collaborateurs de tout poil, minorités petites en nombre, mais d'une virulence extrême. Des constellations de noms illustres, les gloires nationales installées au service des régimes nouveaux, ne semblaient-elles pas y prêter leur appui ? Rafles et arrestations n'étaient-elles pas le fait de la police locale, servante placide de la loi et de la nation ? Le premier émoi passé, la population ne tendait-elle pas à se désintéresser, en butte à ses propres soucis, d'un état de choses tacitement accepté[1] ? Ces questions, l'exacerbée sensibilité juive est prompte à les poser. Et la question demeure de savoir si, quelque autre minorité arbitrairement choisie ayant été visée, les sympathies qui lui auraient été prodiguées n'auraient pas été plus fortement exprimées, plus nettes et plus agissantes encore.

Sous nos longitudes, la « question juive », ne répondant plus à des antagonismes ou conflits d'intérêts positifs, privée de ses bases réelles, n'exprime qu'un problème au premier chef psychologique. Ce complexe, les persécutions possédaient toutes les qualités requises pour l'envenimer. Par un mécanisme inéluctable, elles enfonçaient plus profondément le coin entre une majorité qui, heureuse d'être épargnée, acceptait progressivement le fait

1. « La population hollandaise s'est habituée aux déportations. Elle ne cause plus de difficultés », notait le 16 novembre 1942, Bene, le représentant de Ribbentrop aux Pays-Bas. Antérieurement (le 31 juillet 1942, c'est-à-dire lors du début des déportations) il avait signalé à son ministre « l'excitation populaire qu'on pouvait observer, notamment à Amsterdam ». Et le 30 avril 1943, Bene note à nouveau : « A l'exception d'amis provenant de mariages mixtes, la population ne s'intéresse plus aux déportations, dont elle a pris son parti. Parfois, les milieux auparavant pro-juifs se mettent en peine pour obtenir les appartements des Juifs évacués » (NG 2631).

accompli, et une minorité amère et méfiante ; et le contraste s'alimentait de lui-même, par un va-et-vient de chocs en retour. Les troubles réminiscences archaïques associées à l'idée du Juif revenaient à la surface devant la nouvelle infortune d'Israël, étalée sur quatre interminables années. Car le commun des hommes est ainsi fait que si la vue d'un subit désastre émeut et provoque une pitié agissante, la contemplation d'une souffrance prolongée finit par irriter et par lasser. Insensiblement on tend à se désolidariser du réprouvé, marqué du signe évident du châtiment et du malheur. (Ainsi voit-on les foules se porter au secours de l'homme poursuivi par la police ; et s'écarter sur le passage du condamné qui sort de geôle ; on ne se soucie guère de connaître son crime, les portes se ferment devant lui, il est relégué au ban de la société.) De sourdes hostilités ancestrales se ranimaient de la sorte, sur le fond d'une campagne de diffamation poursuivie sans relâche, insinuante et omniprésente, soulevant une attention interrogative jusqu'au sein de milieux traditionnellement indifférents ou réfractaires[1].

---

1. Voici, parmi tant d'autres, un document particulièrement caractéristique à cet égard. Il s'agit d'une supplique collective adressée, en 1941, au maréchal Pétain par la population de Tournon-d'Agenais, village perdu de Lot-et-Garonne, dont les habitants n'avaient sans doute de leur vie jamais aperçu de Juifs ! La pétition est revêtue de cent quatre-vingt-quinze signatures :

« Nous soussignés, habitants de l'agglomération du chef-lieu de canton de Tournon-d'Agenais (Lot-et-Garonne) avons l'honneur de porter à votre connaissance les faits suivants :

« La population totale de notre petite cité est de 275 personnes et on nous annonce l'arrivée prochaine de 150 Juifs indésirables, qui devront habiter parmi nous en résidence assignée. Tout nous porte à croire que ce renseignement est exact, car on a déjà déposé de la literie et une certaine quantité de paille dans nos établissements publics.

« Nous sommes tous, Monsieur le Maréchal, très fortement émus de cette perspective. L'invasion de 150 Juifs indésirables chez 275 Français au caractère paisible par excellence équivaut à une véritable colonisation et nous appréhendons de voir des étrangers grâce à leur nombre nous supplanter outrageusement.

« Ce sont, nous a-t-on précisé, des indésirables que nous allons recevoir. Ils le sont au même titre pour tous les Français sans nul doute et ne sauraient l'être moins pour nous que pour les régions qui s'en débarrassent.

« Cent cinquante indésirables peuvent à la rigueur passer presque inaperçus au milieu de plusieurs milliers d'habitants. Leurs présences deviennent intolérable et dégénère en brimade, pour une population qui est moins du double qu'eux et se trouve astreinte de ce fait à une promiscuité pour ne pas dire à une cohabitation révoltante.

À leur retour après la Libération, impatients de retrouver leur condition ancienne, de regagner leurs foyers et de reprendre leurs biens, les Juifs se heurtèrent à l'opposition acharnée d'un corps constitué de successeurs installés à leurs places (ainsi que l'avaient prévu les machiavéliques calculs nazis[1]). Ainsi, et quelles qu'aient été les innombrables marques de bienveillance et de solidarité prodiguées au cours des années de vicissitudes, son sort d'éternel proscrit était durement rappelé au peuple d'Israël.

« Fidèles à notre réputation d'hospitalité, nous avons accueilli de notre mieux des Sarrois, des Espagnols, puis des Français malheureux des pays envahis et des Lorrains chassés de leurs foyers, mais nous ne pouvons que protester avec la plus farouche énergie contre l'occupation injustifiée de nos immeubles, par un lot d'individus indésirables que d'autres villes ou villages ont impitoyablement rejetés.

« En outre, nous n'avons à Tournon ni eau, ni cabinets d'aisance. Nous n'avons pas non plus de marché pour notre approvisionnement et les trois petits restaurants qui s'y trouvent alimentent actuellement à grand-peine les quelques clients de passage qui s'y présentent occasionnellement.

« Les questions d'hygiène et d'alimentation doivent certainement tenir une très grande place dans les préoccupations de votre administration ; elles s'allient ici, d'une façon étroite et la plus intime, avec la question morale, ethnique et vraiment français.

« Connaissant votre paternelle sollicitude à l'égard de tous nos intérêts, nous sommes sûrs, Monsieur le Maréchal, qu'il vous suffira de connaître la pénible et injuste perspective qui nous menace, pour que vous provoquiez des ordres susceptibles de nous en épargner la douloureuse réalisation.

« Cependant nous nous rendons bien compte que des Juifs sont des humains comme nous, qui, un jour, sont obligés de trouver leur gîte quelque part. – Si, dans votre sagesse, vous estimez que le bien supérieur de l'État exige de nous le sacrifice de les supporter, nous nous résignerons, mais non sans une incommensurable amertume ; en vous demandant s'ils ne vous seraient pas possible de nous atténuer ce pénible contact, en les logeant dans un camp séparé près d'une source, ou d'un petit ruisseau (il en existe dans notre commune) où toutes les questions de surveillance, d'hygiène et de ravitaillement pourraient être avantageusement résolues, pour les hôtes qui nous sont imposés par le malheur, aussi bien que pour nous-mêmes.

« Dans cet espoir nous vous prions, Monsieur le Maréchal, de daigner agréer l'expression de notre sincère reconnaissance, avec l'assurance de notre respectueux dévouement. »

1. Cf. le rapport déjà cité (pp. 100-101) du docteur Knochen, chef des services de police allemande en France : « Il a été constaté qu'il est presque impossible de cultiver chez les Français un sentiment antijuif qui reposerait sur des bases idéologiques, tandis que l'offre d'avantages économiques susciterait plus facilement des sympathies pour la lutte antijuive (l'internement de près de 100 000 Juifs étrangers habitant Paris donnerait à de nombreux Français l'occasion de se hisser des couches inférieures aux classes moyennes). »

De l'Italie à la Norvège, les réactions populaires dans les pays de l'Ouest furent-elles partout les mêmes ? Évaluer des comportements collectifs est une délicate entreprise ; et ces événements sont trop récents encore, trop rapprochés de nous, pour faciliter les jugements définitifs. Mais si on se livre à une comparaison rapide, on croit apercevoir nettement que les petits peuples pacifiques, aux vieilles traditions démocratiques, furent ceux à réagir avec le plus de fermeté et d'unanimité. Ainsi les Pays-Bas, où les premières déportations, en février 1941, suscitèrent un émoi tel que, chose inconcevable sous la botte nazie, une grève générale de plusieurs jours se déclencha spontanément à Amsterdam ; ou le Danemark, où les déportations furent déjouées avec la collaboration active de la population tout entière, où, nous l'avons vu, les Allemands n'osèrent pas imposer l'étoile jaune aux Juifs, à la suite de l'attitude du roi Christian X. (Rappelons aussi que dans la lointaine et petite Bulgarie, de vastes manifestations populaires eurent lieu lors des déportations, aux cris de : « Nous voulons que les Juifs reviennent ! ») Ainsi, ces faibles pays, que leur histoire même avait harmonieusement mis à l'abri des excès et tentations impérialistes, auront donné au monde une fois de plus la preuve de leur maturité et de leur équilibre.

Les Églises chrétiennes. Dogmes et réalité.

Réaction spontanée des consciences indignées : le commandement qui poussait les masses populaires à s'émouvoir du sort des persécutés était essentiellement de nature morale. La prise de position des autorités spirituelles établies ne pouvait donc manquer de constituer sous ce rapport un facteur déterminant. C'est dire toute l'importance de l'attitude des Églises, seules hiérarchies morales dont l'influence, loin de décroître, s'était renforcée sous la tornade, et précisément dans cette question, d'autant plus écoutées, que la représentation populaire du Juif, telle qu'elle s'était décantée au cours des siècles, reste toujours associée dans l'esprit au premier impact des Evangiles et de l'enseignement chrétien.

À cet égard, un champ d'action particulièrement vaste s'ouvrait au monolithe de l'Église catholique, à laquelle étaient rattachées (l'URSS exceptée) plus des trois quarts des populations de l'ensemble des pays subjugués. En des temps révolus, au cours du Moyen Âge, l'attitude du catholicisme envers les Juifs comportait deux aspects, et la doctrine officielle, telle qu'elle a été articulée par saint Thomas d'Aquin, tout en prescrivant d'une part de protéger la vie des Juifs, approuvait de l'autre toutes les mesures d'exactions et d'abaissement à leur égard. S'il est vrai que les papes et les princes de l'Église s'opposèrent maintes fois, au nom de la charité chrétienne, aux massacres des Juifs, il est également vrai que ses théologiens et ses penseurs acceptaient comme naturelle et salutaire leur condition particulière[1]. Précurseur de l'étoile jaune, le port de la « rouelle » ne fut-il pas introduit en 1215 par le concile de Latran ? C'est que, face à l'Église Triomphante, un rôle particulier revenait à la Synagogue Voilée[2] ; les Juifs abaissés et humiliés étaient les témoins tangibles de la vérité de la Foi, de la grandeur et de la réalité des dogmes. Ainsi donc, une volonté soutenue d'abaissement d'une part, le principe de l'intangibilité des vies juives de l'autre, caractérisaient de tous temps l'action de l'Église catholique. Impossible compatibilité, sans cesse mise

---

1. Voici comment saint Thomas d'Aquin résumait la doctrine générale, dans une réponse à la duchesse de Brabant, qui lui demandait « dans quelle mesure elle pouvait exercer des exactions contre les Juifs » :

« ... bien que, selon les lois, les Juifs sont promus par leur propre faute à la servitude perpétuelle, et que les seigneurs peuvent considérer comme leurs tous leurs biens terrestres, compte tenu de cette réserve que l'indispensable à la vie ne leur soit pas retiré – (...) il semble que l'on doit s'en tenir à ne contraindre les Juifs à aucune servitude dont ils n'auraient pas fait l'objet les années passées, car c'est ce qui sort des usages qui trouble le plus les esprits. En vous conformant à de tels principes de modération, vous pouvez suivre les usages de vos prédécesseurs en ce qui concerne les exactions à exercer à l'égard des Juifs, à condition cependant que rien ne s'y oppose par ailleurs »(470 bis).

2. Opposition Église Triomphante-Synagogue Voilée ; c'est le thème qu'on retrouve sur le fronton de mainte cathédrale, où l'Église est représentée sous les traits d'une jeune femme resplendissante, tandis qu'une autre figure, portant un bandeau sur les yeux, personnifie la Synagogue.

en question au cours de siècles de massacres, et dont il appartenait à notre âge de faire éclater les contradictions profondes !

Empressons-nous de dire tout de suite que, face à la terreur hitlérienne, les Églises déployèrent sur le plan de l'action humanitaire immédiate une activité inlassable et inoubliable, avec l'approbation ou sous l'impulsion du Vatican. Nous manquons d'éléments pour parler des instructions précises communiquées par le Saint-Siège aux Églises des différents pays : mais la concordance des efforts entrepris à l'heure des déportations établit que de telles démarches eurent lieu. Nous avons eu l'occasion de mentionner l'intervention du clergé slovaque[1], qui, ainsi que le précise le rapport allemand qui traite de cette question, agissait sous l'influence du Saint-Siège. En Pologne, on trouve un écho d'une telle prise de position du Vatican dans les considérations développées en privé par Mgr Szepticki, métropolite de l'Église catholique uniate de Galicie[2], suivant lesquelles « l'extermination des Juifs était inadmissible ». (Un des témoins de cet entretien confidentiel s'était empressé d'en faire part aux Allemands, en ajoutant : « Il (le métropolite) formule les mêmes pensées que les évêques français, belges et hollandais, comme s'ils avaient tous reçu du Vatican des instructions identiques[(471)]. ») Encore que dans les pays de l'Est, conformément en ceci à la mentalité ambiante, l'attitude du clergé fût infiniment moins combative qu'à l'Ouest, où nombre de prélats, en France, aux Pays-Bas et ailleurs, ne se contentant pas de démarches prudentes et diplomatiques, firent dire publiquement des prières pour les Juifs. — Dans ce même ordre d'idées, la série des cahiers de *Témoignage chrétien*, perpétuant dans la clandestinité la tradition d'un Charles Péguy, et barrant le chemin à la contagion raciste, sous l'exergue « France, prends garde de perdre ton âme », appartient certainement aux pages les plus belles de la Résistance française. — Ajoutons que, dans sa cité,

1. Cf. p. 217.
2. L'Église catholique uniate (ruthénienne) est soumise à l'autorité suprême du Saint-Siège aussi inconditionnellement que les autres églises catholiques, dont elle ne se distingue que par quelques particularités de rite (liturgie en ancien slavon, etc.).

le Saint Père en personne accordait aide et protection à des dizaines de Juifs romains : de même lorsque en octobre 1943 les Nazis imposèrent une contribution exorbitante à la communauté juive de Rome, il offrit quinze kilos d'or afin de parfaire la somme.

Cette activité humanitaire du Vatican se poursuivait nécessairement d'une manière prudente et discrète. L'immensité des intérêts dont le Saint Père avait la charge, les puissants moyens de chantage dont disposaient les Nazis à l'échelle de l'Église universelle, contribuaient sans doute à l'empêcher de prononcer en personne cette protestation solennelle et publique qui, cependant, était ardemment attendue par les persécutés. Il est pénible de constater que tout le long de la guerre, tandis que les usines de la mort tournaient tous fours allumés, la papauté gardait le silence : il faut toutefois reconnaître qu'ainsi que l'expérience l'a montré à l'échelle locale, des protestations publiques pouvaient être immédiatement suivies de sanctions impitoyables. (C'est ainsi qu'aux Pays-Bas, les Juifs convertis au catholicisme furent déportés en même temps que les autres, à la suite d'un mandement épiscopal rendu public dans les Églises catholiques, tandis qu'un sursis fut accordé aux Juifs protestants, l'Église protestante s'étant abstenue de protester publiquement. Sursis, il est vrai, de peu de durée ; quelques mois plus tard, ils partageaient le sort commun.) Qu'aurait été l'effet d'une condamnation solennelle prononcée par l'autorité suprême du catholicisme ? La portée de principe d'une attitude intransigeante en la matière aurait été immense : quant à ses conséquences pratiques immédiates et précises, tant pour les œuvres et institutions de l'Église catholique que pour les Juifs eux-mêmes, c'est une question sur laquelle il est plus hasardeux de se prononcer.

À ce propos, est-il toutefois possible d'admettre que l'attitude de Pie XI auteur de la célèbre encyclique *Mit Brennender Sorge*, aurait été plus rigide en la matière que celle de son successeur ? Parmi tant d'autres, c'est à un tel parallèle que s'est livré von Weizsäcker, ambassadeur du IIIe Reich près du Saint-Siège, lorsqu'il rendait compte des réactions suscitées au Vatican par les déportations massives des Juifs de Rome. Dans un premier rapport daté du 17 octobre 1943, il met en garde son gouvernement : « ... On dit que les évêques des villes françaises, où des incidents analogues s'étaient produits, auraient pris nettement position. Le Pape, en sa qualité de chef suprême de l'Église et d'évêque de Rome, ne saurait se montrer plus réservé qu'eux. On fait également un parallèle entre le tempérament plus prononcé de Pie XI et celui du pape actuel... » Dans un deuxième rapport, daté du 28 octobre, Weizsäcker se félicite en constatant que ses appréhensions avaient été vaines : « ... Bien que pressé de toutes parts, le Pape ne s'est laissé entraîner à aucune réprobation démonstrative de la déportation des Juifs de Rome. Encore qu'il doive s'attendre à ce que cette attitude lui soit reprochée par nos ennemis et qu'elle soit exploitée par les milieux protestants des pays anglo-saxons dans leur propagande contre le catholicisme, il a également tout fait dans cette question délicate pour ne pas mettre à l'épreuve les relations avec le gouvernement allemand... »[1]

---

1. Le premier rapport de Weizsäcker avait été suscité par une lettre que le recteur de l'Église catholique allemande à Rome avait adressée au comandant militaire de la ville. Voici le texte des documents successifs :

TÉLÉGRAMME AU SECRÉTAIRE D'ÉTAT KEPPLER

Rome, le 16 octobre 1943.

L'évêque Hudal, recteur de l'Église catholique allemande à Rome, vient de s'adresser par lettre au général Strahls, commandant de la ville. J'y relève ce passage :
« Je me permets de parler encore d'une affaire très urgente. Un service haut placé du Vatican faisant partie de l'entourage immédiat du Saint Père vient de m'apprendre que les arrestations de Juifs de nationalité italienne ont commencé ce matin. Dans l'intérêt de la bonne entente entre le Vatican et le haut commandement militaire allemand, qui a toujours existé jusqu'ici et qui est due en premier lieu à la perspicacité politique et la magnanimité de Votre Excellence – ce qui la fera entrer un jour dans les annales de l'histoire romaine – je vous prie instantanément de donner l'ordre de mettre fin immédiatement à ces arrestations tant à Rome que dans ses environs ; sinon, je crains que le Pape ne prenne publiquement position contre ces arrestations, ce qui donnerait une arme à la propagande que nos ennemis mènent contre nous autres Allemands. »

Signé : GUMPERT.

Si à l'heure où les SS faisaient la loi à Rome, une prudence et vigilance extrêmes s'imposaient nécessairement au Saint-Siège, on conviendra aussi que la lecture de tels rapports n'était guère de nature à refréner l'ardeur meurtrière des maîtres du IIIe Reich...

Mais une question plus vaste encore vient se greffer sur ces considérations, qu'il importe également d'examiner. Nous avons vu que, nécessairement, les déportations et massacres étaient précédés par un ensemble de mesures de ségrégation et de discrimination, par des « Statuts des Juifs » introduits dans les différents pays

TÉLÉGRAMME AU SECRÉTAIRE D'ÉTAT KEPPLER

Rome (Vatican), le 17 octobre 1943.

Je suis en mesure de confirmer la réaction du Vatican en réponse à l'évacuation des Juifs de Rome (cf. compte rendu télégraphique du service de Rahn du 16 octobre). La Curie est particulièrement consternée, vu que les faits se sont produits pour ainsi dire sous les fenêtres du Pape. La réaction serait peut-être atténuée si les Juifs étaient employés au travail en Italie même. Les milieux qui nous sont hostiles à Rome tirent profit de cet événement pour forcer le Vatican à sortir de sa réserve. On dit que les évêques de villes françaises, où des incidents analogues s'étaient produits, auraient pris nettement position. Le Pape, en sa qualité de chef suprême de l'Église et d'évêque de Rome, ne saurait se montrer plus réservé qu'eux. On fait également un parallèle entre le tempérament plus prononcé de Pie XI et celui du Pape actuel.

La propagande de nos ennemis à l'étranger s'emparera sans doute également de cet incident pour troubler les relations pacifiques que nous entretenons avec la Curie.

Signé : WEIZSÄCKER.

AMBASSADE ALLEMANDE AUPRÈS DU SAINT-SIÈGE.

Références : le télégramme n° 147 du 17 octobre courant.

Rome, le 28 octobre 1943.

Bien que pressé de toutes parts, le Pape ne s'est laissé entraîner à aucune réprobation démonstrative de la déportation des Juifs de Rome. *Encore qu'il doive s'attendre à ce que cette attitude lui soit reprochée par nos ennemis et qu'elle soit exploitée par les milieux protestants des pays anglo-saxons dans leur propagande contre le catholicisme,* il a également tout fait dans cette question délicate pour ne pas mettre à l'épreuve les relations avec le Gouvernement allemand et avec les milieux allemands de Rome. *Comme il n'y aura sans doute pas lieu d'attendre d'autres actions allemandes à Rome contre les Juifs,* on peut compter que cette question désagréable pour les relations entre l'Allemagne et le Vatican est liquidée.

par les gouvernements plus ou moins asservis de l'époque ; nous avons également vu que si ces gouvernements reculaient devant les conséquences dernières et la « solution finale », c'est de leur plein gré par contre et de propos délibéré qu'ils adoptaient une telle législation, tendant à replonger les Juifs dans une situation analogue à leur condition moyenâgeuse. Quelle fut l'attitude du Saint-Siège en face de ces mesures — compte tenu de ce que jusqu'en 1942, leurs conséquences inéluctables, telles qu'elles sont aujourd'hui connues de nous, étaient encore ignorées ?

Certes, aussi inhumaines qu'aient été ces dispositions prises en elles-mêmes, elles n'étaient pas de nature à susciter dans les consciences le même émoi que leur atroce aboutissement. Mais cela permettait-il d'en prendre son parti ? Les représentants les plus éminents de l'Église catholique en France avaient tenu à formuler, d'une manière parfois très explicite[1], leur désapprobation à l'égard des « Statuts des Juifs » de juin 1941. Par contre, il existe

*De toute façon, un certain signe de cet état de choses se voit dans l'attitude du Vatican. L'*Osservatore Romano *a en effet publié en bonne place dans son numéro du 25-26 octobre un communiqué officieux sur l'activité charitable du Pape. Ce communiqué, qui emploie le style propre au Vatican, c'est-à-dire un style très contourné et nébuleux, déclare que le Pape fait bénéficier tous les hommes, sans distinction de nationalité, de race, ni de religion, de sa sollicitude paternelle. L'activité multiple et continuelle de Pie XII se serait encore accrue ces derniers temps du fait des souffrances plus grandes de tant de malheureux.*

Il y a d'autant moins d'objections à élever contre les termes de ce message, dont je joins une traduction, que seul un nombre restreint de personnes y reconnaissent une allusion spéciale à la question juive.

Signé : Weizsäcker (NG 5027).

1. La faculté de théologie catholique de Lyon, dans une déclaration du 17 juin 1941, largement diffusée, protestait contre le « Statut » dans les termes suivants :

« La loi de juin 1941 sur le Statut des Juifs est blessante à l'égard de toute une catégorie de Français, les Israélites, qu'elle tend à signaler à l'opinion publique comme étant spécialement responsable des malheurs de la nation, en faisant d'eux des suspects.

« Elle est injuste à l'égard des Israélites français en ce que, par ses effets rétrospectifs, elle répudie les engagements de la France à leur égard.

« Elle est blessante à l'égard des Israélites qui ont récemment adhéré à une confession chrétienne ainsi qu'à l'égard des autorités ecclésiastiques, par le discernement qu'elle opère en pratique entre les baptêmes reçus avant et les baptêmes reçus après le 25 juin 1940, ces derniers se trouvant frappés d'une suspicion de déloyauté qui tend à créer, dans la communauté chrétienne, une catégorie de chrétiens suspects.

un témoignage d'après lequel ce Statut n'aurait soulevé aucune réprobation au sein des milieux du gouvernement suprême de l'Église. Léon Bérard, ambassadeur de Vichy au Saint-Siège, fut en effet expressément chargé par le maréchal Pétain de s'assurer des dispositions romaines en la matière, et son rapport, soigneusement vérifié, prétend-il, et qu'il mit plusieurs semaines à élaborer, précise que le « statut » ne soulevait, du point de vue catholique romain, nulle critique ou réprobation que « nulle querelle » n'allait être intentée par le Vatican à ce propos.

On trouvera en note les passages essentiels de ce rapport[1].

« La détermination du Juif par le critère religieux établit entre Français une discrimination fondée sur l'appartenance à une religion reconnue par l'État français avant la loi de séparation. Une pareille discrimination, qui est contraire à la tradition française établie depuis un siècle et demi, ne l'est pas moins au principe que « nul ne peut être inquiété pour ses opinions religieuses ». »

Peu après, le 25 juillet 1941, les cardinaux et les archevêques de France réunis à Paris publiaient une déclaration rédigée par le cardinal Suhard, où était insérée la phrase suivante : « Le sens du respect de la personne humaine, de sa dignité, de ses libertés essentielles, réprouve toute injustice, tout excès envers qui que ce soit en professant une charité universelle, celle du Christ, qui doit s'étendre à tous les hommes. »

1. Monsieur le Maréchal,

Par votre lettre du 7 août 1941, vous m'avez fait l'honneur de me demander certains renseignements touchant les questions et les difficultés que pouvaient soulever, du point de vue catholique romain, *les mesures que votre gouvernement a prises à l'égard des Juifs*. J'ai eu l'honneur de vous adresser une première réponse où je constatais que jamais il ne m'avait été rien dit au Vatican qui supposât, de la part du Saint-Siège, une critique ou une désapprobation des actes législatifs et réglementaires dont il s'agit. Maintenant, je puis affirmer, en outre, qu'il n'apparaît point que l'autorité pontificale se soit à aucun moment occupée ni préoccupée de cette partie de la politique française et qu'aucune plainte ou requête venue de France ne lui en a, jusqu'à présent, donné l'occasion.

J'ajoutais, dans ma précédente lettre, qu'il me faudrait quelque temps, en raison des habitudes romaines, pour réunir les éléments d'une réponse fondée et complète. Je n'ai encore pu me procurer les textes organisant le statut des Juifs dans l'État fasciste, ce qui s'explique aisément quand on sait que nous n'avons ici aucune relation directe avec les autorités italiennes. J'espère recevoir un de ces prochains jours ces documents. Mais je me trouve dès à présent en mesure de traiter le sujet principal qui m'est indiqué par votre lettre du 7 août : la position du Saint-Siège devant le problème juif avec examen des contradictions ou divergences qui pourraient se constater entre les enseignements de l'Église sur cette question et la législation fasciste d'une part, la législation française de l'autre.

Or, s'il est toujours loisible de supposer que le diplomate de Vichy alla chercher ses informations auprès des prélats qu'il se savait favorables et qu'il les interpréta de manière à incommoder le moins possible le maître qu'il servait, il n'en reste pas moins qu'un tel rapport aurait été impossible si son auteur avait eu à faire face à une désapprobation formelle et franche du pape... Il n'appartient pas à un auteur israélite de se prononcer au sujet des dogmes séculaires d'une autre religion ; mais devant l'immensité

La matière est complexe. Pour donner à mon exposé autant de clarté et de précision qu'il me sera possible, je vous demanderai, Monsieur le Maréchal, la permission d'y marquer par des rubriques et des paragraphes l'ordre que je crois utile de suivre et les divers points sur lesquels a porté mon enquête. Je n'y affirmerai rien qui n'ait été par moi vérifié auprès de représentants très autorisés du Gouvernement de l'Église.

A. – L'ÉGLISE ET LE RACISME

Il y a une opposition foncière, irréductible, entre la doctrine de l'Église et les théories « racistes ». L'Église, par définition universelle, professe l'unité du genre humain. Un même rédempteur est mort pour tous les hommes ; l'Évangile s'adresse et sera annoncé à « toute créature ». Tout être humain a une âme immortelle, assistée de la même grâce et appelée au même salut que celle de tous ses semblables. C'est par là qu'il se trouve constitué en dignité ; là est le fondement de ses droits, dont ses devoirs sont la mesure. Toutes ces propositions demeurent incompatibles avec une conception qui fait dériver de la conformation du crâne et de la qualité du sang et les aptitudes et la vocation des peuples, leur religion même, pour établir finalement une hiérarchie des races, au sommet de laquelle apparaît une race pure ou royale que l'on nomme « aryenne ».

(... ... ...)

B. – L'ÉGLISE, LE PROBLÈME JUIF ET L'ANTISÉMITISME

On chercherait vainement à extraire du droit canonique, de la théologie, les actes pontificaux, un ensemble de préceptes qui ressemblât à une législation sur le judaïsme et la religion judaïque. On n'y trouverait même pas facilement, en telle matière, un corps de doctrine aux contours bien arrêtés.

Le principe qui apparaît d'abord, et comme le plus certain, c'est qu'aux yeux de l'Église, un Juif, qui a reçu valablement le baptême, cesse d'être juif, pour se confondre dans le « troupeau du Christ ». Toutefois, il ne faudrait pas se hâter d'en conclure que, pour l'Église, la religion soit la seule chose qui distingue Israël au milieu des nations. Elle ne considère pas du tout les Juifs constituent une simple « famille spirituelle », comme celles que composent chez nous, par exemple, les catholiques et les chrétiens « réformés ». Elle reconnaît que parmi les traits distinctifs de la communauté israélite, il entre des particularités, non pas *raciales*, mais *ethniques*. C'est ce qu'elle a depuis longtemps discerné, et toujours elle en a tenu compte.

des conséquences, on ne peut s'empêcher d'être profondément troublé.

Qu'on ne se méprenne pas sur le sens de notre émoi. Nous n'admettons pas qu'il y eût, fût-ce une trace d'antisémitisme dans la pensée du pape. Si, contrairement à tant d'évêques français, il n'avait pas élevé la voix, c'est que sans doute sa juridiction s'étendait à l'ensemble de l'Europe, et qu'il avait à tenir compte non seulement des graves menaces suspendues au-dessus de l'Église, mais aussi de l'état d'esprit de ses fidèles dans tous les pays. Le penseur catholique Jacques Madaule a fait observer que « l'Église est une démocratie », « qu'il est à peu près impossible que le pape se prononce s'il n'y est poussé par une espèce de grand mouvement d'opinion qui vient de la masse et qui doit remonter des fidèles aux prêtres[472] ». On peut admettre que si le pape est resté inactif, c'est qu'il ne se sentait pas assuré de ce « grand mouvement d'opinion

Nous savons par l'histoire générale que l'Église a souvent protégé les Juifs contre la violence et l'injustice de leurs persécuteurs et qu'en même temps elle les a relégués dans les ghettos. Un de ses plus grands docteurs, saint Thomas d'Aquin, a laissé des enseignements qui rendent compte de cette attitude. Il a traité incidemment, mais en termes fort nets, du problème juif dans la *Somme théologique*, Question 10 de la II a et II ae, art 9, 10, 11 et 12. Voici un résumé de sa doctrine : Il faut se montrer tolérant envers les Juifs quant à l'exercice de leur religion ; qu'ils soient à l'abri des contraintes religieuses ; que l'on ne baptise pas leurs enfants par force, sans le consentement des parents. D'autre part, tout en proscrivant toute politique d'oppression envers les Juifs, saint Thomas n'en recommande pas moins de prendre, à leur égard, des mesures propres à limiter leur action dans la société et à restreindre leur influence. Il serait déraisonnable de leur laisser, dans un État chrétien, exercer le gouvernement et réduire par là à leur autorité les catholiques. D'où il résulte qu'il est *légitime de leur interdire l'accès des fonctions publiques ; légitime également de ne les admettre que dans une proportion déterminée dans les Universités* (numerus clausus) *et dans les professions libérales*.

En fait, cette pratique a été très strictement suivie au moyen âge. Un *concile du Latran* prescrit à cette fin que les Juifs se distinguent des chrétiens par une *particularité de leur habillement*.

Ernest Renan s'est peut-être montré bon thomiste et fidèle à ses cahiers de Saint-Sulpice lorsqu'il a dit, quelque part, que, si les Juifs avaient connu tant d'épreuves au cours de leur histoire, cela tenait à ce que dans tous les pays où ils se sont établis ils ont réclamé le bénéfice du droit commun et quelques privilèges particuliers, de surcroît ...

Il nous serait dès à présent possible, à l'aide des données qui précèdent, d'apprécier si le statut des Juifs, promulgué par l'État français, s'oppose ou non – et en quels points il s'opposerait – aux principes catholiques.

(... ... ...)

qui vient de la masse ». Mais il en découlerait alors — et c'est là que réside la gravité du problème — que le silence du Vatican ne faisait que refléter les dispositions profondes des masses catholiques d'Europe. On croit voir s'illuminer ainsi une essentielle toile de fond, et déceler à l'arrière-plan des séquences causales qui ont abouti au génocide, son ultime condition nécessaire... Un catéchisme inculqué des siècles durant à tous les enfants chrétiens ne leur apprenait-il pas que les Juifs, meurtriers de Jésus sont damnables ? Une prière dite le Vendredi saint ne parlait-elle pas des « Juifs perfides » et de la « perfidie juive » ? Les prédicateurs, de l'Aigle de Meaux au curé du village, ne les ont-ils pas qualifiés, de génération en génération, de « peuple monstrueux, sans feu ni lieu » ? Hâtons-nous de dire que de nos jours, l'Église catholique a commencé en ce domaine une révision radicale de son enseignement. Le clergé français, en particulier, semble avoir déclaré à l'antisémitisme un combat résolu ; à Rome aussi, à l'heure où nous revisons la nouvelle édition de ce *Bréviaire*, des réformes semblent prochaines. Mais il a fallu Auschwitz pour que tout cela soit entrepris : et qui pourra jamais dire le rôle que de pareilles

Comme quelqu'un d'autorisé me l'a dit au Vatican, il ne nous sera intenté nulle querelle pour le statut des Juifs. Un double vœu cependant m'a été exprimé par les représentants du Saint-Siège, avec le désir visible qu'ils fussent soumis au Chef de l'État français :

1° Qu'il ne soit ajouté à la loi sur les Juifs aucune disposition touchant au mariage. Là, nous irions au devant de difficultés d'ordre religieux. On s'est fort ému, au Vatican, de ce que la Roumanie a adopté, sur ce point capital, des règles de droit inspirées ou imitées de la législation fasciste.

2° Qu'il soit tenu compte, dans l'application de la loi, des préceptes de la justice et de la charité. Mes interlocuteurs m'ont paru viser surtout la liquidation des affaires où des Juifs possèdent des intérêts.

Veuillez m'excuser, Monsieur le Maréchal, de vous avoir si longuement écrit. J'ai obéi au soucis de vous mettre en possession de renseignements aussi clairs et aussi complets qu'il me sera possible sur les divers points que vous avez bien voulu m'indiquer. Dès que j'aurai reçu le texte des lois italiennes, je me mettrai en mesure de compléter cette documentation.

Je vous prie d'agréer, Monsieur le Maréchal, l'hommage de mon profond respect et de mon fidèle attachement.

LÉON BÉRARD.

impressions de prime enfance, profondément gravées dans les esprits, ont pu jouer dans le déroulement des événements qui ont conduit à Auschwitz ?[1]

Certes, le problème ne concerne pas les catholiques seuls, et s'étend à la chrétienté tout entière. Sans remonter au Moyen Âge, il est utile de rappeler qu'il y a quelques décades à peine, des prédicateurs chrétiens d'Allemagne, d'Autriche et d'ailleurs, qu'ils s'appelassent Lüger, Stocker ou Mgr Jouin, étaient les principaux hérauts de l'antisémitisme européen. La graine ainsi semée a proliféré, et les fruits finalement recueillis auraient sans doute vivement surpris ces imprudents pasteurs. Ils étaient inconscients de ce que l'antisémitisme comporte de fondamentalement antichrétien ; l'agressivité destructrice, ou, pour mieux dire, « destructivité », telle que l'exprime le génocide, restait encore bridée chez eux. Les mesures qu'ils préconisaient, ostracisme ou bannissement, n'étaient des meurtres qu'en symbole. Mais lorsque sous l'effet de la prédication nazie les barrières mentales s'affaissèrent, et que la passion génocidale put s'assouvir, alors se révélèrent au grand jour les haines de Dieu sommeillant au cœur des hommes, qui remontaient à la surface par le même mouvement et se donnaient libre essor. Alors fut déclaré à la tradition chrétienne un combat ouvert et implacable. Ainsi, l'universelle iconoclastie hitlérienne n'était qu'un aboutissement logique, venant tragiquement confirmer, par une atroce manipulation *in vivo*, les vues pénétrantes de quelques grands penseurs, d'un Siegmund Freud, d'un Jacques Maritain[(473)] qui, dans l'antisémitisme originel, aperçoivent avant tout la « révolte des mal-baptisés », cabrés contre la Loi morale, une haine frénétique et inavouable du Christ et des Dix Commandements, cherchant furieusement à s'assouvir : et se tournant, seule issue licite et

---

1. (Note de 1974). Ces lignes datent de l'année 1958. Depuis, au-delà des décisions historiques du concile Vatican II, il y a eu dans les pays occidentaux, et notamment en France, une révision si radicale de l'attitude catholique à l'égard des Juifs, que la mise à jour de ce livre m'aurait imposé une assez longue digression. J'ai donc préféré me satisfaire de ce bref rappel.

autorisée, vers le déconcertant peuple de Dieu... Telle serait la *causa specifica*[1] de l'antisémitisme ; ainsi retrouverait-on, par un autre cheminement, le sens profond de l'explosion hitlérienne, s'attaquant aux Juifs en tant que symboles des valeurs établies, qui, toutes, étaient à détruire, et aperçoit-on l'antinomie profonde du calvaire des Juifs, ces premières victimes désignées de l'Antéchrist, sacrifiées pour une cause qui, en dernier ressort, n'était guère la leur...

Tel serait le fond du problème, qu'il ne nous appartient pas de discuter ici. Tout au plus pouvons-nous l'illustrer par ce que nous savons sur quelques grands exterminateurs, sur Himmler, sur Gœbbels, sur Rudolf Hœss, tous issus de familles d'une piété rigoureuse, attirés, éblouis dès leur jeunesse par l'antisémitisme délirant de Hitler, à partir de ce moment attachés à lui corps et âme, partageant dès lors toutes ses visions démesurées, et, libérés de toute entrave, jubilant au défi lancé à la civilisation chrétienne[2]...

---

1. Il est bien évident que nous n'entendons nullement méconnaître le rôle qui revient aux autres causes de tout ordre, dressant les chrétiens contre les Juifs (et vice versa), et qui rentrent dans la catégorie des facteurs habituels de ce que les sociologues dénomment « tensions de groupe ». Conflits d'intérêts économiques, haines nationales et religieuses, hostilité envers l'étranger et ainsi de suite : tous ces facteurs ne suffisent pas à rendre compte de la persistance, de l'intensité, de l'unicité pour tout dire des haines antijuives à travers les âges.

Au cours de l'intéressante discussion à laquelle nous nous sommes déjà référés, M. Jacques Madaule, après avoir constaté : « Il y a partout des minorités, et on n'a jamais vu une sorte de persécution aussi constante et aussi universelle, dont aucune explication profane ne peut rendre compte », faisait part de sa conviction personnelle : « Je crois qu'il y a un mystère de l'antisémitisme qui est le pendant du mystère d'Israël, qui est le revers, si vous le voulez, de l'élection d'Israël et que c'est finalement un problème religieux. »

L'expression « problème religieux » peut se prêter à des interprétations diverses. Peut-être n'est-il pas besoin d'invoquer la volonté de Dieu, en cherchant à saisir les causes d'un phénomène que les secrètes volitions des hommes peuvent suffire à expliquer.

2. Himmler, Gœbbels, Hœss : nous avons cité trois cas de grands exterminateurs en ce qui concerne lesquels nous savons que leur milieu familial était d'une piété catholique rigide. De pareils exemples ne peuvent évidemment avoir qu'une portée illustrative ou indicative. Une enquête plus vaste, qui dépasse nos possibilités, pourrait fournir des résultats instructifs. Hitler lui-même ne paraît pas avoir été soumis à une éducation religieuse particulièrement stricte (cf. sa biographie par Konrad Heiden) ; du reste, vue sous cet angle, la personnalité du Führer, catalyseur des aspirations inconscientes populaires, n'offre qu'une signification secondaire. En ce qui concerne

Généralisation imprudente, nous dira-t-on, à peine étayée par quelques noms pris au hasard ? Versons quelques autres pièces à ce terrible dossier, ce compte rendu d'une action solennelle de grâces, célébrée à l'occasion de la déportation des Juifs dans un couvent franciscain de Hongrie[474] cette observation extraite du rapport d'un « groupe d'action » engagé en Russie :

« Les opinions antisémites, traditionnellement liées à l'orthodoxie de la population, disparaissaient dans la mesure où se propageait l'athéisme. Sur la foi de tous les renseignements recueillis, il est intéressant de constater que les milieux qui, après l'entrée des troupes allemandes, revinrent à l'Église, furent justement ceux à faire preuve en même temps d'une attitude antisémite[475]. »

ou, pour en revenir à l'Allemagne, ces résultats d'une enquête effectuée par les autorités américaines en 1947, et dont il ressort que deux années après l'écroulement de l'hitlérisme, les milieux les plus infestés d'antisémitisme étaient ceux des pratiquants des deux confessions chrétiennes...[476].

Peut-être cependant ces témoignages seront-ils moins accusés en ce qui concerne les pays protestants. Il est vrai que c'est un terrain sur lequel il ne convient de s'avancer qu'avec une prudence extrême Si, par exemple, en France le clergé protestant a témoigné de plus d'ardeur que le clergé catholique, si la proposition d'une démarche énergique commune, formulée par l'Église protestante de France lors des rafles de l'été 1942, fut repoussée par les dignitaires de l'Église catholique[477], il convient de se souvenir aussi

la sinistre figure de Heydrich, issu d'une famille luthérienne, des bruits persistants, et dont nous avons pu recueillir les échos auprès d'anciens fonctionnaires du IIIᵉ Reich (en particulier témoignage de F. Gauss, l'ancien jurisconsulte de la Wilhelmstrasse) lui attribuaient une grand-mère juive. Situation également « classique » pourrait-on dire (cf. aussi les mémoires de l'ancien fonctionnaire du RSHA, Walter Hagen, publiés dans *France-Soir* (18 avril-30 avril 1950) où il est question de la pierre tombale de Sarah Heydrich au cimetière de Leipzig, que son petit-fils aurait fait disparaître).

que les protestants français, eux-mêmes une minorité, ont eux aussi connu des siècles de perquisitions, et que de telles épreuves, victorieusement surmontées, aiguisent la sensibilité aux iniquités. Mais les rites plus épurés du protestantisme, l'absence de cérémonies d'un symbolisme direct, l'absence de cérémonies d'un symbolisme direct, l'étude plus poussée de l'Ancien Testament, paraissent bien de nature à détourner les esprits de se porter vers ce qui est une ligne de moindre résistance...

Les pages qui précèdent ne sont qu'une tentative pour démêler, parmi toute la multiplicité de facteurs qui ont abouti au génocide, ses causes majeures, proches ou lointaines. Rien ne serait plus éloigné de notre but que de faire méconnaître la généreuse activité déployée sur le plan local par le clergé des pays de l'Ouest, et en France en particulier. Ce n'est qu'en haut de l'échelle que le mutisme obstiné du Vatican trouve sa contrepartie dans la prudente réserve d'un cardinal Suhard, archevêque de Paris, et d'autres hauts dignitaires (tandis que les archevêques de Lyon et de Toulouse ainsi que nombre d'évêques font entendre leurs protestations). Le bas clergé, par contre, et les ordres monastiques, rivalisaient de hardiesse et d'ardeur, et furent les principaux animateurs des efforts entrepris pour le sauvetage des Juifs. Des dizaines de prêtres et d'humbles moines payèrent de leur vie leur dévouement. Dans cette œuvre d'amour humaine, on croit retrouver l'empreinte de la pureté intransigeante et de l'élan des premiers martyrs chrétiens...

Réactions juives.

Plus de trois années après la fin de la guerre, les misérables survivants juifs de l'enfer concentrationnaire végétaient encore en Allemagne, derrière les enceintes des camps pour « personnes déplacées ». Aucun pays ne voulait les accueillir ; la Palestine juive, dont les habitants leur tendaient les bras, était gardée par les croiseurs anglais. Allaient-ils se morfondre indéfiniment dans le pays même de leur agonie ? Il fallut la naissance de l'État d'Israël pour mettre un terme au drame.

S'ils n'étaient que quelques milliers, innombrables étaient les Juifs de l'Ouest qui, dans leurs pays libérés, gardaient leurs regards rivés à un destin tragique auquel la fin du IIIe Reich n'avait pas mis un terme, *destin qui aurait pu être le leur*, et qu'ils partageaient par la pensée. De l'Est, cependant, par un filet sans cesse accru, à travers frontières et lignes de démarcation, les Juifs se mettaient en marche, hypnotisés par cet aimant : la Palestine. Les camps d'Allemagne étaient la première étape de leur voyage : de leur propre gré, ils y venaient rejoindre leurs frères, pourvu qu'ils pussent s'échapper des pays de leur calvaire.

Ainsi voyons-nous reparaître, exprimée par le comportement même, une différence sur laquelle nous avons insisté déjà, absolument essentielle pour la compréhension du fait juif. Il y a (il y avait, plutôt) le Juif de l'Est, « Juif réel », tranchant sous tous les aspects sur les hommes parmi lesquels il vivait, possédant d'une nationalité définie les principales caractéristiques, véritable citoyen d'un pays immatériel, nourri du souvenir de Sion perdue. Sa persistance à travers les siècles est l'un des problèmes les plus singuliers de l'Histoire, et dont ce que nous avons relaté dans les pages qui précèdent donne une clef au moins partielle. Pâle reflet, homme doublement déraciné, le Juif « assimilé » de l'Ouest n'en est qu'un écho affaibli.

Dans les réservoirs compacts du judaïsme, tels qu'ils se perpétuaient à l'Est européen, l'intensité unique des persécutions séculaires entraînait par réaction un raidissement de la conscience collective juive ; l'adaptation à l'existence se faisait d'après des modes eux aussi en leur genre uniques ; la cohésion interne de la société du ghetto s'accroissait en fonction de l'hostilité externe. La foi des ancêtres, l'enseignement de la Loi, servaient de forme, de guide et de soutien ; et le contenu, l'idée de « l'élection », donnait à ce ciment une solidité inégalable. La fierté secrète d'être le peuple élu a fortifié, à traders les âges, la volonté de vivre du peuple d'Israël : on pourrait même peut-être admettre que par une sourde et imperceptible résonance, en réponse précisément aux haines spécifiques du monde chrétien à l'égard du peuple qui enfanta le Christ, de cette relation unique en son espèce, cette fierté tirait un aliment supplémentaire. Rappelons en cet endroit que la société du ghetto, de tous temps désarmée et aujourd'hui défunte, se caractérisait par une dévotion au Livre et à l'étude, par un renoncement aux ardeurs des instincts, par une spiritualisation en un mot, nulle part ailleurs atteinte... Ainsi persistait en Europe une nation juive, éparpillée à travers les pays de l'Est, ayant depuis plus de cinq siècles en Pologne son centre de gravité.

À l'heure où se consommait sa destruction, les derniers représentants du judaïsme polonais lançaient aux Juifs de Palestine un dernier adieu désespéré. « À la dernière minute avant leur anéantissement total, les derniers survivants du peuple juif en Pologne ont lancé un appel au secours au monde entier. Il n'a pas été entendu. Nous savons que vous, Juifs de Palestine, vous souffrez cruellement de notre martyre incroyable. Mais que ceux qui avaient les moyens de nous aider et ne l'ont pas fait sachent ce que nous pensons d'eux. Le sang de trois millions de Juifs hurle vengeance, et il sera vengé ! Et le châtiment ne frappera pas seulement les cannibales nazis, mais tous ceux qui ne firent rien pour sauver un peuple condamné... que cette dernière voix, sortant de l'abîme, parvienne aux oreilles de l'humanité tout entière[478] ! ... »

Si ces lignes étaient adressées aux Juifs de Palestine, c'est qu'il s'agissait pour leurs auteurs du seul auditoire qu'ils sentaient en communion avec eux, qui présentait pour eux une signification réelle. Signification réelle pour les Nazis aussi : n'est-il pas caractéristique que si les Juifs d'Europe étaient impuissants et désarmés, par rapport à ceux de Palestine les Nazis envisageaient dès 1939 une réciprocité dans les représailles ?[479]. Et le redoutable Eichmann ne s'acharnait-il pas tout particulièrement contre les Juifs sionistes, « ces éléments de haute valeur biologique[480] » ? Ainsi tout naturellement se renouait le cercle, et s'affirmait en Palestine la réalité juive, au moment où agonisaient les Juifs de l'Europe.

De cette agonie, les Juifs tiraient une sommaire et implacable leçon. Le peuple de tout temps désarmé se muait en nation guerrière. La vision d'un récent et hallucinant passé, de ces frères et sœurs qui furent voués à une mort atroce et anonyme, hantait ses combattants, en expliquait la furieuse ardeur. Ainsi le dynamisme juif, traditionnellement réfréné et orienté vers des conquêtes pacifiques, s'exprimait d'une manière directement agressive, faisait étalage d'une violence primaire, de vertus militaires auxquelles il s'était toujours refusé.

Certes, la transplantation y était pour quelque chose, et l'acclimatation au sol, la pratique des travaux manuels. Mais la mutation s'était faite en quelques brèves années, provoquée surtout par des facteurs d'ordre moral, ceux-là mêmes qui présidèrent à la naissance de l'idée sioniste ; activée par le sentiment d'un bloc soudé, d'un support maternel, de Sion enfin reconquise, et recevant de la catastrophe européenne son impulsion définitive. Ainsi se cristallisa en l'espace d'une génération le type d'un Juif tout nouveau au physique et au moral, fruste, primitif, et direct, intimement lié, intégralement solidaire de ses ancêtres, et cependant étrangement différent d'eux. Singulière expérience : appauvrissement, diront les uns, accomplissement, diront les autres ; soulevant l'enthousiasme de tous les Juifs de la dispersion, accueillie même comme un baume lénitif par maint cœur secrètement tourmenté, soulageant quelque peu le « complexe d'infériorité » juif ; infligeant aussi, du coup, un démenti définitif aux théories raciales de toute frappe...

*

Avant de passer maintenant à un examen rapide des réactions des Juifs assimilés de l'Ouest, prenons garde à ce que de telles constatations contiennent nécessairement de schématique. Il y avait dans les grands réservoirs de l'Est des milliers de Juifs entièrement assimilés et détachés du judaïsme ; il y en avait à l'Occident qui demeuraient passionnément attachés aux traditions et formes de vie de leurs ancêtres. Et la question des Juifs de l'URSS est un dramatique chapitre à part. Partout, du reste, l'évolution du destin juif, étroitement liée aux modifications structurales et à la sécularisation du monde moderne, s'orientait dans le même sens, et l'intégration complète à la société environnante semblait poindre à son terme, sans que les témoins se doutent de l'abîme subsistant sous la passerelle hâtivement jetée...

Mais le décalage entre Est et Ouest était tellement important, qu'il semblait correspondre à une véritable différence de nature. Branches détachées du tronc historique traditionnel, les Juifs de l'Ouest, assimilés et profondément intégrés dans leurs pays respectifs, n'avaient bien souvent avec ceux de l'Est que le nom en commun. Le Nom : ce concept qui, pour le cheminement confus de la pensée collective, participe intimement à la chose, et engendre des illusions et des passions lourdes de conséquences terriblement réelles... Ces Juifs s'habillaient, vivaient et pensaient de la même manière que leurs concitoyens. Ils avaient les mêmes intérêts, les mêmes occupations ; les mêmes ambitions aussi, auxquelles venait s'ajouter cette ambition suprême, à eux seuls propre : être partout reconnus et traités comme des hommes intégralement valables et égaux en droit. Dernier vestige d'un passé historique depuis longtemps révolu, leur faculté à exceller dans les métiers commerciaux ou intellectuels servait aux attaques de prétexte facile : attaques d'autant plus dénuées de fondement que depuis longtemps ils ne monopolisaient ni ne dominaient dans aucun. Leur religion même n'était plus pratiquée par eux avec suffisamment de ferveur pour les singulariser sous ce rapport, maintenue qu'elle était par un obscur sentiment de fidélité à soi-même et à sa lignée plutôt que par quelque profond élan mystique. On pourrait parler de « forme faible » du judaïsme, opposée à ses formes fortes, on pourrait dire aussi qu'il s'agit des Juifs « de psychologie », par opposition aux Juifs « réels » de l'Est, en gardant bien présent à l'esprit qu'il ne s'agit pas de psychologie juive seule, mais en premier lieu d'une attitude du monde ambiant, qui, par une prise de position incessante, crée toujours à nouveau et perpétue le type du Juif, lequel, à son tour, est conditionné par l'image qu'on se fait de lui. Car quel autre facteur détermine davantage l'inquiète et douloureuse essence psychique juive (et aussi cette frappante volonté de fidélité à tout prix), sinon le sentiment lancinant d'être à part, d'être dévisagé d'un regard différent, hostile ou curieux ? Cas paradoxal, où une collectivité déjà assimilée, promise, semble-t-il, à se dissoudre, se trouvait définie et maintenue en vie par l'effet d'un pur jeu conceptuel[1]. Mais peut-être, dans nos sociétés sécularisées, ce jeu implacable et subtil serait-il de lui-même arrivé à un terme, s'il n'y avait pas eu la réalité juive de l'Est, agissant aussi bien par l'afflux constant de Juifs intégralement « réels », qu'en vertu du seul poids de son existence. Chez le Juif aussi bien que chez son antagoniste, par mille cheminements divers et contradictoires, la confrontation avec le Juif réel ravivait le souvenir de l'Archétype et les sentiments et émotions associés, image projetée sur l'Européen assimilé, entièrement identique à ses compatriotes, mais qui le transmuait, dirait-on, à vue d'œil lorsqu'elle se posait par surimpression sur lui.

Les grandes haines collectives qui entre-déchirent le monde, qu'elles aient la crainte, la cupidité ou l'appétit de puissance à leur origine, correspondent toujours pour une part à une situation réelle, à des intérêts collectifs précis : ennemi à abattre, richesses à conquérir — servant aussi de noyau autour duquel les instincts d'agressivité et de meurtre viennent s'agglutiner. Seules en leur genre peut-être, les passions antisémites du monde occidental, lorsqu'on cherche à en atteindre le fond, ne permettent guère de déceler aucun support de ce genre. Aussi loin qu'on les sonde, ce ne sont que vestiges archaïques, ressentiments confus, prétextes illusoires. (Et c'est pourquoi leur aboutissement ultime : l'entreprise hitlérienne, était aussi la seule tentative dans l'Histoire de condamner l'homme pour ce qu'il *est*, et non pas

---

1. Nous nous rapprochons ici de la thèse développée par J.-P. Sartre dans ses *Réflexions sur la question juive*. À un point essentiel près : Sartre, tout en faisant au début de son étude cette expresse réserve : « Je limiterai ma description aux Juifs de France » (p. 77), semble étendre par la suite ses conclusions à tous les Juifs sans exception, et finit par dénier au peuple juif en son entier « tout sentiment d'historicité ».

pour ce qu'il *fait* ; pour une entité abstraite, et non pas pour des agissements concrets[1].)

L'absence de toute issue, l'impossibilité de se défendre, étaient en l'espèce une condition indispensable. Bouc émissaire traditionnel, ainsi le Juif servait-il de cible offerte à l'exercice d'une haine à l'état pur, au déferlement d'une agressivité sans aucun rapport réel, et assumait de ce fait un rôle *sui generis* étonnant. Il y répondait par des plaidoyers, des appels à la raison, et nulle réponse ne pouvait envenimer davantage la haine irraisonnée de ses adversaires. Reproche vivant dressé devant la conscience du monde moderne, ainsi se perpétuait-il, n'atteignant nullement à la conscience de sa signification véritable, homme d'abord ardent à vivre, et auquel la plénitude de la vie était refusée.

Ainsi subsistait un lien entre le tailleur d'Anvers, le banquier parisien et le docker de Salonique, lien auquel la sentence hitlérienne, l'identité de destin devant la mort, semblait devoir donner une solidité à toute épreuve. Le traumatisme fut certes de taille, et l'exacerbée sensibilité juive est sortie de l'épreuve plus douloureuse et plus inquiète, plus meurtrie encore. Mais la tourmente une fois passée, il est impossible de déceler une réaction collective d'ensemble. On n'aperçoit qu'une poussière de réactions individuelles : refus du judaïsme, conversions, changements de nom, pour les uns ; élan national juif, émigration en Israël, pour les autres ; aucun choix précis, retour aux errements de l'avant-guerre, pour le plus grand nombre. Peut-être le caractère unique du lien qui unit ces Juifs entre eux impliquait-il qu'il en fût ainsi. Ne reposant sur aucune communauté d'intérêts ou d'idées, à peine sur des souvenirs historiques qui sont surtout des souvenirs d'un long martyre, réaction et non action, ce lien ne saurait donner naissance à une grande résolution collective[2].

1. Cf. les considérations développées par J. Billig dans sa remarquable étude *L'Allemagne et le génocide* (*op. cit.*).

2. (Note de janvier 1974.) J'ai cru pouvoir ne rien changer à cet alinéa, qui me paraît refléter correctement l'état des mentalités, antérieurement à 1967. La « guerre de six jours » de juin 1967 a modifié la situation, en ce sens que la majeure partie, et de loin,

Quoi qu'il en soit, c'est sans doute la réalité de l'État d'Israël qui au cours des années à venir servira de nouveau facteur essentiel dans l'évolution de la question juive. Peut-on même aller jusqu'à avancer, ainsi que certains le font déjà, que maintenant que sont taris les vastes réservoirs juifs de l'Est, et grandes ouvertes les portes du pays d'Israël à tout Juif optant pour la solution sioniste, une séparation nette se fera entre ceux qui choisiront la nationalité juive et partiront et ceux qui, restant dans leur patrie, se détacheront de plus en plus du judaïsme ; que la dispersion touchant ainsi à sa fin, le problème finira par s'éteindre ? Ainsi posée, la question comporte une simplification trompeuse. Elle ne tient nul compte de l'intensité secrète des associations affectives qui y demeurent toujours encore liées parmi les peuples de l'Europe, et par voie de conséquence, chez les Juifs eux-mêmes. Profondément ancrées dans les âmes, ces passions ne paraissent guère prêtes à s'éteindre ou à se résorber. Tant qu'elles subsisteront, il restera des Juifs isolés, et se perpétueront la psychologie et une conscience juives. Mais la réalité juive, elle, a choisi. La création d'une patrie : telle fut sa véritable réponse.

des Juifs de la diaspora, commotionnée par les événements à un degré inattendu, s'est sentie fortement solidaire d'Israël. Une minorité prit la décision d'y émigrer ; en ce qui concerne les autres, il apparaît que l'existence d'un État juif renforce leur sentiment d'une « identité juive », ainsi que du reste je paraissais l'entrevoir dès 1950.

La « guerre du Kipour » d'octobre 1973 a confirmé ces tendances, suscitant par surcroît, en raison des positions adoptées par la plupart des gouvernements européens et autres, un sentiment d'isolement chez de nombreux Juifs de la diaspora.

NOTES

Les documents cités au cours de cet ouvrage sont en majeure partie extraits des archives du Tribunal de Nuremberg (Tribunal militaire international des grands criminels de guerre et Tribunal militaire américain). Ils sont cités sous le numéro de référence qui leur avait été affecté au cours des procès, consistant en une combinaison de lettres et chiffres (par exemple, PS 1061, NG 2586, etc.). Les photocopies de ces documents ont été recueillies aux archives du Centre de Documentation Juive Contemporaine, 17, rue Geoffroy l'Asnier, Paris IVe.

Un certain nombre de documents provenant d'autres sources se trouvent en original aux archives du C. D. J. C. ; en ce cas, ils sont cités sous un numéro de classement consistant en deux chiffres romain et arabe (par exemple, LXXXVIII, 65).

La bibliographie est indiquée suivant les méthodes usuelles.

Notes

CHAPITRE PREMIER

1. *Discours de Julius Streicher au congrès du parti à Nuremberg, septembre 1936.*
2. *Interview accordée à un journaliste anglais* (Sunday Referee, *30 juillet 1933*).
3. HERMANN RAUSCHNING : Hitler m'a dit, *p. 272 ff.*, Ed. « France », Paris, 1939.
4. RAUSCHNING, op. cit., *p. 292.*
5. Idem.
6. PÈRE DE GRANDMAISON : Notions de sociologie.
7. RAUSCHNING, op. cit., *p. 277.*
8. RAUSCHNING, op. cit., *p. 276.*
9. ROBERT KANTERS : Essai sur l'avenir de la religion. *Ed. Julliard, Paris, 1945, p. 107.*
10. RAUSCHNING, op. cit., *p. 274.*
11. *Le document, ainsi que ceux qui suivent, sont cités d'après un recueil nazi de 1933 :* « *La propagande d'atrocités n'est que mensonges, déclarent les Juifs allemands eux-mêmes* » *(B 1220).*
12. J. GŒBBELS : *De l'hôtel Kaiserhof à la Chancellerie : extraits du journal du 1ᵉʳ janvier 1932 au 1ᵉʳ mai 1933.*
13. Nachrichtendienst der N. S. D. A. P., *n° 24, août 1933 (cité d'après un recueil* Collection de documents *publié en Suisse en 1936).*
14. Idem.
15. *Procès-verbal de la réunion du Comité du plan de quatre ans (14 octobre 1938) (PS 1449).*
16. *Rapport secret sur les événements et sur l'instruction du tribunal du parti, relatif aux manifestations antisémites du 9 novembre 1938. Munich, le 13 février 1939 (PS 3063).*
17. *Rapport soumis par Heydrich à Gœring sur les pillages et destructions des 9 et 10 novembre 1938. Berlin, le 11 novembre 1939, (PS 3058).*
18. RAUSCHNING, op. cit., *p. 274.*
19. KARL JASPERS : La Culpabilité allemande. *Ed. de Minuit, Paris, 1948, p. 134.*
20. *Cf. 16 (PS 3063).*
21. *Procès-verbal au conseil des ministres du 12 novembre 1938 (PS 1816).*
22. *Note sur l'accord de transfert (« Haavara-Abkommen »), ministère des Affaires étrangères, Berlin, le 10 mars 1938 (NG 1889).*
23. *La question juive en tant que facteur de la politique étrangère au cours de l'année 1938. Important rapport de quatorze pages du 25 janvier 1939 (PS 3558).*

Chapitre II

24. *Verdict du tribunal international de Nuremberg (vol. I, p. 288).*

25. *Le traitement des populations des anciens territoires polonais conformément aux points de vue raciaux-politiques, par le conseiller Wetzel. Berlin, le 25 novembre 1939 (PS 660).*

26. *Lettre-express (« Schnellbrief ») aux chefs de tous les groupes d'action (« Einsatzgruppen ») de la police de sécurité, signée Heydrich. Berlin, le 21 septembre 1939 (PS 3363).*

27. *Procès-verbal d'une conférence réunie par Heydrich le 30 janvier 1941 (NO 5322).*

28. *Rapport intitulé : « L'Economie de guerre en Pologne en 1939-1940 » (EC 344).*

29. *Extrait d'un discours de Hans Frank (PS 2233).*

30. *Appel anonyme adressé à Lammers, chef de là chancellerie du Reich, et transmis par celui-ci à Himmler en date du 28 mars 1940 (NG 2490).*

31. *Note sur « la création d'un ghetto dans la ville de Lodsch », datée du 10 décembre 1939, signée Ubelhör (cf. Getto Lodzkie, série « Dokumenty i Materialy », Varsovie, 1946, p. 26).*

32. *L'économie de guerre en Pologne en 1939-1940 (EC 344).*

33. *Extrait d'un discours de Hans Frank (PS 2233).*

34. *Série de « lois et ordonnances du gouvernement général » soumis par le ministère public de l'URSS au procès de Nuremberg (URSS 93).*

35. *Témoignages divers (cf. la série d'articles de M. Michel Mazor, « la Cité engloutie », dans les n°s 34-36 du Monde juif. Paris, août-octobre 1950).*

36. Idem.

37. *Notes pour le rapport au commandant en chef de l'armée (Oberbefehlshaber des Heeres), le 15 février 1940 (NO 3011).*

38. Félix Kersten : Klerk en Beul (Scribe et bourreau). S. *Meulenhoff, Amsterdam, 1948.*

39. *Déposition de Victor Brack au procès dit « des médecins » à Nuremberg (audience du 13 mai 1947).*

40. *Note de Rademacher, datée du 3 juillet 1941 (NG 2586).*

41. *Note récapitulative sur « la solution de la question juive ». Ministère des Affaires étrangères, Berlin, le 21 août 1942 (NG 2586).*

42. *Note rédigée par Dieter Wisliceny le 18 novembre 1946, au cours de sa détention à Bratislava (LXXXVIII, 65).*

43. *Dossier « Madagascar-Plan » transmis par Dannecker à Rademacher le 24 août 1941 (NG 2586).*

44. *Procès-verbal d'une conférence des « spécialistes des questions de population et d'évacuation » réunie à Strasbourg les 2 et 3 octobre 1940 (NO 5589).*

45. *Rapport sur les déportations des Juifs de nationalité allemande dans la France du Sud. Karlsruhe, le 30 octobre 1940 (signature illisible) (NG 4933).*

46. *Rapport du commandant SS Lischka à une conférence de l'état-major de l'administration militaire en France, le 3 février 1941 (XXIV, 13).*

47. Idem.

48. *Rapport de Knochen au RSHA. Paris, le 12 février 1943 (L 38).*

49. *« Traitement applicable aux Juifs en zone occupée. » Note signée Best sur les « mesures suggérées par l'ambassadeur Abetz à l'administration militaire ». Paris, le 19 août 1940 (XXIV, 1 a).*

50. *Rapport de Dannecker : « Les questions juives en France et leur traitement. »*
Paris, le 1er juillet 1941 (XXVI, 1).

51. *Note de service du commissaire général aux Questions juives, datée du*
9 septembre 1942 (CVI, 103).

52. *Extrait de la lettre adressée au maréchal Pétain par le général Boris en date*
du 10 novembre 1940 (K 3 58 a).

53. *Extrait de la lettre adressée au commissaire aux Questions juives par Marc*
Haguenau. Moissac, le 31 juillet 1941 (K 3 1 a).

54. *Extrait de la lettre adressée au grand rabbin de Paris par le directeur du*
« cabinet civil » du maréchal. Vichy, le 23 décembre 1941 (K 367 a).

55. *Lettre de Mme Nerson au sujet de la révocation de Jacques Cahen, tué au*
champ d'honneur, adressée au maréchal Pétain (27.1.1941), suivie de la réponse du
directeur du cabinet civil du maréchal (31.1.1941) (K 3 60 a).

56. *Lettre-circulaire du RSHA sur « l'attitude des personnes de sang allemand*
à l'égard des Juifs ». Berlin, le 24 octobre 1941 (L 152).

57. *Ministère du Ravitaillement et de l'Agriculture, décrets du 11 mars 1940,*
du 24 octobre 1940, du 6 décembre 1940, du 26 mai 1941, du 18 juin 1941, et du
18 septembre 1941 (PS 1347).

58. *Lettre-circulaire du Ministère des Finances du 20 avril 1941 (PS 1347).*

59. *Projet de loi sur les « incapacités juridiques des Juifs ». Berlin, le 13 août*
1942 (NG 151).

60. *Lettre du chef de l'Oberkommando de la Wehrmacht au chef de la chancellerie*
du Reich. Berlin, le 10 septembre 1942 (NG 151).

61. *Loi publiée dans le* Reichsgesetzblatt, *372/1 1943 (PS 1422).*

62. *Rapport du ministère de la Justice sur la criminalité dans le Grand Reich*
allemand au cours de l'année 1942 (NG 787).

63. *Ce document, daté d'avril 1943, est cité d'après le verdict rendu par le Tribunal*
militaire américain de Nuremberg dans le procès dit « des juristes » (p. 10 776 du
sténogramme officiel anglais). Nous ignorons tout des suites que connut cette affaire.

64. *Mémorandum soumis à Gœbbels par Meyers-Christian sur « la manière de*
traiter la question juive dans la presse allemande » (d'après le professeur Weinreich,
Hitler's Professors, *Yivo, New York, 1946).*

65. *Avis exprimé par le ministère de l'Intérieur au sujet de la « solution finale*
de la question juive ». Berlin, le 16 mars 1942 (NG 2586).

66. *Procès-verbal d'une conférence réunie au RSHA NG 2586).*

67. *Procès-verbal d'une conférence réunie au RSHA (NG 2586).*

Chapitre III

68. Jacob Lestchinsky : Balance sheet of extermination. *Institute of Jewish*
Affairs, New York, 1946.

69. *Rapport de la Commission d'enquête sur les aryanisations effectuées dans*
le Gau de Franconie et les abus constatés à ce propos (PS 1757).

70. *Rapport de J. Bürckel au maréchal Gœring. Vienne, le 19 novembre 1938 (PS 2237).*

71. *Discours de W. Funk, ministre de l'Economie du Reich, prononcé le*
15 novembre 1938 (PS 3545).

72. *Témoignage de A. Weiss, directeur de l'Institut de Judaïsme à Varsovie (cité d'après* The Black Book of Polish Jewry, *Ed. Roy, New York, 1943).*

73. The Black Book of Polish Jewry, op. cit.

74. *Notes pour le rapport au commandant en chef de l'armée (Oberbefehlshaber des Heeres), le 15 février 1940 (NO 3011).*

75. *Rapport du docteur Knochen à l'administration militaire allemande en France. Paris, le 28 janvier 1941 (V 64).*

76. *« Les tâches qui se posent à l'Einsatzstab du Reichsleiter Rosenberg. » La note, rédigée par un proche collaborateur de Rosenberg, ne porte pas de date (CXL, 69).*

77. *Rapport du « Stabseinsatzführer » docteur Zeiss. Frauenberg, le 19 janvier 1945 (CXL, 69).*

78. *Rapport du « Stabseinsatzführer » Anton. Belgrade, le 29 mars 1944 (CXL, 102).*

79. *Rapport du docteur Pohl, daté du 29 avril 1943 : « La Bibliothèque pour l'Etude de la question juive » (CXL, 99).*

80. *Rapport de R. Scholtz, chef du Service des Arts plastiques de l'Einsatzstab Rosenberg, daté de juillet 1944 (CXL, 103).*

81. *81 Rapport de A. Rosenberg au Führer, daté du 16 avril 1943 (PS 015).*

82. *Lettre « privée et très confidentielle » du docteur Burges, fonctionnaire de l'administration militaire en France, au conseiller d'État Turner. Lettre non datée (février 1941 ?) (PS 2523).*

83. *Rapport sur l'action M, signé par « le chef de l'Einsatzstab Ouest ». Non daté, probablement rédigé au début de 1945 (PS 1649).*

84. *Lettre de Speer, « inspecteur général des constructions de la capitale du Reich » à Rosenberg. Berlin, le 26 janvier 1942 (PS 1738).*

85. *Demande adressée par Franz Rademacher au bureau du personnel du ministère des Affaires étrangères. Berlin, le 1er août 1940 (NG 2879).*

86. *Le conseiller de légation docteur Carltheo Zeitschel à l'Obersturmführer SS Dannecker. Paris, le 20 juin 1941 (CXXV, 45).*

87. *Mémorandum du général SS Fanslau, chef de la section A du WVHA Non daté, cité dans l'acte d'accusation du procès Oswald Pohl, audience du 8 avril 1947.*

88. *Exposé intitulé « Les Tâches, l'organisation et le plan financier du Service III (W) du WVHA » (NO 542).*

89. *Tribunal des crimes de guerre de Nuremberg, procès dit « des camps de concentration » (procès Oswald Pohl et complices), audience du 10 mars 1947.*

90. *Témoignage de Jerouchim Apfel, recueilli par Mme M. Novitch.*

91. *Circulaire de Himmler sur « l'affectation de la main-d'œuvre juive dans les territoires occupés de l'Est ». Berlin, le 13 août 1943 (PS 1931).*

92. *Note sur les camps juifs de travail forcé, soumise par Globocnik à Himmler le 21 juin 1943 (NO 485).*

93. *Tribunal de Nuremberg, procès Oswald Pohl et complices, audience du 10 mars 1947.*

94. *L'ingénieur R. Lautrich à l'administration du ghetto de Lodz. Hohensalza, le 13 juillet 1943 (d'après la série « Dokumenty i Materialy », vol. I : Obozy, p. 310-312, Lodz, 1946).*

95. *« Partie économique de l'action Reinhardt », rapport soumis à Himmler par Globocnik (NO 057).*

96. *« Affaire secrète de commandement : l'utilisation des biens à l'occasion de l'évacuation et du transfert des Juifs », ordre adressé aux administrations SS par le général SS Frank (NO 724).*

97. *Tribunal de Nuremberg, procès d'Oswald Pohl et complices, audience du 8 avril 1947.*

98. *Déposition (affidavit) d'Oswald Pohl. Nuremberg, le 2 avril 1947 (NO 2714).*

99. *Lettre adressée par R. Brandt, chef de l'état-major de Himmler, à Phol, en date du 3 décembre 1943 (NO 2754).*

100. *Lettre du délégué du Secours d'Hiver pour le « Gau Wartheland » adressée à l'administrateur allemand du ghetto de Lodz. Posnani, le 16 janvier 1943 (série « Dokumenty i Materialy », vol. II : Akcje, p. 168 ff, Varsovie, 1946).*

101. *Circulaire du WVHA aux commandants des camps de concentration. Oranienburg, le 11 juillet 1942 (NO 394).*

102. *Rapport (non daté) de Globocnik sur « la liquidation administrative de l'action Reinhardt » (NO 059).*

103. *Cf. Lettre de Pohl à Himmler, en date du 15 janvier* 1944 (NO 5368).

104. *Tribunal de Nuremberg, procès Oswald Pohl et complices, audience du 8 avril 1947.*

105. F. FRIEDMAN : This was Oswiecim *(London, 1946) ; cf. aussi O. Lengyel :* Five Chimneys *(New York, 1947).*

106. *Documents R 107 et L 18.*

107. *Discours prononcé en Posnanie devant un groupe de hauts chefs SS, par H. Himmler (4 octobre 1943) (PS 1919).*

108. *Rapport de Dannecker à Knochen au sujet de la déportation de France de 5 000 Juifs. Paris, le 10 mars 1942 (RF 1216). Mémorandum de Wagner au sujet de la déportation des Juifs de Bulgarie. Berlin, le 3 avril 1943 (NG 4180).*

109. F. FRIEDMAN, op. cit.

110. *Rapport de Cari, commissaire régional de Sluzk, au commissaire général de la Russie Blanche à Minsk. Sluzk, le 30 octobre 1941 (PS 1104).*

111. *D'après « Dokumenty i Materialy », vol. II : Akcje, p. 144-145 (éd. Commission historique juive, Varsovie, 1946).*

CHAPITRE IV

112. Bleter far Geszichte *(revue de la Commission historique juive de Pologne, vol. 1, janvier-mars 1948).*

113. *Ces renseignements statistiques, ainsi que la plupart de ceux qui suivent, sont essentiellement extraits des sources suivantes :* L'Extermination des Juifs polonais sous l'occupation allemande de 1939 à 1945, *par le professeur* FRIEDMAN (ouvrage non traduit *en français et que nous avons consulté en manuscrit) ;* The Black Book of Polish Jewry, *éd. Roy, New York, 1943 ;* Hitler's ten-year war on the Jews, *éd. Institute of Jewish Affairs, New York, 1943.*

114. *Ainsi* MARY BERG : Le ghetto de Varsovie, *p. 134, Ed. Albin Michel, Paris, 1947.* The Black Book of Polish Jewry *donne le chiffre de 1 761 Juifs convertis en janvier 1940.*

115. *Il y eut à Varsovie 334 décès juifs en juin 1939, 1 094 en avril 1940, 4 290 en juin 1941 et 5 700 en septembre 1941* (Hitler's ten-year war on the Jews, *New York, 1943). Il y eut en avril 1941, 361 naissances et 81 mariages* (Black Book of Polish Jewry). *Une commission médicale avait été créée en vue d'étudier l'évolution*

pathologique de la famine ; d'après ses estimations, à la cadence donnée, la population du ghetto aurait mis cinq ans à disparaître (témoignage du docteur Israël Rothbalsam, recueilli par Mme Novitch).

116. MARY BERG : *Le Ghetto de Varsovie*, Ed. Albin Michel ; S. ROTHBALSAM : Souvenirs d'un médecin juif, *recueilli par Mme Novitch*.

117. MARY BERG, op. cit., *p. 65-66 et 98.*

118. *Témoignage du docteur Israël Rothbalsam, transcrit par Mme Novitch. Cf. aussi, article dans* Le Figaro Littéraire.

119. Journal de Mary Berg, op. cit., *p. 156.*

120. Idem, *p. 169.*

121. Idem.

122. *Document cité par J.* KERMISZ *dans* Powstanie w getcie Warszawskim, *p. 29.*

123. I. TENENBAUM, In search of a lost people, p. 67 ff. New York, 1948.

124. *Rapport de Biebow, commissaire du ghetto (Leiter des Ghetoverwaltung) à Ventzki, bourgmestre de Litzmannstadt (Lodz), le 19 avril 1943. D'après « Dokumenty i Materialy »*, op. cit., *vol. III* : Getto Lodzkie, *Ed. Commission historique juive de Pologne, Varsovie, 1946.*

125. *Ces précisions sur Ch. Rumkowsky sont extraites d'une étude de l'historien* S. F. BLOOM : *« Le Dictateur du Ghetto de Lodz »* (Commentary, *New York, février 1949).*

126. Black Book of Polish Jewry, *p. 77. Cracovie étant le siège de l'administration allemande du gouvernement général et la résidence de Frank, son ghetto commença à être liquidé dès l'été 1940 ; 50 000 Juifs furent dirigés sur d'autres ghettos en août et en octobre de cette année.*

127. Journal de Mary Berg, op. cit., *p. 157.*

128. *Récits de Mme Rabinowitch et de Mme Bronke, recueillis par Mme Novitch.*

129. Black Book of Polish Jewry, *p. 100. La commission spéciale d'enquête de l'URSS (procès-verbal n° 47) donne le chiffre de 136 000 habitants.*

130. Mr. DVORJETSKI : Le Ghetto de Vilna. *Ed. Union OSE, Genève, 1946.*

131. *« La Liaison clandestine entre les ghettos » par M.* DVORJETSKI (Le Monde juif, *n° 18, avril 1949).*

132. *Chiffres tirés du bulletin du ministère d'information de Tchécoslovaquie (Prague, 1945 ; Office d'État de statistiques). Cf. également le Rapport de l'inspecteur pour la statistique du Reich. Berlin, le 19 avril 1943 (NG 5194).*

CHAPITRE V

133. *Un rôle décisif a été en particulier attribué à Bormann par Victor Brack, l'administrateur du « programme d'euthanasie » des malades mentaux qui a joué un rôle essentiel dans l'élaboration des procédés exterminatoires (« Procès des médecins », Tribunal de Nuremberg, audience du 13 mai 1947).*

134. *Le Journal du Docteur Gœbbels, p. 246 (Ed. du Cheval Ailé, Paris, 1949). L'authenticité du document, dont l'original a été déposé à la Hoover War Library aux États-Unis, est incontestable.*

135. *Rapport du conseiller de légation Radema cher à l'ambassadeur Bielefeld. Berlin, le 10 février 1942 (NG 5770).*

136. *Lettre-directive de Gœring au SS-Gruppenführer Heydrich. Berlin, le 31 juillet 1941 (PS 710).*

137. *Rapport précité du SS Obersturmführer Dannecker* : « *La Question juive en France et son traitement.* » *Paris, 1er juillet 1941 (RF 1210).*

138. *Article publié dans* Das Reich, *l'organe hebdomadaire de Gœbbels le 25 novembre 1941. Cf. à ce sujet les commentaires de Dieter Wisliceny.*

139. Journal *de* HANS FRANK, *vol. 1941 / IV (PS 2233).*

140. « *Affaire secrète du Reich* » : *procès-verbal de la conférence réunie le 20 janvier 1942 à Berlin, am Grossen Wannsee 56/58, au sujet de la solution finale de la question juive. Une copie de ce procès-verbal, ainsi qu'un certain nombre d'autres documents d'un considérable intérêt, ont été retrouvés dans les archives du ministère des Affaires étrangères, et c'est ce dossier essentiel qui est revêtu du n° « NG 2586 », qu'on rencontrera à maintes reprises.*

141. *Note adressée par Luther, directeur du département « Intérieur » au ministère des Affaires étrangères, à Weizsäcker, sous-secrétaire d'État aux Affaires étrangères. Berlin, le 24 septembre 1942 (PS 3688).*

142. *Lettre-circulaire secrète de Himmler, datée du 9 octobre 1942 (NO 1611).*

143. *Décret du Parti 66/881, du 9 octobre 1942 ; « Mesures préparatoires pour la solution du problème juif en Europe » (PS 3244).*

144. *Procès des « Einsatzgruppen » au Tribunal de Nuremberg, interrogatoire d'Ohlendorff (audience du 13 octobre 1947).*

145. *Einsatzgruppe A, compte rendu d'activité générale jusqu'au 15 octobre 1941. Berlin, le 31 janvier 1942 (L 180).*

146. *Idem.*

147. *Idem.*

148. *Idem.*

149. *Rapport du chef de la police de sécurité et du SD. Berlin, le 9 août 1941 (NO 2947).*

150. *Rapport général du groupe A ; partie relative à la Russie-Blanche. Berlin, le 30 juin 1942 (PS 2273).*

151. *Procès des Einsatzgruppen, interrogatoire du Hauptsturmführer Schubert, audience du 6 janvier 1947.*

152. *Déposition écrite (« affidavit ») de l'interprète Metzner. Augsburg, le 10 septembre 1947 (NO 5558).*

153. *Procès des Einsatzgruppen, interrogatoire d'Ohlendorff, audience du 15 octobre 1947.*

154. *Rapport d'activité de la Kommandantur pour la période 1er-15 juillet 1942. Bachtchissaraï, le 16 juillet 1942 (NOKW 1698).*

155. *Déposition écrite (« affidavit ») d'Adolf Rübe, ancien secrétaire de police criminelle auprès de la Kommandantur de Minsk. Karlsruhe, le 23 octobre 1947 (NO 5498).*

156. *Rapport du SS Untersturmführer Docteur Becker au SS Obersturmbannführer Rauff. Kiev, le 16 mai 1942 (PS 501).*

157. *Affidavit de Hermann Graebe (PS 2992).*

158. *Rapport du commandant Sauer sur l'extermination de 26 200 Juifs à Pinsk, les 29, 30 et 31 octobre et le 1er novembre 1942 (URSS 119 a).*

159. *Procès des Einsatzgruppen, interrogatoire du SS Sturmführer Gustav Noske, audience du 4 décembre 1947.*

160. *Déposition du SS Gruppenführer Bach-Zelewski devant le Tribunal international des grands criminels de guerre, audience du 7 janvier 1946.*

161. *Documents NO 5654 et NO 5655.*

162. *Toutes ces citations, ainsi que celles qui suivent, ont été réunies, sous forme d'une véritable anthologie, dans le verdict du tribunal américain qui, à Nuremberg, a jugé en 1947 une vingtaine d'anciens membres des « Einsatzgruppen ».*

163. *Procès des Einsatzgruppen, interrogatoire de Blobel, audience du 30 octobre 1947.*

164. *Procès des Einsatzgruppen, interrogatoire d'Ohlendorff, audience du 14 octobre 1947.*

165. *Procès des Einsatzgruppen, interrogatoire de Graf, audience du 7 janvier 1948.*

166. *Rapport sur la situation et l'activité des groupes d'action de la police de sécurité et du SD dans l'URSS. Berlin, le 31 juillet 1941 (p. 4) (NO 2651).*

167. *Déposition écrite (« affidavit ») de Haensch. Nuremberg, le 8 juillet 1947 (NO 5972).*

168. *Procès des Einsatzgruppen, interrogatoire de Graf, audience du 7 janvier 1948.*

169. *Procès-verbal n° 47 de la commission spéciale d'enquête de l'URSS, séance du 23 décembre 1944 (p. 7).*

170. *Affidavit précité de Metzner. Augsburg, le 10 septembre 1947 (NO 5558).*

171. *Document précité : « Décret du parti 66 881, 9 octobre 1942, mesures préparatoires pour la solution du problème juif en Europe » (PS 3244).*

172. *Instruction du quartier général du groupe d'armées sud : « Lutte contre les éléments ennemis du Reich. » Quartier général, le 24 septembre 1941 (NOKW 1608).*

173. *Circulaire secrète du commandement de la 6e armée, signée von Reichenau. Quartier général, le 10 octobre 1941 (D 411).*

174. *Procès des Einsatzgruppen, interrogatoire de Blobel, audience du 28 octobre 1947.*

175. *Rapport du major Rössler, Kassel, le 3 janvier 1942 (URSS 293).*

176. *Le commissaire principal de Baranowitsche, le 10 février 1942 (PS 3667).*

177. *Journal de la Xe division, le 5 août 1942 (NOKW 2150).*

178. *« Rapport du délégué du ministère des Territoires occupés à l'Est auprès du commandant en chef du groupe d'armées du Centre », adressé au siège du ministère à Berlin en date du 15 décembre 1941 (PS 1682).*

179. *Rapport du commissaire du Reich pour l'Ostland au ministre des Territoires occupés à l'Est. Riga, le 18 juin 1943 (R 135).*

180. *Rapport du commissaire régional de Sluzk au commissaire général de Russie Blanche à Minsk. Sluzk, le 30 octobre 1941 (PS 1104).*

181. *Rapport de « l'inspecteur de l'armement » en Ukraine au chef des services économiques de l'Oberkommando de la Wehrmacht, le général Thomas. Aux armées, le 2 décembre 1941 (PS 3257).*

182. *Rapport général de l'Einsatzgruppe A. Berlin, le 30 juin 1942 (PS 2273).*

183. *Compte rendu n° 6 sur l'activité des Einsatzgruppen du 1er au 15 octobre 1941 (R 102).*

184. *Déposition d'Ohlendorff au cours du procès des grands criminels de guerre, audience du 3 janvier 1946 (NO 3392).*

185. *Rapport sur la lutte antipartisane du 1er septembre au 1er décembre 1942, daté du 26 décembre 1942 (NO 1128).*

186. *Affidavit du SS Sturmbannführer Wilhelm Hœttl. Nuremberg, le 6 novembre 1945 (PS 2738).*

187. Jacob Lestchinsky : Crisis, Catastrophe and Survival, *Institute of Jewish Affairs, New York, 1948.*

188. *Procès des Einsatzgruppen, interrogatoire de Blobel, audience du 2 novembre 1947.*

189. *Exposé de Wisliceny, doc. cit.*

190. *Procès des Einsatzgruppen, déposition de Blodel, audience du 1ᵉʳ novembre 1947.*

191. *Exposé de Wisliceny, doc. cit.*

192. *Déposition écrite de Rudolf Hœss. Minden, le 14 mars 1946 (D 749).*

193. *Lettre de Himmler à Berger. Reval (Esthonie), le 28 juillet 1942 (NO 626).*

194. *Exposé de Wisliceny. Bratislava, le 18 novembre 1946 (LXXXVIII, 65).*

195. *Exposé de Wisliceny, doc. cit. ; cf. également une note signée Dannecker, datée : Paris, le 21 juillet 1942.*

196. *Berlin, le 16 septembre 1942 (NG 2586).*

197. *Note signée Dannecker, au sujet de la « déportation future des Juifs de France ». Paris, le 15 juin 1942 (XXVI, 29).*

198. *Compte rendu établi par les services du IV b 4 à Paris à la demande du SS Gruppenführer Oberg, « chef suprême des SS et de la police en France ». Paris, le 3 septembre 1942 (RF 1227).*

199. *Exposé de Wisliceny, doc. cit.*

200. *Lettre-directive de Himmler au RSHA. Quartier général du Reichsführer SS, le 9 avril 1943 (NO 5197).*

201. *Instructions données par R. Brandt, le secrétaire en France. Paris, le 13 mai 1942 (RF 1215). Kornherr. Aux armées, le 10 avril 1942 (NO 5196).*

202. *Circulaire secrète de l'administration militaire en France. Paris, le 13 mai 1942 (RF 1215).*

203. *Note sur les « principes fondamentaux de la politique suivie dans la question juive depuis la prise du pouvoir ». Berlin, le 21 août 1942 (NG 2586).*

204. *Dépêche diplomatique adressée par Rintelen à Luther, Feldmark, le 20 août 1942 (NG 3559).*

205. *En particulier, en 1944 en Hongrie, lors de ses entrevues avec les dirigeants de la communauté juive (cf. le rapport du docteur Kastner sur l'activité du « Comité juif de sauvetage de Budapest », B 1252).*

206. *Témoignage anonyme recueilli en Suisse fin 1943 par le docteur Hans Klee (LXX, 70).*

207. *Lettre confidentielle adressée par Kube à Lohse, en date du 16 décembre 1941 (PS 3665).*

208. *Rapport du SS Sturmbannführer Brand au SS Obergruppenführer von dem Bach, en date du 25 juillet 1943 (NO 2262).*

209. *Rapport de Kube à Lohse. Minsk, le 31 juillet 1942 (PS 3428).*

210. *Rapport de Globocnik à Himmler sur l'action « Reinhardt ». Trieste, le 5 janvier 1942. « … Les pièces justificatives de l'action Reinhardt doivent être détruites à brève échéance ; toutes les pièces se rapportant aux autres activités en cette matière sont déjà détruites. » (NO 064).*

211. *Témoignage de David Mekler, recueilli par Mme Novitch.*

212. *Lettre de Himmler au SS Obergruppenführer Krüger, datée du 19 juillet 1942 (NO 5574).*

213. *Témoignages de Mme Bronka et de M. et Mme Rabinowicz, recueillis par Mme Novitch.*

214. *Message du Reichsführer SS au SS Obergruppenführer Krüger. En campagne, le 16 février 1943 (NO 2494).*

215. *Rapport du SS Gruppenführer Katzman au SS Obergruppenführer Krüger sur « la solution de la question juive en Galicie » daté du 30 juin 1943 (L 18).*

216. *Lettre du « Höherer SS und Polizeiführer » du district de Lublin au gouverneur du district, réexpédiée à « la clinique d'État Cracovie-Kobierzyn ». Lublin, le 4 septembre 1942 (d'après* Akcje i Vyssiedlenia, *par le docteur J. Kermisz, Ed. Commission historique juive de Pologne, Varsovie, 1946).*

217. *Texte traduit et communiqué par Mme Novitch.*

218. *Rapport précité de Katzmann à Krüger (L 18).*

219. *D'après* Erinnerungen aus einem Erdloch *par* JACOB LITTNER. Ed. Kluger, Munich, 1948.

220. *Télégramme de Benzler au ministère des Affaires étrangères. Belgrade, le 8 septembre 1941 (NG 2723).*

221. *Mémorandum de Luther à von Weizsäcker. Berlin, le 2 octobre 1941 (NG 3354).*

222. *C'est le chiffre indiqué par Wisliceny (doc. cit.).*

223. *Recueil* In memoriam *publié par M.* MOLHO, *rabbin de la communauté de Salonique. Salonique, 1948 (p. 82).*

Recueil les Crimes allemands en Pologne, *publié par la Commission d'enquête sur les crimes allemands. Varsovie, 1948 (p. 89).*

224. *D'après M. Molho, le nombre de ces mariages fictifs finit par atteindre une centaine par jour (p. 88).*

225. *Ces paroles de Hœss sont rapportées par D. Wisliceny (doc. cit.).*

226. *Déposition écrite (« affidavit ») d'Erwin Lenz. Berlin, le 10 mai 1947 (NOKW 1715).*

227. *Mémorandum du sous-secrétaire d'État Luther sur « les principes de la politique antijuive » Berlin, le 21 août 1942 (NG 2586).*

228. *Idem.*

229. *Exposé de Wisliceny (doc. cit.).*

230. *Note de Luther sur son entretien avec l'ambassadeur de Hongrie Sztojay. Berlin, le 6 octobre 1942 (NG 1800).*

231. *Rapport du docteur R. Kästner (B 1252).*

232. *Exposé de Wisliceny. Bratislava, le 18 novembre 1946 (LXXXVIII, 67).*

233. *Idem (cf. également affidavit de W. Hoettl, dans lequel il est question de la « mission pour la Roumanie » d'Eichmann, dont « il ne reviendrait probablement pas ») (PS 2738).*

234. *Rapport de situation des groupes d'action de la police de sécurité et du SD en URSS. Berlin, le 31 juillet 1941 (p. 18) (NO 2651).*

235. *Instructions adressées à von Killinger, ambassadeur allemand en Roumanie. Berlin, le 11 novembre 1942 (NG 2193).*

236. *Rapport de M. Charles Kolb, délégué du Comité international de la Croix-Rouge en Roumanie, sur son voyage en Transnistrie du 11 au 21 décembre 1943. Bucarest, le 14 janvier 1943. (M. Kolb donne les chiffres suivants : 206 700 déportés de Bessarabie, 88 600 déportés de Bucovine, soit 295 300 au total ; 54 300 survivants en décembre 1943. Toutefois, M. Kolb fait observer que les deux premiers chiffres sont basés sur un recensement de 1930 ; que de juin 1940 à juin 1941 les territoires en question avaient fait partie de l'URSS, et qu'à la veille de l'attaque allemande, une partie de la population juive avait pu être évacuée par les Russes.)*

237. *Rapport de von Killinger à son gouvernement. Bucarest, le 12 décembre 1942 (NG 3986).*

238. *Exposé de M. Haïm Benadov, membre du Consistoire central des Juifs de Bulgarie à la Conférence européenne des Centres de documentation et Commissions historiques juives (Paris, décembre 1947).*

239. *Rapport de Beckerle, ambassadeur allemand à Sofia, à son gouvernement. Sofia, le 7 juin 1942 (NG 2357).*

240. *Télégramme d'Eichmann à Knochen, chef du SD en France. Berlin, le 24 février 1943 (cf. notre ouvrage précité* La Condition des Juifs en France sous l'occupation italienne).

241. *Rapport de Knochen au RSH A. Paris, le 22 février 1943 (I, 38).*

242. *Rapport sur l'action exercée par le ministère des Affaires étrangères d'Italie, dans la période comprise entre le commencement de la politique raciale en Italie et l'armistice de Cassibile, en faveur des Juifs étrangers en Italie et des Juifs italiens à l'étranger. Le rapport, dont une copie nous a été communiquée, a été rédigé à Rome en 1945.*

243. *Cf. rapport précité. Les principaux artisans de l'action italienne furent M. Vitetti, directeur général du ministère, M. Vidau, son successeur, et le professeur Perassi, jurisconsulte officiel.*

244. *Le nom de Ciano est particulièrement mis en avant dans un rapport adressé à Laval par le préfet des Alpes-Maritimes (II, 186), ainsi que dans un rapport adressé à Knochen par Schweblin, ancien directeur de la police antijuive de Vichy (I, 51).*

245. *Note du gouvernement italien au gouvernement du Reich du 17 novembre 1942, citée d'après le rapport d'activité italien précité.*

246. *Lettre du général Avarna di Gualtieri, représentant le commandement suprême italien à Vichy, au général Bridoux. Vichy, le 27 avril 1943 (I, 47).*

247. *Cf. en particulier une note-mémoire soumise à Mussolini le 23 juillet 1943 (rapport d'activité italien précité).*

248. *Rapport rédigé par un officier supérieur de la IIᵉ armée italienne (stationnée en Croatie) en date du 3 novembre 1942 (cf. rapport d'activité précité).*

249. *« Les détails contenus dans ce document étaient tels qu'ils ne pouvaient manquer de susciter un sentiment d'horreur dans l'âme la plus cynique. Il fut envoyé par le truchement de M. Bastianini au chef de l'État, accompagné de quelques lignes dans lesquelles on disait vertement qu'aucun pays, même pas l'Allemagne alliée, ne pouvait prétendre associer l'Italie, mère de la chrétienté et du droit, à de tels crimes, dont le peuple italien pourrait un jour être appelé à rendre compte » (rapport d'activité italien précité, p. 62).*

250. *Précisions fournies par le colonel Vitale, président du Comité de Recherches des déportés juifs, dans son rapport soumis à la Conférence européenne des Centres de documentation et Commissions historiques juives (Paris, décembre 1947).*

251. *Lettre d'Eichmann au ministère des Affaires étrangères (à l'attention du conseiller de légation Rademacher). Berlin, le 22 juin 1942 (NG 183).*

252. H. Wielek : De Oorlog die Hitler won, *p. 139-163. Amsterdam, 1947.*

253. Georges Wellers : De Drancy à Auschwitz, *p. 48-60. Ed. du Centre, Paris. 1946.*

254. *Note au sujet du traitement des Juifs de nationalité étrangère dans le pouvoir allemand (« im deutschen Machtbereich ») signée Rademacher. Berlin, le 20 février 1943 (NG 2586).*

255. *Rapport de Bene au ministère des Affaires étrangères. La Haye, le 13 août 1942 (NG 2631).*

256. H. Wielek, op. cit., *p. 335.*

257. *Rapport du SS Obersturmführer Röthke. Paris, le 18 juillet 1942 (XXV* b, *80).*

258. *Rapport statistique signé Ahnert (établi sur la demande du général SS Oberg). Paris, le 3 septembre 1942 (RF 1227).*

259. La Persécution antisémitique en Belgique, *p. 30. Thomé, éditeur Liège, 1947.*

260. *Rapport précité de Bene (cf. 63).*

261. *Rapport de Röthke à Dannecker, au sujet de son entretien téléphonique avec Eichmann. Paris, le 15 juillet 1942 (RF 1226).*

262. H. Wielek, op. cit. *(p. 321). En France, Röthke écrit, le 4 septembre 1943 :* « ... Il est nécessaire de nous adjoindre des Français antijuifs pour dépister et dénoncer les Juifs camouflés. L'argent ne devrait jouer aucun rôle (proposition : 100 francs par Juif).* »

263. *Projet de Dannecker sur « l'organisation future des déportations de France ». Paris, le 8 juillet 1942 (XXV b, 55).*

264. La Persécution antisémite en Belgique, *p. 28 (op. cit.).*

265. S. ven den Bergh : Déportation *(en hollandais). Bussum, Pays-Bas, 1946.*

266. H. Wielek, op. cit., *p. 286-296.*

267. Id., *p. 312-313.*

268. Examen ethno-racial d'ARON E. *Paris, le 16 novembre 1942 (XXXVI, 104).*

269. *Rapport soumis par le RSHA à Himmler. Berlin, le 24 novembre 1942 (NO 2408).*

270. Georges Wellers, op. cit., *p. 99-100.*

271. Id., *p. 68. Le mot aurait été « inventé » par des enfants dans l'infirmerie du camp de Drancy.*

272. Idem, *p. 70-71.*

273. Idem, *p. 47.*

274. *Rapport de Röthke : « Situation actuelle de la question juive en France. » Paris, le 6 mars 1943 (RF 1230).*

275. *Dossier retrouvé dans les archives du IV b 4 à Paris : « Projet de décret concernant la déchéance de la nationalité française des Juifs naturalisés après l'année 1927. » Voir également Roger Berg (p. 87-91).*

276. *Note de Röthke sur « l'état actuel de la question juive en France ». Paris, le 21 juillet 1943 (I, 54).*

277. *Les victimes étaient forcées de descendre dans une fosse contenant de la chaux vive : un jet d'eau était ensuite dirigé vers la fosse, provoquant l'ébullition de la chaux. Ce procédé est décrit dans le recueil* Les Crimes allemands en Pologne, *publié par la Commission d'enquête du gouvernement polonais (vol. 1, p. 170-174), ainsi que par* M. Karski : Mon témoignage devant le monde, *p. 308 ff. Edit. Self, Paris, 1948.*

278. *Suivant le témoignage de Karl Brandt, le message adressé par Hitler à Bouhler et à lui-même leur donnait pleins pouvoirs pour l'introduction de l'euthanasie : rédigé en octobre 1939, il avait été antidaté au 1ᵉʳ septembre (interrogatoire de Karl Brandt devant le Tribunal de Nuremberg, « procès des médecins », audience du 4 février 1947).*

279. *Déposition de Fritz Mennecke, « procès des médecins », audience du 17 janvier 1947.*

280. *Article du professeur Kranz dans le numéro d'avril 1940 du N. S. Volksdienst.*

281. *Interrogatoire de K. Brandt, « procès des médecins », audience du 5 février 1947.*

282. *Rapport de l'avocat général (« Oberstaatsanwalt ») de Cologne au ministre de la Justice. Cologne, le 20 octobre 1941 (NO 845).*

283. *La description de la technique et des procédés d'euthanasie avait été longuement faite par Victor Brack, lors du procès « des médecins », au cours de plusieurs audiences de mai 1947. Voir, dans le même sens, la déposition de différents témoins (ainsi, l'infirmière Pauline Kneissler, audience du 13 janvier 1947).*

284. *Lettre du docteur Hölzel au professeur Pfannmüller. Schwartzsee, Kitzbühel, le 20 août 1940 (NO 1313).*

285. *Interrogatoire de K. Brandt, procès des médecins, audience du 4 février 1947.*

286. *Déposition de Fritz Mennecke, procès des médecins, audience du 17 janvier 1947.*

287. *Lettre de Mennecke à sa femme Mathilde, Weimar, le 25 février 1941, « hôtel de l'Eléphant », 20 h 58 m. (NO 907). Mennecke datait ses lettres à la minute.*

288. *Affidavit du docteur Julius Muthig. Nuremberg, le 17 avril 1947 (NO 2799).*

289. *Rapport du « Kreisleiter » Wolf au Gauleiter. Ansbach, le 6 mars 1941 (D 906).*

290. *Rapport du « Kreisleiter » Walz à la Direction du Gau de Franconie. Lauf, le 30 décembre 1940 (NO 796).*

291. *Rapport secret du « Kreisleiter » à la direction du « Kreis », à Weissenberg. Langlau, le 24 février 1941 (D 906).*

292. *Mémorandum sur le transfert planifié des pensionnaires des asiles et des hospices, soumis par le pasteur, P. Braune, directeur des hospices de Hoffnungsthal et vice-président du comité Löbethal. Le 9 juillet 1940 (NO 823).*

293. *Lettre de l'évêque de Limbourg au ministre de la Justice du Reich. Limbourg, le 13 août 1941 (PS 615).*

294. *Interrogatoire de K. Brandt (« procès des médecins », audience du 4 février 1947). Affidavit V. Brack. Nuremberg, le 14 octobre 1946, (NO 425).*

295. *Rapport adressé par le docteur Wetzel au commissaire du Reich pour le « Ostland » sur « la solution de la question juive ». Berlin, le 25 octobre 1941 (NO 365).*

296. *Procès des grands criminels de guerre, interrogatoire de Konrad Morgen, audience du 8 août 1946.*

297. *Interrogatoire de V. Brack au procès « des médecins », audience du 14 mai 1947.*

298. Crimes allemands en Pologne, *édition complète (en polonais), vol. IV, (p. 97).*

299. *Témoignage de Kurt Gerstein (PS 1553).*

300. Crimes allemands en Pologne, *édition française, Varsovie, 1948 (p. 106-132).*

301. Het doedenboek van Auschwitz. *Ed. Croix-Rouge néerlandaise, s'Gravenhage, 1947.*

302. *Témoignage du docteur Rothbalsam, recueilli par Mme A. Novitch.*

303. *Relation d'un Juif déporté, rentré en Slovaquie. Le 17 août 1943 (LXX, 77).*

304. Sobibor. *Ed. Croix-Rouge néerlandaise, s'Gravenhage, 1947.*

305. *Les souvenirs de cet unique survivant, Rudolf Reder, ont été publiés sous le titre* Belzec *(Cracovie, 1946).*

306. Les Crimes allemands en Pologne, *op. cit., p. 110, 120, 127.*

307. *Déposition écrite de Rudolf Hœss. Nuremberg, le 17 mai 1946 (NI 034).*

308. *Déposition écrite de Rudolf Hœss. Nuremberg, le 5 avril 1946 (PS 3868).*

309. *Déposition écrite de Rudolf Hœss. Munchen, le 14 mars 1946 (D 749).*

310. *Procès des grands criminels de guerre, interrogatoire de Konrad Mozgen, audience du 8 août 1946.*

311. *Déposition écrite de R. Hœss, doc. cit. (PS 3868).*

312. *D'après le récit de Franz Ziereis (mortellement blessé lors d'une tentative d'évasion). Mauthausen, le 23 mai 1945 (PS 1515).*

313. Les Crimes allemands en Pologne, op. cit., p. 22-23.

314. This was Oswiecim, by F. Friedman. Ed. U. I. R. A., London, 1946 (p. 19).

315. Déposition écrite de Rudolf Hœss, doc. cit. (D 749).

316. Id.

317. Id.

318. Id.

319. Id.

320. Les Crimes allemands en Pologne, op. cit., p. 93.

321. This was Oswiecim, op. cit., p. 19.

322. Recueil Témoignages strasbourgeois. (Ed. Les Belles-Lettres, Paris, 1947). Témoignage du docteur ROBERT LEVY : Auschwitz II-Birkenau, p. 464. Déposition Hœss, doc. cit.

323. Crimes allemands en Pologne, op. cit., p. 97. Signalons que, d'après R. Hœss, la capacité maximum des crématoires n'atteignait que 4 000 par vingt-quatre heures.

324. Témoignage de Georges Wellers.

325. Témoignage de R. Levy. Témoignages strasbourgeois (op. cit.), p. 464.

326. Id.

327. Témoignage de M. Klein. Témoignages strasbourgeois, p. 433.

328. D'après un témoignage reproduit dans Het doedenboek van Auschwitz (op. cit., p. 16), l'ordre de suspendre les exterminations et de démanteler les crématoires arriva de Berlin, le 2 novembre 1944. F. FRIEDMAN : This was Oswiecim, p. 77, donne la date du 2 septembre 1944 ; il s'agit certainement d'une erreur.

329. This was Oswiecim, p. 78.

330. In search of a lost people, by G. TENENBAUM. The Beechhurst Press, New York, 1948 (p. 141).

331. Procès des grands criminels de guerre, déposition de D. Wisliceny, audience du 3 janvier 1946.

332. Témoignage R. Waitz. Témoignages strasbourgeois, p. 469-470.

333. « Auschwitz, deil 11 : de deportatietransporten van 15 juli 1942 tot en met 24 Augustus 1942. » C'est la deuxième partie de l'excellente étude de la Croix-Rouge néerlandaise déjà citée.

334. Affidavit de Friedrich Entress, l'un des médecins SS du camp d'Auschwitz. Nuremberg, le 14 avril 1947 (NO 2368).

335. Crimes allemands en Pologne, op. cit., p. 98.

336. Déposition écrite de R. Hœss (PS 3868).

337. Id. (D 749).

338. G. WELLERS « La Révolte du Sonderkommando à Auschwitz » (Le Monde juif, n° 18, avril 1949).

339. Id.

340. Témoignage R. Waitz, Témoignages strasbourgeois, p. 493.

341. GEORGES WELLERS : De Drancy à Auschwitz, op. cit., p. 202.

342. Témoignages sur Auschwitz. Ed. de l'amicale des anciens déportés d'Auschwitz. Paris, 1946.

343. Id. (Récit du docteur Hafner, p. 71).

344. Affidavit du docteur Peters. Francfort, le 27 août 1947 (NI 12111).

345. « Procès du Zyklon B » (Tesch et complices) His Majesty's Stationery Office, London 1947.

346. Affidavit d'Alfred Zaun, ancien comptable de la société « Testa ». Nuremberg, le 18 octobre 1947 (NI 11937).

347. *Affidavit Peters, doc. cit.*

348. *Journal du docteur Kremer (photocopie intégrale) (NO 3408).*

349. Nuremberg Diary, *by* G. M. GILBERT, *Farrar, Strauss et C° New York, 1947, p. 260.*

350. Id., *p. 251.*

351. *Rapport de Röthke à Dannecker, doc. cit. (RF 1226).*

352. Danziger Vorposten *du 13 mai 1944, article signé Lobsack.*

353. Angriff *du 14 mai 1944.*

354. *Affidavit du Rottenführer SS Perry Broad. Nuremberg, le 20 octobre 1947 (NI 11984).*

355. *Affidavit de R. Diels. Nuremberg, le 20 octobre 1947 (NI 11957).*

356. *Déposition du SS Obergruppenführer Bach-Zelewski, procès du RUSHA (Rasse und Siedlungshauptamt), audience du 24 octobre 1947.*

357. *Note extraite du dossier personnel de R. Hœss dans l'administration SS (NO 2124).*

358. *Discours prononcé par Himmler à Posnanie le 4 octobre 1943 (PS 1919).*

359. *Lettre adressée par le « chef de la direction centrale des bâtiments des Waffen SS et de la police à Auschwitz » au SS Sturmbannführer Caesar « chef des entreprises agricoles du camp de concentration d'Auschwitz ». Auschwitz, le 6 novembre 1943* (NO 4463).

360. *Affidavit de Gerhard Wiebeck. Dachau, le 28 février 1947 (NO 2331).*

361. *Témoignage de M. Klein,* Témoignages strasbourgeois, op. cit., *p. 448.*

362. *Témoignage J. Hofstein,* Témoignages strasbourgeois, *p. 515.*

363. Het doedenboek van Auschwitz, op. cit.

364. *En ce sens, cf. par exemple* ROLF WEINSTOCK : Das wahre Gesicht Hitlerdeutschlands, *Singen 1948, ainsi que le docteur* P. LOHEAC : Un médecin français en déportation. *Ed. Bonne Presse, Paris, 1949.*

365. *Témoignage R. Waitz,* Témoignages strasbourgeois, *p. 491.*

366. BRUNO BETTELHEIM, research psychologist : A study of Gestapo aims and of the effects of Gestapo methods on the personality and behaviour of concentration camp inmates. *Washington, 1945.*

367. *Témoignage G. Stroka,* Témoignages strasbourgeois, *p. 89.*

CHAPITRE VI

368. *Rapport adressé au commandant de la Police de sécurité et du SD à Jitomir, intitulé : « Incident lors du traitement spécial (« Sonderbehandlung ») effectué aujourd'hui. » Berditchew, le 24 décembre 1942 (URSS 311).*

369. *Contrat conclu entre le SS Gruppenführer Globocnik et Walther C. Toebbens. Lublin, le 31 janvier 1943 (CXCVIII, 1).*

370. *Cf. les rapports du SS Gruppenführer Stroop (« Le Quartier juif de Varsovie n'existe plus ») (PS 1061).*

371. *Rapport de Veesenmayer, ambassadeur allemand en Hongrie. Budapest, le 25 juillet 1944 (NG 1806).*

372. *Ces considérations du haut commandement allemand ont été révélées par le général SS Stroop après sa capture* (Bleter far Geszichte, nᵒˢ 3-4. *Varsovie, août-décembre 1948, p. 167).*

373. *Rapport précité de Stroop (PS 1061).*

374. *Cité d'après* G. TENENBAUM : In search of a lost people. *The Beechhurst Press, New York, 1948.*

375. *Télémessage de Stroop du 24 avril 1943 (PS 1061).*

376. *Rapport précité de Stroop (introduction et commentaire) (PS 1061).*

377. Le Journal du Docteur Gœbbels, *pp. 332, 347, 373. Ed. du Cheval Ailé, Paris, 1949.*

378. *D'après « Vilner Ghetto » (en yiddish) de A.* SUTZKEVER *(cité dans* The Root and the Bough, *recueil publié par* LEO SCHWARTZ. Rinehart, New York, 1949).

379. *D'après* J. WULF, préface à l'ouvrage Pamietnik Justyny. *Varsovie, 1945.*

380. *Cité d'après* G. TENENBAUM : In search of a lost people, op. cit.

381. *Rapport du SS Gruppenführer Katzmann (doc. cit) du 30 juin 1943 (L 18).*

382. *Rapport du chef de la Police de sécurité et du SD. Berlin, le 12 juin 1942 (NO 5158).*

383. *Rapport du chef de la Police de sécurité et du SD. Berlin, le 1ᵉʳ mai 1942 (PS 3943).*

384. Ruch Podziemny w Obozach i Gettach, *p. 110-118.*

385. *Rapport du chef de la Police de sécurité et du SD. Berlin, le 12 juin 1942 (NO 5158).*

386. *Rapport d'activité n° 5 des groupes d'action de la Police de sécurité et du SD dans l'URSS pour la période du 15 au 30 septembre 1941, p. 14 (NO 2655).*

387. *Rapport d'activité du commando XI a à Nikolaïev pour la période du 18 au 31 août 1941 (NO 2066).*

388. Le Journal de Gœbbels, op. cit., *p. 97.*

389. *Rapport du procureur auprès du Tribunal populaire du Reich au ministre de la Justice. Berlin, le 3 octobre 1942 (NG 683).*

390. *Témoignage de M. Cohen, grand rabbin de Bordeaux (XX, 14).*

391. *Cf.* MARY SYRKIN : Blessed is the match, *the story of Jewish Resistance. The Jewish Publication society of America, Philadelphia 1947.*

CHAPITRE VII

392. *Cf. la brochure publiée par* J. I. SCHNEERSOHN, *rabbin de Lubawicz (New York, mai 1946), ainsi que* K. ABSHAGEN : Le Dossier Canaris, *p. 150. P. A. Chavane et Cⁱᵉ, éd., Paris, 1949.*

393. *Cf. les lettres intimes de Himmler, dont quelques-unes ont été publiées par le capitaine Albert Zoller (en particulier dans* France-Soir *du 19 septembre 1948).*

394. TREVOR-ROPER : Les Derniers jours de Hitler, *p. 27. Ed. Calmann-Lévy, Paris, 1947.*

395. S. GOUDSMITH : La Mission Alsos, *p. 204. Ed. Arthème Fayard, Paris, 1948.*

396. *Le fait est de notoriété publique, cf.* TREVOR-ROPER, op. cit. ; *voir également, en ce qui concerne les expéditions en Russie, certaines dépositions au procès dit des « Einsatzgruppen » ; en particulier celle de Biberstein.*

397. *Procès Weizsäcker et complices, déposition de Bach-Zelewski, audience du 25 mars 1948.*

398. *Lettre de Himmler à son adjudant Sievers. Q. G. de Himmler, mars 1944, cf.* Le Pitre ne rit pas, *par* David Rousset. *Ed. Le Pavois, Paris, 1949, p. 225.*

399. *Lettre de Himmler au général SS Pohl. G.Q.G. de Himmler, le 25 avril 1944 (NO 640).*

400. *Confession de Franz Ziereis, ancien commandant du camp de Mauthausen, faite le 24 mai 1945 ; déposition de l'ancien détenu Hans Marsalek. Nuremberg, le 8 avril 1946 (PS 1515).*

401. *Déposition de Victor Brack, procès des médecins, audience du 14 mai 1947.*

402. *Note adressée par V. Brack au Reichsführer SS, en date du 28 mars 1941 (NO 203).*

403. *Déposition de V. Brack, procès des médecins, audience du 14 mars 1947.*

404. *Lettre adressée par le docteur Pokorny au Reichsführer Himmler. Komotau, octobre 1941 (NO 035).*

405. *Lettre adressée au Reichsführer Himmler par le Oberführer K. Gerland, vice-gauleiter de la province du Bas-Danube. Vienne, le 24 août 1942 (NO 039).*

406. *Lettre de Himmler au professeur Clauberg. Quartier général du Führer, le 10 juillet 1942 (NO 213).*

407. *Lettre adressée à Himmler par Blankenburg, l'adjoint de Brack à la Chancellerie du Führer. Berlin, le 29 avril 1944 (NO 208).*

408. *Expertise du docteur Karl-Wilhelm-Friedrich Taubock, chargé de recherches en physiologie et chimie biologique auprès des laboratoires de la I. G. Farben. Nuremberg, le 18 juin 1947 (NO 3963).*

409. *Rapport du chef de la Police de sécurité et du SD au Reichführer SS. Berlin, le 24 novembre 1942 (NO 2408).*

410. *Idem.*

411. *Copies des messages adressés par Mme Gisi Fleischmann en Suisse (LXX, 83 ; LXX, 84).*

412. *Au sujet du rôle du Grand Mufti, voir en particulier S.* Wiesenthal : Grossmufti-Grossagent der Axe *(Ed. Ried-Verlag, Vienne, 1947) et M.* Pearlman : Mufti of Jerusalem, the story of Haj-Amin el Illusein *(Ed. Victor Gollancz, Londres, 1947) ainsi que les dépositions de Dieter Wisliceny (Bratislava, le 18 novembre 1946).*

413. *Note datée du 22 juillet 1944, signée Biss (LXX, 13).*

414. *Cf. comte F.* Bernadotte : La Fin. *Ed. Marguerat, Lausanne, 1945.*

415. *Lettre du Reichsführer SS à son médecin le docteur Kersten. Berlin, le 21 mars 1945 (cf. photocopie de la lettre dans* Klerk en Beul, *par le docteur Kersten,* op. cit.)

416. *Déposition d'Oswald Pohl, lors de son procès à Nuremberg, audience du 19 mai 1947.*

417. *Rapport du Comité de sauvetage juif à Budapest, rédigé par le docteur Kästner (p. 172). Voir également la note rédigée par K. Becher après sa capture, ainsi que les notes de Dieter Wisliceny.*

418. *Les mémoires de M.* Morgenthau, *publiés sous le titre « Morgenthau Diaries » dans* Colliers Magazine *du 1er novembre 1947.*

419. *Rapport adressé par M. Morgenthau au président Roosevelt, le 16 janvier 1944.*

420. *Rapport soumis par le docteur Wetzel, directeur au « ministère des Territoires occupés à l'Est », sur l'organisation des régions occupées de l'URSS. Berlin, avril 1942 (NG 2325).*

421. *Discours prononcé par le docteur Gœbbels vers le milieu du mois de mars 1943 (NG 1531).*

Chapitre VIII

422. *Extrait du mémorandum intitulé « la Question tzigane » rédigé en août 1938 par le docteur Portschy, gauleiter de la province de Styrie et soumis par lui à Lammers, chef de la Chancellerie du Reich, le 9 février 1939 (NG 845).*

423. *Circulaire secrète du Reichsführer SS. Berlin le 10 mars 1944 (PS 664).*

424. Dora E. Yates, *secrétaire de la Société de folklore tzigane à Londres :* « Hitler and the Gypsies » *(revue* Commentary, *New York, novembre 1949).*

425. *Affidavit du SS Obersturmführer Heinz Schubert. Nuremberg, le 24 février 1947.*

426. Dora E. Yates, art. cit.

427. *Réflexions et suggestions à propos du « plan Est » élaboré par le Reichsführer SS, par le professeur Wetzel, Berlin, le 27 avril 1942 (NG 2325).*

428. *Procès-verbal d'une conférence réunie le 16 juillet 1941 par le Führer (L 221).*

429. *Rapport de Lohse à Rosenberg. Riga, le 18 juin 1942 (R 135).*

430. *Directives pour la lutte contre les partisans, signées Keitel, datées du 16 décembre 1942 (NO 631).*

431. *Directives de Keitel du 16 septembre 1941 (C 148).*

432. *Lettre personnelle de Rosenberg au maréchal Keitel. Berlin, le 28 février 1942 (PS 081).*

433. *Le texte de ce discours prononcé à Wewelsburg n'a pas été retrouvé. Mention en a été faite, en particulier, par le général SS Bach-Zelewski (procès des grands criminels de guerre, audience du 7 janvier 1946).*

434. *Discours prononcé par Himmler à une conférence de généraux SS à Bad Schachen, le 14 octobre 1943 (L 70).*

435. *Journal de Frank, conférence du 30 mai 1940 (PS 2233).*

436. German crimes in Poland, op. cit., *vol. II, p. 44-46* (Mass executions in Poland in the period *1939-1945).*

437. *Rapport du délégué du ministère des Affaires étrangères auprès du « Protecteur du Reich » en Bohême et Moravie, Prague, le 5 octobre 1940 (D 739).*

438. *Lettre de Thierack à Bormann. Berlin, le 11 octobre 1942 (NG 558).*

439. *Circulaire III/2 B du RSHA du 26 février 1942 (NO 3758).*

440. *Décret-circulaire du Reichsführer SS au sujet de l'utilisation de la main-d'œuvre de l'Est. Berlin, le 20 février 1942 (PS 3040).*

441. *Décret-circulaire du Reichsführer SS au sujet de la répression de crimes graves et rapports sexuels interdits de la main-d'œuvre de l'Est. Berlin, le 16 février 1944 (NO 1365).*

442. *Compte rendu d'une conférence interministérielle réunie le 27 mai 1941 au ministère de l'Intérieur du Reich (NG 844).*

443. *Lettre de Bormann à Rosenberg. Quartier général du Führer, le 23 juillet 1942 (NO 1878).*

444. *Mémorandum précité du docteur Wetzel du 27 avril 1942 (NG 2325).*

445. *Ce document, dont il ne nous a pas été possible d'établir la date exacte, a été cité dans le jugement rendu dans le procès du RSHA à Nuremberg.*

446. *Note rédigée à l'état-major de la direction politique de la Wehrmacht, signée Brandenburg. Berlin, le 12 juin 1944 (PS 031).*

447. *En ce qui concerne l'action de dépistage des enfants kidnappés par les Nazis,* cf. Dorothy Macardle : Children of Europe, *p. 235-240. V. Gollancz, London, 1949.*

448. *Mémorandum précité du docteur Wetzel du 27 avril 1942 (NG 2325).*

449. *Rapport élaboré par le docteur Wetzel, le 25 novembre 1939, en collaboration avec le docteur Hecht, « directeur de la section des Allemands ethniques et des minorités » (PS 560).*

450. *Lettre de Franz von Homeyer, directeur au commissariat général de Crimée, au directeur général Paul Dargel. Mélitopol, le 23 mars 1943 (CXLIV, 482).*

451. L'Economie de guerre en Pologne en *1939-1940* (EC 344).

452. German crimes in Poland, op. cit., *p. 67-85.*

453. *Rapport de Greifelt, directeur du commissariat pour le raffermissement du germanisme, sur « le traitement et l'affectation des personnes évacuées d'Alsace, de Lorraine et du Luxembourg ». Berlin, le 3 octobre 1942 (NO 5028).*

454. *Lettre de Berndt, directeur au ministère de Propagande du Reich, au Reichsführer SS. Berlin, le 20 mai 1942 (NO 2472).*

455. *Lettre du général SS Berger à Himmler, datée du 21 juin 1944 (NO 2245).*

456. *Compte rendu sténographique de la conférence faite par le Reichsmarschall Gœring devant les commissaires du Reich pour les territoires occupés, à Berlin, le 6 août 1942 (URSS 170).*

457. *L'histoire du projet d'une déportation totale de la population hollandaise est relatée dans le livre de* F. KERSTEN : Klerk en Beul (op. cit.). *Une documentation réunie au « Rijksinstituut voor Oorlogedocumentatie » à Amsterdam et une enquête effectuée par cette institution d'État néerlandaise permettent de considérer avec sérieux le récit du docteur Kersten.*

458. *Cf. dans* Times *du 6 novembre 1945, les « Ordres et instructions pour l'établissement d'un gouvernement militaire en Angleterre après l'invasion projetée en 1940 ».*

CHAPITRE IX

459. *Note sur l'arrestation du chanoine Lichtenberg, archives du ministère des Affaires étrangères (NG 4447) ; cf. également l'*Opposition allemande contre Hitler, *par* H. ROTHFELS. *Chicago, 1948, Krefeld, 1949, p. 42.*

460. *Témoignage du docteur Israël Rothbalsam, recueilli par Mme Novitch.*

461. *Il s'agit des dernières élections « libres » qui eurent lieu le 5 mars 1933, une semaine après l'incendie du Reichstag. En voici les résultats précis : parti nazi, 288 sièges ; parti national (Hugenberg), 52 ; bloc bourgeois, 33 ; centre, 73 ; parti social-démocrate, 121.*

462. M. MÜLLER-CLAUDIUS : L'Antisémitisme et la fatalité allemande. *Ed. Knecht, Frankfurt, 1948, p. 166-174. L'enquête à laquelle l'auteur s'est livré en automne 1942 dut, évidemment, être menée avec une prudence extrême. Il s'ingéniait, au cours d'une série de conversations privées, à mettre indirectement « la solution de la question juive » sur le tapis ; soixante et une personnes, appartenant à tous les milieux et à toutes les professions, furent interrogées ainsi. Il s'agissait essentiellement de membres du parti nazi ; mais, en analysant ces résultats, l'auteur considère justifié (et à bon escient, croyons-nous) de les appliquer à la population allemande en son entier.*

463. ENNO KIND : « La Résistance allemande » *(cité d'après la revue* Les Temps Modernes. *Paris, août-septembre 1949, p. 229).*

464. *Tribunal de Nuremberg, procès dit « des camps de concentration », audience du 15 mai 1947. Il est significatif que le fait en question ait été révélé par l'un des défenseurs des accusés, le docteur Paul Ratz. « Je vais montrer que le prélèvement des dents en or sur les détenus décédés de mort naturelle ne constitue aucunement une action criminelle. Dès 1925, le problème était activement débattu par des publications professionnelles allemandes, en ce qui concerne le bien-fondé de cette mesure. À cette époque déjà, de distingués dentistes allemands y apportaient leur appui actif... » (Page 1241 du sténogramme officiel en anglais.)*

465. A. LEROY-BEAULIEU : Israël chez les Nations, *Paris, 1893 (préface, p. III).*

466. *Daté du 2 septembre 1899, le « testament spirituel » de Mommsen était destiné à n'être rendu public que trente ans après sa mort. Il a été publié en 1948 par la revue* Die Wandlung, *p. 69-70.*

467. *Cf.* S. FREUD : Totem et Tabou, *où nous avons emprunté cette observation* (Le Traitement des ennemis, *p. 47-53 de la 4e édition allemande, Vienne, 1925). Voir également l'ouvrage classique de* J. G. FRAZER : Le Rameau d'Or.

468. *Message de protestation adressé par l'archevêque Sapieha au gouverneur général Frank. Cracovie, le 2 novembre 1942 (URSS 93).*

469. *Extrait d'un rapport (déjà cité) d'un officier de la Wehrmacht. « Constatations et observations effectuées lors d'un voyage dans la zone d'opérations de l'Est. » Berlin, le 23 octobre 1941 (NOKW 3047).*

470. *Rapport d'activité des « groupes d'action » n° 45. Berlin, le 12 décembre 1941 (NO 2828).*

470 bis. SAINT THOMAS D'AQUIN : De regimine Judaeorum, § 2 *(Opuscule omnia, éd. J. Perrier, vol. I. Paris 1949, p. 213-214). Le texte est probablement de 1261.*

471. *Compte rendu du Dr Frédéric sur son voyage en Pologne et en particulier sur son entretien avec le métropolite Szepticki, Berlin, le 19 septembre 1943, (CXLV a-60).*

472. *Au cours d'un débat sur « l'amitié judéo-chrétienne », organisé par « Les Amis de la pensée juive ». Nous citons d'après le sténogramme publié aux n°s 3-4 de décembre 1949 de la publication* L'Amitié judéo-chrétienne, *p. 28.*

473. *Cf.* FREUD *dans* Moïse et le monothéisme *(p. 138 ff. Ed. N. R. F. Paris, 1948) et* MARITAIN *dans le recueil* Le Droit raciste et l'assaut de la civilisation *(Ed. de la Maison Française, New York, 1943). Cette thèse a été développée par l'écrivain juif américain* MAURICE SAMUEL : The great hatred, *Gollancz, London, 1948.*

474. Messe célébrée en juillet 1944 dans la ville de Weszprem avec l'autorisation de l'évêque. (Rapport adressé à Berlin par Veesenmayer, ambassadeur allemand en Hongrie, le 20 juillet 1944) (NG 5613).

475. Rapport d'ensemble du groupe d'action A. Berlin, le 31 octobre 1941, p.127 (L 180).

476. Information publiée par la *Neue Zeitung* de Munich du 17 mai 1947 et reproduite dans l'ouvrage précité de M. MULLER-CLAUDIUS : *L'Antisémitisme et la fatalité allemande, p. 34.*

477. Cf. *Les Églises Protestantes pendant la Guerre et l'Occupation. Actes de l'Assemblée générale du Protestantisme Français, réunie à Nîmes du 22 au 26 octobre 1945* (Fédération Protestante de France, Paris, 1946).

478. *Appel du comité national de la Résistance juive en Pologne, daté du 15 novembre 1943 à Varsovie et adressé aux Juifs en Palestine. Communiqué par Mme Novitch.*

479. *Note de service du ministère allemand des Affaires étrangères, datée du 7 septembre 1939, signée Schaumburg. Schaumburg suggérait « des contre-mesures à l'égard des Juifs (allemands) pour accorder de cette manière une protection indirecte aux Allemands en Palestine » (NG 1923).*

480. *Rapport de Veesenmayer, ambassadeur allemand en Hongrie à son gouvernement. Budapest, le 25 juin 1944 (NG 1806).*

Note

*sur le chiffre total des victimes juives
des persécutions raciales pendant la dernière guerre.*

*(Étude extraite de la Revue d'histoire
de la Deuxième Guerre mondiale, n° 24, octobre 1956.)*

La grande majorité des publications consacrées à la dernière guerre, lorsqu'elles traitent des persécutions raciales, indiquent le chiffre de six millions de Juifs exterminés par les Nazis. Cependant, ce total, qu'on retrouve dans un grand nombre de publications parues dans les pays les plus divers, est généralement avancé sans éléments de preuve ni statistiques à l'appui. D'où provient-il donc et quelle foi peut-on lui ajouter ?

Nous ne croyons pas nous tromper en avançant que c'est le Tribunal international des grands criminels de guerre qui est à son origine, et qui lui donna une diffusion si grande. On trouve, en effet, à la page 266 de son jugement[1], cette phrase : « Adolf Eichmann, que Hitler avait chargé du programme d'extermination, a estimé que cette politique avait causé la mort de six millions de Juifs, dont quatre millions périrent dans les camps d'extermination. » La source de cette information n'est pas indiquée, mais si on se rapporte au procès-verbal des débats, on constate que le tribunal

---

1. *Procès des grands criminels de guerre* devant le *Tribunal militaire international,* édition officielle en langue française, t. I, p. 266.

s'est basé sur deux témoignages de seconde main, ceux des SS Wilhelm Hœttl et Dieter Wisliceny, qui tous deux assuraient tenir ce chiffre d'Eichmann. Il serait donc possible d'objecter qu'un chiffre si imparfaitement étayé doit être considéré comme sujet à caution. (Le texte même du jugement : « Eichmann... a estimé... » est d'ailleurs assez prudent.) Sur quoi donc pouvait se baser Eichmann ? Ne s'agissait-il pas d'une hâblerie de sa part ? Son ami Dieter Wisliceny assurait devant le Tribunal international : « Eichmann disait qu'il sauterait en riant dans la tombe, car l'impression d'avoir six millions de tombes sur la conscience serait pour lui la source d'une extraordinaire satisfaction[1]. »

Mais, d'autre part, la nature même des opérations qu'impliquait une extermination planifiée — rafles policières, formation des convois, et leur acheminement, par rail, vers Auschwitz ou vers l'un des quatre camps d'extermination polonais — devait permettre d'établir assez facilement le nombre total des déportés, partant pour un voyage sans retour. Tous les témoignages d'anciens déportés font état des interminables appels, destinés à vérifier le nombre des prisonniers, au départ et à l'arrivée de chaque convoi. Il aurait été étonnant que des statistiques de cet ordre n'aient pas été groupées, telles qu'elles l'ont soigneusement été, par exemple, pour les meubles, les montres ou stylos enlevés aux victimes. Et si ces éléments de détail n'ont pas été retrouvés (sauf pour les cas de la France, des Pays-Bas et de la Hongrie[2], une étude statistique d'ensemble s'est conservée, élaborée avec beaucoup de compétence et certainement basée sur ces éléments primaires, qui nous permettra de serrer de plus près le problème.

1. *Procès des grands criminels de guerre,* édition officielle française, t. IV, p. 383 (audience du 3 janvier 1946, interrogatoire de D. Wisliceny).
2. France : série de soixante-seize dossiers, contenant, convoi par convoi, les listes nominatives des déportés du camp de Drancy (aux archives du *Centre de documentation juive contemporaine*) ; Pays-Bas : listes des déportés du camp de Westerbork (cf. les deux fascicules *Auschwitz,* publiés par la Croix-Rouge néerlandaise, s'Gravenshage, 1947) ; Hongrie : série de rapports de l'ambassade allemande à Budapest, couvrant la période avril-juillet 1944) archives du *C.D.J.C.,* CLXXXIX, la 219).

En mars 1943, en effet, Himmler s'adressait au chef de l'inspection statistique du IIIᵉ Reich, Köhrrer, et lui demandait un rapport sur « la solution finale de la question juive ». Il est caractéristique que, dans son ordre, il préconisait de ne pas parler de « traitement spécial » (Sonderbehandlung) *des Juifs, mais de se servir du terme « d'évacuation ». Köhrrer lui soumit deux rapports : un de dix-sept pages, daté du 27 mars 1943, et un abrégé de six pages, du 17 avril 1943[1], destiné spécialement au Führer. (Apparemment, ces deux documents ont été découverts par les services alliés de crimes de guerre trop tard pour pouvoir être utilisés par le* Tribunal de Nuremberg.) *Voici la conclusion du rapport du 17 avril (on en trouvera le texte complet en annexe) :* « Bilan du judaïsme européen. — *La décroissance du judaïsme en Europe devrait déjà s'élever à 4 millions de têtes. Des colonies importantes ne devraient plus exister sur le continent (à côté de la Russie, avec quelque 4 millions) qu'en Hongrie (750 000), Roumanie (300 000) et peut-être aussi en France. Si l'on tient compte de plus de l'émigration juive, de l'excédent de mortalité, ainsi que, d'autre part, des inévitables erreurs dues à la fluctuation de la population juive, on devrait évaluer à 4 millions 1/2 la décroissance de la population juive en Europe entre 1937 et 1943. Ce chiffre n'englobe que partiellement les décès des Juifs dans les territoires occupés de l'Est, tandis que les décès survenus dans le restant de la Russie et dans la zone du front n'y sont pas compris du tout. »*

Ainsi donc, d'après les données très précises dont disposaient les statisticiens du IIIᵉ Reich à l'époque, « la décroissance du judaïsme en Europe » s'élevait déjà à 4 millions. Cela à la date du 31 décembre 1942, sans tenir compte « des décès survenus dans le restant de la Russie et dans la zone du front ». À une date, par conséquent, où le judaïsme hongrois était encore intact (d'après des documents allemands, 430 000 Juifs hongrois ont été

---

1. Rapports de *Köhrrer, Inspekteur für Statistik,* intitulés *Die. Endlösung der europöischen Judenfrage* (archives du *C. D. J. C.,* documents CXXXVIII *a,* 72 et 73).

déportés à Auschwitz entre avril et juillet 1944[1]), où d'importants ghettos et camps de travail subsistaient encore en Pologne occupée (notre document évalue à 297 000 le nombre des Juifs subsistant encore dans le seul Gouvernement général *de Pologne) : à travers l'Europe entière, la chasse au Juif ne discontinuera pas pendant deux ans encore.*

Sur la seule foi de ce document, on peut donc dire, avec une quasi-certitude, que le nombre des Juifs exterminés devait être compris entre 5 et 7 millions, 6 millions demeurant le chiffre le plus probable. Chiffre ne comprenant que les pertes par mort violente, asphyxie ou fusillade, et ne tenant aucunement compte du déficit démographique *qui est venu s'y adjoindre entre 1939 et 1945, par suite de l'absence presque totale de naissances dans les foyers juifs, de l'extermination quasi totale des enfants, puisque seuls les hommes vigoureux, dans la force de l'âge, avaient de bonnes chances de survie dans les camps, etc. Sans doute des statisticiens professionnels, opérant à l'aide des méthodes démographiques auxquelles ils font appel, concluraient-ils dans ces conditions que les « pertes réelles » du peuple juif entre 1933 et 1945 furent de l'ordre de 8 millions.*

Il nous reste à indiquer deux autres méthodes d'évaluation, bien moins sûres que la précédente, mais qui, le fait est à noter, convergent toutes deux vers le même chiffre de 6 millions de pertes par mort violente.

L'une de ces méthodes consiste à additionner les chiffres, suivant les lieux d'extermination. Celle-ci s'effectuait soit dans les camps de la mort, qui étaient au nombre de cinq (Auschwitz, Belzec, Treblinka, Sobibor, Chelmno), soit « à ciel ouvert », lors des exterminations chaotiques qui avaient lieu en URSS.

Pour les quatre derniers camps, la Commission polonaise des crimes de guerre, *qui, en 1945-1946, s'est livrée à une enquête*

---

1. Cf. les rapports de l'ambassade allemande à Budapest cités plus haut et, en particulier, le rapport du 7 juillet 1944 de l'ambassadeur Veesenmayer (archives du *C. D. J. C.*, CLXXXIX, 40).

approfondie, interrogeant, d'une part les survivants et, de l'autre, les cheminots des lignes ferroviaires menant aux camps, s'est arrêtée aux chiffres suivants :

Belzec	600 000
Treblinka	700 000
Sobibor	300 000
Chelmno	250 000

1 850 000[1]

En ce qui concerne le gigantesque abattoir humain d'Auschwitz, son commandant, Rudolf Hœss, déposant devant le Tribunal international de Nuremberg, *avait indiqué le chiffre de 2 millions 1/2 de Juifs exterminés*[2]. *Mais ce chiffre comprenait aussi, apparemment, d'autres catégories de détenus, tels que Tziganes, Russes ou Polonais aryens. Par prudence, nous allons donc nous arrêter au chiffre de 2 millions.*

En ce qui concerne les « exterminations chaotiques » en URSS, les groupes d'action SS (Einsatzgruppen), *chargés des massacres, soumettaient des rapports hebdomadaires au* Reichssicherheitshauptamt *à Berlin, comportant une rubrique statistique. Mais seule une partie de ces rapports a été retrouvée. Cette partie a permis à la justice américaine de Nuremberg de conclure à un total certain de plus d'un million de victimes*[3], *tandis que Eichmann, qui avait évidemment tous les éléments en main, parlait de 2 millions*[4]. *Admettons donc, pour l'URSS, le chiffre de 1 million et demi.*

---

1. Rapport de la *Commission générale d'enquête sur les crimes allemands en Pologne,* édité en français sous le titre : *Crimes allemands en Pologne,* Varsovie, 1948, p 130-132. Compte tenu de la méthode de recoupements adoptée par la Commission, et aussi de l'époque de l'enquête (1945-1946), ces chiffres méritent d'être acceptés.

2. *Procès des grands criminels de guerre* devant le *Tribunal militaire international,* éd. française, t. XI, p. 426 (audience du 15 avril 1946, interrogatoire de R. Hœss).

3. *Nuremberg trials,* par Telford Taylor, ancien procureur général américain, New York, 1949, p. 328 (édité par la *Carnegie Endowment for International Peace*).

4. Déposition de W. Hœttl (cf. *Procès des grands criminels de guerre,* t. III, p. 572).

On en arrive ainsi au total de 5 300 000, sans tenir compte des innombrables décès par famine, par maladie, etc., dans les vastes ghettos de Pologne et dans les nombreux camps de travail disséminés à travers l'Europe entière. (On constatera, par exemple, que nous n'avons pas compris dans notre statistique le notoire camp de Maïdanek, car la Commission polonaise des crimes de guerre ne le classe pas parmi les camps d'extermination au sens propre du terme.)

La deuxième méthode, appliquée par les spécialistes de la démographie juive, et, en particulier, par l'économiste et statisticien de New York, M. Jacob Lestchinsky, consistait à comparer les données respectives sur la population juive des différents pays européens avant la guerre et après la guerre. C'est de cette manière que certaines organisations juives internationales, telles que le Congrès mondial juif, sont arrivées dès 1945 au chiffre, toujours le même, de 6 millions[1].

On voit donc que, faute de pouvoir établir un bilan statistique très précis, on ne peut qu'accepter définitivement ce chiffre comme le plus probable, même si ses éléments constitutifs peuvent être parfois sujets à caution.

Pour donner une idée des inévitables approximations et divergences, en ce qui concerne les études relatives aux pertes humaines en général, au cours de la Deuxième Guerre mondiale, on peut citer deux exemples tirés de la récente étude de M. Jean-Claude Chesnais, qui nous a été aimablement communiquée par l'Institut national des études démographiques[2]. Nous nous arrêterons au cas des pertes militaires.

Dans le cas des pertes de l'Union soviétique, les estimations vont, « selon les auteurs, de 7 à 11 millions ». C'est que les uns n'ont en vue que « les tués proprement dits », tandis que les autres y ajoutent « les décédés des suites de leurs blessures et les morts en captivité », ce dernier chiffre étant sans doute aussi difficile à évaluer que celui des pertes « civiles » juives.

1. Voir la brochure de J. Lestchinsky, *Le Bilan de l'extermination,* publiée par le Congrès mondial juif en 1946.
2. J.-C. CHESNAIS, *Les morts violentes,* I.N.E.D., cahier 75, 1976.

Dans le cas de l'Allemagne, les estimations varient entre 3,8 millions et 4,5 millions, simplement parce que les uns s'arrêtent aux combattants allemands proprement dits, tandis que les autres y ajoutent les combattants d'origine autrichienne...

Les facteurs du même ordre compliquent singulièrement le décompte des victimes juives, notamment lorsqu'on tente de l'estimer pays par pays : que l'on songe aux annexions ou cessions de vastes territoires, entre Allemagne, Pologne et Russie, par exemple, ou entre Roumanie et Hongrie.

C'est en tenant compte de ces difficultés spécifiques que l'historien Jacob-Robinson élaborait en 1970 la table ci-dessous[1] :

Aire polono-soviétique	4.565.000
Allemagne	125.000
Autriche	65.000
Tchécoslovaquie (dans les limites pré-munichoises)	277.000
Hongrie (la Transylvanie y comprise)	402.000
France	83.000
Belgique	24.000
Luxembourg	700
Italie	7.500
Pays-Bas	106.000
Norvège	760
Roumanie (à l'exclusion de la Transylvanie, de la Bucovine et de la Bessarabie)	40.000
Yougoslavie	60.000
Grèce	65.000
Pertes totales	5.820.960

L. POLIAKOV.

1. Cf. *Encyclopaedia Judaica*, vol. VIII, article « Holocaust », p. 890.

Annexe
La solution finale de la question juive[1]

Rapport statistique établi par Köhrrer
(17 avril 1943)

Remarque préalable. — *Les statistiques juives sont toujours à considérer avec prudence, car, en l'espèce, il faut toujours compter avec des erreurs particulières. Les sources de ces erreurs se trouvent dans la nature et le développement du judaïsme, ses pérégrinations millénaires, les conversions au judaïsme, et les baptêmes, les tentatives d'assimilation, les mélanges avec les peuples hôtes, mais surtout dans les efforts des Juifs pour échapper aux statistiques.*

En fin de compte, les statisticiens soit à cause de la correspondance, entre la race juive et la religion juive, soit parce qu'ils étaient influencés par les conceptions confessionnelles du siècle dernier, appliquaient généralement aux Juifs un critère religieux. Pour les raisons énumérées ci-dessus, le critère racial présente de nombreuses difficultés, ainsi que cela est confirmé par l'échec de la tentative de recenser les Juifs de race en Autriche en 1923 et par le recensement allemand en 1939. En général, les statistiques des Juifs sont à considérer comme un minimum, et l'erreur croît à mesure que la proportion du sang juif diminue.

---

1. Document *C.D.J.C.*, CXXXVIII a, 73.

Une statistique sérieuse du nombre et des mouvements de la population juive dans les régions de l'Est depuis le début de la deuxième guerre mondiale présente des difficultés presque insurmontables, car les masses juives en mouvement échappaient à tout contrôle.

Bilan du judaïsme

Monde. — *Au cours de la dernière décennie, le nombre total des Juifs dans le monde était estimé entre 15 et 18 millions, parfois à plus de 20 millions. Le bureau statistique du Reich indiquait pour 1937 le chiffre de 17 millions.*

Europe. — *De ce nombre, près de 10,3 millions (60 %) vivaient, en 1937, en Europe, et 5,1 millions (30 %) en Amérique. En 1880, la proportion européenne était encore de 80 %, la proportion américaine seulement de 3 %.*

En Europe, les Juifs étaient surtout nombreux dans les anciennes régions russes, polonaises et baltes, actuellement occupées par l'Allemagne, entre la mer Baltique et la mer Noire, ainsi que dans les centres commerciaux de l'Europe centrale et de l'Europe occidentale, en Rhénanie et sur les bords de la Méditerranée.

Allemagne. — *Le bilan du judaïsme dans le Reich varie suivant l'époque. Ce n'est que depuis la prise du pouvoir qu'une décroissance rapide a commencé. Si l'on compare les chiffres lors de la prise du pouvoir et au 31.12.1942, on aboutit aux chiffres suivants :*

Région	Époque de la prise du pouvoir	Nombre avant la prise du pouvoir	Juifs le 31.12.1942
Ancien Reich............	30.1.1933	561 000	51 327
Sudètes.....................	29.9.1938	30 000	
Autriche...................	13.3.1938	220 00	8 102
Bohême et Moravie..	16.3.1939	118 000	15 550
Régions de l'Est.......	Sept. 1939	790 000	233 210
Gouvernement général...................	Sept. 1939	2 000 000	297 914
Total......		3 719 000	606 103

Parfois, certains chiffres font double emploi. Ainsi une grande partie des Juifs des Sudètes, à la veille de l'union avec le Reich, est passée dans le protectorat, sans avoir à franchir de frontière ; ils sont donc partiellement compris dans les chiffres pour la Bohême et la Moravie pour 1939. La région des Sudètes ne comptait plus, le 17.5.1937, que 2 649 Juifs.

Dès avant la guerre, l'ancien Reich et l'Autriche s'étaient débarrassés de plus de la moitié de leurs Juifs, surtout par voie d'émigration, tandis que, dans l'Est, une décroissance rapide des masses juives, dangereuses à cause de leur fécondité, n'a commencé que depuis la guerre et surtout depuis les mesures d'évacuation de 1942.

Ainsi donc, dans le Reich agrandi, c'est-à-dire dans le territoire soumis au régime national-socialiste, le nombre des Juifs a décru, de 1933 à 1943, de 3,1 millions de têtes. Dans l'ancien Reich, leur nombre n'est plus qu'un douzième ; dans l'Autriche, qu'un vingt-septième ; dans le Gouvernement général et dans la Bohême et Moravie, qu'un septième ; dans les régions de l'Est, qu'un tiers ou un quart.

ÉMIGRATION, EXCÉDENT DE LA MORTALITÉ ET ÉVACUATIONS

Cette décroissance est le résultat de l'émigration, de l'excédent de mortalité et des évacuations à la fois, ce qui ressort de la table page suivante :
Le bilan pour l'ancien Reich, l'Autriche, la Bohême et la Moravie se présente de la manière suivante :

Nombre des Juifs lors de la prise du pouvoir..........   929 000
Émigration..   – 557 357
Excédent de mortalité ....   – 82 776
Évacuations...   – 217 148
Additions diverses (Juifs non recensés, etc.) ....   + 3 860

                                                                                 – 854 021
Reste au 31.12.1942..   74 979

L'extraordinaire excédent de mortalité des Juifs de l'ancien Reich provient aussi bien de la sénilité et de la faiblesse vitale du judaïsme que de sa grande mortalité : dans le premier trimestre de 1943, on a enregistré 22 naissances et 1 113 décès.
Entre le 1.1.1943 et le 31.3.1943 a eu lieu l'évacuation vers l'Est de 113 015 Juifs, ainsi que le transfert de 8 025 Juifs dans le ghetto de Theresienstadt ; de la sorte, le nombre des Juifs en Allemagne et dans les régions de l'Est a fortement diminué de nouveau.

Décroissance (–) ou croissance (+) du nombre des Juifs

Territoire	Période du au 31.12.1942	par				Total
		Émigration	Excédent de mortalité	Évacuation[1]	Divers	
Ancien Reich (région des Sudètes comprise)..........	30.1.33 au 29.9.38	– 382 534	– 61 193	– 100 516	+ 4 570	– 539 673
Autriche.............	13.3.38	– 149 124	– 14 509	– 47 555	– 710	– 211 898
Bohême et Moravie...	16.3.39	– 25 699	– 7 074	– 69 677	—	– 102 450
Régions de l'Est.....	Sept. 1939	– 334 673		– 222 117	—	– 556 790
Gouvernement général.............	Sept. 1939	– 427 920		– 1 274 166	—	– 1 702 086
Total.............		– 1 402 726		– 1 714 031	+ 3 860	– 3 112 897

1. Nous rappelons qu'en fait, « évacuations » signifiait « exterminations » (voir notre note, plus haut), et probablement faut-il attacher le même sens au terme « excédent de mortalité », dans la majeure partie des cas.

Mariages mixtes. — *Le nombre des Juifs vivant encore dans le Reich comporte une proportion considérable de partenaires de mariages mixtes :*

	Juifs le 31.12.1942	Dont : partenaire de mariages mixtes	Reste
Ancien Reich..........	51 327	16 760	34 567
Autriche................	8 102	4 803	3 299
Bohême et Moravie...	15 550	6 211	9 339
Total...................	74 979	27 774	47 205

Entre-temps, de 51 327, le 31.12.1942, le nombre des Juifs de l'ancien Reich est passé à 31 910 au 1.4.1943. De ces 31 910 Juifs, plus de la moitié, à savoir, 16 668, sont des partenaires de mariages mixtes : 12 117 de mariages mixtes privilégiés et 4 551 de mariages mixtes non privilégiés. Il faut, enfin, tenir compte d'un certain nombre de Juifs non recensés, ainsi que c'est le cas lors de n'importe quel recensement. La population juive de l'ancien Reich (région de l'Est non comprise) approche de sa fin.

Affectation au travail. — *Sur les Juifs vivant dans le Reich, 21 659 étaient affectés, au début de 1943, à un travail faisant partie de l'effort de guerre. Il faut y ajouter 18 435 Juifs de nationalité soviétique dans la région militaire de Königsberg, 50 570 Juifs apatrides et étrangers dans le camp de Schmelt (Breslau) et 95 112 anciens Juifs polonais dans les ghettos et camps de la région militaire de Posnanie.*

Camps de concentration. — *Dans les camps de concentration, il se trouvait, au 31.12.1942, 9 127 Juifs et, dans les prisons, 458 Juifs. Dans les camps de concentration, les effectifs étaient les suivants :*

Lublin	7 342
Auschwitz	1 412[1]
Buchenwald	227
Mauthausen	79
Sachsenhausen	46
Stutthof	18
Ravensbruck	3

Ghetto de vieillards. — *Dans l'unique ghetto de vieillards de Theresienstadt, il se trouvait, au début de 1943, 49 392 Juifs au total.*

Évacuation des autres pays européens. — *Les évacuations de Juifs ont eu lieu dans les territoires de domination ou d'influence allemandes hors des frontières du Reich :*

Pays	Avant le 31.12.1942	1er trimestre 1943
France (zone occupée)	41 911	7 995
Pays-Bas	38 571	13 832
Belgique	16 886	1 616
Norvège	532	158
Grèce	—	13 435
Slovaquie	56 691	854
Croatie	4 927	—
Bulgarie	—	11 364
URSS, y compris les pays baltes, depuis le commencement de la campagne de l'Est	633 300[2]	
Total	792 818	49 254

1. Le chiffre de 1 412 détenus juifs pour Auschwitz est certainement inférieur à la réalité, puisque ce camp comportait une assez forte proportion de détenus travailleurs juifs, « renouvelables » au fur et à mesure de l'arrivée des convois (cf., sur ce point, p. 266 et suiv.).
2. Chiffre partiel seulement, ainsi qu'il ressort du commentaire qui suit plus loin.

Bilan du judaïsme européen. — *La décroissance du judaïsme en Europe devrait déjà s'élever, par conséquent, à 4 millions de têtes. Des colonies importantes ne devraient plus exister sur le continent (à côté de la Russie, avec quelque 4 millions) qu'en Hongrie (750 000), Roumanie (300 000), et peut-être aussi en France. Si l'on tient compte de l'émigration juive, de l'excédent de la mortalité, ainsi que, d'autre part, des inévitables erreurs dues à la fluctuation de la population juive, on devrait évaluer à 4 millions 1/2 la décroissance de la population juive en Europe entre 1937 et 1943. Ce chiffre n'englobe que partiellement les décès des Juifs dans les régions occupées de l'Est, tandis que les décès survenus dans le restant de la Russie et dans la zone du front n'y sont pas compris du tout. Il faut y ajouter les émigrations des Juifs, soit en Russie, vers sa partie asiatique, soit dans les pays d'Europe non soumis à l'influence allemande, vers l'outre-mer.*

Au total, depuis 1933, c'est-à-dire au cours de la première décennie du pouvoir national-socialiste, le judaïsme européen a perdu à peu près la moitié de ses effectifs. *À peu près la moitié de cette perte, c'est-à-dire un quart de la population juive totale de 1937, a probablement afflué dans les autres continents.*

Table des matières

Ce volume,
le soixante-quatrième
de la collection « le goût des idées »,
publié aux Éditions Les Belles Lettres,
a été achevé d'imprimer
en décembre 2022
par Présence Graphique

2ᵉ tirage

Dépôt légal : février 2023
N° d'édition : 10442
N° d'impression : 122274106-03
Imprimé en France

LÉON
POLIAKOV